기업가 정신과 창업

Entrepreneurship & Start-ups

머 리 말

기업가 정신이란 무에서 유를 창출하는 과정에서 발현되는 개인의 무형적 자산을 의미한다. 이러한 기업가 정신은 창업이라는 목표를 향해 나아갈 때 유형적 자산으로 변화된다. 기업가 정신과 창업은 실과 바늘처럼 한 세트로 결합될 때 성공률을 높일 수 있다.

창업 국가인 이스라엘에서 후츠파로 대변되는 기업가 정신이 바탕이 되었기에 세계 최고의 창업 국가가 될 수 있었다. 대한민국도 창업 국가로 나아가기 위해서는 기업가 정신에 대한 이해와 학습이 필요하다. 특히 4차 산업 혁명 시대를 대비하기 위해서는 다양한 분야에서의 창업이 활성화되어야 한다. 특별히 청년 대학생 창업이 촉진되어야 대한민국의 미래가 밝다. 이제 모든 대학이 창업의 전진 기지가 되어야 한다. 새로운 아이디어를 가지고 비즈니스로 연결할 수 있는 힘을 길러야 한다.

창업은 쉬워 보이나 현실은 그렇지 않다. 많은 장애 요인을 뛰어넘어야 비로소 다다를 수 있는 높은 산과 같다. 많은 고민과 고뇌, 그리고 실패로 인해 축적된 경험 등이 필요하다. 이에 부산 경남 지역에서 활발히 활동하고 있는 저자들이 뜻을 합해 이번 책을 저술하게 되었다.

1997년부터 인제대에서 벤처 창업 관련 강의 개설과 벤처 기업 창업 등 다양한 이론적, 실무적 경험을 가진 원종하 교수, K 기업가 정신을 학술적으로 체계화시키며 진주 지수에 K 기업가 정신 수도를 만들어가고 있는 정대율 경상국립대 교수, 현재 ㈜엠벅스의 공동 대표로 재직 중이며, JTBD(Jobs to Be Done) 프레임워크를 활용하여 창업 아이디어의 도출 및 실행 전략을 수립하고 이를 통한 강연, 특강 및 컨설팅을 진행하고 있는 이은미 공동 대표 등 3인방이 모여 《기업가 정신과 창업》이라는 교재를 공동 집필했다.

기업가 정신의 개념에서부터 창업, 그리고 창업 이후의 경영 영역까지 한눈에 파악할 수 있게 구성했다. 창업을 준비하는 예비 창업자, 창업에 관심 있는 대학생, 창업 동아리, 창업은 했으나 경영에 어려움을 겪고 있는 CEO 등 다양한 사람들에게 길잡이 역할을 할 것이라고 확신한다.

끝으로 출판업이 불황임에도 함께해주신 한올출판사 임순재 대표님과 편집 과정에서 처음부터 끝까지 수고해주신 최혜숙 실장님께 감사드린다.

2024년 8월

공동 저자 대표 원종하 드림

차 례

Chapter 03　창업의 이해 · 34

기업가 정신과 **창업**

Chapter 04 **창업 기회의 발견** · 64

💡Chapter 05 　**창업 비즈니스 모델** · 90

Chapter **10**　　**창업 마케팅** · 208

기업가 정신과 **창업**

Chapter 12   창업 기업이 알아야 할 재무제표 · 284

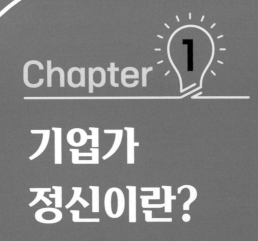

Chapter 1

기업가
정신이란?

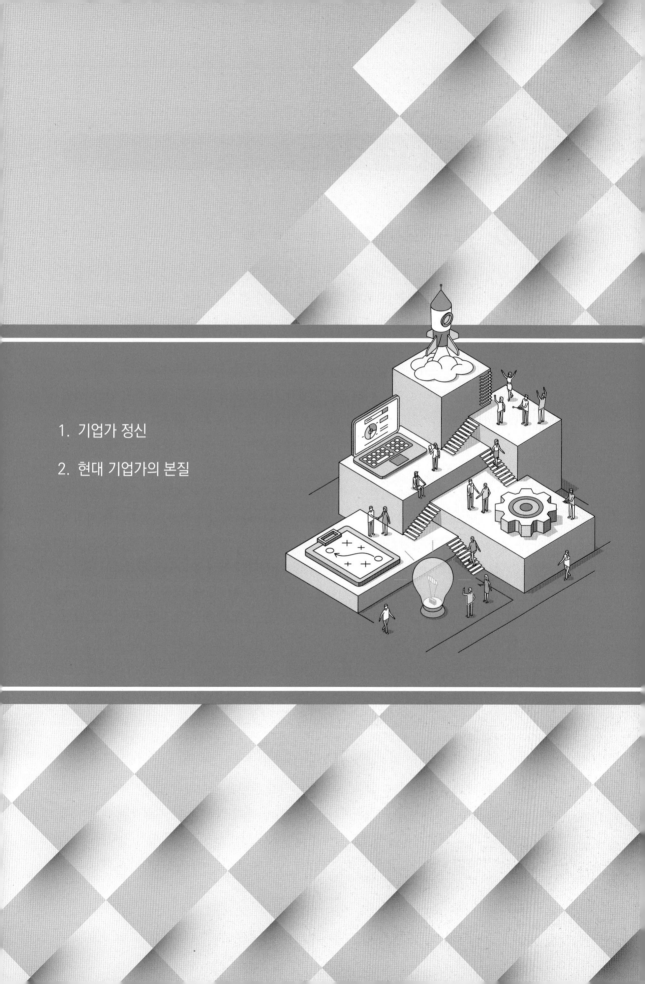

① 기업가 정신

① 기업가 정신의 정의

창업에 대한 관심이 증가하면서 기업가 정신이란 용어를 자주 접하게 된다. 기업은 기업가의 꿈과 아이디어로부터 출발하여 기업가 정신에 의해 구체적으로 실현된다. 기업가 정신이라는 용어는 17세기 프랑스어 'entreprendre'에서 그 기원을 찾을 수 있다.

초창기의 기업가는 모험 군인, 탐험가, 건축가, 상인들이 대부분이었다. 기업가(entrepreneur)를 다루고 있는 여러 문헌들에서 기업가 정의에 관해 언급하고 있고, 기업가 정신이라는 개념도 지금까지 많은 학자에 의해 사용되어 왔으나 아직 공통된 정의는 거의 없는 실정이다. 다만 지금까지 학자들이 내린 정의들을 검토할 때 크게 두 가지로 분류해 볼 수 있다.

첫째, 기능적 접근에 의한 정의로서 기업가 정신의 경제적 기능에 초점을 맞춘 것이다. 예를 들면, 18세기 캔틸론(Richard Cantillon)은 기업가 정신을 불확실한 가격의 상품을 구입하여 불확실한 가격으로 판매함으로써 발생하는 위험의 부담으로 정의했다. 19세기에 들어와 세이(Jean B. Say)는 이 정의에 생산의 기능을 추가했다. 즉, 기업가는 자본가와 달리 생산의 기능을 담당함으로써 이윤을 창출한다고 했다. 제품 혁신, 생산 공정 혁신, 시장 혁신, 생산 요소 혁신, 조직 혁신 등 다양한 혁신을 담당하는 것이 기업가의 핵심 역할이라는 것이다.

둘째, 기업가의 특징으로 기업가 정신을 정의했다. 이러한 정의는 개인 기업가의 사회 심리적 특성에 초점을 맞추었다. 예를 들면, 성취 욕구, 자유 실천 의지, 위험 감수 성향 등 심리적 특성을 강조하기도 하며, 가정 환경과 교육 수준 등 사회적 배경 요인을 중시한다.

위의 두 가지 정의 방법은 각기 장점과 단점을 모두 가지고 있으며 어느 한 접근 방법이 우월하다고 할 수 없다. 실제로 기업가 정신을 기업가의 인간적 특성을 배제한 채 경제적 기능만으로 정의하기에는 많은 문제가 있다. 또한 기업가의 개인적 특성만으로 기업가 정신을 이해하기에는 복잡한 현실을 충분히 설명하기 어렵다.

본서에서는 최근의 정의가 창업 과정을 중시하는 경향이 있으므로 기업가 정신을

표 1-1_ 기업가 정신에 대한 정의

연구자(연도)	정 의
Knight(1921)	· 미래를 성공적으로 예측할 수 있는 능력
Suhumpeter(1934)	· 새로운 결합을 수행하는 것
Cole(1968)	· 이윤 지향적 사업을 시작, 유지, 개발하기 위한 목적을 가진 활동
Leibenstein(1978)	· 자신의 경쟁자보다 현명하게 그리고 열심히 일할 수 있는 능력
Stevenson, Robert & Grousbeck(1985)	· 현재 통제할 수 있는 자원보다는 기회의 지각에 의해 움직이는 것
Gartner(1985)	· 새로운 조직의 창조
Lo&Macmillan(1988)	· 새로운 기업의 창조

자료: 지용희 외 2인(1999), 중소기업론, 경문사

"자원이나 인력의 제약을 기꺼이 감수하고 기회를 포착하여 사업화하려는 행위, 또는 과정"으로 정의하기로 한다.

기업의 활성화를 위해 가장 중요한 요소는 사업 기회를 포착하여 추진하는 기업가적 활동에 있다. 창업가는 단순히 사업을 새로 시작하는 사람이 아닌 기업가 정신을 가진 사람을 뜻하며, 이들은 창의력, 혁신성뿐 아니라 경영 관리 스킬을 갖추어야 한다. 이러한 기업가적 활동의 발흥은 단기간에 이루어지는 것이 아니라 장기간에 걸쳐 형성되는 것으로 시대에 따라 그 정도가 달라진다. 건전한 기업가적 활동이 왕성해지는 것은 사회 전반의 분위기에 달려 있고 구체적으로는 사회적 유인 체계(incentive system)에 달려 있다. 그러므로 사회적 유인 체계의 적절한 개선을 통해 기업가적 활동을 유도할 수 있다.

기업가 정신에 대한 정의는 〈표 1-2〉에서 보는 바와 같이 다양한 관점에서 볼 수 있다.

첫째, 위인 관점인데 이것은 기업가는 태어날 때부터 기업가적 능력을 가진다는 것이다. 둘째, 심리적 특성 관점이다. 이 관점은 기업가들은 독특한 가치관, 태도, 욕구를 가진다고 본다. 셋째, 고전적 관점은 기업가적 행동의 특성에 핵심을 두고 있다. 넷째, 관리 관점은 기업가는 기업을 조직하고 소유·관리하여 위험을 감수하는 사람이라는 것에 핵심 초점을 맞추고 있다. 다섯째, 리더십 관점은 관리 관점과 핵심 초점은 비슷하나 가정과 정의 면에서 차이가 있다고 본다. 여섯째, 사내 창업 관점은 기업가적 기질은 복잡한 조직에 유용하며 시장 창조를 위해 독립적 단위를 개발한다고 본다.

📢 **표 1-2_** 기업가 정신 정의의 다양한 관점

관 점	핵심 초점 또는 목적	가 정	정 의
위인 관점	기업가는 태어날 때부터 기업가적 능력을 가진다.	기업가적 기질은 선천적인 것이다.	특출한 성취자
심리적 특성 관점	기업가들은 독특한 가치관, 태도, 욕구를 가진다.	사람은 자신의 가치관에 따라 행동한다.	설립자 생산 수단의 통제
고전적 관점	기업가적 행동의 핵심 특징은 혁신이다.	기업가 정신의 중요성은 소유보다는 행동에 있다.	위험과 불확실성하에서의 혁신, 창조적 파괴
관리 관점	기업가는 기업을 조직하고 소유하고 관리하며 위험을 감수하는 사람이다.	기업가는 목적을 혼자 달성하지 못하고 다른 사람에 의존한다.	사회적 건축가 가치의 촉진과 방어
리더십 관점	기업가는 기업을 조직하고 소유하고 관리하며 위험을 감수하는 사람이다 .	기업가 정신은 개발되고 훈련에 의해 강화된다.	의사소통과 관리 기법과 위험 관리 기회 인식을 통해 가치를 창출
사내 창업 관점	기업가적 기질은 복잡한 조직에 유용하며, 시장 창조를 위해 독립적 단위를 개발한다.	조직은 생존하기 위해서는 적응이 필요하다. 기업가적 행동은 조직적 수준의 행동이다.	혁신을 촉진하기 위한 협력의 도모

자료: 지용희 외 2인(1999), 중소기업론, 경문사

② 기업가적 활동

기업가(entrepreneur)는 원래 '수행하다', '시도하다', 또는 '모험하다' 등을 의미하는 불어 동사 'entreprendre'에서 유래되었다. 기업가란 사업을 조직하고 운영하며 이익을 위해서 위험을 감수하는 사람으로 정의할 수 있다. 즉, 일정한 수익을 기대하면서 위험을 무릅쓰고 사업을 일으키고 경영을 하는 사람을 의미한다.

기업가적 활동이란 무로부터 가치 있는 무엇인가를 창조하고 구축하는 것을 뜻한다. 즉, 기업가적 활동은 현재 갖고 있는 자원에 상관없이 사업 기회를 창출하거나 획득하여 사업을 추구하는 과정을 의미한다. 이는 개인, 집단, 조직 및 사회에 대한 가치와 편익을 정의하고 창출하며 배분한다는 의미도 지니고 있다.

근본적으로 기업가적 활동은 인간의 창조적 활동으로, 그저 관찰하고 분석하고 묘사하는 것보다도 기업, 또는 조직 설립을 통해 개인적 에너지를 발산하는 것을 뜻한다. 기업가적 활동은 다른 제3자들(동업자, 고객, 공급자, 종업원, 자금 지원자)에게 비전과 열정, 헌신을 전달하는 것이 핵심이다.

기업가적 활동은 보완적 스킬과 재능을 가진 사람들로 팀을 구성하는 일, 다른 사

람이 혼란스럽게 여기는 상황에서 사업 기회를 감지하는 일, 사업 기회를 성공으로 연결시키기 위해 자원을 발견하고 찾아내어 활용하는 일, 현금 흐름 관리를 통해 자금이 바닥나지 않도록 하는 일 등을 포함하고 있다.

　기업 성장 과정에서 중요한 요소는 기술, 인력, 자본 등이 있으나 그중에서도 인력, 특히 창업가가 가장 중요하다. 혁신 기술이 중요한 벤처 기업에 있어서는 창업가가 차지하는 역할은 기술보다 우위이다. 그랜트는 25명의 미국 전문 벤처 캐피털리스트와의 인터뷰를 통해 무엇이 창업의 성공을 결정하는가에 대해 조사했다. 다섯 가지 가장 중요한 요인 중에서 1~4번째가 모두 창업가와 경영팀의 자질이 차지했고, 5번째가 시장 잠재력(market potential)으로 나타났다. 그만큼 창업과 벤처 비즈니스의 성공에서 인적 요소가 차지하는 비중이 높다는 것을 의미한다.

　〈그림 1-1〉에서 보는 바와 같이 기업가는 창의력과 혁신성, 경영 기술과 노하우를 모두 겸비해야 한다. 창의력은 뛰어나지만 경영 기술이 부족한 사람은 벤처 기업을 창업하여 기업가가 되기보다는 발명가에 그칠 가능성이 높다. 반면에 경영 기술은 뛰어나지만 창의력이 부족한 사람은 정부 조직의 행정가나 관료적 기업의 관리자가 될 가능성이 높다. 한편 흥행사는 이러한 두 가지 수단이 모두 부족해도 성공할 수 있다. 물론 성공적인 이벤트 주최나 흥행을 위해서는 번쩍이는 아이디어나 노하우가 필요하지만 그것은 상대적으로 지속적이지 못하고 부분적이기 때문에 창의력과 경영 기술이 다소 부족해도 성공할 가능성이 있다.

자료: Timmons, New Venture Creation, 1994, p. 25.

그림 1-1_ 창업가와 기업가적 특성

③ 기업가의 과업과 능력

(1) 기업가의 과업

기업가가 수행하는 일이란 궁극적으로 기회를 감지하고 필요한 인적·물적 자원을 동원하여 기회를 실제 결과로 전환시키는 것이다. 이러한 기업가의 과업은 다음과 같은 네 가지로 나누어 볼 수 있다.

❶ 기회의 포착과 사업 구상

남들이 인지하지 못하는 사업 기회를 감지해 내고 사업화하기 위한 아이디어를 만들어 낸다. 이러한 일을 위해서는 기업가의 창조적 사고력과 통찰력, 경험 등이 요구된다.

❷ 사업의 실제 수행

사업의 실제 운영을 위한 실무를 담당한다. 이를 위해서는 실무에 관한 지식과 활동 능력이 필요하다.

❸ 대인 관계 및 네트워크

부족한 자원 및 정보를 얻기 위해서는 은행, 대학, 정부 등으로부터 도움을 받아야 한다. 또한 생산 및 판매와 관련하여 고객과 공급자 등 외부 이해관계자들과도 좋은 관계를 유지해야 한다.

❹ 리더십 발휘

직원을 고용하여 사업을 하는 경우 이들에게 비전을 제시해 주고 사업 목표에 적합한 일을 열정적으로 할 수 있도록 동기를 부여해 주어야 한다. 다시 말해, 직원들의 잠재력을 최대한 이끌어낼 수 있도록 리더십을 발휘해야 한다.

(2) 기업가의 능력

사업 성공을 위해서 기업가 개인이 갖추어야 할 능력은 다음과 같다.

❶ 강한 의욕

기업가의 강한 의욕은 사업과 일에 열정적으로 몰입하는 데 도움을 준다. 특히, 벤처 기업의 경우 새로운 기업을 설립하고 운영하는 데 많은 노력과 열정이 필요하기 때문에 이러한 개인적 특성은 대단히 중요하다.

❷ 정신적 능력

기업가의 정신적 능력이란 IQ와 지적 능력, 창조적 사고력, 분석적 사고력 등을 의미한다. 기업가는 이러한 정신적 능력에 의하여 사업의 당면 문제를 체계적으로 분석해 내고 창조적인 문제 해결책을 제시하며 합리적인 일 처리를 할 수 있다. 이러한 능력은 기회를 포착하여 현실화하는 데 중요한 역할을 한다.

❸ 인간관계 능력

인간관계 능력은 주로 정서적 안정성, 대인 관계의 기술, 사교성, 타인에 대한 배려, 감정 이입 등의 능력을 의미한다. 기업가는 궁극적으로 고객이나 종업원 등 이해관계자들과 좋은 관계를 유지해야 하기 때문에 인간관계 능력은 사업 성공에 중요한 열쇠이다.

❹ 의사소통 능력

의사소통 능력은 문서 또는 말로써 자신의 의사를 효과적으로 전달하는 능력을 말한다. 기업가는 사업을 원활하게 운영하기 위해 고객, 종업원, 공급자, 주주 등과 효과적으로 의사소통해야 한다. 특히 사업에 대해 설명할 경우 의사소통 능력은 중요한 성공적 요소라고 할 수 있다.

❺ 기술적 지식

사업이 성공하기 위해서는 궁극적으로 소비자가 원하고 시장에서 판매될 수 있는 제품과 서비스를 창출해야 한다. 이러한 기술적 지식은 고객이 원하는 제품과 서비스를 만들어 판매하는 과정에서 필요한 기술과 기법을 포함한 개념이다. 예를 들면, 제품 제조 기술, 설비 가동 기술, 판매 기업, 재무 분석 기법 등이 그것이다.

❻ 의사 결정 능력

기업가가 사업 운영과 관련하여 정확한 의사 결정을 시기적절하게 내리는 것은 사업 성공에 중요한 영향을 미친다. 특히, 벤처 기업의 경우 누가 먼저 시장에 진입하느냐 하는 것이 대단히 중요하기 때문에 의사 결정이 적절한 시기에 이루어지지 않을 경우 매우 큰 손실을 가져올 수도 있다.

❼ 개념적 능력

개념적 능력은 복잡한 현상의 핵심을 간파하고 그것을 간결한 형태로 재구성함으로써 더욱 효과적인 문제 해결책을 제시할 수 있는 능력을 말한다.

위에서 제시한 일곱 가지 능력을 다 갖추었다 해도 성공이 보장되는 것은 아니다. 그것은 그 능력을 다 가지고 있다 해도 외부 환경과 같은 상황 요인이 중요한 영향을 미치기 때문이다. 그럼에도 불구하고 이러한 능력을 갖춘 기업가는 그렇지 못한 기업가에 비해 성공할 확률이 그 만큼 더 높다고 할 수 있다.

📢 표 1-3_ 기업가의 과업과 능력

과업 특성	필요 능력
기회의 포착과 사업 구상	강한 의욕, 정신적 능력, 개념적 능력
사업의 실제 수행	강한 의욕, 정신적 능력, 기술적 지식, 의사 결정 능력
대인 관계 업무	인간관계 능력, 의사소통 능력
리더십 발휘	인간관계 능력, 의사소통 능력

자료: 이장우(1997), 벤처경영, 매일경제신문사

2 현대 기업가의 본질

① 창업과 혁신

기업가의 개념은 시대와 국가에 따라 많은 차이를 보이며 복잡하고 다양하게 변화되었다. 이러한 기업가의 본질은 전통적이고 고전적인 것과 현대적으로 추가할 수 있는 것으로 나누어 볼 수 있다. 즉, 창업(start-up), 혁신(innovation), 위험을 감수하고 일을 해내는 전통적 자수성가형과 우수 기업의 창조와 육성, 인재 양성(건전한 지도자의 양성)을 본질로 하는 현대적 기업가형이 그것이다.

창의와 혁신은 기업가의 본질적 특징이다. '자수성가'형 소규모 기업가에서부터 재벌 기업을 경영하는 많은 전문 경영자에 이르기까지 창의와 혁신은 기업가 정신의 근본적인 요소이다.

창의와 혁신은 창업하는 신생 기업뿐만 아니라 성장·변신하는 현존 기업들이 우수 기업으로 성장·발전함에 있어 필요한 기본적인 요건이다. 이것은 지속적으로 꾸준히 추진되어 신상품뿐만 아니라 상품의 개량과 조직 개발을 위한 경영의 혁신까지도 포함하는 개념이 되어야 한다는 것이 현대적 해석이다. 기업의 성장·발전을 위해서는 꾸준한 조직의 변신이 있어야 하는데, 기업가적 경영이 이러한 혁신 운동이 기업 문화에 정착되도록 할 수 있다.

기업 발달사에서 찾아볼 수 있는 경영 혁신의 구체적인 사례로는 GM의 경우를 들 수 있다. 제너럴 모터스(General Motors)사는 1910~1920년까지 자동차 산업에서 세계 시장을 지배하던 포드사의 추종 기업의 하나였다. 1930년대 이후 GM이 당당한 일류 기업, 세계적 우수 대기업으로 성장하게 된 근본 원인은 다음과 같다.

❶ 포드가 개량과 혁신 과정에서 진취성을 잃고 경영 혁신을 하지 않았다.
❷ 제너럴 모터스가 슘페터 개념의 창의와 혁신을 과감히 실천하고 우수한 인재를 모아 조직 개발을 감행했다.

이 사례는 창의와 혁신의 지속성이 우수 기업을 만들어 낸다는 기업가 정신의 새로운 개념을 증명하는 역사이다. 또한 제2차 세계 대전 이후 일본의 경제 성장 전략

도 소위 'Kaizen(개선)' 전략을 철저히 실천한 일본 기업들의 창의와 혁신의 신개념을 보여주고 있다. 다시 말해, 마쓰시다의 '추종자 전략(followership strategy)'은 성장 전략을 꾸준한 개선과 개량에 두었던 혁신이었다. 이러한 혁신은 산업 국가의 새로운 지도자인 전문 경영자들에게는 기업가 정신을 권장하는 경영 혁신의 책임을 인식시켰고, 자수성가형 창업 기업가들에게는 기업의 성장·발전을 위해 전문 경영자와 협력하여 기업 내의 구성원 모두가 자발적으로 창의와 혁신을 할 수 있는 기업 문화를 육성할 수 있도록 했다. 이와 같이 새로운 창의성 개발은 성장의 필수적인 요건이 되었다.

GM의 최고 경영자인 슬론(Sloan)은 바로 이러한 '기업가적 전문 경영자'였다. 그는 창업 기업가들이 기업을 '내 기업, 내 마음대로' 식의 독선적 인식을 갖는다면 그 기업은 자수성가형 기업가 이상으로 성장·발전할 수 없다는 것을 보여주었다. 내 기업, 내 마음대로 식의 생각을 가지고 리더로서 협동심을 갖도록 하는 일은 실패할 수밖에 없고, 세계적 우수 기업으로 성장하기도 어렵다고 주장했다.

② 위험 부담(Risk-taking)과 '할 수 있다(Can do sprit)' 정신

기업가의 또 다른 본질적 특징은 모험심과 자신감, 용기, 실패를 극복할 수 있는 인내심과 집념 등이다.

창의와 혁신이란 현실에 만족하지 않고 새로운 변화를 추구하는 진취성을 말하며, 이들 모두가 모험을 감수하지 않고는 이루어낼 수 없다. 창업하는 기업들을 '모험 기업'이라고 칭하는 이유는 확실히 성공한다는 보장이 없기 때문이다. 1903년에 발족한 헨리포드의 포드 자동차 회사도 두 번이나 실패한 다음 새로운 투자자의 도움으로 다시 출발한 회사이다.

기업가의 본질적 특성 중 하나는 모험을 뚫고 나가는 자신감과 추진력 그리고 성공에 대한 믿음이다. 즉 승리에 대한 자신감이 강한 사람들이라는 점이다. 실패하더라도 좌절하지 않고 다시 일어나 해내고야 마는 굳은 집념과 인내는 이들에게 주어진 자산이기도 하다.

기업가는 죽음을 각오하고 몰입하는 투사이며, 실패하면 죽는다는 각오와 악착성이 있는 실천가이며 행동가이다. 이들에게 불가능한 것은 없다. 이러한 기업가의 자신감 및 행동 지향성에는 합리성보다는 직관성이 보다 큰 영향을 미칠 수 있다. 즉,

합리성보다는 자신들의 직감적 결단력과 자신감에 더 큰 비중을 둔다는 것이다.

이것이 창업의 고전적 본질이다. 경제학 개념에서 말하는 이윤은 바로 모험에 대한 보상이라는 뜻이 있다. '불가능은 없다'라는 기업가들의 모험 감수의 정신에는 창조의 기쁨뿐만 아니라 금전적 보상 역시 따르게 마련이다. '일확천금'의 꿈을 실현하려고 기업가적 모험을 통해 도박을 하면 이것은 투자자들의 투기 심리와 같다. 기업가는 투자자와 달리 창조와 성취의 기쁨이 첫째이고, 금전적 보상은 부수적인 것으로 본다.

현대적 개념의 기업가 정신은 그 의미가 확대되어 위험 부담을 최소화시키는 여러 가지 장치를 개발하도록 만들었다. 그것이 바로 사내 기업가 정신(intrapreneurship)이다. 이것은 위험성을 분산시켜 많은 사람으로 하여금 기업 도산의 위험 없이 기업가 정신을 사내에서 발휘하여 창업하고 책임질 수 있도록 촉진함으로써 기업가 정신의 영속성을 유지도록 하는 방안이기도 하다.

드러커는 성장 지향의 기업가 정신을 일컬어 조직적 기업가 정신(systematic entrepreneurship)이라고 했다. 현존 기업도 자수성가형 기업가 정신을 성장 전략의 바탕으로 해야 한다는 것이 고전적 개념과 비교되는 현대적인 기업가 정신의 개념이다. 이것은 우수 기업 경영에서 책임 경영 제도 혹은 소사장 제도의 형태로 채택되어 왔다. 아무리 작은 것이라고 하더라도 새로운 아이디어와 발명을 통해 꾸준히 기업 발전에 참여하는 것이 치열한 국제 경쟁에서 현대 기업들이 승리할 수 있는 길이며, 이는 기업가 정신의 르네상스를 가져왔다.

비대한 기업의 관료 조직을 과감히 일소시키며 모든 것을 바꾸자는 기본적 전략은, 계층적 조직 개념을 버리고 사업별 수평 조직과 매트릭스형 조직으로의 이행을 추진하고 기업가 정신을 권장 및 실천하도록 하는 신조직 이론으로의 전환을 요구하고 있다.

기업가란 일을 좋아하고 사랑하며 일을 위해 불타는 정열을 모두 쏟아내는 사람들을 말한다. 세기의 사업가이자 미국을 현대화시켰다고 자칭하는 자동차 왕, 헨리 포드는 기계에 대한 천재로서 당대 가장 우수한 자동차를 만들어내는 데 성공한 기술자

기업가(craftsman-entrepreneur)였다. 가난한 농부의 아들로 태어나 겨우 소학교를 졸업했던 헨리 포드는 기계 만지는 것을 좋아하여 어려서부터 시계만 보면 분해하여 조립하곤 했으며, 한때는 시계 수리공으로 수입을 얻기도 했다. 그가 자기 집 창고에서 처음 자동차를 만들었을 때, 일에 너무 열중한 나머지 창고의 문이 작다는 사실도 잊고 자동차를 만들어 결국에는 창고를 부수고 자동차를 끌어냈다는 일화는 유명하다.

　일을 너무 좋아하고 일 없이는 못 사는 사람들을 흔히 '일 중독자(workholic)'라고 부른다. 서양에서는 기업가들을 '꿀벌'이라고도 한다. 기업가란 쉬지 않고 벌집을 지어 나가는 꿀벌처럼 혼과 정신을 다하여 열정적으로 일하는 정열적인 사람들이다. 맥클리랜드(McClelland)는 기업가의 자질에서 에너지와 추진력을 강조했다. 기업가는 창조의 기쁨뿐만 아니라 성취 내지 내재적 만족, 즉 금전적 보수보다는 성취욕을 충족시키는 자기 만족에 강하다는 것이다. 이러한 정열적 삶과 성취 만족의 기쁨이 아마도 기업가들의 수명을 길게 하는지도 모른다. 헨리 포드는 83세, 혼다는 84세, 마쓰시다는 86세, 이병철 회장은 78세의 고령으로 생애를 마친 점을 보면 일하는 재미가 수명과도 관계가 있는 것이 아닌가 하는 생각이 들기도 한다.

③ 우수 기업과 훌륭한 인재 양성의 책임

　책임을 아는 사람, 책임 완수를 위해서 노력하는 참다운 기업인에게는 존경받는 기업가 정신과 혼이 있다.

　바나드(Barnard)가 말하는, 믿음을 만드는 책임이란 리더십의 기본 요소이다. 그것은 ❶ 회사가 자랑스럽다는 믿음 ❷ 회사가 우수하다는 믿음 ❸ 회사와 자신이 공동 운명체라는 믿음이다. 상품 창조의 책임만큼이나 믿음 창조의 책임도 경영자 및 기업인들에게 중요한 요소이다. 이 책임은 기업이 존재하는 한 지속되는 무한한 기본적 책임이다. 리더인 기업가가 성실한 책임 완수를 믿고 전력으로 맡겨줄 때 기업에 종사하는 모두가 기업에 대한 충성심, 자발적 참여와 창의를 갖게 되는 것이다. 그래서 바나드는 리더십에서 믿음을 키우는 역할을 강조하면서 믿고 맡기는 문화, 참여하는 기업 문화의 육성이 기업가에게 달려 있으며 이는 성공의 기본 요건이라고 주장했다.

　기업가나 최고 경영자들에게는 종업원을 '바보 만들기'가 아닌 훌륭하고 성숙한 사람으로 만드는 문화, 즉 '인재 양성의 기업 문화'를 이끌어 낼 책임이 있다. 다시 말해, 아지리스가 주장하듯이 말 잘 듣는 조직 구성원을 만드는 것이 아니라 미성숙한

사람을 성숙한 사람으로 발전시킴으로써 훌륭한 회사원이며 존경받는 사회인이 되도록 양성하는 인재 양성의 터가 되도록 해야 한다는 것이다. 기업인 자신들이 사람을 'X 이론'으로 보지 말고 긍정적인 시각과 함께 인간으로서 대우하는 'Y 이론'의 시각으로 보아야 한다는 뜻이다.

사업을 잘하여 돈을 벌기만 하면 된다는 고전적 기업가 책임론은 현대에서 수정 및 확대되어 통설이 되고 규범이 되었다. 기업가는 사회 및 경제 개발의 주역이다. 그러한 지도자는 기업가를 많이 양성하는 일까지 담당해야 하는 광의의 책임을 갖게 되었다. 인재를 양성한다는 것은 회사에서 필요로 하는 유능한 사람이기 이전에 한 가족의 일원으로서 건전하고 성숙한 사람이 되도록 한다는 것을 의미한다. 이 점을 강조하고 주장한 인본주의 심리학자 매슬로는 이를 가리켜 '유사이키안 경영(Eupsy-chian Management)'이라고 했다. 기업의 우수성은 종업원 각자의 심리적 건전성과 사회의 건전한 도덕성에 달려 있기 때문에 훌륭하고 성숙한 인재 양성과 사회의 건전한 발전이 '유사이키안 경영'에서 말하는 책임 경영이기도 하다. 기업의 생존이 중요 과제인 영세 중소기업의 현실에서는 실천하기 어려운 책임론이지만, 우수 기업을 만든다는 확대된 기업가론의 개념에서 보면 경제적·사회적 책임은 기업가가 명심해야 할 본질적 책임이다.

기업가의 본질적 특징도 새로운 시대에 발맞추어 변화해야 한다. 21세기 지식 정보화 사회에서 기업가의 역할은 특히 중요하기 때문에 더욱 그러하다. 위대한 사업가들은 산업 혁명 이후 현대 국가를 발전시킨 주역들이며 앞으로도 그들이 경제 발전의 주역임에 틀림이 없다. 기업의 개혁과 새로 태어나는 기업의 경영은 기업 문화의

개혁에 달려 있다. 이를 실현시키기 위해서는 최고 경영자로부터 기업 내 모든 사람들까지 모두가 자기 분야에서 기업가 정신을 발휘해야 한다. 존경받는 기업가는 위대한 기업가가 될 수 있지만 위대한 기업가라고 하더라도 존경받는 기업가가 된다는 보장은 없다.

④ 민주형 리더십

역사 속의 위대한 기업가들을 보면 대부분 과업 지향적 창업 독재자의 유형을 보이고 있다. 미국의 포드, 록펠러가 그랬고, 일본의 혼다 그리고 한국의 위대한 창업 기업가와 재벌 총수들이 그러했다. 즉, 남을 통솔하는 지도자는 위대한 사람(great man)이어야 한다는 것이 전통적 리더 개념이었다. 그러나 일부 창업 기업가와 대기업 총수들이 그러한 자리에 오른 것을 스스로 당연하게 생각하고 기업의 종업원은 물론 창업에 동참했던 옛 동지들까지 부하로 보고 은혜를 베풀고 있다고 '착각'했다. 그러한 착각이 바로 일인 통치의 가부장적·권위적 리더십을 만들었다. 그러나 현대의 존경받는 위대한 기업가는 그러한 리더가 아니다.

올바르고 새로운 리더상은 동업자와 협력하여 창업하며 창업한 후에도 우수 기업으로 발전시키기 위해 모두가 자발적으로 협력하게 하는 민주적 참여형 리더십을 가지고 있다. 헨리 포드처럼 "내가 만든 기업이기에 내 마음대로 운영하고 처분하는 데 무엇이 잘못이냐"라고 하는 독재형 리더십은 자동차 회사의 몰락과 포드 자신의 불행을 가져왔다. 이와 대조적으로 "내 기업이라니 천만에요. 나보다 우수한 젊은이들에게 맡겨야지요"라는 말과 함께 66세의 나이로 은퇴하고 전문 경영자를 승진시켜 회장직을 맡게 한 혼다 소이치로의 리더십은 혼다를 지속적으로 성장하도록 한 원동력이 되었다.

현대 우수 기업의 특징은 참여형 책임 경영 제도 아래 '고객 만족'의 개념을 달성시키며, 동시에 신바람 나는 기업 문화 육성을 강조하는 새 시대 경영을 한다는 것이다. 모두가 자발적 협동 정신으로 충만한 기업을 만드는 것이 초일류 기업을 만드는 길이며, 이것은 리더십에 달려 있다.

리더란 사람들이 존경하고 신임하고 따르는 사람이다. 자발적으로 창의와 발명의 공헌을 하며 서로 돕고 성장한다는 변혁적 리더십(transforming leadership)을 발휘하는 리더상이 기업가의 본질적 개념으로 자리잡아야 한다. 이는 '현장주의 리더십',

'자율 및 참여 지향적인 민주형 리더십'에서 찾아볼 수 있다. 새로운 기업에는 과업 지향형 고전적 리더의 특징도 중요하지만 자율 및 참여 지향적인 민주형 리더십이 협동과 자율 경영의 혜택을 얻게 되며, 이러한 양자 배합의 새 리더상이 존경받는 기업가를 탄생시키는 것이다.

앞에서 논한 기업가의 본질적 특징은 고전적 개념과 신고전적이고 현대적인 개념을 수정 및 확장하면서 하나의 새롭고도 포괄적인 개념으로 변하게 되었다. 영웅적인 위대한 기업가가 산업 혁명 시대의 특징이었다면 국제화 시대의 기업가는 새로운 기업 환경, 즉 지식 정보 시대의 새로운 주역으로 유능하고도 존경받는 새로운 기업가의 본질을 이해해야만 한다. 인권이 존중되는 자율적 책임 경영을 이루어 나가며 세계적 초일류 기업을 창조·발전시켜야 할 기업가는 영웅적인 위대한 기업가가 되기보다는 존경받는 기업가가 될 때 가능하다.

Chapter 2

4차 산업 혁명과
기업가 정신

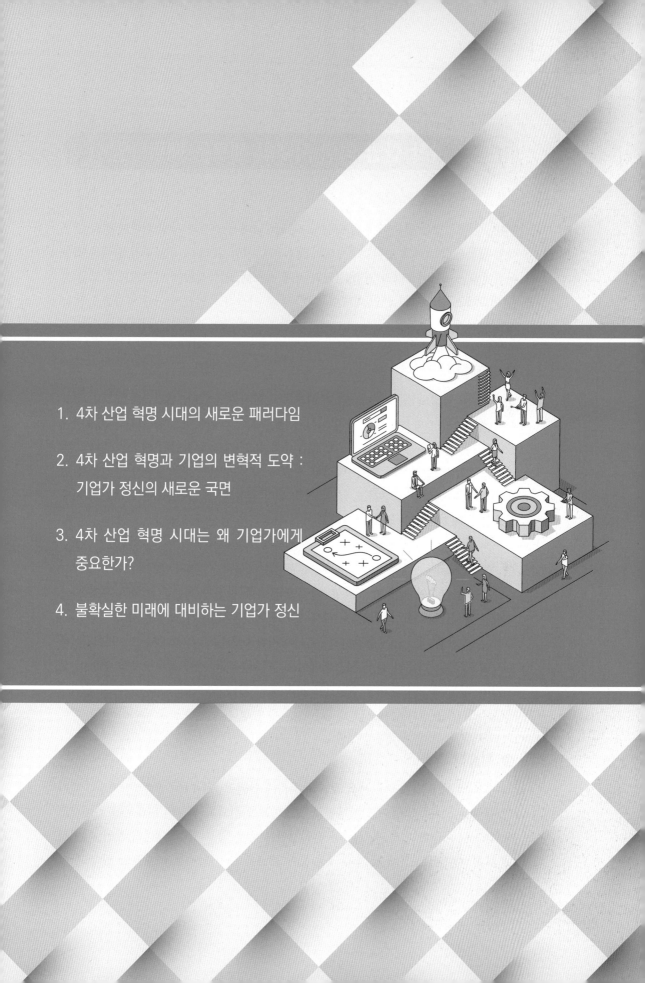

기업가 정신과 **창업**

1 4차 산업 혁명 시대의 새로운 패러다임

4차 산업 혁명은 단순히 기술 혁신의 시대를 넘어서 경제와 사회 전반에 걸쳐 근본적인 변화를 초래하고 있다. 이 시대의 핵심은 디지털, 물리적, 생물학적 경계의 허물어짐에 있으며, 이에 따라 기업 경영과 경제 시스템, 일상생활에 이르기까지 모든 것이 변화하고 있다. 4차 산업 혁명이 경제, 사회, 기술적 측면에서 어떤 영향을 미치는지 살펴보자.

❶ 경제적 영향

4차 산업 혁명이 산업 구조를 근본적으로 변화시키고 있다. 신기술의 도입은 전통적인 제조업을 스마트 공장으로 변모시켜 생산성 향상과 운영 비용 절감을 가능하게 했다. 또한 데이터 분석, 인공 지능, 로봇 공학 등의 기술이 결합된 새로운 형태의 비즈니스 모델이 등장하고 있다. 이러한 기술적 발전은 신산업을 창출하며 기존 산업에도 혁신적 변화를 요구하고 있다. 예를 들어 금융과 헬스케어 분야에서는 디지털 기술을 통해 서비스의 질을 개선하고 사용자 경험을 혁신하고 있다.

❷ 사회적 영향

일자리의 변화와 교육의 중요성, 기술의 급속한 발전과 적용은 일자리 구조에 큰 변화를 가져왔다. 자동화와 인공 지능 도입으로 일부 전통적 직업은 사라지지만, 새로운 기술 관련 직업군이 등장하고 있다. 이러한 변화는 교육 및 훈련의 필요성을 증대시키고 있다. 기존의 교육 시스템에서는 직업 훈련과 기술 교육으로의 전환이 요구되며, 평생 학습이 중요한 개념으로 자리 잡고 있다. 앞으로는 노동 시장의 유연성을 높이고 기술 변화에 대응할 수 있는 인력을 양성하는 데 중점을 두어야 한다.

❸ 기술적 영향

4차 산업 혁명의 기술은 사회 전반에 걸쳐 통합되고 있다. IoT(사물 인터넷), 빅 데이터, 클라우드 컴퓨팅 등이 일상생활과 밀접하게 연결되어 생활의 편리성을 증대시켰다. 하지만 이러한 기술 통합은 동시에 보안 이슈를 낳고 있다. 데이터 보안, 개인정보 보호, 사이버 공격에 대한 취약성 등이 새로운 도전 과제로 떠오르고 있다. 이에

대한 대응책으로 보안 기술의 강화와 함께 법적, 정책적 기반을 마련하는 것이 중요하다.

4차 산업 혁명은 기업과 경제, 사회에 걸쳐 포괄적인 변화를 가져오고 있다. 이러한 변화는 기회를 제공하는 동시에 새로운 도전을 야기한다. 경제적, 사회적, 기술적 차원에서 이 변화를 효과적으로 관리하고 이용하는 것이 중요하며, 전 세계적으로 협력과 혁신적 접근이 필요하다. 이제 기업과 정부, 교육 기관은 이러한 변화에 적응하고 최대한의 이점을 추출하기 위한 전략을 개발하는 데 집중해야 한다.

① 4차 산업 혁명이란?

산업 혁명은 새로운 기술이 등장하면서 산업 구조와 사회 전반의 모습이 바뀌는 현상을 말한다. 인류는 지금까지 세 번의 주요 산업 혁명을 겪어왔다. 1차 산업 혁명은 증기 엔진의 발명으로 시작되어 기계를 사용한 생산 방식이 도입됐다. 2차 산업 혁명은 전기 기술의 발전 덕분에 대량 생산과 소비가 가능해졌고, 3차 산업 혁명은 컴퓨터와 인터넷 기술의 발전으로 산업의 정보화와 자동화가 진행됐다. 그리고 현재 4차 산업 혁명이 진행 중이다. 4차 산업 혁명은 3차 산업 혁명을 기반으로 디지털, 바이오, 물리학 사이의 경계를 허무는 융합 기술 혁명으로, 정보와 통신 기술을 바탕으로 IoT, 클라우드, 빅 데이터와 같은 정보 기술과 인공 지능이 융합된 고도화된 기술 혁신을 의미한다.

인공 지능과 빅 데이터 같은 4차 산업 혁명의 핵심 기술들은 정보를 자동으로 디지털화하고 분석해 현실과 가상을 통합하는 O2O(Online-to-Offline) 시스템을 개발했다.

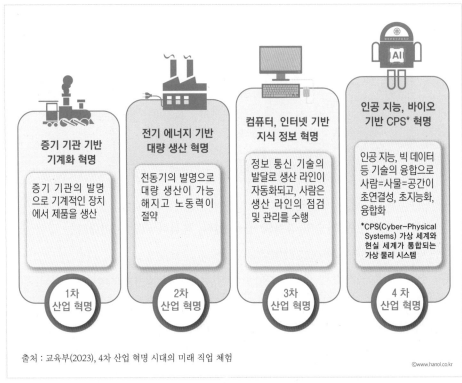

출처 : 교육부(2023), 4차 산업 혁명 시대의 미래 직업 체험

그림 2-1_ 산업 혁명 단계에 따른 생산의 변천사

이러한 4차 산업 혁명은 오프라인과 온라인 정보의 자동 처리를 바탕으로 개인화된 생산을 촉진하는데, 이는 과거 3차 산업 혁명에서 수동으로 정보를 온라인에 입력해야 했던 방식과 확연히 다르다.

4차 산업 혁명은 초연결성, 초지능화, 융합화의 세 가지 주요 개념을 기반으로 하고 있다. 이 개념들은 모든 것이 상호 연결되고 지능화된 사회로의 변화를 촉진한다. 이 혁명은 전례 없는 속도로 기술의 발전을 가져오며, 모든 산업 분야에서 혁신적 변화를 이끌 것이다.

- 초연결성(Hyperconnectivity)은 사물 인터넷(IoT), 모바일 기술, 빅 데이터 등을 통해 사람, 기계, 정보가 실시간으로 연결되는 상태를 말한다. 이 개념은 물리적, 디지털, 생물학적 경계가 모호해지면서 각각의 구성 요소들이 네트워크를 통해 지속적으로 정보를 교환하고 상호 작용하는 것을 포함한다.

- 초지능화(Superintelligence)는 인공 지능(AI) 기술의 발달로 컴퓨터나 로봇이 인간의 인지 능력을 넘어서는 지능을 갖게 되는 현상을 가리킨다. 이는 머신 러닝, 딥러

닝과 같은 고급 알고리즘을 통해 기계가 스스로 학습하고 의사 결정을 내릴 수 있는 능력을 갖추게 됨을 의미한다.

- 융합화(Convergence)는 서로 다른 기술이나 산업 간의 경계가 허물어지면서 이전에는 별개로 취급되던 기술들이 하나로 통합되어 새로운 형태의 기술이나 서비스를 창출하는 현상을 말한다. 예를 들어, 생명 공학과 컴퓨터 과학의 결합에서 볼 수 있는 바이오인포매틱스의 발전과 같은 새로운 학문 분야의 출현을 포함한다.

이 세 가지 개념은 4차 산업 혁명이 추구하는 사회적, 경제적 변화의 근간을 이루며, 향후 인류 삶의 방식과 산업 구조에 근본적인 변화를 가져올 것이다.

② 4차 산업 혁명을 이끄는 핵심 기술

4차 산업 혁명은 기술의 급속한 발전과 융합에 따라 사회와 산업의 구조를 획기적으로 변모시키고 있다. 이러한 변혁의 핵심에는 디지털 기술, 바이오 기술, 물리학 기술의 세 가지 주요 영역이 자리 잡고 있으며, 이들은 각각 독특한 방식으로 4차 산업 혁명을 주도하고 있다.

첫째, 디지털 기술 분야에서는 인공 지능(AI)과 빅 데이터가 중심적인 역할을 한다. 인공 지능은 음성 인식, 문제 해결, 의사 결정 등 인간의 지능을 요구하는 작업들을 자동화하며, 다양한 산업에서 프로세스의 효율성을 높이는 데 기여한다. 빅 데이터는 거대한 데이터의 집합을 분석하여 의사 결정에 필수적인 인사이트를 제공하며, 이를 통해 기업들은 운영 효율성을 개선하고 시장 동향을 정확히 예측할 수 있다.

둘째, 바이오 기술 영역에서는 3D 프린팅이 주목받고 있다. 이 기술은 의료, 제조, 건축 등 다양한 분야에서 맞춤형 솔루션을 제공함으로써 산업의 패러다임을 변화시키고 있다. 특히, 빠른 프로토타이핑과 비용 효율적인 맞춤 생산을 가능하게 하여 제품 개발 과정을 혁신적으로 단축시키고 있다.

셋째, 물리학 기술에서는 사물 인터넷(IoT)과 로봇 공학이 통합되어 주목을 받고 있다. 사물 인터넷은 실시간 모니터링과 원격 제어를 가능하게 함으로써 산업 기계부터 스마트 홈 기기까지 효과적으로 연결해주고, 로봇 공학은 정밀성과 속도를 바탕으로 고위험 작업을 수행하여 인간 노동자가 보다 창의적이고 복잡한 업무에 집중할 수 있도록 지원한다.

📢 표 2-1_ 5대 주요 기술

기 술	내 용
사물 인터넷 (IoT: Internet of Things)	사물에 센서를 부착, 네트워크 등을 통한 실시간 데이터 통신 기술 예 IoT + 인공 지능(AI) + 빅 데이터 + 로봇 공학 = 스마트 공장
로봇 공학 (Robotics)	로봇 공학에 생물학적 구조를 적용, 적응성 및 유연성을 향상시키는 기술 예 로봇 공학 + 생명 과학 = 병원 자동화 로봇
3D 프린팅 (Additive Manufacturing)	3D 설계나 모델링 데이터를 바탕으로 원료를 쌓아 물체를 만드는 제조 기술 예 3D 프린팅 + 바이오 기술 = 인공 장기
빅 데이터 (Big Data)	대량의 데이터로부터 가치를 추출하고 결과를 분석하는 기술 예 빅 데이터 + 인공 지능 + 의학 정보 = 개인 맞춤 의료
인공 지능 (AI: Artificial Intelligence)	사고·학습 등 인간의 지능 활동을 모방한 컴퓨터 기술 예 인공 지능 + 사물 인터넷 + 자동차 = 무인 자율 주행 자동차

이러한 기술들은 상호 보완적으로 작용하며 새로운 산업과 사회의 변혁을 이끌고 있다. 통합적인 기술 적용은 우리의 생활 방식과 작업 환경을 근본적으로 변화시킬 전망이다.

③ 4차 산업 혁명과 그 영향:
산업 전반에 걸친 기술적 변화와 혁신

4차 산업 혁명은 전 세계 산업을 근본적으로 변화시키고 있다. 이 혁명은 디지털, 물리적, 생물학적 경계를 허물며 기술 융합을 통해 새로운 기회를 창출하고 있다. 아래에서는 4차 산업 혁명이 영향을 주는 주요 산업 분야를 살펴보고자 한다.

❶ 제조업의 변화

전통적인 제조 방식은 3D 프린팅 기술의 등장으로 큰 변화를 겪고 있다. 이 혁신적인 기술은 값비싼 금형의 필요성을 제거하고 주문형 제조를 가능하게 함으로써 생산 과정을 효율화하고 있다. 이는 제품의 맞춤화를 촉진하고 제조 낭비를 줄이며 신제품의 시장 출시 시간을 대폭 단축하는 결과를 가져왔다.

❷ 헬스케어 산업의 혁신

4차 산업 혁명은 헬스케어 분야에서도 혁명적인 변화를 일으키고 있다. 맞춤형 의료 솔루션과 원격 환자 모니터링이 가능해졌으며, 3D 프린팅은 환자 맞춤형 임플란트와 수술 도구 제작을 가능하게 함으로써 치료의 정확성을 높이고 비용을 절감하고 있다.

❸ 운송 및 물류의 혁신적 접근

운송 및 물류 분야는 AI, 로봇 공학, IoT의 통합으로 더욱더 효율적이고 안전하며 지속할 수 있는 방향으로 진화하고 있다. 자율 주행 차량과 드론은 물류 경로를 최적화하고 연료 소비를 줄이는 동시에 라스트 마일 배송을 효율적으로 개선하고 있다.

❹ 에너지 산업의 지속 가능한 발전

재생 가능 에너지원과 스마트 그리드 기술은 4차 산업 혁명의 중심에서 에너지 산업의 변화를 이끌고 있다. AI 기반의 에너지 관리 시스템은 에너지 소비를 최적화하며, 블록체인 기술은 재생 에너지 거래의 투명성과 신뢰성을 높이는 데 기여한다. 예를 들어, AI 기반의 에너지 관리 시스템은 실시간으로 에너지 소비 패턴을 분석하고 최적의 에너지 사용 전략을 제안하며, 블록체인 기반의 에너지 거래 플랫폼을 통해 가정용 태양광 발전 시스템에서 생산한 전력을 이웃과 거래할 수 있다.

❺ 교육 및 기술 훈련의 변화

고도화된 기술 발전은 교육 분야에 디지털 리터러시와 기본 코딩 교육의 확대, STEM(과학, 기술, 공학, 수학) 교육의 강화, 평생 학습 시스템 구축, 창의력 및 협업 관련 소프트 스킬 개발, 데이터 과학 교육, 맞춤형 교육 및 학습 경로, 산업과의 연계 강화와 같은 새로운 요구를 제기하고 있다. AI, 로봇 공학, 데이터 분석, 3D 프린팅 등에 대한 전문 지식을 갖춘 인력에 대한 수요가 급증하고 있으며, 교육 기관은 이러한 변화에 맞추어 교육 프로그램을 개선하고 새로운 기술을 교육해야 한다.

4차 산업 혁명은 기술 융합이 주도하는 변혁의 시대로, 다양한 산업에 걸쳐 근본적인 변화를 초래하고 있다. 이 혁명을 이해하고 그 가능성을 탐색하는 것은 기업, 개인 및 정책 입안자에게 매우 중요하다. 기술적 혁신은 미래를 형성하고 산업을 재정의하는 데 결정적인 역할을 할 것이다.

2　4차 산업 혁명과 기업의 변혁적 도약 : 기업가 정신의 새로운 국면

4차 산업 혁명의 물결 속에서 기업들은 단순한 기술 적응을 넘어서 근본적인 변화를 모색하고 있다. 과거 기업가 정신이 내부 자원을 활용해 혁신을 추구했다면 현재는 개방형 구조를 바탕으로 외부 자원을 적극적으로 활용하는 방향으로 진화하고 있다. 이러한 변화는 기업 내부의 역량만으로는 한계가 있음을 인식하고 외부의 아이디어와 기술을 통합하여 새로운 가치를 창출하려는 시도에서 비롯되었다.

❶ 개방형 혁신의 확대와 기업가 정신의 변화

기존의 사내 기업가 정신은 주로 회사 내부의 자원을 이용한 스핀오프(Spin-off)와 같은 활동에 국한되었으나 지금은 외부의 혁신적 아이디어를 발굴하고 이를 기업 내부로 흡수하는 방향으로 확장되고 있다. 예를 들어, 네이버와 같은 대기업이 스타트업에 투자하고 이를 보육하여 내부 혁신 역량을 강화하는 것은 이러한 변화의 대표적인 예이다. 이러한 움직임은 기업이 단순한 혁신을 넘어 지속 가능한 발전을 도모하며 사회적, 경제적 수요에 기반한 혁신을 창출하는 데 중요한 역할을 한다.

❷ 동태적 역량과 사회적 기업의 역할

4차 산업 혁명이 가져오는 급격한 기술적, 환경적 변화에 효과적으로 대응하기 위해서는 기업의 동태적 역량이 핵심적이다. 이 역량은 기업 내외부의 자원을 통합, 구축 및 재구성하여 급변하는 시장 환경에 적응하고 경쟁 우위를 유지하는 데 필수적이다. 또한, 사회적 기업이나 공유 가치 창출(Creating Shared Value)과 같은 개념은 모든 기업이 사회적 문제를 해결하고 새로운 가치를 창출하는 데 기여할 수 있음을 보여준다.

❸ 문제 인식에서 가치 창출까지 : 혁신의 새로운 프로세스

기업의 혁신 활동은 문제 인식에서부터 시작해 해결 방안을 마련하고 이를 사업화 및 실행하여 최종적으로 가치를 창출하는 과정을 거치게 된다. 이 과정에서 기업가 개인과 조직의 역량이 큰 역할을 하며, 이러한 역량을 기업가 정신이라고 부를 수 있

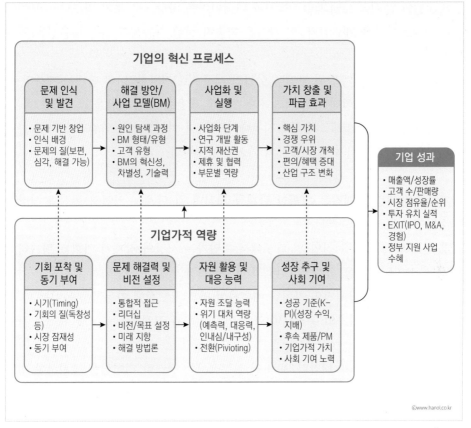

기업의 혁신 프로세스

문제 인식 및 발견	해결 방안/ 사업 모델(BM)	사업화 및 실행	가치 창출 및 파급 효과
• 문제 기반 창업 • 인식 배경 • 문제의 질(보편, 심각, 해결 가능)	• 원인 탐색 과정 • BM 형태/유형 • 고객 유형 • BM의 혁신성, 차별성, 기술력	• 사업화 단계 • 연구 개발 활동 • 지적 재산권 • 제휴 및 협력 • 부문별 역량	• 핵심 가치 • 경쟁 우위 • 고객/시장 개척 • 편의/혜택 증대 • 산업 구조 변화

기업가적 역량

기회 포착 및 동기 부여	문제 해결력 및 비전 설정	자원 활용 및 대응 능력	성장 추구 및 사회 기여
• 시기(Timing) • 기회의 질(독창성 등) • 시장 잠재성 • 동기 부여	• 통합적 접근 • 리더십 • 비전/목표 설정 • 미래 지향 • 해결 방법론	• 자원 조달 능력 • 위기 대처 역량 (예측력, 대응력, 인내심/내구성) • 전환(Pivioting)	• 성공 기준(K-PI)(성장 수익, 지배) • 후속 제품/PM • 기업가적 가치 • 사회 기여 노력

기업 성과

• 매출액/성장률
• 고객 수/판매량
• 시장 점유율/순위
• 투자 유치 실적
• EXIT(IPO, M&A, 경험)
• 정부 지원 사업 수혜

©www.hanol.co.kr

🔧 그림 2-2_ 기업의 혁신 활동과 기업가적 역량의 프로세스 모델

다. 4차 산업 혁명 시대에는 이 기업가 정신이 기술뿐만 아니라 사회적, 경제적 문제 해결에 중점을 두어야 하며, 이는 기업의 지속 가능한 성장을 보장하는 데 중요한 역할을 한다. 따라서 4차 산업 혁명은 기업에 단순한 기술 적응을 넘어서 사회적 가치 창출과 지속 가능한 경영을 요구하고 있다. 이를 위해 기업들은 개방형 혁신을 포용하고 사회적 문제 해결에 적극적으로 기여하며 내외부 자원을 효율적으로 재구성하는 동태적 역량을 발휘해야 할 것이다.

기업의 혁신 프로세스는 네 단계를 거치며, 각 단계는 시장의 변화와 기회를 식별하고 이를 통해 경쟁 우위를 확보하는 데 중점을 둔다.

• **문제 인식 및 아이디어 발견 :** 기업은 시장의 변화를 주시하고 이를 통해 발생하는 문제를 인식하여 혁신의 기회로 전환한다. 이 단계에서 아이디어는 창의적 사고와 시장의 요구를 반영한다.

- **해결 방안 및 사업 모델 개발** : 발견된 아이디어를 바탕으로 초기 비즈니스 모델이나 프로토타입을 개발한다. 이 과정은 기술적 실행 가능성과 시장 수용성을 평가한다.
- **사업화 및 상품화** : 개발된 모델을 상업적 제품으로 전환한다. 이 단계는 제품의 시장 진입 전략을 포함하며, 고객과의 초기 상호 작용을 통해 제품을 조정한다.
- **가치 창출 및 시장 확대** : 제품이 시장에 안착하면 기업은 네트워킹과 전략적 파트너십을 통해 시장을 확대하고 추가 가치를 창출한다.

기업가적 역량의 개발은 명확한 단계를 거치며 각 단계는 기업의 혁신과 성장에 필수적인 요소를 제공한다.

첫 번째 단계인 시장 진입 전 탐색에서 기업가는 시장의 잠재적 기회를 평가하고 초기 비즈니스 모델을 설계한다. 이 과정에서 시장의 동향을 면밀히 분석하고 기회가 제공할 수 있는 장기적인 가치를 예측하여 비즈니스 실행 가능성을 높이는 데 중점을 둔다. 이는 기업가의 동기 부여와 시기적 절차를 결정하는 중요한 요소로 작용한다.

두 번째 단계인 문제 해결력 및 비전 설정에서는 강력한 리더십을 발휘하여 명확한 비전과 목표를 설정하고 비즈니스 모델을 정교화한다. 통합적 접근을 통해 주요 문제들을 해결하고 미래 지향적인 사고를 바탕으로 장기적인 계획을 수립한다. 이 단계는 기업가가 초기의 도전을 극복하고 지속 가능한 성장을 위한 기반을 마련하는 데 중요하다.

세 번째 단계인 자원 확보 및 대응 준비에서는 필요한 자금, 팀 구성 및 초기 제품 또는 서비스의 개발에 집중한다. 기업가는 이 시기에 비즈니스 인프라를 구축하고 필요한 파트너십을 확립하여 초기 시장 진입을 준비한다. 이 과정은 효율적인 자원 관리와 전략적 파트너십 형성을 통해 비즈니스의 초기 성공을 지원한다.

네 번째 단계인 성장 추구 및 사업 기대에서는 사업 확장, 신제품 개발, 시장 다각화를 추구하며 기업의 장기적 성공을 위한 전략을 조정한다. 이 단계에서 기업가는 시장 변화에 대응하고 경쟁 우위를 유지하기 위해 지속적으로 전략을 조정하며, 기업 성과를 분석하고 평가한다.

이러한 기업가적 역량의 개발 과정은 기업의 혁신 프로세스에 깊이 통합되어 있으며, 각 단계가 서로 보완적으로 작용하여 기업 성과에 긍정적인 영향을 미치고 기업의 지속 가능한 성장과 혁신을 촉진한다.

3 4차 산업 혁명 시대는 왜 기업가에게 중요한가?

4차 산업 혁명은 디지털, 생물학적, 물리적 기술의 융합을 통해 우리의 삶, 일터 및 가치 창출 방식을 혁신적으로 변화시키고 있다. 인공 지능, 빅 데이터, 클라우드 컴퓨팅, IoT, 블록체인, 생명 공학, 나노 기술 등의 기술이 모든 산업 부문에 걸쳐 새로운 연결성, 효율성 및 맞춤화 수준을 가능하게 하고 있다. 이러한 변화는 기업가에게 새로운 기회와 도전을 제공하며, 다음과 같은 세 가지 이유로 기업가에게 중요하다.

❶ 진입 장벽 감소와 혁신 가속화

4차 산업 혁명 기술은 기업가가 정보, 자원, 도구, 플랫폼 및 시장에 보다 용이하고 저렴하게 접근할 수 있게 한다. 이를 통해 기업가는 인터넷과 클라우드 컴퓨팅, 오픈 소스 소프트웨어 및 온라인 커뮤니티를 활용하여 사업을 신속하고 효과적으로 시작하고 확장할 수 있다. 예를 들어, 스포티파이(Spotify)를 사용하여 온라인 상점을 개설하고 스트라이프(Stripe)로 결제를 처리하며 코파일럿(Copilot)과 같은 도구로 콘텐츠를 생성할 수 있다.

❷ 새로운 가치 창출 및 경쟁 우위

4차 산업 혁명 기술을 통해 기업가는 이전에 불가능했던 새로운 제품, 서비스, 비즈니스 모델을 창출할 수 있다. 데이터 분석과 AI를 활용하여 통찰력을 얻고 프로세스를 최적화하며 제품을 개인화할 수 있다. IoT, 블록체인, 스마트 계약은 투명성과 보안을 강화하는 동시에 생명 공학과 나노 기술, 3D 프린팅은 새로운 솔루션을 가능하게 한다. 예를 들어, 23andMe를 통한 맞춤형 유전자 검사 서비스나 스포티파이의 개인화된 음악 스트리밍 서비스 등이 이에 해당한다.

❸ 새로운 기술과 사고방식의 필요성

4차 산업 혁명은 또한 기업가에게 새로운 기술적, 사회적 도전을 제시한다. 기업가는 끊임없이 변화하는 시장 환경과 고객의 요구에 적응해야 하며, 다양한 이해관계자와의 협력을 통해 사업을 전개해야 한다. 데이터의 사용과 보호, 알고리즘 설계, 사이버 보안 관리는 모두 중요한 고려 사항이며, 이러한 변화는 기업가가 윤리적, 사회적, 환경적 책임을 지면서 혁신을 추진하는 데 필수적이다.

4차 산업 혁명은 기업가에게 전례 없는 기회를 제공하며, 이를 통해 새로운 비즈니스 모델과 혁신적인 솔루션을 개발할 무한한 가능성을 열어준다. 기업, 개인, 정책 입안자 모두 이 혁명의 잠재력을 이해하고 활용하는 것이 중요하며, 이를 통해 지속 가능한 성장과 사회적 가치를 창출할 수 있다.

4 불확실한 미래에 대비하는 기업가 정신

① 혁신적인 기업가 정신

4차 산업 혁명은 단순한 유행어를 넘어 기업의 운영, 혁신 및 경쟁 방식에 근본적인 변화를 가져오고 있다. 이 변화의 파도 속에서 혁신적인 도전 정신을 가진 기업가들에게는 이 시기가 특히 중요하다. 4차 산업 혁명이 어떻게 기업가 정신, 특히 혁신과 도전을 추구하는 기업가의 태도와 접근 방식을 변화시키고 있는지 탐구한다. 또한, 이러한 변화를 기업가가 어떻게 수용하고, 이를 통해 어떻게 시장에서 새로운 기회를 창출하고 경쟁 우위를 확보할 수 있는지를 살펴볼 것이다.

❶ 데이터 활용의 중요성

데이터는 현재와 미래의 기업가에게 무엇보다 중요한 자원이다. 고객 행동, 시장 동향, 운영 효율성 및 혁신 잠재력에 대한 깊이 있는 통찰력을 제공함으로써 데이터는 산업 4.0을 구현하는 데 핵심적인 역할을 한다.

기업가는 데이터 분석을 통해 제품, 서비스, 프로세스 및 비즈니스 모델을 최적화하고, 새로운 기회를 식별할 수 있다. 예를 들어, 넷플릭스(Netflix)는 데이터 분석을 통해 사용자 맞춤형 추천을 제공하고, 에어비앤비(Airbnb)는 최적의 요금 책정 및 호스트-게스트 매칭을 구현한다. 데이터를 효과적으로 활용하기 위해 기업가는 데이터 수집, 분석 및 시각화 도구에 투자하고, 데이터 품질, 보안 및 개인정보 보호를 엄격히 관리해야 한다.

❷ 디지털 혁신의 수용

디지털 혁신은 변화하는 고객 및 시장 요구 사항에 부응하기 위해 디지털 기술을 활용하여 기존 비즈니스 프로세스, 제품 또는 서비스를 변형시키는 과정이다. 기업가는 디지털 혁신을 통해 가치 제안을 강화하고 고객 경험을 개선하며 운영 효율성을 증대시킬 뿐만 아니라 새로운 수익원을 창출할 수 있다. 예를 들어, 우버(Uber)는 디지털 플랫폼을 통해 운송 산업을 재정의했다. 이러한 혁신을 수용하기 위해서는 고객 중심적 사고와 민첩한 비즈니스 전략이 필요하며, 다양한 파트너와의 협력을 통해 시너지를 창출해야 한다.

❸ 혁신 생태계의 활용

혁신 생태계는 다양한 참여자와 자원이 상호 작용하며 혁신을 촉진하는 네트워크다. 이 생태계는 기업가에게 자원, 지식, 재능 및 시장 접근을 제공하고, 창의성과 학습, 실험을 촉진한다. 테슬라(Tesla)는 이러한 생태계를 활용하여 첨단 전기차 및 에너지 솔루션을 개발하고, 알리바바(Alibaba)는 전자 상거래, 클라우드 컴퓨팅, 핀테크 서비스를 제공하며 시장을 리드하고 있다. 기업가는 강력한 네트워크와 호혜적 관계를 구축하고 위험과 보상을 공유함으로써 혁신 생태계에서의 위치를 강화해야 한다.

4차 산업 혁명은 기업가에게 전례 없는 기회를 제공한다. 이를 통해 기업가는 기존의 경계를 넘어서는 새로운 비즈니스 모델과 혁신적인 솔루션을 창출할 수 있으며, 이는 궁극적으로 지속 가능한 성장과 사회적 가치 창출로 이어진다. 기업가들은 이러한 기회를 활용하여 혁신적인 기업가 정신을 발휘해야 한다.

② 기업, 개방형 혁신가로 변화 필요

현대 기업 환경에서 경쟁력을 유지하고 성장을 지속하기 위해서는 단순히 내부 자원과 역량에 의존하는 전통적인 비즈니스 모델만으로는 더 이상 충분하지 않다. 시장의 빠른 변화, 기술의 급속한 발전, 소비자 요구의 다양화는 기업들에게 새로운 도전을 제시하고 있다. 이러한 도전에 효과적으로 대응하기 위해서는 기업이 '개방형 혁신가(Open Innovator)'로 변모할 필요가 있다.

개방형 혁신은 기업이 외부의 아이디어와 기술을 수용하고, 내부의 아이디어와 기

술을 외부와 공유함으로써 혁신을 가속하는 전략이다. 이 전략은 기업이 자체적인 한계를 넘어서 더 넓은 혁신 네트워크와 협력할 기회를 제공한다. 이는 기업이 새로운 기술을 도입하고 다양한 산업과의 융합을 통해 잠재적인 시장을 개척할 수 있도록 돕는다. 개방형 혁신을 채택함으로써 기업이 얻을 수 있는 중요한 이점은 다음과 같다.

- **기술의 다양성과 혁신 속도 증가** : 외부의 혁신적 아이디어와 기술을 통합함으로써 더 넓은 범위의 혁신 가능성을 탐색하고 신속하게 적용할 수 있다.
- **경쟁 우위 확보** : 협력과 경쟁을 넘나드는 유연한 전략을 통해 시장에서의 지위를 강화하고 경쟁사 대비 우위를 확보할 수 있다.
- **소비자 요구에 대한 민감한 대응** : 시장과 소비자의 변화에 빠르게 반응하고 사용자 중심의 제품과 서비스를 제공함으로써 고객 만족도를 향상시킬 수 있다.

기업들이 지속 가능한 성장과 혁신을 위해 개방형 혁신가로 전환하는 것은 선택이 아닌 필수가 되었다. 이제 우리는 이 변화가 구체적으로 어떠한 형태로 나타나야 하는지, 그리고 이를 위해 기업들이 어떤 전략을 수립해야 하는지 살펴볼 필요가 있다.

(1) 기술의 확장과 잠재력 탐색

기업들은 자체 기술에 익숙하고 그 안에서 경쟁력을 발휘하는 것이 중요하지만, 현대의 급변하는 기술 환경에서는 내부적인 R&D만으로 혁신의 다양성을 달성하기 어렵다. 이른바 '근시안적 학습(myopia of learning)'과 '역량의 덫(competency trap)'이라는 문제로 인해 기업들은 종종 기존의 지식과 기술에만 치중하게 되어 새로운 기회를 놓치기 쉽다. 예를 들어, 구글은 M&A를 통해 안드로이드와 같은 기술을 획득했고, 이는 결국 스마트폰 OS 시장에서 iOS와 함께 독점적인 위치를 차지하게 만들었다. 이는 기업이 기존의 지식 범위를 넘어서는 기술을 탐색하고 융합할 수 있는 새로운 기술에 지식을 갖추어야 하는 중요한 사례이다.

(2) 법인에서 연합으로의 전환

경쟁력 유지를 위해 기업들은 독립적인 법인에서 보다 연합적인 형태로 변화할 필요가 있다. 예를 들어, GM은 1908년 설립 이후 미국의 주요 자동차 제조사로서의 위

치를 유지해왔다. GM의 성공은 다양한 제휴를 통해 이루어졌다. 스즈키(Suzuki), 도요타(Toyota)와의 생산 제휴, 피아트(Fiat), 이수즈(Isuzu), BMW와의 기술 및 부품 제휴, 그리고 사브(Saab) 등의 브랜드 지분을 보유하는 전략은 GM이 시장 변화에 유연하게 대응할 수 있는 기반을 마련했다. 이는 현대 기업이 단독으로 성장하기보다는 다양한 파트너십을 통해 시너지를 창출해야 함을 시사한다.

(3) 공급자 중심에서 사용자 중심으로의 전환

기업의 전략이 ERP(Enterprise Resource Planning)나 SCM(Supply Chain Management) 같은 공급자 중심의 효율성에서 사용자 중심의 가치와 체험 극대화로 이동하고 있다. 사용자의 체험을 중시하는 것은 그들의 즐거움을 증진하고 몰입도를 높이는 데 핵심적인 요소이다. 장기적인 목표 달성을 위한 동기 부여는 고객 인사이트 (Customer Insight)에 기반하여 신제품 개발에 반영될 때 그 성공 가능성이 커진다. 따라서 기업은 사용자의 요구와 기대를 정확히 파악하고 이를 제품과 서비스에 반영해야 한다.

기업이 개방형 혁신가로서 성공하기 위해서는 내부 역량을 넘어서서 외부와의 연계를 강화하고, 새로운 기술과 시장 변화에 능동적으로 대응하는 전략이 필요하다. 이를 통해 기업은 지속 가능한 성장을 이루고 시장에서 우위를 점할 수 있다.

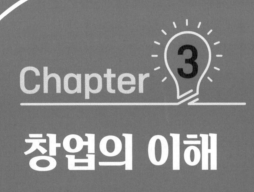

Chapter 3

창업의 이해

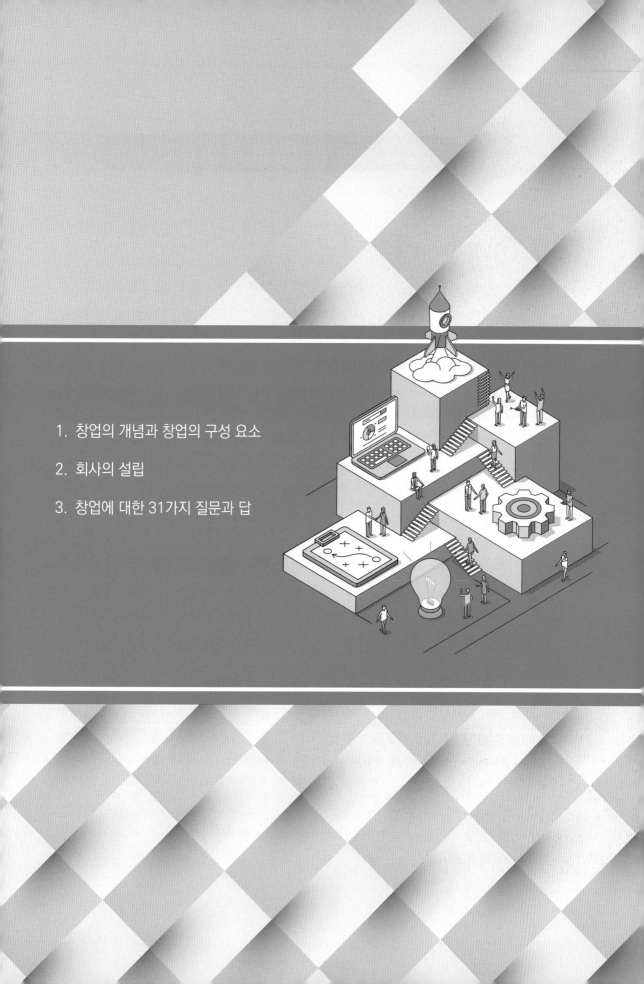

1 창업의 개념과 창업의 구성 요소

① 창업의 개념

기업 활동을 하기 위해서는 먼저 창업을 해야 한다. 창업이란 새로운 조직을 세우는 과정이다. 이를 위해서는 먼저 기회를 인식하고 그 기회를 활용할 계획을 수립하여 실행에 옮기는 데 필요한 경영 자원을 동원해야 한다. 그리고 이러한 모든 행위를 통해 가치를 창출하고 위험에 적절하게 대비하며 관리해 가야 한다. 다시 말해 창업이라 함은 전혀 새로운 사업을 시작(Start-up)하거나 타인의 사업을 인수(Buyout)하여 시작하는 것을 말한다. 창업은 곧 재화와 서비스를 생산·판매하는 시스템을 새로 만드는 과정이며, 기업가적 자질이나 능력을 갖춘 개인이나 집단이 사업 기회를 포착하여 사업 목표를 설정하고 자본, 노동력, 설비를 확보해 일을 추진해 나가는 것을 말한다.

우리나라에서 창업지원법상 창업이 아닌 경우는 다음과 같다.

❶ 타인의 사업을 승계하여 동종 사업을 계속하는 경우

상속이나 증여에 의해 사업체를 취득하는 경우, 사업의 일부 또는 전부의 양·수도에 의해 사업을 개시하는 경우, 폐업한 타인의 공장을 인수하거나 기존 공장을 임차하는 경우 등은 창업으로 보지 않는다. 단, 사업 승계 후에 다른 업종의 사업을 영위할 경우는 창업으로 인정한다.

❷ 법인 전환, 조직 변경 후 동종 사업을 계속하는 경우

개인 사업자가 법인으로 전환하거나 합명, 합자, 유한, 주식회사 등이 상호 간 법인 형태를 변경하거나 기업을 인수 합병하는 것 등은 창업으로 보지 않는다. 단, 조직 변경 전후의 업종이 다른 경우는 변경 전의 사업을 폐지하고 변경 후의 사업을 창업한 것으로 인정한다.

❸ 폐업 후 사업을 개시하여 동종 사업을 계속하는 경우

사업의 일시적인 휴업·정지 후에 다시 재개하는 경우, 공장 이전 등은 창업으로 보

지 않는다. 단, 폐업한 후에 폐업 전의 사업과 다른 종목의 사업을 할 경우는 창업으로 인정한다.

② 창업의 방법

사업을 개시하는 방법은 일반적으로 기존 사업체를 인수하는 방법(인수 창업)과 가맹점에 가입하는 방법(프랜차이즈 가입, 프랜차이징), 새로운 기업을 설립하는 방법(신규 창업)으로 나눌 수 있다. 창업 방법에 따른 특성은 다음과 같다.

(1) 인수 창업

어떤 사업을 시작하는 데 가장 안전하고 신속한 방법은 기존 기업을 인수하는 것이다. 인수 창업이 가지는 장점은 첫째, 이미 기업으로 존재하는 것을 구입하기 때문에 신규 사업을 창업하여 성공시키는 것보다 위험이 적으며 노력, 시간 등이 훨씬 적게 든다. 둘째, 기존 고객들로 형성된 세분화된 시장을 갖고 있을 뿐 아니라 경영층이 은행, 공급업체, 고객들과 건전한 유대 관계를 맺고 있기 때문에 창업에서 성공 궤도 진입 시까지 수반되는 고통스런 문제점들을 해결하기 위해 고생할 필요가 없다. 셋째, 창업의 경우 첫해에는 아무런 이익을 갖지 못하는 것이 통례이다. 때문에 기존 기업의 장단점을 재무 및 영업 계획을 통하여 알고 있으므로 장점을 근거로 하여 보다 새로운 계획을 수립하고 약점을 수정해 보완할 수 있다.

인수 창업의 경우 이와 같은 장점도 있지만, 많은 경우 정상적으로 돌아가는 기업체를 인수하기보다는 상처난 기존 사업을 인수하는 경우가 많아 다음과 같은 단점도 나타난다.

첫째, 기존 제품이나 서비스를 그대로 취급한다면 기존의 좋지 않은 이미지가 계속되어 제품 및 서비스에 불리하게 작용할 가능성이 높다. 둘째, 주위로부터 경쟁적이지 못하다는 소리를 들을 가능성이 높다. 셋째, 가장 주의해야 할 점 중의 하나가 기존 업체를 인수하면서 실제의 값어치보다 비싸게 구입하기 쉽다는 것이다. 만일 과대 지불하였다면 인수자에게 돌아갈 이윤의 몫이 자연히 줄게 된다. 이처럼 인수 창업의 경우, 하나의 단점이 여러 가지 장점을 상쇄시킬 수 있기 때문에 신중한 주의가 요구된다.

(2) 프랜차이징

프랜차이징(가맹점 가입)은 인기 있는 사업 방법으로, 시장 점유율이 높은 방법 중의 하나이다. 요즘 대도시에는 상호가 같고 취급 상품이 동일한 상점들이 많다. 똑같은 이름의 햄버거 가게가 종로에 있는가 하면 명동과 압구정동에도 있다. 햄버거 가게뿐만 아니라 치킨집, 피자집, 의류점 등 여러 업종에 걸쳐 이런 현상이 일어나고 있다. 이와 같이 상호가 같거나 취급하는 상품이 동일한 상점들은 우연히 그렇게 된 것이 아니다. 이들 중 대부분은 일정한 계약 관계로 맺어진 프랜차이즈 비즈니스에 속해 있는 경우가 많다. 프랜차이징은 가맹 본부가 가맹점에 상표의 사용은 물론이고 특정 상품이나 서비스의 판매에서 사용되는 재무 관리, 사업 훈련, 안정적인 물품 공급, 상권 보호 및 입지 선정이나 회계 처리에 관한 경영 노하우 및 기술적 지원 등을 계속적으로 제공하고, 가맹점은 이에 대한 대가(Royalty)를 지불하는 경영 계약을 말한다.

(3) 신규 창업

창업 방법 중 가장 어렵고 힘들지만, 가장 큰 보람을 느낄 수 있는 방법이다. 새로운 기업을 만드는 일인 만큼 가장 많은 장점과 단점을 가지고 있다.

③ 신규 창업 구성의 3요소

기업이 생성되려면 기본적으로 다음과 같이 세 가지의 요소가 갖추어져야 한다.

(1) 기업가 정신

경영자에게 요구되는 것은 단순한 경영 수단이 아닌 미래 환경 변화에 대한 통찰력과 판단력, 장기적인 비전에 입각해 경영 활동을 하는 창의적인 기업가 정신이다. 여기서 기업가 정신이란 위험 부담은 있지만 그에 상응하는 보상을 기대하여 가치 있는 새로운 것을 창조하려는 과정, 또는 사업의 기회를 획득하고 제약된 경영 자원을 가지고 사업을 일으키려는 창업자의 행동 특성이라고 정의할 수 있다. 기업가는 기업을 이끌어가는 능동적인 창업의 주체이다. 따라서 창업자의 재능, 지식, 경험 등은 창업하는 기업의 효율성, 기업 환경에의 적응력, 성장 등에 영향을 미치는 가장 중요한 요소가 된다.

(2) 사업 아이디어 또는 사업 개념

무슨 사업 아이템을 가지고 창업할 것인가? 즉, 어떠한 제품(재화)을 생산하고 서비스(용역)할 것인가에 대한 사업 동기를 말한다. 성공적인 창업을 위해서는 수익성 있는 제품을 선택해야 한다. 사업 아이디어란 기업이 시장에 판매할 목적으로 생산하는 제품의 객관적인 기능을 파악하고 판단하는 착상을 말한다. 소비자에게 제공해줄 혜택이 구체적으로 개념화된 것을 사업 개념(business concept)이라고 한다.

기업 안팎에서 발생되는 제품 관련 아이디어는 기업의 목표와 환경을 고려하여 전략적으로 추진되어야 한다. 그러나 영업, 생산, 재무 등 각 부서에서 제안된 아이디어는 자기 부서 중심으로 추구하고자 하는 경향이 있다. 이러한 현상을 막기 위해 각 부서는 상호 유기적으로 정보를 교환해 나갈 필요가 있다. 또한 경쟁업체의 성공 제품을 지속적으로 벤치마킹(bench-marking)하는 것도 중요하다.

아이디어 선별 과정에서는 수집된 아이디어를 분석, 비교, 검토하여 최적의 것을 선택하게 된다. 수집된 아이디어가 기업의 목적에 일치하는지, 채산성은 있는지, 기술 혁신상의 난이도는 없는지, 발명 특허나 의장 특허에 중복은 없는지 등을 고려하여 무리가 있거나 위험성이 지나치게 큰 경우는 탈락시켜야 한다.

(3) 자 본

기업을 설립하는 데 필요한 경영 자원을 동원하기 위해 필요한 것으로는 인력, 설비, 기술 등의 경영 자원이 있다. 특히 기술 개발, 영업 조직의 구축 등 유무형의 자산을 형성하기 위해서는 자본이 조달되어야 한다. 자본은 기업의 발전 단계에 따라 창업자가 직접 부담하거나 금융 기관 등을 활용할 수 있다. 자본은 자기 자본과 타인 자본으로 나눌 수 있는데, 창업의 초기 단계에는 타인으로부터 자본을 조달받는 데 한계가 있으므로 타인 자본보다는 자기 자본에 대한 의존도가 높다.

이와 같이 신규 창업이란 기업가 정신을 가진 창업자가 유망한 사업 아이디어를 가지고 인원, 기술 및 경영 노하우 등의 경영 자원을 확보하기 위해 자본을 결합하여 기업 활동의 기초를 마련하는 것이다.

④ 창업 핵심 5요소

모든 종류의 창업에서 절대 빠뜨려서는 안 되는 핵심 요소들은 다섯 가지로 정리할 수 있다. 이 다섯 가지는 창업 시 창업자가 반드시 갖추어야 할 필수 요건이 되고 있다.

❶ 기술적 노하우(technical know-how)

창업자는 창업하는 사업의 제품이나 서비스에 대한 전문적인 지식이나 기술을 갖고 있어야 한다. 창업자 자신이 기술적으로 훈련되어 있는 것이 가장 좋다. 제조업이라면 기술의 난이도를 막론하고 해당 업종 기술에 익숙해져야 하지만, 자신에게 기술이 없다면 외부로부터 그 기술을 획득할 수 있어야 한다.

❷ 제품이나 서비스 아이디어(product or service idea)

창업이 성공하려면 먼저 제품, 서비스 개념이 무엇인지 분명히 알고 있어야 한다. 제공할 제품의 가치가 무엇인지 충분한 사업적 개념을 갖추어야 한다.

❸ 사람 접촉(personal contacts)

다른 사람의 도움 없이 창업에 성공하는 법은 없다. 창업이 시도되고 진행되는 동안 모든 국면에서 사람들과의 접촉이 미치는 영향은 절대적이다. 특히 문제 해결에 따른 창의적인 아이디어를 획득하는 데 있어서는 인간 접촉이 가장 효과적인 결과를 가져다준다.

❹ 실물 자원(physical resources)

실물 자원에는 종잣돈, 자본, 모든 종류의 자산이 총망라된다. 실물 자원을 어떤 모양으로 엮어내느냐는 매우 중요한 창업 과제이다.

❺ 고객의 주문(customer order)

제품이나 서비스를 사주려는 고객이 없다면 어떤 창업도 성공하기란 불가능하다. 거래처로부터 첫 주문을 얻어내는 방법에 따른 마케팅 창의성이 창업자들에게는 절대적으로 중요하다.

⑤ 창업의 동기

창업을 수행하게 하는 요인에는 방출(밀어내는, push) 요인과 유인(끌어들이는, pull) 요인이 있다. 대체로 방출 요인에서 여성은 남성과 다른 특징을 나타내지만, 유인 요인에서는 큰 차이를 나타내지 않는다.

(1) 창업 방출 요인(push)

여성에게 창업하도록 밀어내는(push) 요인은 크게 세 가지로 분류된다.

첫째, 직장 생활에서의 한계이다. 차별 승진, 경력 개발의 어려움, 자격과 맞지 않는 업무 등으로 직장 생활에 염증을 느끼고 창업을 결심하게 된다. 특히 여성을 고위직 승진 기회로부터 배제하는 소위 조직 내 '유리 천장'(glass-ceiling)은 대기업의 여성들이 자주 언급하는 밀어내는 요인이다. 둘째, 직장을 구하기 어려운 현실이다. 구직난에 시달리는 신규 졸업생이나 재취업 희망 기혼 여성에게 자영업은 하나의 대안이 될 수 있다. 이와 같은 맥락에서 고실업률이 지속되던 1970년대 이후 서유럽 국가들은 실업을 해결하기 위한 방안으로 창업을 유도했다. 마지막으로 육아와 가사의 병행을 어렵게 하는 꽉 짜여진 직장 생활로부터 탈출하고자 창업한다.

(2) 창업 유인 요인(pull)

독립성, 자아실현(성취 욕구)을 추구하거나 기업가적 충동(리더십, 내적 통제)에 의해 적극적으로 창업하게 되는 경우이다. 이 중 독립성이란 자신이 보스가 되는 것, 시간 조정이 자유로운 것, 책임감을 느끼는 것 등으로 가장 중요한 동기가 된다. 브러시(C. G. Bursh, 1997)가 지적한 고소득, 사회적 사명감, 사회적 지위와 권력의 추구 등은 유인 요인의 다른 표현으로 간주할 수 있다.

창업 동기가 유인 요인에 의한 것인지 방출 요인에 의한 것인지에 따라 여성 창업자를 이분하기도 한다. 히스리시와 브러시(R. D. Hisrich & C. G. Brush, 1996)는 미국의 여성 기업인에 대한 실증 연구를 통해 여성 기업가는 창업 동기, 사업 기술의 수준, 이전 취업 경력의 측면에서 남성 기업가와 차이가 있다고 주장하고 있다. 창업 동기를 보면 남성은 상사와의 의견 불일치나 자신이 경영을 더 잘할 수 있다는 생각이 계기가 되어, 또는 자신의 운명을 스스로 통제해 보겠다는 생각에서 창업한다. 그러나 여성은 직장 생활에서 독자적으로 일을 처리할 수 있는 권한이 주어지지 않는다는

좌절감에서 비롯된 성취욕 때문에 창업을 한다고 말한다.

여성 기업가 집단을 대상으로 창업 동기를 조사한 바에 의하면 방출 요인에 의해 창업하는 영세 자영업자 수준의 사업가와 유인 요인에 의해 창업하는 기업가 수준의 사업가가 있음을 알 수 있다. 따라서 현대의 여성 기업가들은 직장 취업 경험을 통해 좌절을 겪으면서 동시에 강력한 독립 의지를 가지고 있기 때문에 창업하는 데에 '밀어내기 요인'과 '끌어내는 요인'이 함께 작용한 것으로 보는 것이 타당할 듯하다.

(3) 벤처 기업의 창업 준비 과정(벤처 기업의 유망 기술 산업 분야)

벤처 기업은 성격상 고부가 가치를 창출할 수 있는 기술 산업 분야가 바람직하며 유망한 사업 분야는 다음과 같다.

❶ 전자 산업 분야

멀티미디어 시대의 도래에 대비하여 핵심 역량을 축적하고 있으며, 가전 제품과 컴퓨터가 이미 성숙 단계에 진입하였고, 통신 기기 분야가 2000년대 초에 성숙될 것으로 전망된다.

❷ 정보 통신 산업 분야

21세기에는 초고속 정보 통신망에 의한 산업계의 정보 공유가 국가 경쟁 우위의 핵심 요소가 되고 정보와 통신 서비스가 유망 산업으로 부상할 것이다.

❸ 멀티미디어 산업 분야

향후 디지털 신호로 처리된 음성과 영상 정보가 초고속 정보망을 통하여 쌍방향으로 수신되고 발신되는 멀티미디어 환경이 조성될 것이다.

❹ 기계 산업의 전략 분야

장기적 시야에서 핵심 역량의 배양을 위해 전략적 기술 혁신에 노력하는 중소기업이 증가할 것이다.

❺ 자동차 산업의 부품 분야

부품업계도 연구 개발 투자를 증가시켜 자체 기술 연구소를 설립하여 생산 기술의

개발을 추진하고 있다.

❻ 섬유 산업의 패션 분야

중소 섬유 업체도 지식 집약화와 세계화를 통하여 경쟁 우위를 확보하며, 특정 지역에 군락을 이루어 기능을 집적하고 네트워크를 형성할 것이다.

❼ 소프트웨어 산업의 유통 분야

소프트웨어의 유통은 적소 시장에서 고객 관리를 구축하는 기업에 유리하다.

❽ 기타 산업 분야

내수 시장에서 중소기업의 고성장이 가능한 새로운 유망 업종으로 환경 산업이 포함될 것이다. 이 밖에도 마이크로 일렉트로닉스, 메카트로닉스, 신소재, 정밀 화학, 생물 산업, 광산업, 항공기 산업, 디자인, 포장 산업 등을 들 수 있다.

(4) 유망 사업 분야의 접근

창업자가 성공을 기대할 수 있는 유망 사업 분야는 다음과 같다.

❶ 수요자 욕구를 충족시킬 수 있는 분야

수요자가 어려움을 겪고 있는 것, 작업하기 어려운 것, 정밀도를 유지하기 어려운 것, 사람의 손이 너무 가는 것 등을 찾아내어 이를 충족시키는 것이다.

❷ 성장 산업의 주변 분야

성장 분야의 주변에는 주변 장치, 검사 장치, 각종 보조 기기, 전용 부품에 부수하는 주변 분야가 반드시 존재한다. 주변 분야는 많은 경우에 재래 기술과의 결합으로 가능하므로 중소기업에 유리하다.

❸ 작은 특성 시장의 분야

시장이 큰 경우에는 신제품 개발에 성공하더라도 판매력이 큰 대기업에 압도되어 빼앗기고 만다.

❹ 고유 기술을 살릴 수 있는 분야

기업에 축적되어 있는 고유 기술을 개발하는 것이 중요하다.

❺ 작업의 표준화가 어려운 분야

고품질, 다품종, 소량 생산은 작업의 표준화가 어려우므로 중소기업에 적합한 분야이다.

❻ 변화의 선취가 필요한 분야

첨단 산업은 지식 집약 산업으로 기업 규모가 클 필요가 없으므로 중소기업에 적합하다.

❼ 지식 및 기술 집약적 산업 분야

지식·기술 집약적 분야의 산업화가 고도화·세분화될수록 국제 분업화가 촉진되고 이에 따라 중소기업이 참여할 분야는 더욱 많아지게 된다.

(5) 창업 업종 선택 시 고려 사항

창업 시 무계획과 체계가 없는 업종 선정은 많은 시간을 낭비하게 하며, 최적 업종 선정마저도 불가능하게 할 수 있다. 효율적인 업종 선정 순서는 창업 희망 업종의 정보 수집, 이용 체험자 또는 종사자 면담, 업종에 대한 구체적 정보 수집, 업종에 대한 정밀 분석 및 검토, 사업 타당성 분석 등을 통해 선정한다.

창업 초기에는 작고 실속 있는 업종이 좋으며, 시대의 흐름에 맞는 업종을 선택해야 성공할 수 있는 확률이 높아진다. 또한 대기업이 막대한 자금과 조직력으로 성장 분야 산업에 참여하는 경우가 흔히 있기 때문에 대기업의 참여가 곤란한 업종을 선택하는 것이 중소기업의 입장에서 유리하다. 그리고 호환 가능한 업종을 선택하여 유연성을 갖는 것이 중요하다. 틈새 시장 업종을 타깃으로 하면 다른 경쟁 사업자가 시장에 진입할 때까지 독점적 지위를 누릴 수 있는 특권이 생긴다. 그러나 아무리 좋은 업종이라도 자금이 뒷받침되지 않으면 소용없으므로 조달 가능한 자본 규모와 연결하여 업종을 선택하는 것이 반드시 필요하다.

(6) 성공적인 창업 과정의 수립

❶ 창업자의 자질과 경영 능력을 냉철히 판단한다

창업자는 창업 분야의 전문적 지식과 경험으로 경쟁 상대와 비교·검토하고 자신의 적성과 주위의 여건을 점검해야 한다.

❷ 창업 시 거시적인 기업 환경 변화를 주목한다

시장 동향을 예측하고 변화하는 고객 요구에 신속하게 반응하며, 새로운 제품을 창출하는 빠른 대응력을 갖추고 창업해야 한다.

❸ 창업의 시기를 잘 포착한다

범세계화 시대에는 지구를 하나의 시장으로 생각하고 경쟁 상대를 파악하고 창업해야 하며, 시대가 필요로 하는 업종을 중심으로 수요자 욕구의 다양성과 변화를 정확히 파악해야 한다.

❹ 사업 계획의 철저한 준비와 타당성을 점검한다

사업 실패 시를 대비하여 대체 사업의 가능성, 객관적인 사업 타당성을 검토해야 한다.

❺ 최적의 창업 업종과 품목을 선택한다

창업은 자신의 전공과 경험을 최대한 살리고 기술적인 특성과 경영 노하우가 축적되어 있는 분야에서 시작해야 성공률을 높일 수 있다.

❻ 미리 판매 계획 및 판로를 점검한다

새로이 사업을 개시하려는 벤처 중소기업에서는 우선적인 거점 확보가 필요한 만큼 제품 생산 전 미리 예상 판매량을 추정하여 예상 판매 계획을 수립해야 한다.

❼ 시장의 예상 수요를 파악한다

제품 판매 계획이나 생산 계획에 있어 시장의 예상 수요를 파악하고 있어야 한다. 만약 장기적으로 시장 수요가 증가할 것으로 예상된다면 생산량을 늘리거나 가격을 높일 수 있기 때문이다.

❽ 제품 시장의 대체 상품에 관한 조사를 한다

경쟁 제품에 대한 전반적인 정보를 파악하여 자사 제품 판매 계획 수립 시 반드시 참고해야 한다.

❾ 자기 자본과 추가 자금의 조달 능력을 치밀하게 계획한다

자본금을 구성하는 경우 동업을 하더라도 과점 주주가 있는 것이 바람직하며, 타인 자본 조달의 경우 가능한 한 제2 금융권이나 사채는 계획하지 말아야 한다.

❿ 정부가 육성하는 산업 분야에서 창업하는 것이 유리하다

창업을 촉진하기 위해 정부가 육성하는 분야의 벤처 기업 창업 시 자금 및 세제 지원의 혜택을 주고 있다.

⓫ 벤처 캐피털 활용 시 유의점

투자는 융자가 아니기 때문에 동업자 관계로 인식하고 투자 기간 중의 자금 지원, 경영, 기술 지도 능력, 투자금 양도 조건 등을 명확히 이해하고 투자 받아야 한다.

⑥ 창업의 진행 순서

창업이 일반적으로 어떠한 순서로 진행되면서 성사되고 있는가에 대한 여러 학자들의 주장들이 있다. 여기서는 콜린스-무어가 제시하는 창업 진행 순서를 소개한다.

콜린스(O. Collins)와 무어(G. Moore)는 창업자 자신이 창업을 해야 되겠다고 스스로 자각하기 오랜 전부터 이미 창업의 길에 들어서게 하고 결국 성공적인 창업자가 되게 하는 과정적 작용 요인들이 있음을 추적해 냈다. 특히 그들은 창업을 하게 되는 준비 과정을 수년, 때로는 10년 이상의 긴 기간을 거슬러 올라가면서 단계화한다고 했다.

이들이 조사한 대상은 모두 제조업 창업자들로서 생산 현장에서 출발한 사람들이었다. 생산 현장을 출발점으로 하여 창업의 길을 걸은 이들에게서 다음과 같은 7단계적 특징을 확인했다.

① **배움(Schooling)** : 이 단계의 특징은 고생스러운 경험이다. 기술 능력을 현장 경험을 통해서 연마해 나가는 단계이다. 이 과정에서 특히 사업의 뜻을 조금씩 이해하게 되고, 돈이 어떻게 벌리는지 눈이 열리게 된다.

② **형편 악화(role deterioration)** : 처한 환경이 지겨워지는 때이다. 모두가 그런 것은 아니지만 많은 수의 창업자들이 이 과정을 통과하고 있다.

③ **사업 구상(projecting)** : 돈벌이 방법이 떠오르거나 사업 아이디어가 눈에 아른거릴 때이다. 여러 가지 모양의 사업 아이디어가 떠오르기도 하고 때로는 사업 기회에 정면으로 부딪히기도 한다.

④ **만들어내기(creation)** : 아이디어나 기회를 핵으로 해서 구체적으로 사업을 조직화하는 단계이다. 사업의 조직화는 흔히 질서 정연하게 진행되지 않는다. 대체로 온갖 사건들이 밀려들어오는 과정이다.

⑤ **난관 통과(through the knothole)** : 영아 단계의 사업체가 위기에 처하게 되는 단계이다. 일이 엉망으로 꼬이고 도저히 성사될 기미가 없어 보이는 때이다. 그만 집어치워야 되지 않을까 하는 생각이 솟아오를 수 있는 단계이다.

⑥ **다시 배움(maybe recycling)** : 난관 통과를 실패해 망하는 경험을 얻게 된다. 지금까지 겪은 온갖 어려움은 소중한 경험으로 교훈을 준다. 이 체험적 배움은 다음 창업에 밑거름이 되는 강점으로 작용한다.

⑦ **사업 장악(taking full charge)** : 난관을 통과하는 과정에서 창업자는 사업을 죽이지 않기 위해 온갖 곳을 다 쫓아다니며 외부로부터 도움되는 힘을 빌리게 된다. 그러나 일단 위태한 구멍을 벗어나면서 자금 순환이 자급적으로 좋아지고, 여기저기 간청하지 않아도 될 정도가 되면 이제는 사업체를 장악하고자 한다. 그래서 동업자의 의견과 마찰이 일어날 수도 있고, 힘을 발휘하거나 동업자의 업무상 실수들을 문제삼아 밀어낼 수도 있다.

⑦ 창업의 진행 절차

성공적인 창업의 어려움을 감안할 때 창업을 하기 위해서는 그에 상응하는 치밀한 준비와 체계적인 절차가 필요하다. 전체적인 창업 과정은 일반적으로 사업에 관련된 아이디어를 탐색하여 선별하는 착상 단계, 사업성을 분석하고 평가하고 이를 기초로 사업 계획서를 작성하며 기업 형태를 결정하는 계획 단계, 회사를 설립하여 생산과 영업을 개시하는 실행 단계로 진행된다.

(1) 창업 예비 절차

창업 예비 절차는 사업 구상을 좀 더 구체화하여 사업의 골격을 세우는 단계를 말한다.

❶ 업종 및 아이템 선정

창업에 있어서 업종 및 사업 아이템의 선정은 창업자가 해결해야 할 첫 번째 과제이며 핵심적인 부분이다. 창업자는 자신의 경험, 지식, 기술, 즉 주어진 자원이란 제약 조건하에서 선택해야 한다.

❷ 사업 규모의 결정

적정 사업 규모의 결정은 창업 성공의 중요한 요소가 된다. 현명한 창업자라면 과도한 욕심을 버리고 적정한 사업 규모로 사업을 시작하는 것이 대단히 중요하다. 사업 규모 결정에 있어 고려해야 할 사항은 업종에 따른 사업 규모, 취급하고자 하는 제품과 상품, 경영자적 요소와 결부된 창업자의 경영 능력, 특히 창업 자금 조달 능력 등이 있다.

❸ 기업 형태의 결정

기업의 형태는 설립 주체와 설립 형식에 따라 나눌 수 있으며 출자 형태에 따라서 개인 기업과 법인 기업으로 구분된다.
- **개인 기업** : 기업의 소유 형태 중에서 가장 기본적인 형태로서, 출자자와 경영자가 동일인이며 가계가 분리되지 않은 기업을 말한다.
- **법인 기업** : 상법상 법인 기업의 유형은 회사의 채무에 대한 사원의 책임을 기준으

로 합명 회사, 합자 회사, 유한 회사, 주식회사 등으로 구분된다.

❹ 사업성 검토 및 사업 계획 수립

- **사업성 검토** : 창업할 업종과 품목이 선정되면 사업의 타당성을 검토해야 한다. 사업성 검토 과정에서 자신의 독단적 판단에만 의존하는 것은 대단히 위험하기 때문에 해당 업종의 전문가나 창업 상담 회사를 비롯한 컨설팅 기관에 자문을 구한다. 냉정하고 객관적으로 판단하기 위해서는 시장성 분석, 기술성 분석, 경제성 분석 등을 살펴보는 것이 중요하다.

- **사업 계획 수립과 추진** : 위험을 포함한 경제성 분석 결과, 고려 중인 창업 아이디어가 매력적인 투자로 밝혀지고 위험에 대한 추가적인 분석이 끝나면 지체없이 이를 추진하기 위한 구체적인 계획을 수립해야 한다. 그리고 사업 계획서 일정에 따라 사업을 추진해야 한다.

(2) 창업의 일반 절차

❶ 개인 기업의 설립 절차

개인 기업의 모든 법적 문제는 사업주에게 귀속된다. 즉, 개인 기업은 소유와 경영이 일치하며 기업 내에 법률상의 기관이 분화되어 있지 않고 회사의 규칙이라 할 수 있는 정관도 필요없다. 개인 기업을 창업할 때는 그 규모나 업종에 관계없이 관할 세무서에 사업자 등록을 해야 한다. 개인 기업의 설립 절차는 당해 업종이 정부의 인허가 사항인 경우에는 우선 관계 기관으로부터 인허가를 받아야 하며, 관할 세무서에 사업자 등록을 신청하고 사업자등록증을 교부 받아야 한다. 구비 서류는 사업자 등록 신청서, 사업 인허가 사본(필요 시), 주민등록증(등본) 등이다.

❷ 법인 기업의 설립 절차

법인 기업의 설립 절차는 아래와 같다.

❸ 법인 전환

체질을 강화해 나가야 하는 경제 상황 속에서 많은 기업체가 스스로 살아남기 위해서 자발적으로 구조 조정을 서둘러야 하는 상황이다. 정부는 이를 지원하기 위해 기업 간 인수 또는 사업 양도, 부동산 매각 등의 조치가 있을 때 부가세 및 양도소득세 면제 등 각종 세제 혜택을 주고, 기업주가 자기 자산을 무상으로 기업에 증여할 때도 세금 감면의 혜택을 준다. 개인 회사에서 법인으로 전환할 때, 기업 간 합병으로 인해 소유권이 이전되고 이에 따라 신설 법인이 생길 경우는 원칙적으로 양도로 보지 않아 세금이 부과되지 않는다. 신설 법인이 피합병된 법인의 자산을 매각할 때 특별부가세는 피합병 법인이 당초 취득한 금액을 기준으로 계산하게 된다. 또 합병으로 인해 중복 자산이 생긴 경우 이를 6개월 이내에 처분하면 특별부가세 50%가 면제된다.

기업 분할이나 통합의 경우 5년 이상 사업을 계속해온 법인이 직접 사용하던 자산을 현물 출자해 새로운 법인을 세우고, 새 법인의 총 발행 주식 99% 이상을 계속 보유할 경우에도 취득세 및 등록세가 면제된다. 출자 당시에는 세금이 부과되지 않아도 현물 출자로 인해 취득한 주식을 처분할 때는 법인세가 부과된다. 중소기업 간에 통합하거나 개인 사업자가 현물 출자 방식을 통해 법인으로 전환할 경우에도 등록세, 취득세가 전액 감면되고, 사업 양·수도 방식으로 법인을 전환할 경우엔 50%가 감면된다. 중소기업이 업종을 전환할 때 5년 이상 사업을 해온 중소기업이 제조업이나 광업으로 업종을 전환하는 경우엔 5년간 법인세 50%를 감면받고, 종전 법인의 토지 및 건물을 팔고 그 대금으로 전환 업종에 필요한 기계 등을 구입할 때도 세제 혜택을 받을 수 있다.

⑧ 회사의 설립

창업 시 고려할 수 있는 기업의 법적 형태는 크게 개인 기업과 공동 기업으로 나누어 볼 수 있다. 개인 기업은 개인이 출자하는 동시에 경영자로서 참여하는 것이며 법률 효과는 모두 대표자에게 귀속된다. 공동 기업은 복수인이 영리를 목적으로 설립한 회사이며, 이에는 합명 회사, 합자 회사, 주식회사, 유한 회사 네 종류가 있다.

회사를 이렇게 분류하는 기준은 사원의 책임이 무한 책임인가 유한 책임인가 하는 점에 있다. 무한 책임은 회사가 도산할 경우 회사의 채무에 대해 사원이 직접 변제할 책임을 지는 것, 즉 사원 자신의 재산을 처분하여 회사의 채무를 지불하는 것을 말한

다. 이에 반해 유한 책임은 자신이 회사에 출자한 금액에 대해서만 책임을 부담하고 그 이상에 대해서는 책임지지 않는 것을 말한다.

여기서 사원이란 회사에 자금을 출자한 출자자를 말하는데, 주식회사에서는 주주라고 한다. 이는 일반적으로 말하는 종업원 신분의 사원과는 다른 개념이다. 그리고 출자자인 사원의 책임이 무한 책임이냐 유한 책임이냐에 따라 주식회사, 유한 회사, 합명 회사, 합자 회사로 나뉘고 인적 및 물적 회사로 나누어진다. 이처럼 나누는 이유는 합명 회사와 합자 회사는 회사 신용의 기초가 출자자인 사원에게 있는 데 반해, 유한 회사와 주식회사는 회사 신용의 기초가 출자자인 사원에게 있지 않고 회사의 재산에 있기 때문이다.

2 회사의 설립

① 개인 기업의 창업 설립

개인 기업은 개인이 출자하는 동시에 경영자로서 참여하는 것으로, 개인 기업의 법률 효과는 모두 그 대표자에게 귀속된다. 개인 기업은 소유와 경영이 일치하는 단독 기업으로서 법률상의 기관이 분할되어 있지 않고 회사의 규칙이라고 할 수 있는 정관이 필요하지 않다. 개인 기업을 설립하는 데는 별도의 상법적 절차가 필요치 않아 그 설립 절차가 간편하고 휴폐업이 비교적 간단하다. 따라서 처음에 적은 규모로 시작하는 사람은 우선 개인 기업으로 출발하여 경험을 축적한다. 그 후 사업의 성격, 영업 신장의 가능성, 기업의 장래, 세무상 효과 등을 감안하여 적당한 시기에 법인으로 전환하든지 그대로 개인 기업으로 남든지 결정하면 된다.

(1) 창업 절차

어떤 사업을 어떤 방식으로 할 것인가(업종 선정 및 사업 계획의 수립)가 일단 결정되면 그 업종이 국내법상 인허가 업종인지 개인 기업으로 가능한 것인지를 알아본 후에 세무서에 사업자 등록 신청을 한다.(특정 업종은 법인만 영업 행위 가능함)

(2) 창업자 등록 신청

• 사업자 등록 신청서
• 사업 인허가증 사본(인허가 업종인 경우)
• 사업자 주민등록등본

(3) 회사의 설립 준비

상법에 규정된 주식회사(이하 '회사')의 설립 방법에는 ❶ 발기 설립과 ❷ 모집 설립이 있는데, 각 방법에 따라 법 절차에 상이한 점이 있다.

발기 설립은 발기인만이 출자하여 회사를 설립하는 것이고, 모집 설립은 발기인과 발기인 외에 주주를 모집하여 자본을 출자시켜 회사를 설립하는 것이다. 어느 형식이든 대다수의 회사가 1명의 주도하에 설립되어 경영되고, 공동 사업의 경우도 그 공동 사업자의 수가 2~3명에 불과하므로 주식회사의 설립 절차는 그리 중요하지 않다. 법무사가 요구하는 서류와 은행의 주금 납입 증명을 준비하면 실제적으로 회사 설립은 완료되는 것이다.

법무사가 요구하는 서류 중 인감 증명은 그 용도를 정확하게 기재하고, 인감 도장은 법무사를 포함한 타인에게 맡기지 말고 서류를 직접 읽어본 후 날인하도록 한다. 물론 3명 이상의 주주 구성, 대표이사를 포함한 3명 이상의 이사들, 그리고 감사는 사전에 결정되어야 한다. 최소한 4명은 있어야 주식회사의 설립이 가능하다. 그러나 1999년

부터는 자본금 5억 원 미만의 회사는 이사가 1명이나 2명으로도 가능해져 3명만으로도 주식회사의 설립이 가능해졌다.

다수의 출자로 주주를 구성하려고 할 때나 비교적 큰 규모의 자본을 모집할 때, 또는 자본 출자를 권유하여 주주를 구성하려고 할 때는 법적 절차에 대해 상식 이상의 지식이 필요하다. 왜냐하면 많은 사람이 관여되고 큰 자금이 관련된 일이기 때문에 자칫 방심하여 일을 그르칠 수 있기 때문이다. 또한 주식 출자를 약속하거나 주식 청약금을 납입한 후 생각이 바뀌어서 출자를 하지 않으려는 의도로 절차의 하자를 거론할 수도 있고, 필요한 설립 절차의 고지를 해태했다는 이유로 사기라고 말하는 사람도 있을 수 있다. 이러한 사태를 미연에 방지하려면 주주 모집을 위한 성실한 사업 계획의 작성과 아울러 법적 절차에 관해 숙지하고 있어야 한다.

② 법인 기업의 창업 설립

(1) 법인 기업의 창업

국내 상법상 법인 기업에는 주식회사, 유한 회사, 합자 회사, 합명 회사 등 네 가지 형태가 있으나 거의 대부분은 주식회사의 형태로 설립하므로 여기서는 주식회사의 창업 절차에 대하여 설명하고자 한다.

주식회사의 설립 절차는 앞에서 살펴본 바와 같이 발기 설립과 모집 설립에 따라 설립 방법에 약간의 차이가 있으며, 법인 설립 및 사업자 등록의 신청에 자신이 없는 사업자는 공인 회계사나 세무사의 도움으로 창업 절차를 빠른 시간 안에 끝마칠 수 있다. 따라서 사업 계획 단계나 사업 계획 후 구체적인 법인 설립 단계에서 공인회계사나 세무사의 자문을 구하는 것이 바람직하다.

여기서는 사업 아이템의 선정이나 사업 계획의 수립 단계는 생략하고 법인 설립과 사업자 등록 신청 시 실무상 사업자가 알아두어야 할 절차를 설명하고자 한다.

여기서 한 가지 주의할 점은 앞에서도 언급한 바와 같이 현행법상 인허가 사업의 여부 및 조건을 사업 구상 단계에서 항시 검토하고 그 자격이 되는지를 관련 협회나 기관에 문의하여 법인 설립 후 인허가 요건의 미비로 낭패를 보는 일이 없도록 하는 것이다.

(2) 법인 기업의 설립 절차

회사 설립에는 대략 다음과 같은 절차가 필요하다.

❶ **예비 단계** : 아이템 구상, 일정 계획, 시장 조사 및 사업성 검토
❷ **회사 설립 단계** : 회사 설립 계획의 수립, 사업 인허가 체크 및 설립 등기, 사업 등록과 사업에 필요한 자금 조달원의 구상, 금융 기관의 방문, 구비 서류의 준비
❸ **공장 설립 단계** : 각종 행정 규제의 검토 및 공장 설립 신고, 건축 허가, 공장 등록
❹ **초기 경영 구축 단계** : 인력 충원 및 기계 설비 구비, 사무실 마련, 시제품 생산과 영업을 통한 시장 개척의 단계

위와 같은 단계를 거쳐서 기업과 기업가가 탄생하게 된다.

(3) 법인 기업의 설립 지원 자격자

정부가 마련한 벤처 기업의 창업 지원 육성에 따라 금융상, 세제상의 감면 혜택을 얻고자 할 때에는 주로 무형적 지식 산업(무형적 용역업이 아닌), 고부가 가치 창출, 기술 개발을 하는 제조업, 사업 목적보다는 제조 업종을 사업자 등록증에 기재하는 것이 주효하다.

(4) 동 업

세상에서 가장 어려운 일이 동업이란 말이 있다. 특히 우리 정서에서는 동업이 잘 안 된다는 뿌리 깊은 인식이 있다. 그러나 요즘 새로운 경영 전략에는 제휴나 연대가 많아지고 있으니 현대판 동업에 대해 관심을 가질 필요가 있다.

동업이 늘어나는 이유는 점차 사업의 위험이 높아지기 때문이다. 그래서 힘을 모으고 위험을 분산하려는 것이다. 이는 바람직한 발상이라는 생각이 든다. 생산이든 판매든 이제는 모두가 힘을 모아서 해야 한다. 그러려면 동업의 생리나 성공 전략을 미리 알아두어야 한다. 동업을 성공적으로 운영하기 위해서 가장 명심해야 할 점은 동업은 한번하면 끝까지 하라는 것이다. 우리 주위에는 형제 간의 동업에서 분가한 경우가 많다. 동업자가 헤어지면 자칫 같은 사업으로 서로 경쟁하기 쉽고 같은 고객을 놓고 싸우기 쉽다. 또 회사 덩치를 가지고 공연히 경쟁하기도 한다. 모두가 낭비가 아닐 수 없다. 따라서 동업을 하려면 반드시 서로 헤어진 뒤 다른 업종을 한다고 맹세하든지 아니면 아예 헤어지지 말아야 한다.

 3 창업에 대한 31가지 질문과 답

창업을 하기 위해서는 많은 것들이 준비되어야 한다. 최종적으로 자기 스스로에게 다음과 같은 질문들을 던져 보자.

Q1 중소기업을 소유하거나 운영하기 위해 해야 할 일은 무엇인가?

자기 자신이 자기 기업의 가장 소중한 종업원이기 때문에 자신의 강점과 약점에 대한 객관적인 분석이 필수적이다. 자기 스스로에게 물어보아야 할 몇 가지 질문을 소개하면 다음과 같다.

- 나는 스스로 일을 시작하는 사람(A Self Starter)인가?
- 나는 다양한 성격의 사람들과 얼마나 잘 어울리는가?
- 나는 사업을 운영할 만한 정신적·신체적 역량을 가지고 있는가?
- 나는 기획이나 조직화를 얼마나 잘하는가?
- 나의 태도가 동기 부여를 유지할 수 있을 만큼 충분히 강한가?
- 내가 시작한 사업이 나의 가족들에게 어떤 영향을 미칠 것인가?

Q2 대출을 받기 위해선 어떻게 해야 하는가?

처음에 채권자는 다음의 세 가지 질문을 한다.

- 대출금을 어떻게 사용할 것인가?
- 얼마나 많은 돈을 빌려야 하는가?
- 대출금을 어떻게 갚을 것인가?

대출을 받으려고 할 때 재무제표와 함께 기업명, 기업의 위치, 생산 시설, 기업의 법적 형태, 사업 목표를 나타내는 명확한 사업 계획서를 제출해야 한다. 또한, 자신의 경험과 경영 능력뿐만 아니라 다른 핵심 인력의 전문성을 묘사하는 기술서가 요구될 수도 있다.

Q3 어떻게 하면 능력 있는 종업원을 발견할 수 있을까?

종업원을 주의 깊게 선택해야 한다. 먼저 그들이 해야 할 일이 무엇인지를 구체적으로 결정해야 한다. 가령, 요구되는 업무에 따라 자리를 이동할 수 있는 유동성 있는 종업원을 원할 수도 있다. 그리고 나서 인터뷰를 행하고 지원자들을 주의하여 가려낸다. 이 과정에서 반드시 기억해야 할 점은, 좋은 질문이 좋은 대답을 이끈다는 것이다. 각 지원자들의 경험과 재능에 대해 더 많이 배우면 배울수록 의사 결정에 도움이 된다.

Q4 사업계획서란 무엇이며 왜 필요한가?

사업계획서란 사업을 명확하게 정의하고 추구하는 목표를 명시해주는 동시에 기업의 이력서를 제공하는 것이다. 사업 계획서에 포함되는 기본적인 요소로는 현재성과 대차대조표(A Current And Performance Balance Sheet), 손익 계산서, 현금 흐름 분석이 있다. 이와 같은 사업 계획서를 통해 자원 배분을 올바르게 할 수 있고, 예상치 못한 사건을 관리할 수 있으며, 또한 바른 의사 결정을 행할 수 있다.

사업계획서가 기업에 관한 특정한, 그리고 조직화된 정보와 채무 변제 방법에 대한 정보를 제공하기 때문에 훌륭한 사업 계획서는 Loan Package의 핵심적인 부분이다. 또한, 사업 계획서는 직원들과 공급자, 그 외의 이해 당사자들에게 기업의 운영 상태와 목표에 대한 정보를 제공하는 역할을 한다.

Q5 사업에 성공하기 위해서는 어떤 역량이 요구되는가?

중소기업 성공의 4가지 기본적인 요소들을 제시하면 다음과 같다.

• 건전한 경영 행위(Sound Management Practices)
• 해당 산업에서의 경험
• 기술적 지원
• 기획 능력

위와 같은 4가지 기반을 모두 갖춘 상태에서 사업을 시작하는 경우는 거의 없다. 스스로 정직하게 자신의 경험과 재능을 평가해 보고 나서 파트너나 핵심 종업원들이 자신의 결점을 보완해 줄 수 있는지를 살펴보아야 한다.

Q6 어떤 사업을 선택해야 하는가?

일반적으로 자신에게 가장 적합한 사업은 자신이 가장 역량을 발휘할 수 있고 흥미가 있는 분야의 사업이다. 스스로의 생각들을 면밀히 검토하다 보면 지역 전문가나 사업가들에게 지역 내 다양한 사업들의 잠재적인 성장 가능성에 대해 컨설팅 받기를 희망할 수도 있다. 자신의 배경과 지역 시장을 결합시키는 것이 성공 가능성을 증가시킬 수 있다.

Q7 왜 사업을 상세히 정의해야 하는가?

"내가 실제로 어떤 사업을 하고 있는가?"라고 당신 스스로에게 질문하는 것은 어리석은 것처럼 보인다. 그러나 몇몇 자영업자들은 이와 같은 질문에 대답하지 못했기 때문에 실패했다. 한 시계방 주인은 자기 자금의 대부분을 시계를 파는 데 소요했지만, 정작 자신이 투입하는 시간의 대부분은 시계를 수리하는 데 소요한다는 것을 깨달았다. 그는 마침내 그의 사업을 시계를 수리하는 것으로 정의하고 시계 판매업을 중단했다. 그 이후에 그의 이익은 급격하게 증가했다.

Q8 어떤 법적인 측면을 고려할 필요가 있는가?

사업 분야에 따라, 그리고 지역마다 허가나 관련 법규, 여러 가지 규제 제도에 차이가 있다. 일반적인 정보는 자신이 속한 지역의 지방 자치 단체, 중소기업진흥공단이나 중소기업청에서 제공한다. 그리고 대리인을 통해 자신의 사업에 특이하게 적용되는 여러 가지 법률에 대한 충고를 받아야 한다. 또한, 기업 형태(주식회사, 파트너십, 혹은 개인 회사)와 세금 수준(Tax Status)에 대해서도 결정해야 한다.

Q9 자신의 사업 파트너가 사업 성공에 기여할 수 있는가?

사업 파트너가 반드시 성공을 보장해 주는 것은 아니다. 그러나 자신이 추가적인 경영 능력이나 초기 자본을 필요로 한다면 파트너를 고용하는 것이 가장 좋은 결정일 수 있다. 기술적·재무적 능력뿐만 아니라 파트너의 인성과 성격이 최후의 파트너십 성공을 결정한다.

Q10 임금 수준은 어떻게 결정할 것인가?

임금 수준은 종업원이 차지하고 있는 지위의 중요성과 요구되는 재능에 따라 달라진다. 또한, 임금 수준을 결정하는 데 고려해야 할 요인으로는 해당 사업 분야에서의 적당한 이익 수준, 비용 비율, 최근의 실제 상황 등이 있다. 이에 대한 자료를 얻기 위해 무역협회나 회계사에게 자문을 구해야 한다. 모든 직업에 적용되는 최소 임금 수준이 존재하지만, 이보다 실제 임금은 당신과 종업원에 의해 위의 요인들을 고려해 결정해야 한다.

Q11 종업원들에게 제공해야 할 다른 재무 관련 책임은 무엇인가?

실업이나 보상 체계에 기여해야 하며, 사회 보장 체계를 도입해야 한다. 또한 종업원의 생명 보험이나 장애 보험에 대해 생각해 볼 수도 있다. 이와 관련한 법률은 지역마다 다양하기 때문에 지역 정보 센터나 지역 중소기업청에 문의하면 된다.

Q12 사업을 수행하는 데 어떤 종류의 안전도를 고려해야 하나?

무장 강도에서 횡령에 이르기까지 각종 범죄로 인해 가장 사업을 잘하는 기업도 망할 수 있다. 따라서 훌륭한 안전 시스템을 구축해야 하며, 종업원들 간의 정직과 신뢰를 보장하는 정책들을 수립해야만 한다.

컴퓨터 시스템은 기록을 보존하는 데 이용될 뿐만 아니라 정보를 훔치는 데에도 이용되기 때문에 항상 컴퓨터 보안 프로그램을 체크해야 한다. 또한, 추가적으로 도난을 방지하는 방법이나 현금이나 물품을 관리하는 방법 등에 관한 세미나를 개최한다. 이를 위해 지불된 시간과 비용은 대단한 가치를 가진다. 마지막으로, 종업원 채용 시 신중하게 엄선하는 것이 범죄에 대항하는 최상의 방책이다.

Q13 가족을 종업원으로 고용해야 하는가?

소유주의 가족들은 사업 수행에 값진 도움을 주기도 하지만, 또 한편으로는 심각한 피해를 입히기도 한다. 따라서 사장으로서 가족들의 충성과 경애심을 고려해야 한다. 또한, 가족에 대한 고려와 사업의 의사 결정을 스스로 구분할 수 있어야 한다.

Q14 컴퓨터를 어떻게 활용할 것인가?

오늘날 중소기업들은 재고에 대한 요구의 증가, 소비자 기대의 상승, 비용과 경쟁의 증가에 직면해 있다. 컴퓨터는 투자회수율(ROI)을 증가시키는 정보들을 제공할 수도 있으며, 사업 운영 과정에서 직면하는 많은 다른 압력에 대처하는 것을 돕기도 한다. 그러나 컴퓨터가 만병통치약은 아니기 때문에 다음과 같은 것들에 주의해야 한다.

- 컴퓨터가 필요한지를 결정한다.
- 사업에 가장 좋은 시스템을 선택한다.

Q15 정보 통신 시스템의 구축이 필요한가?

모든 중소기업들은 판매, 구매, 재무, 운영 및 관리 등 몇몇 공통된 기능들을 공유한다. 정보 통신 시스템은 어떤 사업을 하느냐에 따라 이러한 기능들의 전부 혹은 일부의 분야에서 목표를 지원할 수 있다. 정보 통신 시스템의 기본적인 형태로는 전화(혹은 단말기)와 네트워크가 있다. 계절의 차이나 성장률에 따라 정보 통신 시스템은 쉽게 변화시킬 수 있는 효과적인 도구이다. 정보 통신 시스템을 어떻게 이용하느냐가 미래에 기업이 얼마나 효율적이고 효과적으로 성장할 수 있는가에 영향을 미칠 수 있다.

Q16 사업을 시작하기 위해서는 얼마나 많은 자금이 필요한가?

일단 사업을 시작하기로 한 경우에는 건물이나 장비 구입 비용뿐만 아니라 최소한 1년 정도의 운영 비용을 충당할 수 있을 정도의 충분한 자금을 수중에 지니고 있어야 한다. 이러한 비용에는 사장 월급과 대출을 변제할 비용도 포함된다. 사업에 실패하는 주요 원인들 중의 하나가 바로 초기 자본의 부족이다. 결과적으로 현금 흐름을 파악하기 위해 회계사와 긴밀히 협조해야만 한다.

Q17 재무제표 어디까지 알아야 하나?

다음 두 가지의 기본적인 재무제표를 준비하고 이해해야 한다.

- 대차대조표 : 자산, 자본, 채무의 기록
- 손익 계산서 : 주어진 기간에 걸친 소득과 지출을 요약한 것

Q18 사업 운영에 필요한 자금 확보 방법으로는 무엇이 있는가?

자금을 투입하는 것은 자금 확보의 첫 번째 단계에 지나지 않는다. 자금 확보 방법은 사업이 얼마나 심각한 상태에 놓여 있는지를 파악하는 중요한 지표이다. 자신이 지닌 자금을 사업에 투자하는 것은 다른 투자자들에게 사업에 대한 신뢰를 제공한다. 추가적인 자금 지원을 위하여 가족이나 파트너를 고려할 수도 있다.

은행은 명백한 자금의 원천이다. 다른 자금의 원천으로는 투자 회사(Commercial Fnance Company), 벤처 캐피털, 지역 개발 기업(Local Development Company), 생명보험 회사가 있다. 주식 매각, 장비 리스 등은 자금 대출에 대한 하나의 대안이 될 수 있다. 가령, 리스는 현금을 동결시키는 것이 아니기 때문에 이로울 수 있다. 이와 같은 다양한 자금의 원천에 대해서는 중소기업청에서 발행하는 자료들을 검토하거나 지방 중소기업청에 직접 문의해 보는 것이 좋다.

Q19 어느 정도의 이익을 기대할 수 있는가?

쉬운 질문이 아니다. 그러나 기업의 이익 수준을 평가해 볼 수 있는 '산업 비율(Industry Rations)'이라 불리는 비교 대상이 있다.

한 예로, 투자회수율(ROI)은 사업 투자에 대한 이익의 수준을 평가한다. 이와 같은 산업 비율들은 표준산업분류(SIC) 코드와 기업 규모에 따라 세분화되어 있어 운영하는 사업의 유형에 따라 산업 평균이 어느 정도인지를 파악할 수 있다. 이러한 수치는 몇몇 집단에 의해 발표되며 도서관에서도 쉽게 찾아볼 수 있다. 중소기업청이나 무역협회를 통해 자료를 구할 수도 있다.

Q20 어떤 재무제표가 필요한가?

기록의 종류와 필요한 기록의 양은 사업의 운영에 따라 달라진다. 중소기업청의 자료와 회계사를 이용하면 많은 선택을 할 수 있다. 무엇이 필요하지 않은지를 결정하는 데 있어서 다음의 사항들을 체크해 보자.

- 이 기록이 어떻게 사용될 것인가?
- 이 정보가 얼마나 중요한 것인가?
- 정보가 똑같은 형태로 다른 곳에서도 접근이 가능한 것인가?

Q21 부기나 회계에 대해 얼마나 알아야 하는가?

기록의 중요성은 아무리 강조해도 지나치지 않다. 기록이 없이는 사업이 얼마나 잘 진행되고 있는지, 혹은 무엇이 잘못되고 있는지를 잘 알지 못한다. 기록은 다음 사항의 증명을 위해서 꼭 필요하다.

- 소득세법과 사회보장법을 포함한 법 및 지방자치법하에서 Tax Returns
- 은행 대출이나 업자로부터의 신용 대부에서 요구할 때
- 사업 수행 과정에서 자신의 정당성을 주장할 때

그러나 기록이 가장 중요한 이유는 사업을 성공적으로 운영하여 이익을 증가시키기 위해서이다.

Q22 마케팅은 무엇과 관련되어 있는가?

마케팅은 가장 중요한 조직화 도구이다. 4P's라 불리는 마케팅의 4가지 기본적인 요소가 있다.

- **제품(Product)** : 판매하는 서비스나 재화
- **가격(Price)** : 제품이나 서비스에 대해 부과하는 양
- **판촉(Promote)** : 당신의 시장에 대해 정보를 제공하는 방식
- **제공(Place)** : 제품을 소비자에게 제공하기 위해 사용하는 채널

위에서 알 수 있듯이 마케팅은 단순한 광고나 판매 그 이상의 것이다. 가령, 예를 들면, 마케팅의 주요 부분은 고객에 대한 조사(그들은 무엇을 원하는가? 그들은 무엇을 제공할 수 있을까? 그들은 무엇을 생각할까?)를 수반한다. 이와 같은 질문에 대한 대답을 이해하고 적용할 수 있다면 사업을 성공적으로 수행할 수 있게 된다.

Q23 시장 잠재력은 무엇인가?

지역에 관계없이 시장 점유율과 시장의 잠재력을 결정하는 원리는 모두 같다. 일반적인 시장 잠재력을 결정하는 요인으로는 먼저 소비자 특성(누가)과 시장의 규모(얼마나 많은가?)가 있다. 다음으로는 기업에만 특정된 요인으로 경쟁 기업의 수와 경쟁 기업의 강도를 들 수 있다.

Q24 광고는 어떤 역할을 하는가?

사업의 성장은 얼마나 광고를 잘 기획하여 실행시키느냐에 의해 영향을 받는다. 광고는 사업 이미지를 창출하는 주요 역할자이기 때문에 광고를 잘 기획하고 적절한 예산을 투입해야 한다. 효과적인 광고 전략을 고안하는 데 도움을 받기 위해서는 지역 중소기업청이나 지방 광고 회사와 접촉한다.

Q25 가격을 어떻게 정할 것인가?

서비스나 재화의 가격은 직접 비용, 인건비, 간접비(Over Head)의 세 가지 기본적인 생산 비용에 기초한다. 이러한 비용들이 결정된 후 경쟁력이 있고 이익을 낼 수 있는 가격이 선택된다. 가격 책정은 복잡한 과정이기 때문에 전문가에게 도움을 요청할 수도 있다.(자료원 : 미국 SBA)

Q26 도움이 필요한 경우에는 어디를 찾아가야 하나?

미국의 중소기업청은 미국 내 주요 도시에 지부를 두고 있다. 중소기업청의 사업지원실(Office Of Business Initiatives)은 무료 안내 데스크를 운영하여 전화를 건 사람들에게 해당되는 정보의 원천에 대해 직접 안내해주고 있다. 중소기업청의 후원 아래 퇴역경영자서비스군단(SCORE), 사업정보센터(BICS), 중소기업개발센터(SBDC) 등이 다양한 종류의 카운슬링, 교육, 훈련, 정보 서비스를 제공하고 있다. 또한 2,700개 이상의 상공회의소가 추가적인 지원을 제공하기 위해 미국 전역에 걸쳐 분포되어 있다.

한국의 경우 중소기업진흥공단에서 벤처 사랑방을 개설하여 운영하고 있으며, 중소기업청에서도 벤처기업국을 신설해 창업 관련 상담 등을 받고 있다.

Q27 사업 준비가 되어 있을 때 무엇을 해야 하나?

완전한 사업 계획서를 가지고 있고, 어디에서 사업해야 할지, 얼마나 많은 자금이 필요한지에 대해서도 알고 있으며, 필요한 정보도 가지고 있다. 이쯤에서 사업 계획을 전문가에게 객관적으로 자문 받아볼 필요도 있다. 그럴 때는 그 지역 대학의 경영학과에 문의해 보자. 그런 뒤 사업에 진출하기로 최종 결정을 내렸다면 이때가 은행을 찾아서 일을 진행시켜야 할 시점이다.

Q28　사업을 수행하는 데 있어 지리적인 차이가 존재하는가?

사업을 수행하는 장소를 선택하는 데 투입된 시간과 노력을 가지고서도 사업의 성공과 실패 간의 차이를 설명할 수 있다. 수행하는 사업의 분야, 잠재 시장, 종업원의 활용성, 경쟁 기업의 수 등은 모두 사업 수행을 위한 지리적 여건을 결정하는 요인이다.

Q29　공장과 장비는 리스하는 것이 나은가, 구입하는 것이 나은가?

이 질문은 사업 수행 시 심각하게 고려해야 할 질문이다. 리스는 자금의 활용성을 증가시킨다. 반면에 공장이나 장비를 재판매할 수 없고 그것을 소유하지 않을 때 형성되는 Salvage Value가 발생하는 불이익이 있다. 따라서 구매와 리스 사이의 중요도와 비용 분석을 통하여 장비나 공장을 구매할 것인지 아니면 리스해야 할 것인지를 결정해야 한다.

Q30　가정에서 벗어나 기업을 운영할 수 있을까?

그렇다. 실제로 새로이 설립된 중소기업의 약 20%가 가정이 아닌 다른 곳에서 운영되고 있는 것으로 알려져 있다. 지방 중소기업청과 상공회의소는 가정에 기반한 중소기업 운영에 관한 지속적인 정보를 제공하고 있다.

Q31　공급자, 제조업자, 유통망을 어떻게 찾아낼 것인가?

대부분의 공급자들은 새로운 거래를 원한다. 공급자를 발견한 주요 원천은 유형이나 지역에 근거하여 제조업자를 목록화하는 The Thomas Register이다. 대부분의 도서관은 각 지역에서 관리하는 제조업자 디렉토리를 가지고 있다. 생산 라인 제조업자를 알고 있는 경우에는 그곳에 전화나 편지를 해서 지역 유통망과 도매상에 대한 정보를 얻을 수도 있다. 어떤 경우에는 무역박람회가 공급자와 경쟁 제품에 대한 정보의 원천이 되기도 한다.

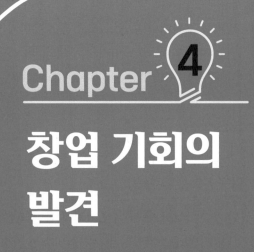

Chapter **4**

창업 기회의 발견

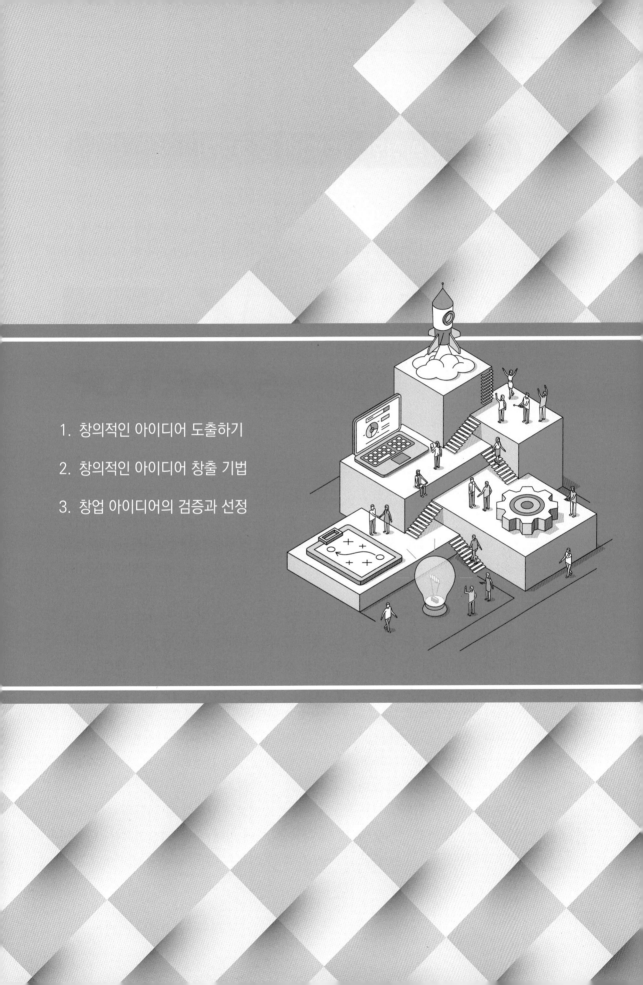

 창의적인 아이디어 도출하기

창업 아이디어는 종종 예기치 않은 순간에 떠오른다. 사소한 문제에서 시작해 큰 성공으로 이어지는 경우가 많다. 젊은 창업가들이 이끄는 시장에서 혁신은 기술적 능력을 넘어서 다양한 경험과 협력을 통해 이루어진다. 최근 미국에서 가장 성공한 50명의 창업가를 대상으로 한 설문 조사 결과를 살펴보면 이들의 창업 아이디어가 어떻게 탄생했는지를 알 수 있다.

소비재 비즈니스 창업가 중 50%는 30세 미만이며 80%는 35세 미만이다. 이는 젊은 세대가 창업의 주류를 이루고 있으며, 그들의 창의력과 열정이 신선하고 혁신적인 비즈니스 아이디어를 낳고 있음을 시사한다. 많은 사람이 스타트업 아이디어가 개인적인 문제를 해결하려는 시도에서 시작된다고 생각하지만, 실제로 그러한 경우는 33%에 불과하다. 대부분의 창업 아이디어는 예상치 못한 순간에 자연스럽게 발생하는데, 이는 창업 과정에서의 직관과 우연의 중요성을 보여준다.

기술을 바탕으로 한 제품 개발 능력을 갖춘 창업가는 33%에 불과하다. 이는 기술적 배경이 창업 성공의 중요한 요소이지만, 반드시 필수적인 것은 아니라는 점을 시사한다. 실제로 성공한 창업 아이디어의 18%만이 철저한 피팅과 개발 과정을 통해 탄생했다.

스타트업의 세계에서 사소하게 시작된 아이디어가 큰 성공으로 이어지는 경우는 흔하다. 실제로 성공한 비즈니스 아이디어 중 50% 이상이 매우 사소한 것에서 출발했다. 이는 에어비앤비(Airbnb)나 트위터(Twitter)와 같은 플랫폼들이 어떻게 시작점에서 크게 성장했는지를 잘 보여준다.

창업은 종종 고립된 과정으로 여겨지지만, 실제로는 협력이 큰 역할을 한다. 75% 이상의 소비자 제품 창업은 두 명 이상의 창업자에 의해 이루어졌으며, 이는 다양한 배경과 전문성을 결합한 팀워크의 중요성을 강조한다. 흥미로운 점은 고객이나 사용자와의 적극적인 대화를 통해 아이디어를 도출한 스타트업이 50개 중 단 하나에 불과했다는 사실이다. 이는 창업 과정에서의 협력과 소통의 중요성을 다시금 일깨워준다.

수익성 있는 사업이라는 목표를 달성하기 위해 창업자가 취해야 할 첫 번째 단계는 무엇일까? OpenAI의 CEO 샘 알트만(Sam Altman)이 과거 "아이디어 자체가 그다지 중요하지 않다고 생각했지만, 지금은 그 생각이 틀렸다"라고 언급한 것처럼 창업의 첫 번째 단계는 비즈니스 아이디어에서 시작된다. 이 아이디어는 사소한 문제를 해결하려는 시도에서 비롯될 수도 있고, 예상치 못한 순간에 자연스럽게 떠오를 수도 있다.

창업은 불가능해 보이는 목표를 달성하기 위해 끊임없이 도전하는 과정이다. 창업자들은 종종 새로운 팀과 함께 새로운 기술을 배우며, 한정된 자원으로 되돌릴 수 없는 결정을 내린다. 이는 마치 광야에서 길을 잃고 어둠 속에서 자신이 어디로 향하고 있는지 막연하게만 인식하는 것과 같다. 그러나 이러한 과정에서 중요한 것은 창업 아이디어의 탄생과 발전, 협력을 통한 문제 해결이다. 창업자들이 이러한 요소들을 잘 활용한다면 지속 가능한 성장을 이루고 시장에서 성공을 거둘 수 있을 것이다.

① 비즈니스 아이디어의 정의

비즈니스 아이디어 발상이란 명확한 목표를 설정하고 혁신적인 개념을 생성, 개발, 다듬는 역동적이고 협력적인 프로세스를 의미한다. 이 창의적인 접근 방식은 토론과 과 전략적 사고를 기반으로 하며, 문제를 탐구하고 해결책을 찾는 데 있어 중요한 역할을 한다. 이를 통해 획기적인 제품이나 서비스를 만들고 비즈니스 성장을 위한 새로운 기회를 발견하게 된다.

아이디어 발상 과정에서는 자유로운 사고와 열린 마음이 필요하다. 다양한 관점과 가능성을 탐색하여 폭넓은 아이디어를 창출하는 것이 목적이다. 이 단계에서는 기존의 사고를 뛰어넘어 혁신을 주도할 잠재력이 있는 기발한 아이디어를 장려하는데, 이는 새로운 솔루션을 찾거나 기존 프로세스를 개선하거나 완전히 새로운 것을 창조하기 위한 토대를 마련하는 데 중요하다. 그러나 이 과정에서 생성된 아이디어는 일반적으로 다듬어지지 않은 상태이기 때문에 추가적인 평가와 실현 가능성 여부를 검토하는 것이 필요하다. 이를 통해 아이디어의 우선순위를 정하고 선별하여 실행 가능한 이니셔티브로 발전시켜 실제 비즈니스 단계로 나아갈 수 있다.

현대 비즈니스 환경에서 아이디어 발상은 혁신과 성장을 위한 핵심 요소로서 중요한 역할을 한다. 다음은 아이디어 발상의 중요성을 강조하는 몇 가지 이유이다.

❶ 혁신 추진

아이디어는 혁신의 촉매제 역할을 한다. 고객의 기대치, 시장 트렌드, 기술이 끊임없이 변화하는 세상에서 기업은 지속적인 혁신을 통해 앞서 나가야 한다. 새로운 아이디어와 개념을 창출하여 시장을 혁신하고 고유한 가치를 제안하여 비즈니스 성장을 이끌 수 있다.

❷ 문제 해결

아이디어 발상은 기업이 복잡한 문제와 과제를 해결하는 데 도움을 준다. 창의적인 사고와 고객 피드백을 통해 기업은 직면한 문제를 해결하기 위한 새로운 접근 방식과 해결책을 찾을 수 있다. 이는 다양한 관점을 장려하고 색다른 아이디어를 탐색하여 획기적인 솔루션으로 이어질 수 있도록 한다.

❸ 변화하는 고객 니즈에 적응하기

고객의 선호도와 니즈는 끊임없이 변화한다. 아이디어 발상을 통해 기업은 이러한 변화에 발맞추어 타깃 고객의 요구와 욕구에 부합하는 제품, 서비스, 경험을 개발할 수 있다. 이를 통해 고객의 요구를 효과적으로 충족할 수 있는 새로운 기회를 발견할 수 있다.

❹ 혁신 문화 조성

조직 내에서 아이디어를 강조하면 혁신의 문화가 조성된다. 직원들이 창의적으로 생각하고 아이디어를 공유하며 아이디어 프로세스에 기여하도록 장려함으로써 기업은 혁신을 중시하는 환경을 조성하여 직원들이 회사의 성공을 위해 적극적으로 참여할 수 있도록 한다.

❺ 경쟁 우위 확보

경쟁이 치열한 환경에서 기업은 경쟁사와 차별화되어야 한다. 아이디어 발상을 통해 기업은 시장에서 차별화할 수 있는 독특한 아이디어와 콘셉트를 창출할 수 있다. 지속적인 혁신과 참신한 아이디어를 통해 경쟁력을 확보하고 시장 점유율을 높일 수 있다.

❻ 비즈니스의 미래 보장

아이디어는 기업이 미래의 트렌드와 혼란을 예측하고 대비하는 데 도움을 준다. 아이디어 창출에 적극적으로 참여함으로써 기업은 새로운 기회, 잠재적 위협, 기술 혁신을 조기에 파악할 수 있다. 이러한 사전 예방적 접근을 통해 전략, 제품, 서비스를 조정하여 관련성을 유지하고 비즈니스의 미래를 대비할 수 있다.

❼ 직원 참여 및 유지

아이디어 프로세스에 직원을 참여시키면 주인 의식과 참여도가 높아진다. 직원들이 자신의 아이디어가 가치 있다고 느끼고 회사의 방향에 기여할 수 있는 기회를 갖게 되면 동기 부여와 만족도, 업무에 더 헌신할 가능성이 높아진다. 이는 결과적으로 직원 유지율과 생산성을 향상시킨다.

❽ 지속적인 개선

아이디어는 조직 내 지속적인 개선 문화를 지원한다. 아이디어 창출과 새로운 가능성 탐색을 장려함으로써 기업은 최적화할 영역을 파악하고 프로세스를 간소화하며 운영 효율성을 높일 수 있다.

아이디어 발상은 혁신을 촉진하고 복잡한 문제를 해결하며 고객의 요구에 적응할 수 있도록 한다. 또한 혁신 문화를 조성하며 경쟁 우위를 제공하고 비즈니스의 미래를 대비하게 한다. 직원의 참여를 유도하고 지속적인 개선을 촉진하기 때문에 아이디어 발상은 비즈니스에 있어 매우 중요한 역할을 한다. 아이디어에 우선순위를 두면 기업은 점점 더 역동적으로 변모하고 경쟁이 치열해지는 시장에서 성공의 입지를 다질 수 있다.

② 창업을 위한 비즈니스 아이디어 도출 유형

창업 아이디어의 탄생은 다양한 요소에 의해 영향을 받으며, 각기 다른 배경과 동기가 각각의 아이디어를 독특하게 만든다. 성공한 창업자들의 경험을 통해 창업 아이디어가 어떻게 탄생하고 발전하는지를 알아보자.

창업으로 이어진 아이디어는 일반적으로 스스로 겪고 있는 문제를 해결하기 위해,

기업가 정신과 **창업**

특정 주제에 관한 호기심, 반응이 있는 것에 파고든 피봇팅, 패러다임 변화에 관심을 가지면서 포착한 기회, 친구와의 브레인스토밍 등에서 나온다.

- **스스로 겪고 있는 문제의 해결** : 개인적 경험에서 발생한 문제점을 해결하기 위해 창업한다.
- **특정 주제에 관한 호기심에서 시작** : 새로운 지식이나 기술에 대한 호기심에서 시작된 아이디어가 창업으로 이어진다.
- **반응이 있는 것에 파고든 피봇팅(Pivoting)** : 시장에서 긍정적 반응을 보인 아이템을 중심으로 사업 방향을 재정립함으로써 창업으로 나아간다.
- **패러다임 변화에 관심을 가지면서 포착한 기회** : 기술적, 사회적 변화를 기반으로 새로운 시장 기회를 포착하여 창업한다.
- **친구와 브레인스토밍** : 협업과 집단적 아이디어 교환을 통해 창업 아이디어로 발전시킨다.

(1) 자신의 문제 해결에서 시작된 아이디어

비즈니스 아이디어 중에는 자신의 경험과 직면한 문제에서 유래한 경우가 많다. 창업자가 자신이나 주변인이 겪는 불편을 해소하려 했던 노력이 종종 혁신적인 제품이나 서비스로 발전한다. 이러한 접근법은 사용자 중심의 솔루션을 제공함으로써 시장의 명확한 요구를 충족시키기 때문에 상당한 시장 성공을 가져오는 경우가 많다.

예를 들어, 서브스택(Substack)의 창립 이야기는 창업자가 경험한 불편함에서 시작되었다. 크리스 베스트(Chris Best)와 헤미쉬 맥켄지(Hamish McKenzie)는 콘텐츠 크리에이터와 독자 간의 직접적인 금전적 거래를 가능하게 하는 플랫폼을 개발하여 콘텐츠 산업에서 더 투명하고 공정한 수익 모델을 제공하고자 했다.

🐚 자신의 문제를 해결하는 아이디어 구상법

- **자기 인식 강화** : 일상에서 마주하는 문제들에 대해 성찰하며 아이디어를 찾아라.
- **동기 부여 검토** : 어떤 문제가 당신을 행동하게 만드는지 파악하라.
- **아이디어 가치 인식** : 자신이 생각하는 해결책이 가치 있다고 느껴진다면 시장에서도 그 가치를 인정받을 가능성이 크다.

70 • *Entrepreneurship and startups*

이러한 접근은 창업자들이 자신의 경험을 바탕으로 시장에서 누구도 주목하지 않은 새로운 기회를 발견할 수 있게 하며, 이는 곧 지속 가능한 비즈니스로 발전할 수 있는 토대가 된다.

Case Study · 불만에서 혁신으로 : 서비스택 창업의 여정

창업 아이디어의 출발점은 흔히 불만족스러운 현 상황에 대한 인식에서 비롯된다. 이러한 사례 중 하나가 크리스 베스트(Chris Best)와 헤미쉬 맥켄지(Hamish McKenzie)가 겪은 과정이다. 크리스는 어느 날 자신이 작성한 블로그 게시물의 초안을 공개하지 못하게 되면서 현재의 콘텐츠 경제가 어떻게 부정적인 온라인 콘텐츠 생성을 장려하는지에 대해 심도 있게 고찰했다. 그의 분석은 흥미로운 통찰을 제공했지만, 해결책이 부족한 현실에 좌절감을 느꼈다.

이러한 상황을 공유한 두 사람은 콘텐츠 크리에이터와 독자 사이의 직접적인 금융 거래를 가능하게 하는 새로운 모델에 대해 논의하기 시작했다. 이 아이디어는 Ben Thompson의 Stratechery에서 영감을 받았다. Stratechery는 독자와 직접적으로 금융 거래를 하며 성공적인 비즈니스 모델을 구축한 사례이다. 이 사례를 통해 그들은 창작자가 독립적으로 수익을 창출할 수 있는 플랫폼의 필요성을 실감했다. 이러한 깨달음은 그들이 직접 지불을 기반으로 한 플랫폼. 즉 크리에이터와 독자가 직접 연결될 수 있는 시스템을 구축하는 아이디어로 발전했다.

이 과정에서 벤의 사례를 참고하여 효율적이고 지속 가능한 인프라를 갖추기 위한 다양한 전략을 모색했다. 이들의 고민과 토론은 혁신적인 서비스를 만들어낼 수 있는 출발점이 되었다. 이 사례는 단순한 불만에서 시작된 아이디어가 어떻게 실질적인 비즈니스로 발전할 수 있는지를 잘 보여준다. 창업 과정에서 창업자들은 문제 인식에서 출발하여 이를 해결하기 위한 창의적이고 실용적인 방안을 모색하고 이를 통해 시장에 새로운 가치를 제공하게 된다.

(2) 호기심이 이끄는 아이디어

창업 과정은 종종 특정 분야에 대한 호기심에서 시작된다. 이 호기심은 창업자가 깊은 연구와 탐색을 거치면서 상업적 잠재력이 있는 아이디어를 발견하게 만든다. 이렇게 발견된 아이디어들은 창의적이고 혁신적인 사업으로 발전하여 시장에서 새로운 틈새를 개척하는 원동력이 될 수 있다. 이 과정은 창업자가 지속적으로 정보를 수집하고 실험을 반복하는 것을 포함하며, 이렇게 발전한 아이디어는 최종적으로 시장에서 성공할 수 있는 사업으로 성장할 수 있다.

호기심에 의한 아이디어 구상법

- **자기 인식 강화** : 일상에서 마주치는 문제에 주목하고 그것이 어떻게 자신의 창업 아이디어로 발전할 수 있는지 고민하라.
- **실용적 접근** : 아이디어를 실제로 구현해 보라. 초기 단계에서는 프로토타입을 만들어 테스트하며 필요한 조정을 진행하라.
- **단순성 유지**: 가능한 한 최소한의 비용과 시간으로 아이디어를 실험해 보라. 복잡함을 줄이고 실제 시장 반응을 관찰하여 아이디어를 점진적으로 개선하라.

이러한 과정은 창업자가 시장의 요구와 기술적 가능성을 평가하면서 지속적으로 아이디어를 혁신하고 개선할 수 있는 기회를 제공한다. 호기심이 이끄는 창업은 단순한 아이디어에서 시작하여 복잡한 시장 요구를 충족하는 혁신적인 솔루션으로 발전할 수 있다.

Case Study ▾ 더 리얼리얼의 명품 재판매의 혁신

더 리얼리얼의 창업자 줄리 웨인라이트(Julie Wainwright)는 친구가 고급 부티크의 위탁 판매대에서 제품을 구매하는 모습을 보며 온라인 재판매 시장의 잠재력을 발견했다. 부티크가 제공하는 높은 할인과 철저한 품질 관리에 감동받은 그녀는 이 경험을 계기로 명품 재판매 플랫폼 창업을 결심했다. 웨인라이트는 시장 조사를 실시하고 직접 재판매 방법을 실험했다. 이러한 준비 과정을 통해 사업 모델의 실행 가능성을 검증하며 사업 계획을 세웠다.

2011년, 웨인라이트는 철저한 준비 끝에 The RealReal을 설립하고 초기 자본을 조달했다. 그녀의 기업은 접근성 높은 고급 브랜드 제품을 제공함으로써 시장에서 급속도로 성장했다. The RealReal은 탁월한 품질 관리와 고객 중심의 서비스로 명품 재판매 시장에서 신뢰를 구축했다. 이 플랫폼은 고객에게 높은 할인율과 뛰어난 제품을 제공하며 시장에서 독보적인 위치를 확립했다.

(3) 시장 반응을 통한 피봇팅 아이디어

창업 초기에 시장으로부터 얻은 반응은 사업의 방향을 재정립하는 데 중요한 역할을 한다. 이 피봇팅 과정은 제품이나 서비스가 시장의 수요와 더욱 잘 부합하도록 조정하며, 종종 기업의 성공으로 이어지는 결정적인 전환점이 된다. 특히 긍정적인 반응을 보인 특정 기능이나 서비스에 집중함으로써 창업자는 자원을 보다 효율적으로 배분하고 사업의 성장 잠재력을 최대화할 수 있다.

시장 반응을 통한 피봇팅 아이디어 구상법

- **사랑하는 아이디어도 포기할 준비가 되어 있어야 한다** : 자신의 아이디어에 애착을 가지는 것은 자연스러운 일이지만, 시장 반응이 부정적일 경우 이를 과감히 재검토하고 필요하다면 변경할 수 있어야 한다.
- **성공 요소를 정확히 파악하라** : 제품의 특정 부분이 시장에서 긍정적인 반응을 얻었다면 그 요소가 왜 성공했는지 분석하고 이를 기반으로 전략을 수정하라.
- **다양한 시도를 확장하라**: 다양한 아이디어를 실험해보고 반응을 검토하여 가장 유망한 아이디어를 선별하는 것이 중요하다. 이 과정을 통해 창업자는 시장의 요구와 기술적 가능성을 평가하며 지속적으로 혁신할 수 있다.

이러한 전략적 접근은 창업 과정에서 필수적이며, 초기 시장의 반응을 효과적으로 활용함으로써 사업의 방향을 시의적절하게 조정할 수 있다.

Case Study ✦ 디스코드의 기원 : 게임에서 글로벌 커뮤니케이션 플랫폼으로

　디스코드의 창업자 제이슨 시트론(Jason Citron)은 초기에 비디오 게임 스튜디오를 설립했으며, 2008년 아이폰 앱스토어(App Store) 개시 첫날에 게임을 출시하면서 업계에 첫발을 내딛었다. 그러나 시장의 변화와 사용자의 요구에 부응하기 위해 기존 게임 스튜디오에서 게이머를 위한 소셜 네트워크 플랫폼, OpenFeint로 사업 방향을 전환했다. 이 플랫폼은 본질적으로 '아이폰(iPhone)용 엑스박스 라이브(Xbox Live)'와 같은 역할을 하며 후에 일본의 대형 게임 회사인 그리(Gree)에 매각되었다.

　2012년, 시트론은 새로운 비전을 가지고 해머 앤드 치즐(Hammer & Chisel)을 설립했다. 이 회사는 '리그 오브 레전드(League of Legends)'와 유사한 온라인 멀티플레이어 게임 '페이츠 포에버(Fates Forever)'를 개발했으며, 게임 내에 음성 및 텍스트 채팅 기능을 통합하여 플레이어 간의 상호 작용을 강화했다.

　시트론과 그의 팀은 게임 이용자로부터의 피드백을 통해 게임의 채팅 기능이 가장 인기 있는 부분임을 깨달았다. 이는 팀에게 새로운 사업 기회를 제공했다. 당시 시장에서 주류를 이루고 있던 팀스피크(TeamSpeak)와 스카이프(Skype)에 대한 불만이 많았기 때문에 이들은 이를 개선할 수 있는 새로운 플랫폼 개발을 결정했다.

　이는 회사에 있어 고통스러운 전환이었다. 게임 개발 부서를 폐쇄하고 인력의 1/3을 해고하는 등의 어려움을 겪으며 회사의 전반적인 방향과 문화를 바꾸는 데 약 6개월이 소요되었다. 디스코드의 초기 사용자 수는 극히 제한적이었으나 지속적인 개선과 사용자 피드백을 반영하여 플랫폼을 개선했다. 특히 음성 통신 기술을 수차례 재구축하고 사용자에게 서버 관리 권한을 부여하는 등의 기능을 추가하며 사용자 경험을 극대화했다.

　이러한 끊임없는 노력과 사용자 중심의 접근 방식은 디스코드를 글로벌 커뮤니케이션 플랫폼으로 성장시키는 데 결정적인 역할을 했다. 사용자들은 점차 이 플랫폼의 가치를 인식하고 다른 이들에게 추천하기 시작했다. 이는 디스코드가 오늘날 게이머들뿐만 아니라 다양한 온라인 커뮤니티에서 선택받는 이유가 되었다.

(4) 패러다임 변화를 포착한 아이디어

　창업 과정에서 기술적, 사회적, 경제적 변화를 주목하는 것은 중요한 창업 동력이다. 이러한 변화들을 예측하고 적극적으로 대응하는 창업 아이디어는 시대를 선도하는 혁신을 가능하게 하며 전통적인 방식을 혁신적으로 대체할 수 있는 기회를 제공한다. 창업자가 이러한 변화를 깊이 이해하고 적극적으로 활용할 때 지속 가능하고 성장 가능한 비즈니스 모델을 구축할 수 있다.

✅ 미래 지향적 스타트업 아이디어 구상법

- **미래 예측** : 장기적 관점에서 사회, 기술, 경제 환경이 어떻게 변화할지 예측한다. 5년, 10년 후의 변화를 상상하며 그 변화가 창출할 수 있는 기회를 선점하는 것이 중요하다.
- **미개척 시장 탐색** : 아직 소프트웨어의 혜택을 받지 못하는 분야를 찾아본다. 고객 경험이 좋지 않아 개선의 여지가 큰 시장을 발견할 수 있다면 그곳에 집중하여 혁신적 솔루션을 제안할 기회가 될 수 있다.
- **이상적인 경험 설계** : 어떤 서비스나 제품이 이상적이라고 생각하는지 정의하고, 그러한 경험을 실현하기 위해 필요한 기술적, 경제적 요소를 파악한다. 이상적인 사용자 경험을 설계함으로써 시장에서의 차별화를 이룰 수 있다.

이와 같은 과정을 통해 창업자는 변화하는 시장 요구와 기술의 발전을 능동적으로 이용하며, 혁신적이고 경쟁력 있는 스타트업을 성공적으로 이끌 수 있다. 패러다임 변화는 단순한 추세를 넘어서 창업에 있어 중요한 기회로 작용한다.

Case Study ◆ 개인 게놈의 힘: 23andMe의 혁신적인 비즈니스 여정

23andMe 창업자 앤 우지키(Anne Wojcicki)는 투자 활동 중 게놈 연구의 접근성이 향상된 것을 목격하며 유전 정보의 상업적 잠재력을 인식했다. 이는 웹 2.0의 진화와 소셜 네트워킹의 부상과 맞물려 개인이 자신의 게놈 정보에 접근하고 이를 공유할 수 있는 새로운 가능성을 열었다. 우지키는 의료 데이터 부족 문제를 해결하고자 하는 비전을 가지고 있었으며, 이는 그녀의 여동생이 영양 연구에서 겪는 데이터 부족 문제와 아버지가 입자 물리학 연구에서 경험한 통계적 한계에서 영감을 받았다.

우지키는 전통적인 의학 연구 방식과 왜 대규모 기관만이 연구를 주도해야 하는지에 대해 의문을 품었다. 그녀는 대중의 게놈 정보 접근을 허용함으로써 전 세계적으로 크라우드소싱된 데이터를 통한 새로운 연구 모델을 제안했다. 이는 단순히 유전 정보의 공유를 넘어 참여자들이 직접 연구에 참여하고 그 결과를 실시간으로 확인할 수 있는 플랫폼을 목표로 했다.

23andMe는 유전학에 대한 대중의 이해와 참여를 증진시키는 동시에 연구 방법론에 혁신을 가져왔다. 우지키는 기존 연구 기관과의 경쟁을 넘어 개인 중심의 연구 접근 방식을 확립하여 유전학 연구의 패러다임을 변화시켰다. 이로 인해 회사는 초기에는 작은 사용자 기반에서 시작했지만, 차츰 넓은 인식과 참여를 얻으며 성장했다.

23andMe의 사례는 기존 의학 연구의 한계를 넘어선 창업의 예로, 기술과 크라우드소싱을 결합하여 진보적인 비즈니스 모델을 창출했다. 이는 창업자가 시장의 필요와 기술적 가능성을 어떻게 파악하고 활용했는지에 대한 귀중한 교훈을 제공한다.

(5) 친구들과의 브레인스토밍에서 착안한 아이디어

창업 과정에서 친구들과의 브레인스토밍은 단순히 아이디어를 공유하는 것 이상의 의미를 갖는다. 이 과정에서 참여자들은 서로 다른 산업과 전문성을 바탕으로 개별 아이디어를 넘어선 통합적인 해결책을 모색한다. 예를 들어, 기술 전문가, 마케팅 전문가, 디자인 전문가가 함께 모여 각자의 전문 지식을 활용하여 사용자 경험을 극대화하는 새로운 애플리케이션을 개발할 수 있다. 이러한 협업은 단순한 아이디어 교환을 넘어서, 실행 가능한 비즈니스 모델로 발전하는 데 필수적인 다차원적 사고를 촉진한다.

친구들과의 브레인스토밍 아이디어 구상법

- **다양성 촉진** : 효과적인 브레인스토밍을 위해 다양한 배경과 전문 지식을 가진 사람들을 포함시킨다. 서로 다른 분야의 전문가들이 모여 더 넓은 범위의 문제를 탐색하고 창의적 해결책을 제시할 수 있다.

- **개방된 커뮤니케이션 유지** : 참여자 모두가 자유롭게 의견을 제시하고 비판할 수 있는 환경을 조성한다. 이는 창의적 사고를 자극하고 각 아이디어의 잠재력을 최대한 탐색하는 데 도움이 된다.

- **프로토타입과 피드백** : 초기 아이디어에 대한 신속한 프로토타입 제작과 피드백 수집은 아이디어의 실현 가능성을 검증하는 데 중요하다. 실제 사용자로부터의 피드백은 이후 제품 개발 단계에서 중요한 지침이 된다.

- **지속적인 개선 추구** : 초기 브레인스토밍에서 발견된 아이디어는 지속적인 개선과 정제가 필요하다. 시장 변화와 기술 발전에 대응하여 아이디어를 지속적으로 업데이트하고 개선하는 것이 성공적인 창업으로 이어진다.

Case Study · 기차 여행과 한 통의 전화로 시작된 혁신적 플랫폼 '레딧'

레딧의 탄생은 알렉시스 오하니언(Alexis Ohanian)과 스티브 호프먼(Steve Huffman)이 긴 기차 여행 중에 폴 그레이엄(Paul Graham)으로부터 받은 한 통의 전화에서 시작되었다. 그레이엄은 그들에게 보스턴으로 돌아와 더 나은 비즈니스 모델에 대해 브레인스토밍할 것을 제안했다. 이 대화는 오하니언과 호프먼이 원래의 모바일 중심 아이디어에서 벗어나 웹 기반 플랫폼을 개발하는 새로운 방향으로 나아가게 만들었다.

초기 아이디어 브레인스토밍에서 두 창업자는 사용자가 자유롭게 콘텐츠를 게시하고 평가할 수 있는 오픈 소스 플랫폼을 구상했다. 이는 기존 뉴스 사이트와 소셜 미디어의 한계를 넘어선 혁신적인 접근이었다. 스티브 호프먼은 편집 감독 및 강력한 댓글 시스템을 갖춘 웹사이트에서 영감을 받았고, 그들은 기존의 정보 과부하 문제를 해결하기 위해 사용자 주도의 콘텐츠 필터링 시스템을 도입하기로 결정했다.

초기에는 음성 및 텍스트 채팅 기능을 포함하는 게임을 개발하던 중, 팀은 사용자들이 게임보다는 채팅 기능에 더 많은 관심을 보였다는 것을 깨달았다. 이 인사이트는 그들이 원래의 게임 개발을 중단하고 소셜 네트워크와 유사한 커뮤니케이션 플랫폼인 레딧 개발로 전환하는 결정적인 계기가 되었다.

레딧의 성공은 친구와의 대화와 협력적인 브레인스토밍에서 비롯된 아이디어에서 시작되었다. 이는 스타트업이 초기 아이디어를 시장의 요구와 기술의 가능성에 맞춰 지속적으로 조정하고 개선해야 함을 보여주는 사례이다. 오하니언과 호프먼의 창의적 접근과 사용자 중심의 플랫폼 개발 전략은 다른 창업자들에게도 유익한 인사이트를 제공한다.

2 창의적인 아이디어 창출 기법

① 브레인스토밍(Brainstorming)

브레인스토밍은 팀이 창의적인 아이디어를 발굴하기 위해 자유롭게 의견을 공유하는 기법이다. 1939년 광고 전문가 알렉스 오스본에 의해 개발되었으며 그의 저서 《Your Creative Power》에서 처음 소개되었다. 이 기법은 특히 문제 해결과 아이디어 생성 과정에서 효과적이다.

브레인스토밍의 핵심 원칙은 다음과 같다. 첫째, 비판 금지로 모든 아이디어가 환영받아야 한다. 둘째, 자유로운 발상을 장려하여 참가자들이 어떠한 제약도 받지 않고 아이디어를 제시할 수 있게 한다. 셋째, 수량을 우선하여 많은 아이디어를 발굴하는 것을 목표로 한다. 넷째, 아이디어의 결합과 개선을 통해 새로운 아이디어를 도출한다.

이 기법의 장점은 참여자들이 자유롭게 아이디어를 공유할 수 있어 창의적 해결책을 도출할 가능성이 높아진다는 것이다. 또한, 다양한 관점과 경험을 통합함으로써 보다 풍부하고 혁신적인 결과를 얻을 수 있다. 단점으로는, 아이디어의 질보다는 양에 초점을 맞추기 때문에 비현실적이거나 실행 불가능한 제안이 많을 수 있다. 또한, 지배적인 개인이 세션을 지배할 위험이 있어 효과적인 진행을 위해서는 숙련된 진행자가 필요하다.

응용 사례로는 IBM, PIXAR 등의 대기업에서 직원들의 창의적 아이디어를 촉진하기 위해 브레인스토밍 세션을 정기적으로 활용하고 있다는 점을 들 수 있다. 이들 기업은 다양한 배경을 가진 직원들을 모아 브레인스토밍을 통해 제품 개발, 마케팅 전략, 고객 서비스 개선 등 여러 분야에서 혁신을 이루었다.

브레인스토밍은 기업과 조직이 직면한 문제를 해결하고 기회를 포착하는 데 있어 중요한 도구로 자리 잡고 있다. 이 기법은 다양한 산업에서 활용되며, 지속적인 개선과 창의적 사고의 필요성을 충족시키는 데 기여하고 있다.

② 델파이법(Delphi Method)

델파이법은 익명성을 기반으로 한 의사 결정 지원 시스템으로, 전문가의 패널을 통해 복잡한 문제에 대한 합의를 이끌어내는 방법이다. 1950년대 랜드 연구소에서 냉전 시대의 불확실성과 기술적 변화를 예측하기 위해 처음 개발되었다.

이 기법의 핵심 원칙은 익명성, 반복, 통제된 피드백, 통계적 그룹 응답이다. 전문가들은 서로의 정체를 알 수 없으며, 여러 라운드에 걸쳐 의견을 제시하고 조정자의 통제하에 이루어진 피드백을 바탕으로 자신의 의견을 수정할 수 있다. 이 과정에서 나온 의견들은 집단적으로 분석되어 의사 결정에 반영된다.

델파이법의 장점은 전문가 집단의 다양한 의견을 통합할 수 있고, 익명성 덕분에 사회적 압력이나 개인 간 갈등 없이 자유롭게 의견을 개진할 수 있다는 점이다. 또한, 시간과 장소의 제약 없이 전문가 그룹을 운용할 수 있어 비용과 시간을 효율적으로 사용할 수 있다. 단점으로는 시간이 많이 소요되며, 결과의 품질이 참여한 전문가들의 질에 크게 달라진다는 점이다. 또한, 잘못된 피드백 루프로 인해 비효율적인 결과가 도출될 가능성도 있다. 델파이법의 진행 절차는 다음과 같다.

- **전문가 선정** : 델파이법은 관련 분야의 지식과 경험이 풍부한 전문가들을 선정하는 것에서 시작된다. 전문가들은 익명으로 활동하며 이는 편견 없는 의견 제시를 촉진한다.
- **1차 설문 진행** : 초기 설문지를 전문가들에게 배포한다. 이 설문은 문제에 대한 전문가들의 초기 의견, 해결책, 예측 등을 수집하는 데 사용된다.
- **피드백과 2차 설문** : 첫 번째 라운드의 의견을 종합하여 통계적 요약과 함께 전문가들에게 피드백을 제공한다. 이 과정에서 전문가들은 다른 전문가들의 의견을 볼 수 있으며, 필요한 경우 자신의 의견을 수정할 수 있는 2차 설문을 진행한다.
- **반복 과정** : 일련의 라운드를 거치면서 의견이 수렴될 때까지 설문을 반복한다. 각 라운드에서 의견의 수렴 정도를 분석하고 최종 합의에 도달할 때까지 이 과정을 계속한다.

- **결과 도출** : 최종 라운드 후 모든 데이터와 의견이 종합되어 최종 보고서가 작성된다. 이 보고서는 문제 해결, 정책 결정, 미래 예측 등에 활용될 수 있다.

공공 정책 결정, 미래 예측, 기술 발전 평가, 보건 의료 결정 등 다양한 분야에서 델파이법이 활용되고 있다. 예를 들어, 세계보건기구(WHO)는 델파이법을 사용하여 긴급 간호 분야에서 통증 관리에 관한 전국적인 설문 조사를 개발하는 데 활용했다. 연구진은 이 기법을 통해 호주의 응급 간호사들 사이에서 급성 통증 평가와 관리에 영향을 미치는 지식, 인식 및 요인들을 조사함으로써 글로벌 보건 정책에 대한 국제 전문가의 의견을 수집하고 합의를 이끌어냈다.

델파이법은 그 유연성과 체계적 접근으로 인해 여전히 많은 기업과 조직에서 선호하는 의사 결정 지원 도구로 자리매김하고 있다. 효과적인 델파이 조사를 위해서는 철저한 준비와 전문적인 조정이 필요하다.

③ 오스본 체크리스트법(Osborn's Checklist)

오스본 체크리스트법은 제품이나 서비스의 기능을 다양화하여 새로운 아이디어를 도출하기 위한 창의적 사고 기법이다. 이 기법은 1953년 알렉스 오스본(Alex Osborn)에 의해 개발되었다. 일반 체크리스트는 주로 진행할 작업 목록을 확인하고 완료 여부를 추적하는 데 사용되는 반면, 오스본 체크리스트법은 일반적인 체크리스트법과 다르게 특정 문제나 프로젝트에 대해 체계적으로 아이디어를 발전시킬 수 있는 창의적 사고 프로세스에 중점을 둔다.

오스본 체크리스트법의 원칙에 따라 아이디어를 변형하는 방법은 다음과 같다.

1. **대체** : 기존 제품의 재료나 구성 요소를 다른 것으로 바꿔보는 것. 예를 들어, 플라스틱 대신 생분해성 재료를 사용해 환경 친화적인 제품을 만드는 경우가 이에 해당한다.
2. **변경** : 제품의 색상, 크기, 형태를 변경하여 새로운 사용자 경험을 제공하는 것. 예를 들어, 가구의 크기를 조정하여 소형 아파트에 적합하게 만드는 경우가 해당한다.
3. **확대** : 제품의 기능이나 용도를 확장하는 것. 예를 들어, 스마트폰에 다양한 센서

를 추가하여 건강 모니터링 기능을 통합하는 경우가 여기에 해당한다.

❹ **축소** : 제품을 더 간소화하거나 작게 만드는 것. 예를 들어, 휴대용 전자 기기의 크기를 줄여 휴대성을 높이는 경우를 말한다.

❺ **재배치** : 구성 요소나 기능을 다르게 배열하여 새로운 방식으로 제품을 구성하는 것. 예를 들어, 카메라의 버튼 위치를 바꿔 사용자의 편의성을 높이는 경우가 해당한다.

❻ **뒤집기** : 제품의 사용 방법이나 지향점을 완전히 반대로 바꾸는 것. 예를 들어, 전통적인 시계 방향이 아닌 반시계 방향으로 회전하는 시계를 제작하는 경우가 해당한다.

오스본 체크리스트법의 장점은 기존 아이디어에서 새로운 가치를 창출할 수 있다는 점이고, 단점은 때로 비현실적인 아이디어가 도출될 수 있다는 점입니다. 다양한 산업의 제품 개발 단계에서 이 기법을 사용하여 고객의 요구에 맞는 혁신적인 솔루션을 찾아낸 경우가 많다. 아울러 제품 디자인, 마케팅 전략, 고객 경험 개선 등 다양한 분야에서 활용되어 왔다.

④ 시네틱스(Synectics)

시네틱스는 창조적 사고와 아이디어 발전을 촉진하기 위한 구조화된 그룹 기법으로, 조지 프린스(George M. Prince)와 윌리엄 고든(W. Gordon)에 의해 1960년대에 개발되었다. 이 방법은 창의적 문제 해결을 위해 참가자들이 비유적 사고와 상상력을 사용하도록 격려하는 것을 원칙으로 한다. 시네틱스는 문제에 대해 직접적이지 않고 간접적인 접근을 통해 새로운 해결책을 모색하는데, 이는 종종 더 혁신적인 아이디어로 이어진다. 이 기법은 주로 제품 개발, 마케팅 전략, 조직 내 문제 해결 등 다양한 분야에서 응용된다.

장점으로는 팀 구성원 간의 협력을 증진시키고, 참신하고 비전통적인 해결책을 도출할 수 있다는 점이다. 단점으로는 시간이 많이 소요되고, 모든 참가자가 상상력을 발휘하는 데 익숙하지 않을 수 있어 효과가 제한적일 수 있다는 점이다.

〈표 4-1〉은 시네틱스에서 활용할 수 있는 종류로 이러한 유추 방식들은 각기 다른 상황에서 유용하게 활용될 수 있으며, 창의적 사고와 문제 해결에 효과적이다.

표 4-1_ 시네틱스 유추 방식

유추 방식	설 명	예 시
개인 유추	· 문제 상황에 개인적 동일성을 투사하여 검토 효과를 경험하는 기법	· 프로젝트 관리자가 자신의 프로젝트인 것처럼 상황을 이해
직접 유추	· 상이한 대상물 간의 유사한 양상과 과정을 비교 검토	· 비행기 날개와 새의 날개의 유사점을 탐구
상징 유추	· 복잡한 시스템이나 대상을 압축하여 단순 재현하는 방법	· 기업의 조직 구조를 체스 게임의 말에 비유
환상 유추	· 무제한의 상상력을 통해 상황을 탐구하는 방법	· 텔레포테이션을 가능하게 하는 기술을 상상

출처: 문제 해결을 위한 창의적 접근법 시네틱스, 경북매일(2010)

⑤ 자유연상법

자유연상법(Free Association)은 창의적 사고를 자극하기 위해 사용되는 기법으로, 참가자들이 주어진 단어나 이미지에 대해 자신의 머릿속에 떠오르는 모든 단어나 개념을 자유롭게 발언하면서 아이디어를 창출하는 방식이다. 이 방법은 심리학자들에 의해 개발되어 창의적 문제 해결에 널리 적용되고 있다.

이 기법의 원칙은 매우 단순하다. 참여자는 어떠한 사전 준비나 지식 없이도 주제나 자극에 대한 첫 인상이나 생각을 즉시 표현함으로써 더 많은 아이디어를 유도할 수 있다. 자유 연상에서는 비판이나 평가를 배제하고 가능한 한 많은 아이디어를 자유롭게 표출하는 것이 중요하다.

이 기법의 주된 장점은 창의적 사고를 극대화할 수 있다는 것이다. 참여자들이 자유롭게 사고를 표현함으로써 숨겨진 아이디어나 관점을 끄집어낼 수 있다. 또한, 복잡한 문제에 대해 다양한 각도에서 접근할 수 있도록 도와준다. 그러나 이 방법의 단점도 분명하다. 무제한의 아이디어 생성은 때때로 비효율적일 수 있으며, 집단 내에서 지나친 아이디어의 양으로 인해 중요한 아이디어를 선별하고 정제하는 데 어려움을 겪을 수 있다.

자유연상법의 활용 방법은 간단하다. 예를 들어, '휴가'라는 단어를 주제로 설정하고 참여자들에게 이 단어를 들었을 때 떠오르는 모든 이미지, 감정, 단어 등을 말하도록 한다. 이 과정에서 떠오른 아이디어들은 여행, 해변, 일몰, 모험 등 다양한 관련 주제로 확장될 수 있다. 이러한 확장된 아이디어는 새로운 서비스나 상품 개발에 유용하게 사용될 수 있다.

⑥ 강제연관법

강제연관법(Forced Relationships)은 창의적 사고를 촉진하기 위해 불연속적이거나 비관련적인 개념들을 의도적으로 연결시키는 아이디어 창출 기법이다. 이 기법은 특히 새로운 해결책이나 혁신적인 아이디어가 필요할 때 사용되며, 창의력을 자극하고 문제 해결 과정에서 비표준적인 접근을 도모한다.

기법의 원칙은 서로 관련 없는 두 개 이상의 요소를 강제로 연결함으로써 새로운 관점이나 해결책을 도출한다. 이 과정에서 참여자들은 전혀 다른 두 개념을 연결하여 그 관계에서 새로운 아이디어를 추출하게 된다.

강제연관법의 장점은 참신하고 독창적인 아이디어를 유발한다는 것이다. 이 기법은 참여자들이 표준적인 사고의 틀을 벗어나도록 도와준다. 그러나 때때로 비현실적이거나 실행하기 어려운 아이디어가 도출될 수 있다는 단점이 있다. 또한, 강제적인 연관성이 항상 유용한 결과를 낳지는 않으며, 때로는 참여자들에게 혼란을 줄 수도 있다.

강제연관법의 활용 방법은 다음과 같다. 참여자들에게 두 개의 서로 다른 객체나 개념을 제시하고, 이들 간의 잠재적인 연결 고리를 찾도록 한다. 예를 들어, '커피'와 '조깅'이라는 두 개념을 연결해 볼 때, 참여자들은 '카페인이 운동 성능을 향상시킬 수 있다'는 아이디어를 생각해낼 수 있다. 이러한 연결 고리는 새로운 스포츠 음료 제품 개발로 이어질 수 있다.

⑦ 빅드림법

빅드림법(Big-Dream Approach)은 창의적 아이디어를 도출하기 위해 일반적인 제약이나 현실적인 한계를 초월하여 최대한의 상상력을 발휘하는 기법이다. 이 기법은 '만약 모든 것이 가능하다면?'이라는 질문에서 출발하여 기존의 틀을 벗어나 획기적이고 혁신적인 아이디어를 창출하는 데 목적이 있다. 기업의 제품 개발, 마케팅 전략, 장기 비전 설정 등에 유용하게 적용될 수 있다.

빅드림법의 원칙은 간단하다. 첫째, 현실적인 제약을 모두 제거한다. 둘째, 가능한 모든 상상력을 동원하여 최대한 큰 목표를 설정한다. 셋째, 이러한 큰 목표를 달성하기 위해 필요한 세부적인 실행 계획을 마련한다. 이 과정에서 중요한 것은 어떠한 아이디어도 배제하지 않고 모든 가능성을 열어두는 것이다.

이 기법의 장점은 창의적 사고의 극대화를 통해 기존에 상상하지 못했던 혁신적인 아이디어를 도출할 수 있다는 점이다. 또한, 조직 내에서 도전 정신을 고취시키고 장기적인 비전을 설정하는 데 기여할 수 있다. 그러나 빅드림법은 현실과의 괴리를 야기할 수 있으며, 실현 가능성이 낮은 아이디어가 많이 나올 수 있다는 단점이 있다. 따라서 도출된 아이디어 중 실현 가능한 부분을 선택하고, 이를 현실적인 계획으로 전환하는 과정이 필요하다.

빅드림법의 활용 방법과 예시는 다음과 같다.

먼저, 팀원들이 모여 브레인스토밍 세션을 진행하며 "모든 것이 가능하다면 우리가 이루고 싶은 가장 큰 목표는 무엇인가?"라는 질문을 던진다. 만약 전기 자동차를 생산하는 회사라면 '모든 도로를 자율 주행 전기차로 가득 채운다'는 목표를 설정할 수 있다. 그런 다음 이러한 목표를 달성하기 위해 필요한 기술적, 인프라적 요구 사항을 검토하고 단계별 실행 계획을 수립한다.

이러한 과정에서 중요한 것은, 초기 단계에서는 모든 아이디어를 자유롭게 제시하고, 이후 단계에서 현실적인 실행 가능성을 평가하는 것이다. 이를 통해 기업은 단기적인 제약에 얽매이지 않고 장기적인 혁신을 도모할 수 있다.

⑧ 포커스 그룹

포커스 그룹(Focus Group)은 소수의 사람들로 구성된 그룹을 대상으로 특정 주제에 대해 심층적인 논의를 진행함으로써 아이디어를 도출하고 통찰을 얻는 방법이다. 이 기법은 마케팅, 제품 개발, 정책 수립 등 다양한 분야에서 활용되며, 직접적인 피드백과 다양한 관점을 수집하는 데 효과적이다.

포커스 그룹은 보통 6~12명의 참여자로 구성되며, 이들은 특정 주제에 대해 자유롭게 의견을 나눈다. 이러한 논의는 보통 전문 모더레이터가 주도하며, 논의가 생산적이고 체계적으로 진행되도록 돕는다. 포커스 그룹은 질적 연구 방법의 일종으로 양적 데이터로는 얻기 어려운 심층적인 이해와 인간적 통찰을 제공한다.

포커스 그룹의 핵심 원칙은 다양성과 자유로운 의견 교환이다. 그룹 구성원은 성별, 연령, 직업, 관심사 등 다양한 배경을 가져야 하며, 이들의 다양한 관점이 논의에 반영될 수 있어야 한다. 모더레이터는 중립적인 입장을 유지하며 모든 참여자가 의견을 표현할 수 있도록 분위기를 조성하는 것이 중요하다. 또한, 논의 주제와 관련된 구체적인 질문을 통해 참여자들이 깊이 있는 답변을 제공하도록 유도해야 한다.

포커스 그룹의 주요 장점은 다음과 같다. 첫째, 다양한 배경을 가진 참여자들로부터 풍부한 아이디어를 도출할 수 있다. 둘째, 직접적인 피드백을 통해 제품이나 서비스의 강점과 약점을 명확히 파악할 수 있다. 셋째, 참여자 간의 상호 작용을 통해 예상치 못한 통찰이나 혁신적인 아이디어가 나올 수 있다. 반면, 단점으로는 시간과 비용이 많이 들며, 모더레이터의 능력에 따라 결과의 질이 크게 좌우된다는 점이 있다. 또한, 일부 참여자가 토론을 주도하거나 다른 참여자들의 의견을 억압하는 상황이 발생할 수 있다.

포커스 그룹을 효과적으로 활용하기 위해서는 다음과 같은 절차를 따른다. 먼저, 연구 목적에 맞는 참여자를 모집한다. 예를 들어, 새로운 스마트폰 기능을 개발 중이라면 다양한 연령대와 직업을 가진 스마트폰 사용자들을 초대할 수 있다. 다음으로, 논의 주제와 관련된 질문 리스트를 준비한다. 모더레이터는 이 질문들을 통해 논의를 이끌어 가며, 참여자들이 자유롭게 의견을 교환할 수 있도록 돕는다. 논의가 끝난 후에는 수집된 의견을 분석하여 통찰을 도출하고, 이를 바탕으로 제품 개발이나 마케팅 전략을 수립한다.

한 식품 회사가 새로운 스낵 제품을 개발하기 위해 포커스 그룹을 활용한다고 해보자. 다양한 연령대와 식습관을 가진 소비자들을 초대하여 제품의 맛, 포장, 가격 등에 대한 의견을 수집한다. 이를 통해 소비자들이 실제로 원하는 제품의 특성을 파악하고 시장에 성공적으로 출시할 수 있는 전략을 마련할 수 있다.

포커스 그룹은 그 특성상 단기적인 결과보다는 장기적인 통찰을 얻는 데 유리하다. 이를 통해 기업은 고객의 니즈와 기대를 정확히 이해하고, 경쟁력을 강화할 수 있는 방향으로 나아갈 수 있다.

3 창업 아이디어의 검증과 선정

① 아이디어 검증의 중요성과 접근법

창업 아이디어 검증은 사업 계획의 실행 가능성과 시장 수요를 심도 깊게 평가하는 중요한 과정이다. 아이디어가 검증 과정을 거치지 않고 직접 실행으로 넘어갈 경우, 자원의 낭비와 투자의 비효율성은 물론 예상치 못한 시장의 반응에 따른 위험에 직면할 가능성이 높아진다. 따라서 검증 단계는 사업 성공의 핵심적인 전제 조건이라고 할 수 있다.

검증의 중요성은 여러 면에서 드러난다. 우선 검증을 통해 시장에서 수용될 가능성이 낮은 제품이나 서비스에 대한 투자를 줄임으로써 비용과 시간을 크게 절약할 수 있다. 또한, 시장의 초기 반응을 통해 실제로 사람들이 관심을 가질 만한 아이디어인지를 파악함으로써 더 효과적이고 집중적인 노력을 기울일 수 있다. 이는 단순히 시장에 존재하지 않거나 필요로 하지 않는 아이디어에 시간을 낭비하는 것을 방지한다. 마지막으로 아이디어가 시장에 출시되기 전에 충분한 검증을 거치면 사업 진행에 있어 발생할 수 있는 위험을 크게 줄일 수 있어 불확실성을 관리하는 데 큰 도움이 된다.

아이디어를 검증하는 방법에는 몇 가지가 있다.

첫째로, 시장 조사를 통해 해당 아이디어가 충분한 수요가 있는지와 경쟁 상황을 분석함으로써 아이디어의 시장 경쟁력을 평가할 수 있다. 둘째, 고객 피드백을 직접 수집하여 제품이나 서비스에 대한 수요와 고객의 기대치를 파악하고 고객의 요구와 문제점을 이해할 수 있다. 셋째, 최소 기능 제품(Minimum Viable Product : MVP)을 개발하고 시장에 테스트하여 초기 고객의 반응을 측정함으로써 아이디어의 시장 적합성을 실제로 평가할 수 있다.

이 과정들을 통해 창업자는 아이디어 시장에서의 성공 가능성을 객관적으로 판단하고 자원을 보다 효율적으로 배분할 수 있는 근거를 마련하게 된다. 이는 창업 초기 단계에서 매우 중요한 고려 사항이며, 사업 계획의 성공을 위해 필수적인 절차로 간주된다.

② 아이디어 검증의 주요 단계

창업 과정에서 아이디어의 검증은 사업의 성패를 좌우할 수 있는 결정적 요소다. 스타트업의 실패율이 높은 현실을 감안할 때 투자 전에 철저한 검증을 거치는 것은 자원의 낭비를 방지하고 사업 성공 가능성을 극대화하는 방법이다.

아이디어 검증은 가정된 비즈니스 모델이 실제로 실행 가능한지 여부를 파악하기 위해 필수적인 단계다. 이 과정을 통해 비효율적인 자원 투입을 최소화하고 시장에서의 실제 수요와 실행 가능성을 확인할 수 있다. 주요 검증 단계는 다음과 같다.

❶ **문제 검증** : 사업 아이디어의 출발점은 시장 내 존재하는 문제를 확인하는 것이다. 제품이나 서비스가 해결하고자 하는 문제의 실존 여부와 그 규모를 평가하기 위해 시장 조사가 필요하다. 이 조사는 온라인 설문, 인터뷰, 포커스 그룹 등 다양한 방법으로 수행될 수 있다.

❷ **솔루션 검증** : 문제의 존재가 확인되면 제안된 솔루션이 그 문제를 효과적으로 해결할 수 있는지 검토한다. 이 단계에서는 프로토타입을 제작하고, 초기 사용자와의 테스트를 통해 제품의 효용성과 사용성에 대한 피드백을 수집한다.

❸ **비즈니스 모델 검증** : 제품이나 서비스가 경제적으로 지속 가능한지를 평가한다. 이 과정에서는 가격 책정, 비용 구조, 수익 창출 메커니즘 및 판매 전략을 포함하여 비즈니스 모델의 타당성을 심사한다.

❹ **시장 검증** : 마지막 단계는 제품이나 서비스에 대한 시장의 존재 여부와 시장의 규모를 파악하는 것이다. 추가적인 시장 조사를 통해 잠재 고객의 구매 의향과 관심도를 확인한다.

이러한 검증 과정은 창업 전 반드시 수행되어야 하는 필수적인 절차다. 아이디어 검증을 통해 사업의 실현 가능성을 사전에 평가하고, 사업이 시장에서 성공할 확률을 높임으로써 잠재적인 실패 위험을 줄일 수 있다.

③ 창업 아이디어의 선정

창업 아이디어의 선정은 창업의 성공을 결정짓는 중요한 단계이며, 창업자가 직면한 시장 경쟁에서 독특하고 혁신적인 아이디어를 통해 시장 점유율을 확보하는 데

기여한다. 쿠퍼(Arnold Cooper)는 기업가 정신과 창업 연구 분야에서 중요한 학자로, 특히 기술 기반 창업에서는 창업자가 이전에 근무했던 조직이나 연구 분야에서 얻은 지식을 활용하여 창업을 진행하는 경우가 많다고 지적했다. 시장 기반 창업의 경우, 전문적인 기술 없이도 시장의 변화에 민감하게 반응하여 창의적인 아이디어를 기반으로 사업을 전개할 수 있다.

창업 아이디어 선정을 위한 기본 원칙으로는 업종의 성장 가능성, 창업자의 경험이나 특성을 활용할 수 있는 업종, 직무 만족도를 높일 수 있는 업종 등을 들 수 있다. 그 외 가족 혹은 주변의 지지를 적극적으로 얻을 수 있는 업종, 법률적 제한이 없는 업종, 시장에서 위험이 적은 업종 등도 중요한 고려 사항이다.

창업 아이디어가 선정되기 위기해서는 타당성, 실행 가능성, 안정성, 수익성, 시장의 지속 가능성 여부를 확인할 필요가 있다. 이 다섯 가지 선정 요건은 창업의 성공을 위해 필수적인 기준이며, 각각이 사업 계획의 타당성과 장기적 생존을 평가하는 데 중요한 역할을 한다.

❶ 타당성(Feasibility)

타당성은 창업 아이디어가 현실적으로 실현 가능한지를 평가하는 지표다. 이는 아이디어가 기술적, 법적, 경제적으로 실행 가능한지 여부를 검토한다. 타당성 분석은 아이디어가 실제로 구현될 때 발생할 수 있는 잠재적 문제들을 사전에 식별하고 평가하여 실제 상황에서 효과적으로 작동할 수 있을지를 판단한다. 예를 들어, 새로운 기술을 기반으로 한 제품이나 서비스의 경우, 해당 기술이 충분히 개발되어 시장에 적용 가능한 상태인지를 확인해야 한다.

❷ 실행 가능성(Operational Viability)

실행 가능성은 아이디어가 실제 운영 상황에서 효율적으로 관리될 수 있는지를 평가한다. 이는 자원의 가용성, 운영 모델의 효율성, 경영 팀의 능력을 포함한다. 실행 가능성이 높은 아이디어는 필요한 자원을 확보하고, 운영상의 문제를 효과적으로 관리할 수 있는 능력이 입증된 경우에 해당한다. 이는 아이디어가 실제 비즈니스 환경에서 원활하게 구현되고 지속될 수 있는지를 보장한다.

❸ 안정성(Stability)

안정성은 아이디어가 시장 변화에 잘 적응하고 지속적으로 수익을 생성할 수 있는 능력을 가리킨다. 이는 시장의 경쟁 요소, 경기 변동 및 기술 변화에 대응하는 아이디어의 유연성을 평가한다.

❹ 수익성(Profitability)

수익성은 아이디어가 경제적 이익을 실현할 가능성을 나타낸다. 이는 비용, 가격 결정, 매출 전망을 포함하여 제품이나 서비스의 시장 수요와 직접 연결된다.

❺ 시장의 지속 가능성(Market Sustainability)

시장의 지속 가능성은 제품이나 서비스가 장기간 시장 경쟁력을 유지할 수 있을지를 평가한다. 이는 시장의 성장 가능성, 소비자 수요의 안정성, 경쟁사 대비 우위 요소를 고려한다.

이러한 다섯 가지 요건은 창업 아이디어의 전반적인 실현 가능성을 평가하고 사업이 성공적으로 운영될 수 있는 강력한 기반을 마련하는 데 필수적이다. 창업자는 이 기준들을 면밀히 검토하여 자신의 아이디어가 시장에서 실제로 실행될 때 발생할 수 있는 도전을 사전에 파악하고 준비할 수 있어야 한다.

Chapter **5**

창업 비즈니스
모델

1. 비즈니스 모델이란?

2. 비즈니스 모델 캔버스

① 비즈니스 모델이란?

① 비즈니스 모델의 역사적 진화

최근 연구들은 비즈니스의 운영 방식과 다양한 이해관계자들에게 가치를 창출하는 메커니즘에 대한 깊은 이해를 추구하고 있다. 닷컴 시대를 거치며 많은 자본이 결함을 가진 비즈니스 모델들에 투입되었다는 것이 밝혀졌다. 그러나 문제의 본질은 비즈니스 모델 용어의 부적절한 이해와 사용에 있었다. 예측에 기반한 비즈니스 모델은 종종 불확실한 결과로 이어질 수 있다는 점에서 중요한 학습 지점을 제공한다.

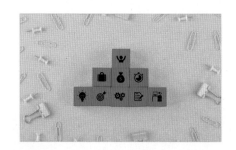

예를 들어, Pets.com은 과도한 마케팅 비용과 브랜드 인지도가 대규모 판매로 이어질 것이라는 가정하에 운영되었다. 하지만, 실제 소비자들의 온라인 구매 의향은 예상보다 낮았고, 많은 제품이 생산 비용 이하로 판매되어 회사는 손해를 보았다. 이러한 잘못된 가정은 회사가 공개된 지 9개월 만에 폐업하게 만든 주요 원인이었다. 이 사례는 전략적 오류와 높은 운영 비용이 결합되어 기업 실패를 초래할 수 있음을 보여준다.

이와 관련하여 기술과 인터넷의 발전은 비즈니스 모델에 대한 새로운 접근 방식을 촉진했다. 정보 기술과 조직 네트워킹의 발전은 산업 시대의 비즈니스 모델이 정보 시대의 요구를 충족시키기에 부족함을 드러냈다. 이러한 변화는 Silicon Valley에서 관찰된 혁신적인 비즈니스 모델의 출현과 높은 자본화를 설명하는데, 이는 Microsoft, Walmart, eBay 및 Southwest Airlines 같은 회사들의 성공적인 비즈니스 모델을 통해 더욱 명확해졌다. 그 결과, 많은 컨설팅 회사들과 비즈니스 전문가들이 비즈니스 모델 혁신과 창출을 지원하는 서비스를 제공하기 시작했다.

IBM의 "Global CEO Study"에 따르면 다양한 산업의 기업들은 기존의 비즈니스 모델을 혁신할 방법을 찾고 있으며, 이는 경영 실무와 학계 모두에서 비즈니스 모델이 지닌 중요성을 강조한다. 비즈니스 모델에 대한 깊이 있는 이해와 적절한 적용은 기업이 시장에서 지속 가능한 성공을 달성하는 데 결정적인 역할을 한다.

② 비즈니스 모델의 정의

비즈니스 모델은 조직이 어떻게 이익을 창출하는지 설명하는 체계다. 흔히 '사업 모형' 또는 '사업 모델'로도 불리며, 본질적으로는 '돈을 버는 방법'을 의미한다. 이를 조직적 기술(Organizational Technology)의 한 형태로 볼 수 있다.

비즈니스 모델은 일반적으로 '가치를 창출하고 수익을 창출하는 방법'으로 설명되곤 한다. 대부분의 기업은 고객에게 가치를 제공하고 그 대가로 수익을 얻기 때문에 이러한 정의가 적절하다. 그러나 특정 사업 모델, 특히 투자와 같은 경우에는 이 정의로 충분하지 않을 수 있다. 이 경우 특정 상품이나 서비스를 제공하지 않더라도 수익을 창출하는 방식을 가지고 있기 때문이다. 따라서 비즈니스 모델을 '이익을 창출하는 방식'으로 정의하는 것이 더 단순하면서도 포괄적이다.

본질적으로 비즈니스 모델을 설명하는 네 가지 핵심 요소는 다음과 같다.

- **대상 고객(Customer Segments)** : 비즈니스 모델에서 가장 중요한 질문은 '누가 우리의 고객인가?'이다. 고객 세그먼트와 이들과의 관계를 명확히 정의하는 것이 필요하다.

- **가치 제안(Value Proposition)** : 회사가 고객과 주요 파트너에게 제공하는 이점은 무엇인지 설명해야 한다. 이는 고객이 왜 우리의 제품이나 서비스를 선택하는지를 설명하는 중요한 요소다.

- **인프라(Infrastructure)** : 이러한 혜택을 어떻게 제공할 것인지에 대한 설명이 필요하다. 여기에는 파트너, 활동, 자원이 포함된다. 예를 들어, 필요한 기술, 공급망, 인적 자원 등을 포함한다.

- **수익 모델(Revenue Model)** : 마지막으로, 회사가 어떻게 돈을 벌 것인지에 대한 설명이 필요하다. 이는 수익 구조와 직접적으로 연관된다. 어떤 가격 전략을 사용하며, 어떤 방식으로 수익을 창출할 것인지 명확히 해야 한다.

이러한 요소들은 비즈니스 모델의 근간을 이루며 기업이 시장에서 어떻게 성공적으로 운영될 수 있는지에 대한 통찰을 제공한다. 비즈니스 모델은 단순한 수익 창출 방식을 넘어서 기업이 지속 가능한 경쟁 우위를 유지하는 데 필요한 전략적 요소들을 포함한다.

③ 전략과 BM의 차이

비즈니스 모델과 사업 전략의 개념은 종종 혼동되곤 한다. 이러한 개념을 명확히 이해하는 것이 성공적인 사업 운영에 필수적이지는 않지만, 확실히 정립된 개념은 생각과 토론에 큰 도움을 준다.

전략은 '결정'으로 생각할 수 있다. 이는 앞으로 나아갈 방향을 정하는 것으로, 현재 상황을 개선하기 위해 어떤 방법을 선택할 것인가를 결정하는 과정이다. 전형적인 전략적 사고 과정은 이러한 선택의 연속이다.

전략은 매우 일반적인 개념이므로 보통 그 앞에 수식어가 필요하다. 예를 들어, 기업 전략은 여러 사업 중 어떤 사업에 더 투자하고 어떤 사업을 포기할 것인가를 다루며, 자동차 사업 전략은 자동차 사업 전반에 대한 방향을 결정한다. 전기차 마케팅 전략은 전기차의 마케팅 방향을 설정하고, 자동차 가격 전략은 자동차의 가격 책정을 중심으로 한다.

'사업 모델 전략'이라는 용어도 사용 가능하다. 이는 아이디어를 사업화하기 위해 어떤 사업 모델이 가장 적합한지 찾는 전략이다. 사업 모델을 기획하거나 몇 가지 사업 모델 중에서 선택해야 할 때 사용된다.

비즈니스 모델은 신사업을 발굴하고 기획하는 데 많이 사용된다. 반면, 전략은 기존 운영 중인 사업을 더 잘 운영하기 위한 고민에서 주로 사용된다. 신사업은 아직 존재하지 않는 새로운 사업을 만들어야 하기 때문에 사업의 뼈대를 세우는 일이 중요하다. 기존 사업의 틀은 이미 존재하기 때문에 제품, 생산, 마케팅, 영업 등 구체적인 문제를 해결하는 것이 중요하다. 하지만 신사업도 초기 사업을 구축한 이후에는 마케팅 전략이 필요하고, 환경이 급변하여 기존 사업의 존재 가치가 의문스러워진다면 사업 모델을 제로베이스에서 다시 생각해야 한다.

④ 비즈니스 모델 설계

비즈니스 모델의 주된 목표는 특정 시장, 산업 또는 틈새시장에서 지속 가능한 서비스 가치를 창출할 수 있는 구조를 설계하는 데 있다. 이 가치 사슬은 가치 제안을 적용하는 대상에 따라 해당 시장, 업계 또는 틈새시장의 주요 고객 및 파트너에게 약속하는 것으로 시작된다.

예를 들어, 페이팔(PayPal)의 초기 전략은 전체 시장을 지배하는 것이 아니라 특정 틈새시장에서 시작하는 것이었다. 피터 틸(Peter Thiel)은 그의 저서 《Zero to One》에서 가장 성공적인 기업은 특정 틈새시장을 먼저 지배하고 이후에 인접 시장으로 확장한다고 강조한 바 있다.

페이팔은 시작 단계에서 '파워 유저'라 불리는 가장 가치 있는 파트너를 찾아내는 데 주력했다. 이는 비즈니스 모델 설계를 통해 주도된 선택이었다. 페이팔은 모든 사람에게 일반적인 서비스를 제공하는 대신, 최대한 많은 파워 유저를 확보하고 이들을 끌어들이는 데 집중했다. 이들은 대부분 이미 확립된 플랫폼인 eBay에 존재하고 있었다. 그래서 eBay에서 파워 유저를 확보하는 데 모든 노력을 기울였다.

페이팔은 소수지만 중요한 사용자 집단에 대해 명확한 가치 제안을 초안으로 작성하고, 이를 테스트 및 검증한 후에 해당 시장의 더 큰 부분을 차지할 수 있었다. 이는 비즈니스 모델 설계가 얼마나 중요한지를 보여주는 사례로, 작은 시장에서 시작하여 점차 확장함으로써 성공적인 비즈니스 모델을 구축해 나간 것이다.

비즈니스 모델 설계의 성공은 시장, 산업 또는 틈새시장에서 여러 서비스 가치를 창출할 수 있는 지속 가능한 형태를 구축하는 것에 달려 있다. 이를 위해서는 특정 시장에서 시작해 점차 확장하는 전략적 접근이 필수적이다.

비즈니스 모델을 설계하는 첫 단계는 회사가 어떻게 돈을 벌 것인지 명확히 정의하는 것부터 시작해야 한다. 이는 제품 판매, 구독 서비스, 광고 수익, 라이센싱 등의 다양한 수익 흐름을 통해 이루어질 수 있다. 이러한 수익 흐름을 통해 회사는 안정적인 수익 구조를 구축하고, 지속 가능한 성장을 도모할 수 있다.

회사의 주요 지표를 설정하는 것도 중요한 과정이다. 수익성 있는 사업을 운영하는 것은 시간이 걸리므로 고객 확보 비용, 반복 고객 수, 고객 생애 가치 등과 같은 성공을 측정할 다양한 지표를 식별해야 한다. 이러한 지표는 사업의 성과를 평가하고 개선점을 찾아내는 데 도움을 준다.

타깃 고객을 명확히 정의하는 것도 필수적이다. 제품이나 서비스는 특정 소비자 그룹의 문제를 해결해야 하므로 잠재 고객 기반이 얼마나 큰지 평가하는 것이 중요하다. 이를 통해 시장의 크기와 성장 가능성을 예측하고 비즈니스 전략을 세울 수 있다.

또한, 제품이나 서비스가 고객에게 제공하는 가치를 명확히 해야 한다. 이는 고객에게 독특한 매력을 선사하는 가치 제안으로, 경쟁자가 쉽게 따라 할 수 없을 만큼 전문화되어야 한다. 고객의 문제를 해결하고 기대를 충족시키는 방법을 명확히 정의

함으로써 고객 충성도를 높이고 지속적인 성장을 이끌 수 있다.

　마지막으로, 비즈니스를 운영하는 데 필요한 비용을 상세히 파악해야 한다. 고정 비용과 변동 비용을 모두 고려하여 수익이 해당 비용을 초과하도록 가격을 설정해야 한다. 이를 통해 재무 건전성을 유지하고 안정적인 비즈니스 운영이 가능해진다.

2　비즈니스 모델 캔버스

　비즈니스 모델 캔버스(Business Model Canvas)는 알렉산더 오스터 왈더(Alexander Osterwalder)와 이브 피그노(Yves Pigneur)가 2004년에 처음 개발한 프레임워크이다. 이들은 비즈니스 모델의 복잡성을 단순화하고 시각적으로 이해하기 쉽게 만들기 위해 캔버스를 설계했다. 비즈니스 모델 캔버스는 2010년에 출판된 그들의 책 《Business Model Generation》을 통해 널리 알려지게 되었다.

　린 스타트업과 일반 기업은 비즈니스 모델을 설계하고 실행하는 방식에서 많은 차이점을 보인다. 이 차이점들은 주로 접근 방식, 피드백 메커니즘, 디자인 방법에서 드러난다.

　〈그림 5-1〉과 같이 린 스타트업은 주로 실험적인 접근 방식을 취한다. 이 접근 방식에서는 초기부터 시장과의 상호 작용을 통해 제품과 서비스를 테스트하고, 그 결과를 바탕으로 빠르게 피벗(pivot)하거나 개선하는 과정을 반복한다. 린 스타트업은 고객 피드백을 중시하여 이를 바탕으로 제품을 지속적으로 발전시키는 데 주력한다. 이러한 방법론은 반복적인 디자인(iterative design) 과정을 통해 이루어지며, 고객의 요구와 시장 반응에 신속히 대응하는 것이 특징이다. 이 과정에서 최소 기능 제품(MVP, Minimum Viable Product)을 출시하고, 이를 통해 실질적인 고객 피드백을 수집하여 제품을 개선해 나가는 방식이다.

　반면, 일반 기업은 전통적으로 정교한 계획을 세우고 이를 기반으로 비즈니스 모델을 구축한다. 이러한 접근 방식은 직관적 판단과 사전 예측에 의존하며 초기 단계에서 큰 규모의 디자인을 완료한 후 이를 실행에 옮기는 '빅 디자인 업 프론트(Big design up front)' 방식이다. 일반 기업은 종종 고객 피드백보다는 내부 분석과 시장 조사

출처: 권혁춘(2019), 디지털 긱 경제 플랫폼 창업을 위한 비즈니스 모델 방법론 및 사례 연구 분석, 석사 학위 논문

🔧 **그림 5-1_** 린 스타트업과 일반 기업의 비즈니스 모델 차이

를 통해 전략을 수립하고, 이러한 전략을 바탕으로 제품과 서비스를 출시한다. 이는 안정성과 일관성을 중시하지만, 변화하는 시장 상황에 신속히 대응하는 데 어려움을 겪을 수 있다.

이와 같이, 린 스타트업과 일반 기업은 비즈니스 모델을 설계하고 실행하는 데 있어서 각각의 장단점을 가지고 있다. 린 스타트업은 유연하고 민첩한 반응을 통해 시장의 변화에 빠르게 적응할 수 있는 반면, 일반 기업은 안정적이고 체계적인 접근을 통해 장기적인 계획을 세우는 데 강점을 보인다.

① 비즈니스 모델 캔버스의 주요 구성

비즈니스 모델 캔버스는 기업이 어떻게 가치를 창출하고 전달하며 수익을 창출하는지를 구조화된 방식으로 설명하는 도구이다. 이는 9 Blocks 구성 요소로 이루어져 있으며, 각각의 요소는 비즈니스의 특정 측면을 다룬다. 이 9개의 요소는 다음과 같다.

- **고객 세그먼트(Customer Segments)** : 기업이 목표로 하는 고객 그룹을 정의한다.
- **가치 제안(Value Propositions)** : 고객에게 제공하는 독특한 가치를 설명한다.
- **채널(Channels)** : 제품이나 서비스가 고객에게 전달되는 방법을 나타낸다.
- **고객 관계(Customer Relationships)** : 고객과의 상호 작용 방식을 설명한다.
- **수익 흐름(Revenue Streams)** : 기업이 수익을 창출하는 방법을 정의한다.

- **주요 자원**(Key Resources) : 비즈니스 모델이 작동하는 데 필요한 자원을 설명한다.
- **주요 활동**(Key Activities) : 비즈니스 모델이 성공적으로 작동하기 위해 필요한 주요 활동을 정의한다.
- **주요 파트너**(Key Partnerships) : 비즈니스 모델을 지원하기 위해 협력하는 파트너를 설명한다.
- **비용 구조**(Cost Structure) : 비즈니스 모델을 운영하는 데 드는 비용을 설명한다.

비즈니스 모델 캔버스 9 Blocks는 크게 인프라, 제안, 고객, 재무의 네 가지 주요 항목으로 나뉘며, 각 항목에는 다음과 같은 하위 요소가 포함된다.

인프라(Infrastructure)

- **핵심 활동**(Key Activities) : 기업이 가치를 제안하는 주된 활동이다. 예를 들어, 제품 생산, 연구 개발, 마케팅 등이 이에 해당된다. 이를 통해 비즈니스의 핵심 프로세스를 정의할 수 있다.

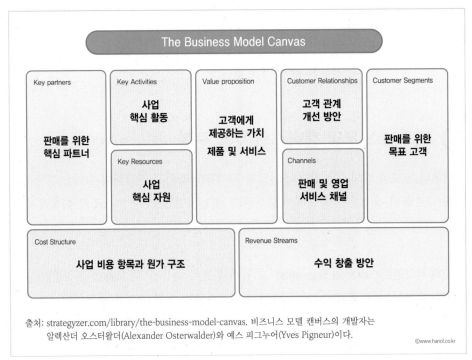

출처: strategyzer.com/library/the-business-model-canvas. 비즈니스 모델 캔버스의 개발자는 알렉산더 오스터왈더(Alexander Osterwalder)와 예스 피그누어(Yves Pigneur)이다.

ⓒwww.hanol.co.kr

🛠 그림 5-2_ 비즈니스 모델 캔버스 9 Blocks

- **핵심 자원(Key Resources)** : 고객에게 가치를 전달하기 위해 필요한 자원으로, 인력, 자본, 지적 재산권, 사용자 데이터 등이 포함된다. 이는 기업이 지속적으로 가치를 창출하기 위해 필수적인 요소다.
- **핵심 파트너(Key Partners)** : 비즈니스를 운영하고 리스크를 감소시키기 위해 협력하는 주요 파트너들로, 공급자, 유통업체, 제휴사 등이 이에 해당된다.

🐌 제안(Offering)

- **가치 제안(Value Propositions)** : 고객에게 제공하는 제품이나 서비스가 전달하는 가치로, 이는 경쟁자와 차별화되는 요소를 정의한다. 성능, 가격, 사용자 경험, 비용 절감, 리스크 감소 등이 포함된다.

🐌 고객(Customers)

- **고객 세그먼트(Customer Segment)** : 목표 고객 그룹을 정의하여 비즈니스 전략을 최적화한다. 이는 모든 사용자 대신, 특정 목표 고객을 대상으로 하여 더 효과적인 접근이 가능하도록 한다.
- **유통 채널(Channels)** : 제품이나 서비스를 고객에게 전달하는 다양한 경로로, 이를 통해 고객에게 가치를 빠르고 효율적으로 전달할 수 있다.
- **고객 관계(Customer Relationships)** : 신규 고객 유치, 기존 고객 유지, 고객 만족을 위한 전략을 포함한 종합적인 고객 관리 방법을 의미한다.

🐌 재무(Finances)

- **비용 구조(Cost Structure)** : 비즈니스 모델을 운영하는 데 필요한 모든 비용을 정의한다. 이는 고정 비용과 변동 비용을 모두 포함한다.
- **수익원(Revenue Streams)** : 고객으로부터 얻는 수익을 의미하며 제품 판매, 서비스 제공, 구독 모델 등 다양한 수익 창출 방식을 포함한다.

② 비즈니스 수익 모델

비즈니스 수익 모델은 비즈니스 모델의 핵심적인 구성 요소로, 기업이 고객을 위해 창출한 가치로부터 어떻게 수익을 창출하는지를 설명하는 개념이다. 실무적으로 각

고객 세그먼트에는 하나 이상의 수익 흐름이 포함될 수 있으며, 제품이나 서비스의 특성에 따라 수익 모델은 지속적으로 변화하고 진화한다. 다양한 산업과 업종에 따라 맞춤화할 수 있는 일반적인 수익 모델 유형은 다음과 같다.

(1) P2P 모델

P2P(Peer-to-Peer) 모델은 기술을 활용하여 개인 간의 직접 거래를 촉진하는 혁신적인 거래 방식을 의미한다. 이 모델은 중개자의 역할을 최소화하고 사용자가 직접적으로 상품이나 서비스를 거래할 수 있도록 플랫폼을 제공한다. P2P 비즈니스 모델의 핵심은 신뢰와 투명성을 기반으로 한 커뮤니티 형성에 있다. 이를 통해 사용자들은 더 효율적이고 경제적인 거래를 경험할 수 있다.

P2P 모델은 두 개 이상의 개인이 인터넷 기반 플랫폼을 통해 자산, 상품, 서비스 등을 직접 교환하는 방식이다. 이러한 모델은 기술의 발전과 인터넷의 보편화에 힘입어 더욱 활성화되고 있다. P2P 모델은 주로 중개 수수료를 통해 수익을 창출하며, 플랫폼은 거래의 안전성과 신뢰성을 보장하는 역할을 한다.

P2P 비즈니스 모델의 대표적인 성공 사례로는 에어비앤비(Airbnb)가 있다. 에어비앤비는 개인이 소유한 방, 집, 별장 등을 임대할 수 있도록 하는 플랫폼으로, 전통적인 호텔 산업에 큰 변화를 가져왔다. 에어비앤비는 예약 시 고객에게 6~12%의 서비스 수수료를 청구하며, 호스트로부터는 일반적으로 3%의 커미션을 받는다. 또한, 특정 조건하에서는 호스트에게 총 가격의 20%에 해당하는 서비스 수수료를 부과하기도 한다.

에어비앤비의 성공 요인은 다음과 같다.

- **신뢰 기반 커뮤니티** : 리뷰 시스템과 같은 기능을 통해 사용자 간의 신뢰를 구축했다.
- **글로벌 시장 진출** : 다양한 문화와 지역의 니즈를 충족시키는 맞춤형 서비스를 제공했다.
- **효율적인 중개 역할** : 중개 수수료를 통해 수익을 창출하면서도 거래의 안전성과 신뢰성을 보장했다.

P2P 모델은 기존의 산업 구조를 혁신하며 새로운 형태의 거래 방식을 제안하고 있다. 기술 발전과 신뢰 기반의 서비스 제공을 통해 사용자들은 더 나은 거래 경험을 할 수 있게 되었으며, 이는 다양한 산업에 적용 가능하다. 에어비앤비와 같은 성공 사례는 P2P 비즈니스 모델의 잠재력을 잘 보여주고 있다.

(2) 양면적 플랫폼 모델

양면적 플랫폼 비즈니스 모델은 두 개 이상의 상호 의존적인 사용자 그룹을 연결하여 이들 간의 상호 작용을 촉진하는 방식이다. 이 모델은 한쪽 사용자 그룹의 가치를 다른 쪽 사용자 그룹에게 전달함으로써 네트워크 효과를 극대화한다. 네트워크 효과란 사용자가 많아질수록 플랫폼의 가치가 더 높아지는 현상을 의미한다. 예를 들어, 한쪽은 제품이나 서비스를 제공하는 공급자이고, 다른 쪽은 이를 소비하는 수요자로 구성된다. 양면적 플랫폼은 이 두 그룹을 연결하여 중개 역할을 수행하며, 이를 통해 각 그룹의 요구와 가치를 최적화한다.

양면적 플랫폼은 단일 플랫폼에서 두 개 이상의 사용자 그룹이 상호 작용할 수 있도록 함으로써 가치를 창출한다. 이 플랫폼은 주로 수수료, 광고, 데이터 판매 등을 통해 수익을 창출한다. 양면적 플랫폼의 성공은 각 사용자 그룹의 규모와 활발한 상호 작용에 달려 있으며, 이를 위해 초기 사용자 확보와 유지가 매우 중요하다.

우버는 대표적인 양면적 플랫폼 비즈니스 모델의 예시다. 우버는 운전자와 승객을 연결하는 서비스를 제공한다. 운전자는 자신의 차량을 사용하여 승객을 태우고, 승객은 편리하게 차량을 호출하여 이동할 수 있다. 우버는 이 과정에서 운전자와 승객 양측으로부터 수수료를 받아 수익을 창출한다. 운전자는 일정 비율의 수수료를 우버에게 지불하며, 승객은 운임의 일부를 우버에게 지불한다.

우버의 성공 요인은 다음과 같다.

- **편리한 사용자 경험** : 앱을 통해 간편하게 차량을 호출하고 결제할 수 있다.
- **유연한 수익 모델** : 다양한 요금제와 프로모션을 통해 고객 유치와 유지에 성공했다.
- **네트워크 효과** : 더 많은 운전자가 플랫폼에 참여함에 따라 승객의 대기 시간이 줄어들고, 이는 다시 더 많은 승객을 끌어들이는 선순환을 만들었다.

양면적 플랫폼 모델은 P2P 모델이 개인 간의 직접 거래에 집중하는 것과 달리 두 개 이상의 사용자 그룹을 연결하여 상호 작용을 촉진하는 데 있다.

(3) 프리미엄 모델

프리미엄(Freemium) 모델은 디지털 시대의 대표적인 수익 창출 전략으로, 사용자에게 기본 서비스는 무료로 제공하되 고급 기능이나 추가 혜택을 제공하기 위해

유료 구독을 도입하는 모델을 의미한다. 'Freemium'이라는 용어는 'Free(무료)'와 'Premium(프리미엄)'의 합성어로, 사용자 기반을 빠르게 확장하면서도 지속 가능한 수익을 창출하는 방법을 나타낸다.

이 모델의 핵심은 많은 사용자에게 무료 서비스를 제공하여 초기 진입 장벽을 낮추고, 이후 일정 비율의 사용자에게 유료 서비스를 판매하여 수익을 창출하는 데 있다. 이를 통해 기업은 대규모 사용자 기반을 확보하면서도 안정적인 수익원을 구축할 수 있다.

드롭박스는 클라우드 스토리지 서비스를 제공하며, 사용자는 무료로 일정 용량의 저장 공간을 사용할 수 있다. 추가 저장 공간과 고급 기능을 원할 경우 유료 구독을 통해 서비스를 확장할 수 있다. 드롭박스는 무료 사용자 기반을 바탕으로 한 입소문 마케팅과 유료 전환 전략으로 큰 성공을 거두었다. 또한 링크드인은 직업 네트워킹 플랫폼으로, 기본적인 프로필 생성 및 네트워킹 기능을 무료로 제공한다. 프리미엄 구독을 통해 구직 활동을 강화하고, 인맥 확장, 프로필 보기 기능 등을 추가로 제공한다. 링크드인은 이러한 프리미엄 기능을 통해 많은 사용자들에게 부가 가치를 제공하고 수익을 창출하고 있다.

프리미엄 모델의 성공은 사용자에게 초기 무료 서비스를 제공하면서 동시에 고급 기능이나 혜택을 통해 유료 전환을 유도하는 데 달려 있다. 이러한 전략은 사용자 기반을 빠르게 확장하고, 높은 전환율을 통해 수익을 극대화하는 데 효과적이다.

(4) 제휴 마케팅 모델

제휴 마케팅(Affiliate Marketing)은 디지털 마케팅 전략의 한 형태로, 주로 온라인 플랫폼을 통해 수행되며, 제휴 마케터가 특정 제품이나 서비스를 홍보하여 발생한 판매나 리드에 대해 보상을 받는 모델이다. 이 모델의 핵심은 광고주(기업)와 제휴 마케터(블로거, 인플루언서 등) 간의 협력에 있으며, 제휴 마케터는 자신의 네트워크를 활용해 제품이나 서비스를 홍보하고 그에 따른 성과에 따라 수익을 얻는다.

아마존은 세계 최대의 제휴 마케팅 프로그램 중 하나를 운영하고 있다. 아마존 어소시에이트 프로그램은 블로거, 유튜버, 소셜 미디어 인플루언서 등이 아마존 제품 링크를 자신의 콘텐츠에 삽입하고, 이를 통해 발생한 판매에 대해 커미션을 받는 방식이다. 예를 들어, 테크 블로거가 특정 전자 제품 리뷰를 작성하고, 해당 제품의 아마존 링크를 포함시켜 독자가 이를 통해 구매할 경우, 해당 블로거는 일정 비율의 커미션을 받는다. 트립어드바이저는 호텔, 항공편, 여행 패키지 등의 여행 관련 제품과 서비스를 홍보하는 제휴 마케팅 프로그램을 운영한다. 여행 블로거나 사이트 운영자들이 트립어드바이저의 링크를 통해 방문객을 유도하면 예약이 이루어질 때마다 커미션을 받는다. 이는 여행 콘텐츠를 제작하는 크리에이터들에게 유용한 수익 모델로 자리잡고 있다.

　제휴 마케팅 비즈니스 모델은 디지털 마케팅의 발전과 함께 그 중요성이 점점 더 커지고 있으며, 다양한 산업에서 효율적인 수익 창출 수단으로 자리잡고 있다. 이 모델은 광고주와 제휴 마케터 모두에게 윈-윈(win-win) 전략을 제공하며, 특히 온라인 플랫폼을 통한 제품 홍보와 판매 촉진에 효과적이다.

(5) 구독형 비즈니스 모델

　구독 비즈니스 모델은 고객이 정기적으로 일정 금액을 지불하고 제품이나 서비스를 이용하는 형태의 비즈니스 모델을 의미한다. 이 모델은 전통적인 일회성 판매 방식과는 달리 지속적인 고객 관계를 기반으로 한다. 구독 모델은 안정적인 수익 흐름을 제공하며, 고객 충성도를 높이는 데 큰 역할을 한다. 또한 기업은 예측 가능한 수익을 통해 장기적인 사업 계획을 세울 수 있다.

　다음의 〈표 5-1〉은 스포티파이, 넷플릭스, 아마존 프라임, 애플 원, 펠로톤의 구독 모델 특징을 비교한 것이다.

📢 **표 5-1_** 구독형 수익 모델 서비스의 비교

특징	스포티파이	넷플릭스	아마존 프라임	애플 원	펠로톤
주요 제공 서비스	· 음악 스트리밍	· 영화 및 TV 프로그램 스트리밍	· 빠른 배송, 비디오, 음악 등 다양한 혜택	· 음악, TV+, 아케이드, 아이클라우드	· 피트니스 장비와 온라인 피트니스 클래스
구독 모델 구조	· 무료 + 프리미엄 요금제	· 단일 요금제	· 연간/월간 멤버십	· 패키지 구독	· 월간 구독
가격 전략	· 무료는 광고 포함, 프리미엄은 광고 없음, 고음질 제공	· 단일 요금제, 광고 없음	· 연간 또는 월간 요금, 다양한 혜택 포함	· 여러 서비스를 하나의 요금제로 제공	· 피트니스 장비 구매와 함께 월간 클래스 구독
주요 타깃 고객	· 음악 애호가, 모바일 사용자	· 영화와 TV 프로그램 시청자	· 다양한 혜택을 원하는 온라인 쇼핑객	· 애플 생태계를 사용하는 다양한 사용자	· 홈 피트니스 사용자
고객 유지 전략	· 개인화된 음악 추천, 플레이 리스트	· 오리지널 콘텐츠, 다양한 장르	· 다양한 혜택 제공, 빠른 배송	· 다양한 애플 서비스 통합, 애플 생태계 내 통합 경험	· 고품질 피트니스 콘텐츠, 커뮤니티 기능
차별화 요소	· 개인화된 음악 추천 알고리즘 · 다양한 음악 라이브러리	· 고품질 오리지널 콘텐츠 제작, 다양한 장르	· 다양한 혜택, 빠른 배송	· 여러 애플 서비스를 하나로 통합, 다양한 서비스 제공	· 고품질의 피트니스 콘텐츠, 커뮤니티 및 소셜 기능 제공
재구독률 향상 전략	· 고품질 음악 스트리밍, · 광고 없는 프리미엄 서비스	· 새로운 콘텐츠의 지속적인 추가, 다양한 장르의 콘텐츠 제공	· 다양한 혜택과 서비스 제공, 프라임 비디오 및 뮤직 제공	· 다양한 애플 서비스 제공, 통합된 사용자 경험	· 고품질의 피트니스 클래스, 지속적인 업데이트와 커뮤니티 기능

출처: 스포티파이, 넷플릭스, 아마존 프라임, 애플 원, 펠로톤이 운영하는 홈페이지와 SNS 등에서 관련 내용 발췌

(6) 면도기-면도날 모델

면도기-면도날 모델은 경제학에서 잘 알려진 비즈니스 전략 중 하나로, 이 모델은 기업이 기본 제품을 저렴한 가격에 제공하고, 필수 소모품이나 관련 제품을 높은 마진으로 판매하여 수익을 창출하는 전략을 말한다. 이 전략의 핵심은 고객을 저렴한 초기 제품으로 유치한 후 지속적인 소모품 판매를 통해 장기적인 수익을 보장하는 것이다.

이 모델의 가장 대표적인 예는 면도기와 면도날 판매 전략에서 비롯됐다. 길레트

(Gillette)는 면도기 자체를 저렴하게 제공하고 호환되는 면도날을 주기적으로 교체해야 하므로 면도날 판매를 통해 지속적인 수익을 얻는다. 이 전략은 고객이 일단 면도기를 구입하면 해당 브랜드의 면도날을 계속 구매할 가능성이 높다는 점에 착안한 것이다.

이와 유사한 사례로는 프린터와 잉크 카트리지 판매 모델이 있다. 많은 프린터 제조사들은 프린터를 상대적으로 낮은 가격에 판매하고 고가의 잉크 카트리지를 통해 이익을 실현한다. 예를 들어, HP나 캐논 같은 기업들은 저렴한 프린터로 고객을 유치한 후 호환 잉크 카트리지의 반복 구매를 통해 수익을 증대한다.

면도기-면도날 모델은 제품의 초기 비용을 낮추어 시장 접근성을 높이고 소모품 판매를 통해 지속적인 이익을 추구하는 전략으로, 다양한 산업에서 활용될 수 있는 효과적인 비즈니스 모델이다.

(7) 역면도기-면도날 모델

역면도기-면도날 모델은 전통적인 면도기-면도날 비즈니스 모델의 변형으로, 이 전략에서는 주요 제품이 비싸게 판매되며 관련 소모품이나 부가 서비스가 저렴하게 제공된다. 이 모델은 고가의 초기 투자를 통해 고객의 충성도를 확보하고, 장기적으로는 저렴한 유지 비용으로 고객 만족을 실현하여 지속적인 관계를 구축하는 것을 목표로 한다.

대표적인 사례로 고급 스포츠 자동차 브랜드들이 있다. 이들 브랜드는 자동차를 고가에 판매하고, 그 후의 유지 보수 서비스나 부품을 상대적으로 저렴한 가격에 제공하여 소비자의 만족도를 높이고 브랜드에 대한 충성도를 유지한다. 예를 들어, 테슬라는 고성능 전기 자동차를 시장에 출시하면서 차량 자체는 비싸지만, 업데이트 및 서비스를 통한 유지 관리 비용은 전통적인 자동차 브랜드에 비해 낮게 유지하고 있다.

이러한 예는 전문적인 사진 기기 시장에서도 볼 수 있다. 회사들은 고가의 카메라와 장비를 판매하고, 후속 소프트웨어 업데이트나 액세서리는 비교적 저렴하게 제공하여 사용자의 지속적인 만족과 함께 장기적인 고객 관계를 유지한다.

(8) 주문형 가입 기반 모델

주문형 가입 기반 모델(On-demand Subscription Model)은 전통적인 구독 서비스를 한 단계 발전시킨 비즈니스 전략으로, 소비자가 필요할 때 제품이나 서비스를 요청

하고 이에 대한 비용을 지불하는 방식이다. 이 모델은 고정적인 구독료 외에도 사용량에 따라 추가 비용이 발생할 수 있어 소비자의 선택권과 유연성을 크게 향상시켰다. 특히, 디지털화된 현대 사회에서 데이터 기반의 사용자 행동 분석을 통해 개인화된 서비스 제공이 가능해졌으며, 이는 고객 만족도를 높이고 기업의 수익성을 강화하는 데 기여한다.

주문형 가입 기반 모델은 사용량에 따라 비용이 청구되는 형태로 특히 클라우드 컴퓨팅 서비스에서 널리 적용되고 있다. Amazon Web Services(AWS)는 고객이 실제로 사용한 컴퓨팅 자원의 양에 따라 요금을 부과하는 대표적인 사례이다. AWS는 다양한 클라우드 기반 서비스를 제공하는데, 고객은 서버의 시간, 저장된 데이터의 양, 전송된 데이터양 등 실제 사용량을 기반으로 비용을 지불한다.

이 모델의 핵심 이점은 기업이나 개인이 필요한 서비스만큼만 비용을 지불하면 되기 때문에 초기 투자 비용을 크게 절감할 수 있다는 점이다. 또한, 사용량이 증가하거나 감소할 때마다 서비스를 유연하게 조정할 수 있어 비즈니스의 규모 변동에 따른 리스크를 최소화할 수 있다.

또 다른 사례로는 Google Cloud Platform이 있다. 이 플랫폼도 AWS와 유사하게 고객이 사용한 컴퓨팅 리소스에 대해서만 요금을 부과한다. 클라우드 서버의 사용 시간, 저장 공간 사용량, 네트워크 사용량 등이 요금 계산의 기준이 된다.

(9) 사용자 제작 콘텐츠 모델

사용자 제작 콘텐츠(User-Generated Content, UGC) 모델은 디지털 기술의 발달과 소셜 미디어의 확산으로 인해 주목받고 있는 현대 비즈니스 전략의 한 형태다. 이 모델은 사용자들이 자발적으로 콘텐츠를 제작하고 공유함으로써 기업이나 브랜드의 가치를 확산시키는 방식을 의미한다. UGC는 비디오, 텍스트, 이미지, 리뷰 등 다양한 형태로 나타날 수 있으며, 소비자의 진정성 있는 목소리를 반영한다는 점에서 기업 주도의 마케팅 콘텐츠보다 높은 신뢰성과 관여도를 자랑한다. 대표적인 사례에는 유튜브, 위키피디아, 트립어드바이저 등이 있다.

• **유튜브(YouTube)** : 유튜브는 사용자 제작 콘텐츠의 대표적인 플랫폼으로, 수억 명의 사용자가 자신의 비디오를 업로드하고 수익을 창출할 수 있는 환경을 제공한다. 이 플랫폼은 다양한 주제와 장르의 콘텐츠가 넘쳐나며, 사용자 참여를 통해 끊임

없이 새로운 가치를 창출하고 있다.

- **위키피디아(Wikipedia)** : 위키피디아는 전 세계 자원봉사자들이 작성한 수백만 개의 글로 구성된 세계 최대의 자유 백과사전이다. 이 플랫폼은 사용자들이 직접 콘텐츠를 생성하고 편집함으로써 정보의 정확성과 깊이를 지속적으로 강화하고 있다.
- **트립어드바이저(TripAdvisor)** : 여행 관련 정보를 제공하는 트립어드바이저는 사용자 리뷰와 평가를 바탕으로 호텔, 레스토랑, 관광지 등의 순위를 매기는 서비스를 제공한다. 이는 여행 계획을 세우는 이들에게 실질적인 도움을 주며, 사업체들에게는 고객 피드백을 통한 서비스 개선의 기회를 제공한다.

이러한 사례들은 사용자 제작 콘텐츠가 어떻게 기업과 소비자 모두에게 이익을 제공하며, 브랜드의 디지털 마케팅 전략에 어떤 영향을 미치는지를 보여준다. UGC 모델은 소비자의 참여를 극대화하고 브랜드의 온라인 가시성과 영향력을 강화하는 중요한 수단이 되고 있다.

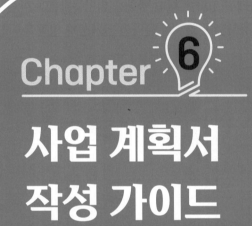

Chapter **6**

사업 계획서
작성 가이드

1 사업 계획서 작성 개요

① 사업 준비와 사업 계획서 작성

사업 계획서는 새로운 사업을 시작함에 있어 필요한 모든 내외적 관련 요소들을 기술해 놓기 위해 기업가가 준비하는 서류이다. 이 서류는 종이 게임 계획서(game plan) 또는 지도와 비유되며, 현재 나의 위치는 어디인가(현재 상황 파악), 목적지는 어디인가(기업 목표 제시) 그리고 어떻게 도달할 것인가(전략의 수립)와 같은 질문에 답을 하게 된다.

창업 과정에 있어서 사업 계획서의 작성은 계획 사업에 관련된 제반 사항, 즉 계획 사업의 내용(회사의 일반 현황 및 창업자 현황), 계획 제품 시장의 구조적 특성, 소비자의 성격 구성, 시장 확보 가능성과 마케팅 전략, 계획 제품에 대한 기술적 특성, 생산 시설, 입지 조건, 생산 계획과 더불어 계획 아이템에 대한 향후 수익 전망, 투자의 경제성, 계획 사업에 대한 소요 자금 규모 및 조달 계획, 차입금의 상환 계획, 조직 및 인력 계획 등을 객관적·체계적으로 기록하는 아주 중요한 자료이다.

사업 계획서는 창업자 자신을 위해서는 사업 성공의 가능성을 높여주는 동시에 계획적인 창업을 가능케 하여 창업 기간을 단축해 주고, 계획 사업의 성취에도 많은 효과를 준다. 또한 창업에 도움을 줄 제3자, 즉 동업자, 출자자, 금융 기관, 매입처, 매출처, 더 나아가 일반 고객에 이르기까지 투자에 대한 관심을 유도하고 그들을 설득할 자료로도 활용도가 매우 높다. 이런 이유로 정확하고 객관성이 유지되어야 하며 전문성과 독창성을 갖춘 보편 타당한 사업 계획서가 되지 않으면 안 된다.

② 사업 계획서 작성 원칙 및 유의 사항

사업 계획서는 창업자의 얼굴인 동시에 창업자 자신의 신용이다. 창업 시의 사업 계획서는 효율적으로 창업 기업을 설립하여 그 사업을 지속적으로 성장·발전시켜 가고자 하는 창업자의 구체화된 의지를 체계적으로 정리·기술한 길이기 때문이다. 이런 관점에서 사업 계획서 작성 시에는 다음과 같은 주의와 기본적인 사고하에서 작성해야 한다.

첫째, 사업 계획서는 충분성과 자신감을 바탕으로 작성되어야 한다. 창업자 자신이 가지고 있는 목표 아이템을 제3자에게 설득력 있게 이해시키는 것이 사업 계획서 제1의 목적이다. 따라서 계획 사업에 대한 내용을 충분히 그리고 구체적으로 작성할 필요가 있다. 사업 내용이 창업자 자신에게는 수년간의 관심과 연구의 결과일 수 있지만, 제3자의 입장에서는 생소한 경우가 대부분이기 때문이다.

둘째, 사업 계획서는 객관성이 결여되어서는 안 된다. 자칫 자신감이 너무 지나쳐 제3자가 느끼기에 허황되고 실현 가능성이 없다고 판단될 때는 신뢰성에 큰 타격을 입을 수도 있다. 따라서 공공 기관, 또는 전문 기관의 증빙 자료를 근거로 시장 수요 조사와 최소한의 회계적 지식을 갖고 매출액과 수익이 추정되어야 한다.

셋째, 계획 사업의 핵심 내용을 강조하여 부각시켜야 한다. 사업 계획이 평범하여서는 제3자의 호감을 사지 못한다. 계획 제품이 경쟁 제품보다 소비자의 호응을 얻으리라는 기대를 갖고 제품의 특성을 중심으로 설명하되 잡다한 부수적 생산 제품보다 창업 초기 전략 계획 상품을 중심으로 1~2종, 많더라도 3종을 넘지 않은 범위 내에서 핵심적으로 상품을 설명할 필요가 있다. 흔히 창업자들이 이 목표 상품을 잘못 선택하여 창업에 실패하는 경우가 많기 때문이다.

넷째, 제품 및 기술성 분석에 대한 내용은 전문 용어의 사용을 피하고, 단순하고 보편적인 내용으로 구성한다. 해당 제품 자체의 설명에만 국한하지 말고 관련 산업, 관련 업종의 내용부터 접근하는 것이 필요하며, 제품 생산 공정을 구체적으로 설명한다. 또한 특허 등의 관련 증빙 서류를 첨부함으로써 신뢰성을 높일 필요가 있다.

다섯째, 자금 조달 운용 계획은 정확하고 어느 정도 실현 가능성이 있어야 한다. 창업자 자신이 조달 가능한 자기 자본을 구체적으로 현금, 예금, 부동산 담보 등으로 표시함으로써 제3자로부터 창업자의 최소한의 자금 조달 능력을 신뢰하게 할 필요가 있다. 그 후 동업자, 금융 기관 등으로부터의 조달 계획을 구체적으로 제시해야 한다.

자금 조달 계획이 어느 정도 확정된 후에는 정확한 소요 자금 사정이 필요하다. 흔히 창업자의 대부분이 소요 자금을 먼저 사정한 후 자금 조달 계획을 수립하는 경우가 많다. 그러나 이 방법은 합당치 못하다. 사업은 욕심만으로 할 수 없다. 창업자 자신의 수준과 능력에 맞지 않는 사업은 실패할 수밖에 없기 때문이다.

여섯째, 계획 사업에 잠재되어 있는 문제점과 향후 발생 가능한 위험 요소를 심층 분석하고 예기치 못한 사정으로 인하여 창업이 지연되거나 불가능하게 되지 않도록 다각적인 점검이 요구된다. 흔히 요즘과 같은 인력난 속에서 간과해서는 안 될 점이 종업원의 충원 문제이다. 핵심 요원은 구체적으로 사전 확정되어 있어야 하며 조업률 80% 수준의 종업원 확보에 어려움이 없는지도 집중적으로 검토해 보아야 한다. 특히 기술성이 뛰어난 특허 제품 등은 기술상 1%의 하자만 있어도 실패하는 경우가 흔하기 때문에 기술자 확보 문제와 생산 시설 설계 회사와도 사전 협의가 필요한 사항이다.

일곱째, 투자자들에 대한 회수 전략이다. 투자자들은 어떤 기업에 투자를 할 경우 반드시 투자금에 대한 회수 전략에 대해 언급해야 한다. 잠재적인 투자자들은 사업 계획서에 대해 특히 민감하다. 비록 일부 정보들은 가정에 기초한다 하더라도 계획을 완성하기 위해 필요한 사고 과정을 기업가들에게 현금 흐름과 예상 투자 금액을 평가하도록 요구하기 때문에 가치 있는 경험이다.

2 사업 계획서 작성 순서

사업 계획서는 그 목적, 용도 및 제출 기관에 따라 내용상 차이가 있으며 분량과 첨부 서류에도 큰 차이가 난다. 또한 창업자가 직접 작성하느냐 외부 전문 기관에 의뢰하여 작성하느냐에 따라 전문성과 내용이 달라질 수 있다. 따라서 사업 계획서 작성 전에 미리 기본 계획과 작성 순서를 정하여 작성해야 시간과 노력을 절약할 수 있으며, 내용도 충실해질 수 있다. 효율적인 사업 계획서 작성을 위해 사업 계획서를 실제 작성하기 전에 미리 준비할 사항과 사업 계획서 작성의 기본 순서를 알아두는 것이 필요하다.

① 작성 단계

제1단계 : 기본 방향 설정

사업 계획서 작성의 목적에 따라 기본 방향을 설정한다. 사업 계획서 작성의 목적은 크게 3가지로 나눈다.

❶ 사업 타당성 여부 검증을 포함해서 창업자 자신의 창업 계획을 구체화하기 위한 수단으로서 작성하는 경우
❷ 자금 조달을 목적으로 작성하는 경우
❸ 공장 설립 및 인허가 등을 위해 작성하는 경우

위 3가지로 구분해 볼 수 있는데, 이들 목적에 따라 기본 목표와 방향을 정하지 않으면 안 된다. 기본 목표와 방향이 정해지지 않으면 사업 계획서가 초점을 잃기 때문이다.

제2단계 : 작성 목적 및 제출 기관 확인

사업 계획서 작성 목적 및 제출 기관에 따라 소정 양식이 있는지 미리 확인한다. 자금 조달을 위한 경우에도 조달처가 은행이냐 신기술 사업 금융 회사냐 창업 투자 회사냐에 따라서 그 내용이 약간 차이가 있으며, 구체적으로 어떤 은행, 어떤 신기술 사업 금융 회사냐에 따라서 그리고 어느 창업 투자 회사에 지원 요청을 할 것이냐에 따라 다소 차이가 있기 때문이다.

제3단계 : 사업 계획서 작성 계획의 수립

대부분의 사업 계획서는 사업 계획 추진 일정상 일정 기한 안에 작성해야 할 필요성이 있는 경우가 많다. 자금 조달을 위한 경우든 공장 입지를 위한 경우든 관련 기관에 제출하기 위해서는 빠른 기간 내에 작성하지 않으면 안 되기 때문이다.

사업 계획서 작성이 지연되는 것 이상으로 계획 사업 추진에는 더 큰 지연이 따른다. 따라서 각 부문별로 작성 일정과 보조를 받아야 할 사람을 확정할 필요가 있다. 회사에 따라서는 창업자가 직접 작성하거나 한 사람이 모든 분야를 작성해야 하는

경우도 생긴다. 이런 경우에는 작성 기간과 작성 방식을 실정에 맞춰 계획하는 수밖에 없다. 일정과 내용에 따라서는 전문 기관에 의뢰하여 작성하는 것도 검토해 볼 수 있을 것이다.

제4단계 : 사업 계획서 작성에 직접 필요한 자료와 첨부 서류 준비

흔히 사업 계획서 작성 시 이상의 3단계까지의 절차를 거치지 않고 자료 수집부터 하는 경우가 있다. 그러나 오히려 불충분한 자료 수집 때문에 많은 시간을 낭비할 수 있다. 자료 수집은 3단계가 끝난 후에 실시하여도 늦지 않다.

제5단계 : 작성해야 할 사업 계획서 양식 결정

제2단계에서와 같이 특정 기관의 소정 양식이 있는 경우는 그 양식에 의거하여 작성하면 별문제 없지만, 특정 양식이 없는 경우에도 미리 작성해야 할 사업 계획서 양식을 결정할 필요가 있다.

제6단계 : 실제 사업 계획서를 작성

제출 기관에 따라 사업 계획서 작성 방법을 간단히 설명하고 있는 경우도 있지만, 그것만으로는 충분하지 못하다. 사업 계획 작성자는 사업 계획서 작성 요령을 미리 숙지해 둘 필요가 있다. 실제 사업 계획서 작성 단계에서는 원칙도 중요하지만 작성상 많은 기교도 필요하다.

정해진 사업 계획서 양식에 따라 순차적으로 작성해 나가는 것보다는 추정 손익 계산서를 가장 먼저 작성하는 것이 시간 절약에 도움이 된다. 왜냐하면 추정 재무제표에는 연도별 인력 계획, 기술 개발 투자 계획, 생산 능력 및 생산 실적, 시설 투자 계획, 판매 계획 및 재무 계획 등이 수치로 표현되기 때문이다. 이러한 각종 계획이 추정 재무제표와 일치하지 않을 때 그 사업 계획서는 신뢰성과 정확성이 결여되어 있는 것이다.

제7단계 : 편집 및 제출

사업 계획서는 내용도 중요하지만 그 내용을 포괄하고 있는 표지 등 편집도 대단히 중요하다. 정성을 다하고 모양을 새롭게 하여 제출 기관으로부터 좋은 인상을 받도록 마지막까지 신경을 쓸 필요가 있다. 사업 계획서 제출 시에는 그 내용을 충분히 숙지하여 설명과 응답에 부족함이 없어야 한다. 설령 외부 전문 기관에서 작성했다고 하더라도 마찬가지다. 중소기업의 창업자는 창업 기업의 유일한 전문가이기 때문이다.

② 사업 계획서 작성 형식

　사업 계획서 작성에는 첫째, 회사 개요, 업체 연혁, 창업 동기 및 사업의 기대 효과, 향후 계획 등 기업체 현황을 명시한다. 즉, 여기에는 어떤 사업이며 왜 그 사업을 하게 되었는가 등을 기술해야 된다. 둘째, 조직 및 인력 구성의 특징에 대해서 언급한다. 대표자의 학력, 주요 경력, 자격 취득 사항 등 인적 사항에서부터 경영진 및 기술진 인적 사항 등을 기재한다. 셋째, 기술 현황 및 기술 개발 계획이다. 주로 생산 및 취급하고자 하는 제품의 제품명, 규격, 주요 수요처, 용도, 사업 전망 등을 언급한다. 넷째, 생산 및 시설 계획이다. 생산 및 판매 실적이 있으면 기재하고, 시설 현황과 자금력을 감안하여 연차별 주요 사상 특차 계획 및 건립 계획을 수립해야 한다. 다섯째, 시장성 및 판매 전망이다. 아무리 좋은 아이템이라도 팔리지 않으면 의미가 없다. 동종 업체 또는 계획 제품 시장의 전반적 현황, 시장 규모 및 예상 시장 점유율 등을 기재하여야 한다. 여섯째, 재무 계획인데 추정 손익 계산서, 추정 대차대조표, 추정 현금 흐름표 등을 기재해야 하다. 일곱째, 자금 운용 조달 계획이다. 소요 자금, 조달 계획, 연차별 증자 계획 등을 기재해야 한다. 여덟째, 사업 추진 일정 계획인데 연도별, 월별, 단계별, 항목별 사업 추진 일정표를 차트나 흐름 도표 또는 PERT(CPM) 방법을 이용하여 작성하면 좋다. 아홉째, 특정 분야별 계획이 있으면 작성해야 한다.

📢 **표 6-1_** 사업 계획서 작성 형식 ❶

표준 사업 계획서(외부 기관 제출용)

Ⅰ. 기업체 현황
1. 회사 개요
2. 업체 연혁
3. 창업 동기 및 사업의 기대 효과
4. 사업 전개 방안 및 향후 계획

Ⅱ. 조직 및 인력 구성의 특징
1. 조직도
2. 조직 및 인력 구성의 특징
3. 대표자 및 경영진 현황
4. 주주 현황
5. 관계 회사 내용
6. 종업원 현황 및 고용 계획
7. 교육 훈련 현황 및 계획

Ⅲ. 기술 현황 및 기술 개발 계획
1. 제품(상품)의 내용
2. 제품(상품) 아이템 선정 과정 및 사업 전망
3. 기술 현황
4. 기술 개발 투자 현황 및 계획

Ⅳ. 생산 및 시설 계획
1. 생산 및 시설 현황
   가. 최근 2년간 생산 및 판매 실적
   나. 시설 현황
   다. 조업 현황
2. 생산 공정
   가. 생산 공정도
   나. 생산 공정상의 제 문제 및 개선 대책
3. 원부자재 사용 및 조달 계획
   가. 제품 단위당 소요 원재료
   나. 원재료 조달 상황
   다. 원재료 조달 문제점 및 대책
   라. 원재료 조달 계획 및 전망
4. 시설 투자 계획
   가. 시설 투자 계획
   나. 시설 투자 효과

Ⅴ. 시장성 및 판매 전망
1. 관련 산업의 최근 상황
2. 동업계 및 경쟁 회사 현황
3. 판매 현황
   가. 최근 2년간 판매 실적
   나. 판매 경로 및 방법
4. 시장 총규모 및 자사 제품 수요 전망
5. 연도별 판매 계획 및 마케팅 전략
   가. 연도별 판매 계획
   나. 분류 시스템 및 마케팅 전략
   다. 마케팅 전략상 제 문제 및 해결 방안

Ⅵ. 재무 계획
1. 재무 현황
   가. 최근 결산기 주요 재무 상태 및 영업 실적
   나. 금융 기관 차입금 현황
2. 재무 추정
   가. 자금조달운용계획표(자금흐름분석표)
   나. 추정 대차대조표
   다. 추정 손익 계산서

3. 향후 수익 전망
   가. 손익 분기 분석
   나. 향후 5개년 수익 전망
   다. 순현 기법 및 내부수익률법에 의한 투자 수익률

Ⅶ. 자금 운용 조달 계획
1. 소요 자금
2. 조달 계획
3. 연도별 증자 및 차입 계획
4. 자금 조달상 문제점 및 해결 방안

Ⅷ. 사업 추진 일정 계획

Ⅸ. 특정 분야별 계획
1. 공장 입지 및 공장 설립 계획
   가. 공장 입지 개황
   나. 현 공장 소재지 약도 및 공장 건물, 부대 시설 배치도
   다. 설비 현황 및 시설 투자 계획
   라. 공장 자동화 현황 및 개선 대책
   마. 환경 및 공해 처리 계획
      • 배출 예상 오염 물질 및 처리 방법
      • 공해 방지 시설 설치 내역 및 계획
   바. 공장 설치 인허가 및 의제 처리 인허가 관련 기재 사항
   사. 공장 설치 일정 및 계획
2. 자금 조달
   가. 자금 조달의 필요성
   나. 소요 자금 총괄표
   다. 소요 자금 명세
   라. 자금 조달 형태, 용도, 규모
   마. 보증 및 담보 계획
   바. 차입금 상환 계획
3. 기술 개발 사업 계획
   가. 사업 내용 및 연구 목표
   나. 연구 개발 인력 구성
   다. 개발 효과
   라. 개발 공정도
   마. 개발 사업 추진 계획 및 소요 자금
4. 시설 근대화 및 공정 개선 계획
   가. 추진 목적
   나. 분야별 추진 계획
      • 시설 근대화 계획
      • 공정 개선 계획
      • 신제품 개발 계획

Ⅹ. 첨부 서류
1. 정관
2. 상업등기부등본
3. 사업자등록증 사본
4. 최근 2년간 결산 서류
5. 최근 월합계잔액시산표
6. 경영진·기술진 이력서
7. 공업소유권(특허, 실용신안) 및 신기술 보유 관계 증빙 서류
8. 기타 필요 서류

표 6-2_ 사업 계획서 작성 형식 ②

간이 사업 계획서(창업자 사업 계획용)

Ⅰ. 기업체 현황

   1. 회사 개요

   2. 업체 연혁

   3. 창업 동기 및 향후 계획

Ⅱ. 조직 및 인력 현황

   1. 조직도

   2. 대표자, 경영진 및 종업원 현황

   3. 주주 현황

   4. 인력 구성상의 강약점

Ⅲ. 기술 현황 및 기술 개발 계획

   1. 제품(상품)의 내용

   2. 기술 현황

   3. 기술 개발 투자 및 기술 개발 계획

Ⅳ. 생산 및 시설 계획

   1. 시설 현황

   2. 생산 공정도

   3. 생산 및 판매 실적(최근 2년간)

   4. 원부자재 조달 상황

   5. 시설 투자 계획

Ⅴ. 시장성 및 판매 계획

   1. 일반적 시장 현황

   2. 동업계 및 경쟁 회사 현황

   3. 시장 총규모 및 시장 점유율

   4. 판매 실적 및 판매 계획

Ⅵ. 재무 계획

   1. 최근 결산기 주요 재무 상태 및 영업 실적

   2. 금융 기관 차입금 현황

   3. 소요 자금 및 조달 계획

Ⅶ. 사업 추진 일정 계획

Ⅷ. 특기 사항

Ⅸ. 첨부 서류

   1. 정관

   2. 사업등기부등본

   3. 사업자등록증 사본

   4. 최근 2년간 요약 결산서

   5. 경영진 이력서

Chapter 7

창업과 자본

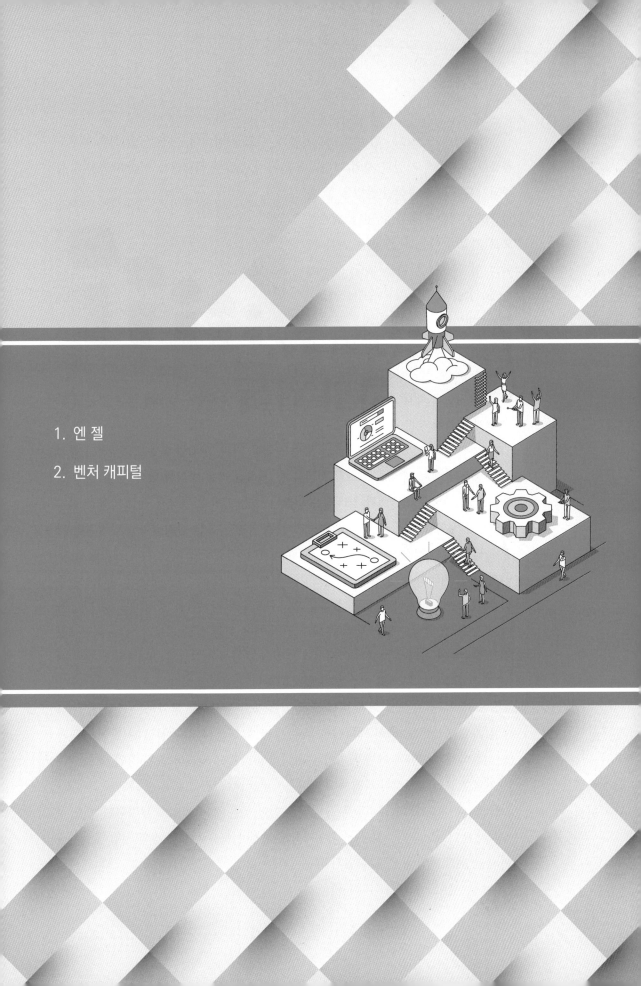

창업의 3대 요소로는 일반적으로 기업가, 사업 아이디어, 자본을 꼽는다. 아무리 훌륭한 기업가적 자질과 사업 아이디어를 가지고 있다 하더라도 적절한 자본이 충족되지 않으면 성공적인 창업을 할 수 없으며 기업을 지탱할 수 없다. 일반적으로 기업이 이용할 수 있는 자본 조달의 형태는 내부 자본 조달(internal funds) 방법과 외부 자본 조달(external funds) 방법이 있다. 내부 자본 조달의 형태로는 이익(profit), 자산 판매(sale of assets), 운전 자본의 감독, 사용 빈도

가 적은 자산의 매각 등이 있다. 외부 자본 조달의 형태에는 부채에 의한 자본 조달과 주식에 의한 자본 조달이 있다.

그 밖에도 벤처 기업의 자금 조달 방법은 금융 기관, 사채업자 등으로부터의 간접 금융 방식과 벤처 캐피털, 코스닥 시장을 통한 직접 금융 방식이 있다. 창업·성장 단계의 벤처 기업은 기술력과 장래성은 있으나 경영 기반이 취약해 간접 금융을 받기 어려운 실정이다. 따라서 벤처 기업들은 신주 발행을 통한 장기적이고 안정적인 자금 조달 방법인 직접 금융 조달 방식이 유리하다. 직접 금융이란 벤처 캐피털 투자, 엔젤 투자, 기업의 공개 및 코스닥 시장을 통한 주식 모집, 또는 매출의 방법으로 주식을 새로 발행하거나 발행된 주식을 양도함으로써 자본금을 증자하는 것으로, 융자, 또는 사채 발행과 달리 이자 부담과 만기 시에 원금 상환 의무가 없다. 최근에는 주식 인수뿐만 아니라 사채의 안정성과 주식의 투자성이 결합된 개념으로서 전환 사채, 신주 인수권부 사채의 인수 투자 방식도 활발히 진행 중이다.

벤처 캐피털은 벤처 기업에 대해 주식 취득 등의 형식으로 투자하는 기업, 또는 그 자본 자체를 말한다. 벤처 캐피털은 주로 창업 후 완성 제품의 시장 판매 이후 투자가 이루어지는 반면에 엔젤 투자자는 아이디어만 갖고 제품이 없는 창업 초기 단계에 자금을 공급하는 것이 특징이다.

엔젤 투자자와 벤처 캐피털은 실패할 위험이 높은 벤처 기업에 투자하는 만큼 성장성과 수익성도 높다. 성공 시 창업자와 투자자는 보유 주식을 장외 시장에 상장하여 높은 매각 차익을 올릴 수 있기 때문이다.

1 엔 젤

① 엔젤의 의의

엔젤(angel)은 신설 벤처 기업의 발아 단계(seed stage)나 기업화 초기 단계(early stage)에 천사처럼 나타나 필요한 자금 지원과 경영 지도를 해주는 개인 투자자(자산가), 또는 개인 벤처 캐피털리스트를 말한다. 엔젤(angel)이라는 말은 1920년대 뉴욕 브로드웨이의 오페라 공연 자금을 제공했던 사람들을 일컫는 데서 나왔다는 설이 가장 유력하다. 당시에는 투자 수익을 보려 했던 사람, 좋아하는 배우를 후원하거나 혹은 자선 사업의 일환으로 투자한 사람 등 다양한 부류의 엔젤이 있었다. 현재에는 기업화 초기 단계에 천사처럼 나타나 필요한 자금을 공급한다는 뜻에서 엔젤이라 명명되었다.

엔젤은 주로 사업 구상에서 초기 성장 단계에 걸친 투자자 중심으로 높은 수익성이 있으며 아울러 후견자 역할을 하는 것이다. 한국에서도 벤처 기업 육성에 관한 특별 조치법상 창업 후 3년 이내인 벤처 기업, 또는 벤처 기업 전환 후 3년 이내인 기업에 투자(주식, 전환 사채, 신주 인수권부 사채 인수 등)하는 것으로 정의하고 조세 감면 등을 지원하고 있다. 즉, 벤처 기업에 5년 이상 투자하는 엔젤(개인 투자자) 및 엔젤 투자 조합에 대하여 투자 소득세를 감면해주는데, 이 경우 엔젤과 투자 기업 간에는 특수 관계가 없어야 한다. 특수 관계란 친척, 본인이 대표 이사이거나 그 주식의 50% 이상을 보유한 법인 또는 법인이 주식의 30% 이상을 출자한 법인인 경우 등을 말한다.

② 엔젤 투자자의 기능

설립 직후의 벤처 기업은 대부분 연구 개발 단계에 있어 성공 가능성을 판단하기가 매우 어렵기 때문에 자금 조달이 무척 힘든 상태이다. 특히 한국의 금융 관행에 있어서 담보력이 취약한 벤처 기업이 외부 자금을 조달받기란 아주 어렵기에 엔젤 투자 유치가 적절하다. 초기 투자에 집중되는 엔젤 투자는 실패의 위험이 더욱 크지만, 그에 따라 수익성도 높다. 또한 높은 위험성이 있기 때문에 친분이나 인연이 있는

사람일 경우가 많다. 개인 투자자들이 투자금을 회수하는 방법은 대개 코스닥 시장에 주식이 상장될 때 주식을 매각하는 것이다. 그러나 최근에는 M&A를 통해서 자금을 회수하는 방법도 있다.

미국의 벤처 기업 투자는 엔젤이라는 개인 투자가 주도하고 있다. 벤처 기업에 자금과 경영에 관한 자문 지원도 하는 미국 내 엔젤 투자 금액은 벤처 캐피털 규모의 몇 배 이상이고, 투자 건수도 벤처 캐피털의 약 20배 이상으로 추정되고 있다. 미국은 이러한 엔젤이 세계에서 가장 활발하게 전개되고 있다. 미국에서 이처럼 벤처 기업에 대한 투자가 급격히 늘고 있는 이유는 기존의 전통적인 산업에 대한 투자 유인이 사라지고 엔젤과 벤처 캐피털에 대한 여러 가지 세제 지원이 있기 때문이다. 또한 충실한 벤처 캐피털 시장 및 창업에서 주식 공개까지 기간을 단축시킬 수 있는 나스닥(NASDAQ)을 통한 투자 자금의 회수가 용이한 것도 그 원인이 되고 있다. 벤처 기업을 투자자에게 소개하는 네트워크가 구축되어 엔젤에게 투자 대상의 매력을 쉽게 접할 수 있는 것도 한몫했다고 할 수 있다.

③ 엔젤의 종류

엔젤은 역할에 따라 리드 엔젤(lead angel)과 서포트 엔젤(support angel)로 구분할 수 있다. 리드 엔젤은 기업가로 성공해서 큰 자금을 번 자산가나 50세 전후의 은퇴한 사업가들로 벤처 기업에 자금을 지원하고 비상근 이사로 경영에 참가하는 경우가 많다. 서포트 엔젤은 변호사, 회계사, 컨설턴트 등의 전문직 종사자, 또는 친지나 인맥을 활용하여 간접적인 지원을 하는 사람들을 말한다.

벤처 기업에서 천사라고 불리는 엔젤이 하는 역할은 첫째, 창업 후 자금 조달이 곤란한 시기에 투자하는 것이다. 창업 단계에서 벤처 기업은 규모 있는 생산 설비가 없고 재고 부담도 없기에 큰 자금을 필요로 하지 않는다. 그럼에도 불구하고 그 시기가 R&D 단계로 성공 여부가 불확실한 시기이므로 자금 조달이 가장 곤란하다. 둘째, 벤처 캐피털의 대부분은 제품 출하가 확실한 단계에서 투자하지만, 엔젤은 사업 초기에 투자하기 때문에 벤처 캐피털보다 High Risk-High Return의 투자를 하고 있다. 셋째, 벤처 캐피털에 비해 기업 성장의 보람을 더 큰 긍지로 여긴다. 특히 리드 엔젤(자금뿐 아니라 기업 경영 경험과 기술 평가 능력을 활용, 비상근 임원으로서 벤처 기업을 지원하는 엔젤)의 경우는 경영면이나 판매면 등에서도 벤처 기업에 크게 공헌하고 있다. 임원이 되는 경우에는 주주의 대표로서 애정을 가지고 경영권의 감시도 하고 있다.

④ 정부의 엔젤 투자 지원

엔젤 투자의 중요성이 강조되면서 우리 정부에서도 엔젤 투자 제도의 활성화를 유도하고 있다. 엔젤 투자에 대한 세금 감면 혜택, 엔젤 네트워크 강화, 엔젤 투자 조합 결성 요건의 완화 등으로 엔젤 투자 제도를 적극 지원하고 있다.

엔젤 투자 활성화 방안에 따르면 ❶ 엔젤 투자 조합 구성은 2인 이상 1천만 원 이상이 있으면 가능하고, ❷ 투자 대상 기업 범위는 7년 이내의 벤처 기업으로 세법상 특수 관계가 아니면 된다. 또한 ❸ 투자 기간은 5년 이상이어야 하며 ❹ 조합원의 엔젤 조합 출자액의 20%를 종합 소득 금액에서 공제해 주며, 엔젤 클럽도 투자액의 20%를 종합 소득 금액에서 공제해 준다. 미등록 벤처 기업 주식 양도 차익 과세는 비과세 혜택을 받는다.

지원 절차는 엔젤 클럽에 신청(상담) → 사업 계획서 검토 → 사전 검사 → 실사 및 면담 → 투자 설명회(venture Fair) → 개별 투자의 단계를 밟는다.

2 벤처 캐피털

벤처 기업들의 창업 초기에는 고도의 기술력과 장래성은 있으나 아직 역사가 일천하고 경영 기반이 취약하다. 따라서 일반 금융 기관에서는 위험 부담이 커서 융자해 주기를 어려워하여 쉽게 융자를 받기가 어렵다. 이러한 어려움을 해결하기 위해 미래의 투자 가치가 있는 벤처 기업 등 중소기업에 자금을 공급하고 그 성장을 지원하고자 하는 기업, 또는 투자자 그룹을 벤처 캐피털이라고 한다.

벤처 캐피털은 미국에서 생성되어 발전되어 온 투자 자본이다. 벤처 캐피털의 기원은 1920년대와 1930년대에 부유층 가족 및 개인 투자자가 신규 사업에 창업 자금을 제공한 것이다. 오늘날과 같은 벤처 캐피털의 개념을 가지고 설립된 것은 1946년 보스턴에서 탄생한 American Researd & Development Corp(ARDC)을 최초의 것으로 본다. 미국의 벤처 캐피털이 현재의 형태를 이루게 된 것은 1950년대 중반이었다. 당시 하버드나 스탠포드 등 일부 연구 중심 대학에서는 대학이나 정부의 자금 지원

에 의해서 신기술이 잇달아 개발되고 있었는데 이러한 회사를 지원하기 위해 설립되기 시작하였다.

벤처 캐피털은 융자를 위주로 하는 기존의 금융 기관과 자금의 지원 방식, 투자금의 회수 방법, 성과 보수, 리스크 등에서 현격한 차이가 있다. 기존 금융 기관이 일정한 담보를 조건으로 융자 형태의 자금을 지원하고 있는 반면, 벤처 캐피털은 담보를 요구하는 것이 아니라 투자 기업의 기술력과 성장성을 평가하여 무담보 주식 투자를 원칙으로 한다.

벤처 캐피털은 투자 대상 기업에 자금을 공급하는 기능을 가지고 있어 금융 활동이란 측면에서 금융 기관과 유사하지만, 투자 기업이 성장하지 않으면 이득을 얻을 수 없으며 투자 기업과 위험 부담을 함께하기 때문에 수동적인 기능을 수행하는 은행의 융자와는 성격이 다르다. 벤처 기업의 측면에서는 자본이나 담보 능력이 없더라도 충분한 기술력과 성장 가능성만 있다면 벤처 캐피털 회사의 지원을 받아 창업할 수 있고, 상장 기업으로의 성장이 가능하다.

벤처 캐피털은 신제품이나 신기술 개발 및 기업화를 지향하는 창업 단계나 초기 성장 단계의 기업 또는 사업의 성공 가능성이 인정되는 경우에 자금 지원과 기술 개발, 기술 도입, 인력 훈련 등 기술 개발 및 기업화 관련 자금의 투자까지도 포함하며, 그 성장을 돕는 각종 경영 지원으로 투자 이득을 얻는 금융 활동이다. 벤처 캐피털의 금융 수단 혹은 금융 활동은 주식의 인수, 전환 사채나 신주 인수권부 사채의 인수, 약정 투자 등 투자뿐만 아니라 투자된 기업에 대한 융자, 리스, 팩토링 등 금융 지원 이외에 투자 기업의 성장 지원을 위한 경영 관리, 기술 지원 등 각종 컨설팅 활동을 포함한다.

벤처 캐피털이 일반 금융 기관과의 다른 점을 살펴보면 다음과 같다.

① 벤처 캐피털은 주로 자본 참여, 즉 주식에 대한 투자 형식으로 이루어지며, 투자 대상 회사에 대한 경영 지배를 피하는 범위 내에서 자본 참여를 하기 때문에 지주 형태의 회사와는 다르다. 즉, 원칙적으로는 경영진을 목적으로 투자하지 않는다.

② 벤처 캐피털은 고수익, 고위험 지향의 투기성 자금이지만 일반 금융 기관의 융자 재원은 안정성 지향의 고객 예수금이다.

③ 벤처 캐피털의 투자 심사는 기업의 경영 능력, 기술서, 성장성, 수익성을 중시하지만, 일반 금융 기관은 기업의 안정성, 재무 상태, 담보 능력을 중시한다.

④ 벤처 캐피털은 투자 기업의 성장이 수익과 직결되어 연대 의식이 일반 금융 기관보다 강하다.

표 7-1_ 벤처 캐피털과 일반 금융 기관과의 비교

구 분	지원 형태	담 보	투자금 회수 방법	성과 보수	리스크
벤처 캐피털	투 자	없음	상장 후 지분 매각	투자 기업의 경영 성과에 따라 큰 차이	많음
일반 금융 기관	융 자	있음	· 일정 기간 후 원금 회수	일정 금리	없음

출처 : 김철교·조준희(1999), 벤처 기업창업과 경영, 삼영사

❺ 벤처 캐피털은 투자 수익의 원천을 배당금보다는 소유 주식 매각에서 얻은 주식
   양도 소득에 주목표를 둔다. 처음부터 적절한 시기에 적절한 방법으로 소유 주식
   을 매각한다는 것을 전제로 투자한다.

　벤처 캐피털은 융자를 위주로 하는 기존의 금융 기관과는 자금의 지원 방식, 자금
의 회수, 성과 보수, 리스크에 대한 보상 방법 등에서 〈표 7-1〉과 같이 차이를 보인다.
　이러한 벤처 캐피털은 신제품이나 신기술 개발 및 기업화를 지향하는 창업 단계나
초기 성장 단계의 기업, 또는 사업의 성공 가능성이 인정되는 경우에 주식, 전환 사
채, 융자를 자금 지원과 기술 개발, 기술 도입, 기술 인력 훈련 비용 등 기술 개발 및
기업화 관련 자금의 투자까지도 포함하며, 그 성장을 돕는 각종 경영 지원으로 투자
이익을 얻는 금융 활동이다.
　이와 같이 벤처 캐피털은 일반 금융 기관과 거래하기 어려운 설립 초기의 경영 기
반이 취약한 벤처 비지니스에 투융자 등 각종 금융 지원과 경영 및 기술 지원을 통하
여 투자 기업을 성장시켜 투자 수익을 취하는 자본이나 영업 형태, 혹은 이러한 활동
을 수행하는 투자 회사를 말한다.
　〈그림 7-1〉은 벤처 캐피털과 벤처 기업의 지원 관계를 그림으로 나타낸 것이다.

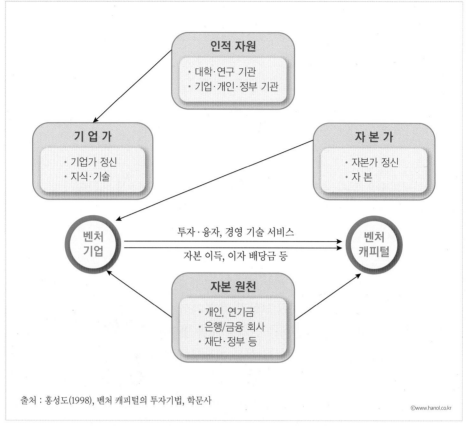

출처 : 홍성도(1998), 벤처 캐피털의 투자기법, 학문사

©www.hanol.co.kr

🔧 **그림 7-1_** 벤처 기업과 벤처 캐피털 간의 지원 관계

① 벤처 캐피털의 기능과 역할

(1) 벤처 캐피털의 기능

❶ 자금 지원

벤처 기업은 통상 연구 개발, 창업, 위험 동반 성장, 안정 성장이라는 4단계를 거친다. 은행은 벤처 기업이 안정 성장 단계에 들어서면 비로소 벤처 기업의 융자 신청에 응하며, 안정 성장의 후기에는 증권 시장을 통하여 자금 조달이 가능하게 된다. 그러나 기업화 단계, 즉 창업 내지 위험 동반 성장의 단계에는 자금 수급상의 갭이 크게 발생하는데, 이때 벤처 캐피털은 벤처 기업에 자금을 공급함으로써 이러한 자금 수

급상의 갭을 메우는 기능을 담당한다. 이와 같이 벤처 캐피털은 미공개 기업이 기업의 공개나 자력에 의하여 은행으로부터 자금을 조달할 수 있는 단계에 이를 때까지 지속적으로 지원한다.

전통적인 벤처 캐피털의 자금 공급 형태는 주로 미공개 주식의 취득, 또는 전환 사채의 인수이지만 경우에 따라서 이미 자본 참여를 하고 있는 회사에 대하여 융자를 하기도 한다. 이 경우 융자는 이자 소득보다는 투자 기업의 주식 가치를 유지하거나 높이기 위한 수단으로 사용된다.

❷ 경영·성장 지원

창업자는 연구 개발에는 유능한 반면, 제품의 판매, 재무, 노무 등 기업의 경영에는 그다지 익숙하지 못할 수도 있다. 또한 신생 기업에는 창업자를 도와줄 수 있는 인재가 부족할 수도 있다. 이러한 경우에 적합한 인재를 알선해 주고 판매, 융자, 금융 등에 대한 조언을 함으로써 투자 기업의 성장을 지원해 주기도 한다.

구체적으로 투자한 벤처 기업의 이사회에 참석하여 기업의 경영, 판매, 재무, 관리의 전반에 걸쳐 지도 또는 조언을 하거나 정보를 제공하고, 그 밖에 최고 경영자 외의 밀접한 접촉을 통하여 지도 또는 자문을 한다. 그리고 경영상 위기가 발생할 때에는 추가적인 자금을 제공할 뿐만 아니라 경영자의 변경, 기업의 합병 및 매각까지도 자문하는 경우가 많다.

이와 같이 벤처 캐피털이 투자 기업을 육성·지원하는 것은 더 많은 자본 이득을 얻기 위해서 그리고 불확실성이 높은 신생 기업에 대한 투자를 더욱 안전하게 하기 위해서이기도 하다. 그러나 현실적으로 벤처 캐피털이 어느 정도의 성장 지원 기능을 발휘하는가는 벤처 캐피털 자체의 역량 및 벤처 캐피털과 투자 기업 간의 신뢰 관계 등에 달려 있다.

❸ 상장 시의 주식 공개

미공개 기업이 주식 공개를 추진할 때 규정에 의하여 구주주가 일정 지분의 주식을 공개할 필요가 있다. 그러나 대주주 간의 경영권 문제, 공개 시기와 주가에 대한 예상 등의 문제로 인하여 필요한 주식 수가 공개되지 못하는 경우가 있다. 이러한 경우에 벤처 캐피털은 기업의 요청에 따라 필요한 주식을 공개함으로써 원활한 기업 상장을 위해 기여할 수 있다.

(2) 벤처 캐피털의 역할

❶ 유망 벤처 기업의 선정과 육성

벤처 캐피털은 기술력은 뛰어나지만 경영 기반과 신용이 아직 취약한 초기의 벤처 기업에 자금을 공급하고 경영을 지원하는 기능을 가지고 있다. 이와 같은 특성을 활용하여 성장할 가능성이 큰 초기 단계의 벤처 기업을 투자 대상으로 선정하고 육성하는 역할을 수행한다. 이는 궁극적으로 산업의 활성화와 기술·지식 집약적인 산업의 발전에도 기여하게 된다.

❷ 국민 경제의 활성화

미국에서는 벤처 캐피털의 지원을 받고 성장한 벤처 기업들이 신기술의 상품화와 신시장의 개척 등을 주도하고 있어 벤처 캐피털이 미국의 산업 구조를 고도화시키는 데 크게 기여하고 있다. 이처럼 벤처 캐피털은 생산성 하락과 대기업의 국제 경쟁력 약화 등 여러 가지 문제를 안고 있는 경제를 활성화시킬 수 있는 역할을 수행하고 있다.

❸ 미상장 기업의 자기 자본 확충

이제까지 기업은 자금 조달에 있어서 은행 차입에 크게 의존하는 경향이 있었다. 그러나 경제 환경의 변화에 따라 자기 자본을 보다 충실히 하려는 기업의 욕구가 커지고 있다.

기업 성장을 위해 신규 분야에의 진출과 신제품 개발을 위한 투자가 필요하나 투자 자금 회수에는 위험이 따르고 오랜 시일이 걸리기 때문에 차입금보다는 자기 자본 확충을 통하여 필요한 자금을 조달하는 것이 유리해지고 있다. 또한, 인플레이션이 진정되고 토지 등 부동산 가격이 안정세를 보임으로써 기업은 담보 가치의 상승을 기대할 수 없게 됨에 따라 은행 차입금으로는 기업이 필요한 자금을 충분히 조달하는 것이 어려워지고 있다. 벤처 캐피털은 증자를 통한 자금 조달을 가능하게 함으로써 미상장 중소기업들이 자기 자본을 확충하는 데 기여할 수 있다.

❹ 지역 경제의 활성화

지방에 있는 벤처 기업들은 그 지역의 기술 기반을 강화함으로써 지역 경제 전체를 활성화하는 데 기여한다. 이에 따라 벤처 캐피털은 지역 벤처 기업들을 지원함으로써 지역 경제의 활성화에 공헌할 수 있다.

❺ 산업 조직의 활성화

벤처 기업은 독립성이 강하며 중소 하청 기업과는 달리 특정 대기업의 지배를 받기보다는 독자적인 브랜드를 갖는 특성을 가지고 있다. 또한 기술 개발에 있어서도 독자적인 연구 개발 투자에 주력한다. 이에 따라 벤처 기업의 성장과 발전은 중소기업과 대기업의 제반 거래에 있어서 보다 대등한 입장에 서도록 촉진하고, 나아가 기업 간 경쟁을 촉진함으로써 산업 조직의 활성화에 기여할 것으로 기대되고 있다.

② 한국의 벤처 캐피털

(1) 생성 배경

한국 최초의 벤처 캐피털 회사는 1974년에 설립된 한국기술진흥주식회사(KTAC)이다. 그러나 한국과학기술연구소의 연구 결과를 기업화하는 데 한정되었고 지원 실적도 미미했다. 그 후 정부와 산업계가 기술 개발의 필요성을 인식하고 기술 개발 자금을 지원하기 위해 1981년 한국종합기술금융주식회사(KTB)를 특별법에 의해 설립했고, 1982년에 국제금융공사와 아시아개발은행 등이 공동으로 출자하여 한국개발투자주식회사(KDIFC)를 설립했으며, 1984년에는 한국산업은행이 한국기술금융주식회사(KTFC)를 설립했다. 1986년에는 신기술사업금융회사가 정부의 인가를 받으면서부터 이들 4개 회사를 중심으로 벤처 캐피털이 어느 정도 활성화되었다.

한국에서 본격적인 벤처 캐피털의 활동은 1986년 5월에 제정된 중소기업창업지원법에 의거해 설립된 창업 투자 회사들이 영업을 개시한 이후라고 할 수 있다. 그리고 1996년에 장외 증권 시장인 코스닥 시장(KOSDAQ)이 개설되었다. 1997년에는 벤처 기업 육성을 위한 특별 조치법이 제정되면서 벤처 캐피털이 명실상부한 역할을 하게 되었다.

한국의 벤처 캐피털에 대한 법률은 3개이며 정부의 소관 부서도 3개 부처로 되어 있어 3원적 구조를 가지고 있다. 즉, 법률은 중소기업창업지원법, 신기술사업금융지원에 관한 법률과 한국종합기술금융회사에 관한 법률이며, 정부 부서는 산업자원부, 재정경제부, 과학기술부로 나누어진 제도적 특징을 가지고 있다.

한편, 미국, 일본, 한국의 국가별 벤처 캐피털의 발전 과정을 살펴보면 〈표 7-2〉와 같다.

📢 표 7-2_ 국가별 벤처 캐피털 비교

구 분	미 국	일 본	한 국
최초의 벤처 캐피털 회사	· 1946년 J.H Whitney Co.(ARDC)	· 1963년 중소기업 투자 육성 회사 설립(정부)	· 1974년 한국기술진흥㈜ (정부출연기관)
발전 형태	· 개인 기업 · 자생적인 생성	· 정부, 금융 기관 정책적 육성	· 정부, 연구소, 금융 기관, 대기업 정책적 육성
지원 대상	· 중소기업 · 신기업에 투융자	· 신설 기업 지원 · 신용 보증	· 기술 개발 촉진 신기술 기업과 창업 중소기업
법적 근거	· 중소기업투자법 · 중소기업투자촉진법 · 경제재건촉진법	· 연구 개발형 기업 · 투자 촉진법	· 한국종합기술금융법 · 중소기업창업지원법 · 신기술사업금융지원법

출처 : 이진주(1986), 신기술개발과 모험자본의 역할, 기술관리

(2) 활용 절차

벤처 캐피털은 기술력에서 우위를 가진 벤처 기업을 발굴하여 투자 지원하는 한편, 자금 및 경영·기술 등의 지원을 통해 성장을 도와주며 증권 시장에의 상장까지 함께 노력한다.

벤처 캐피털의 투자 지원을 받으려는 벤처 기업 경영자, 또는 창업자는 우선 사업 계획서를 제출하는데, 이때 사업 계획서는 각종 수치가 정확하고도 적절하게 표시되어야 신뢰를 얻을 수 있다. 또한 영위하는 사업이 특수성과 기술 우위성이 있어야 하며 기대 수익률이 높아야 유리하다. 벤처 기업의 특성은 대기업과 경쟁할 만큼 기술의 우위를 가지고 있거나 대기업이 진출할 수 없는 틈새시장을 목표로 하는 데 있기 때문이다.

또한 자신의 기술에 대한 자신감과 추진력, 나아가서 벤처 기업 경영자로서의 역량 등을 잘 알릴 수 있어야 창업 투자 회사 등의 투자를 받을 수 있다. 벤처 캐피털의 투자 절차는 〈그림 7-2〉와 같다.

(3) 정부의 지원

벤처 기업 육성에 관한 특별조치법이 1997년 10월 1일부터 시행되고 있는데 동법이 지니고 있는 가장 중요한 의의는 자금원을 확대하고 투자 경로를 다양화하기 위한 여러 조치들을 담고 있다는 것이다. 그 내용은 다음과 같다.

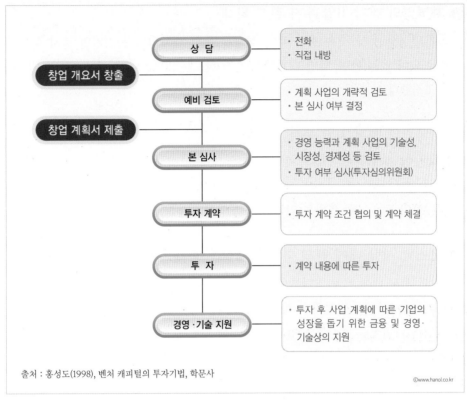

출처 : 홍성도(1998), 벤처 캐피털의 투자기법, 학문사

©www.hanol.co.kr

🔧 그림 7-2_ 벤처 캐피털 투자 절차

❶ 연기금의 벤처 기업(조합) 투자 허용

공무원 연금 기금, 군인 연금 기금, 사립 학교 교원 연금 기금 등 기금 관리 기본법의 대상이 되거나 이에 준하는 연기금이 벤처 기업 또는 창업 투자 조합에 운용 자금의 10% 이내에서 투자하는 것을 허용하고 있다.

❷ 투자 신탁 회사의 벤처 기업 투자 허용

벤처 기업 및 코스닥 등록 기업의 주식에 대해서는 별도의 투자 한도를 신설하여 투자 신탁 회사가 자기 자본의 20%까지 소유할 수 있다.

❸ 보험 회사의 벤처 기업(조합) 투자 허용

보험 회사의 재산 이용 방법에 벤처 기업에 대한 투자와 창업 투자 조합에 대한 출자를 추가하고, 투자와 출자의 한도를 총자본의 100%까지 허용한다.

❹ 대기업의 벤처 기업 투자 한도 확대

현행 법령상 자사 소속 창업 투자 회사를 통한 대기업의 중소기업 출자 한도가 30%로 되어 있는 반면, 일반 대기업의 출자 한도는 20%로 되어 있는 것을 30%로 상향 조정했다.

❺ 외국인의 벤처 기업 투자 활성화

외자 도입 관련 법상 창업 투자 회사 출자를 위한 외자 도입은 '현금 차관'으로 보아 개별 승인을 받도록 규정된 것을 같은 법의 '외국인 투자'로 간주함으로써 신고만으로도 창업 투자 조합 출자를 위한 외자 도입이 가능하다.

❻ 코스닥 시장 내에 벤처 기업부 개설 – 특례 부여

코스닥 시장 내에 벤처 기업부를 1998년 1월 3일에 개설하고 코스닥 등록 벤처 기업에 대한 주권 상장 법인의 특례를 다음과 같이 부여하고 있다. 즉, 증권 거래소 상장 법인과 차별성을 완화했으며(우선주 발행 한도 특례, 주식 배당 특례, 신종 사채 발행 특례, 사채 발행 특례, 보증금의 대신 납부, 주주 총회의 질서 유지권, 주주 총회 소집 공고 등), 해외 증권 발행 및 해외 시장 상장 허용 등 상장 법인에 부여한 특례를 코스닥 등록 벤처 기업에 동일하게 부여했다. 코스닥 등록 벤처 주식에 대한 외국인 투자도 전면 허용했다.

❼ 개인 투자자(엔젤 캐피털) 제도의 도입

현행법상 창업 투자 회사만이 창업 투자 조합의 운영·관리권이 있다고 규정된 것을, 창업 투자 회사와의 계약에 의해 창업 투자 회사 외의 자에게 업무 위탁을 할 수 있도록 규정하고 개인들로 구성된 조합이 벤처 기업에 투자한 경우 소득세 등을 감면할 수 있도록 했다.

이러한 일련의 조치들은 벤처 캐피털의 자금원을 다양화할 뿐 아니라 장기적인 자금의 유치를 가능케 하여 현행 차입금 중심의 벤처 캐피털 사업이 지닌 한계를 극복하도록 하는 데 도움이 될 것으로 기대된다.

기업가 정신과 **창업**

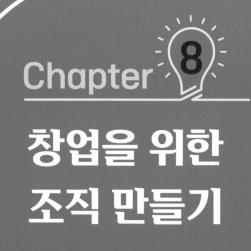

Chapter 8

창업을 위한
조직 만들기

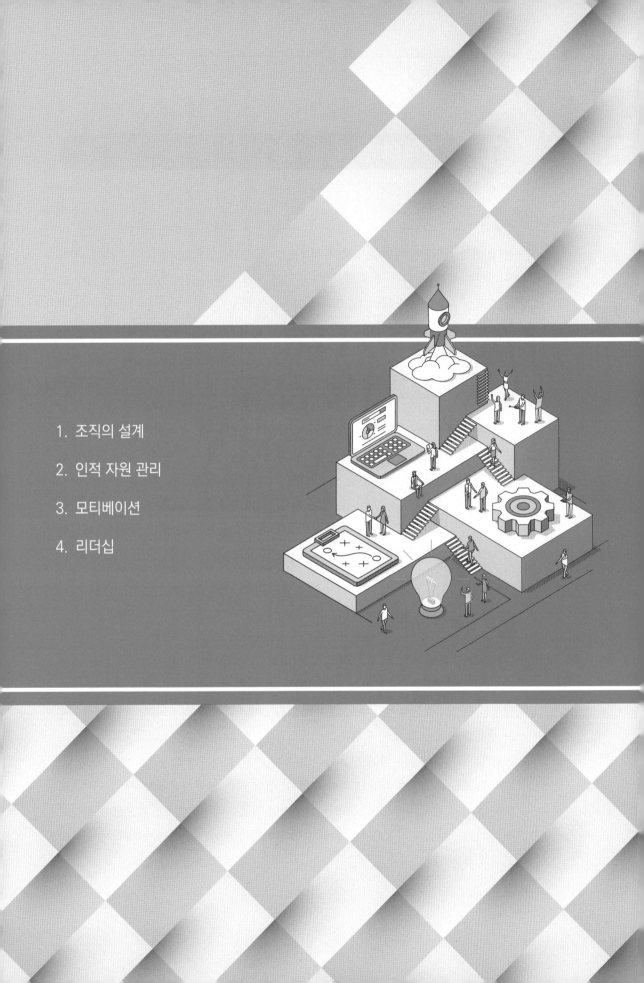

1 조직의 설계

조직의 목적 달성을 위해 동기가 부여된 사람은 조직을 위하여 최선의 노력을 다한다. 이런 사람들에게는 조직이 체계적으로 정리되어 있기보다는 다소 막연한 형태를 취하는 편이 더 나을 수도 있다. 이와 같이 동기 부여가 되어 있고 협동 의지가 있는 사람이 그들이 협동해야 할 부서와 역할들의 상호 관계를 안다면 그들의 작업 성과는 더욱 높아질 것이다. 이것은 운동 경기를 하는 팀이건 교향 악단이건 혹은 기업이건 마찬가지이다.

역할들의 상호 관계는 개인과 조직의 성과에 영향을 미치기 때문에 구체적으로 체계화될 필요가 있다. 조직화는 역할들의 상호 관계인 과업과 책임을 정의하고 배분하기 위해 조직 구조를 확립하고 변화시키는 과정이다. 즉, 조직화의 기본적인 기능은 이와 같이 역할들의 시스템을 설계하고 유지하는 것이다. 여기에서는 역할들의 시스템인 조직 구조의 부문화를 살펴본다.

부문화는 구성원들을 단위별로 집단화시키거나 단위를 부서로 만드는 의사 결정이다. 가장 보편적으로 알려진 부문화의 패턴에는 기능식, 사업부별, 혼합형, 매트릭스 부문화의 네 가지가 있다.

① 기능식 부문화

기능식 부문화는 〈그림 8-1〉에서 보는 바와 같이 유사하거나 관련성이 있는 기능을 가진 전문가들을 한 부서로 편재시키는 것이다. 여기에서 기능이란 조직이 목적 달성을 위하여 수행해야만 하는 기본적인 활동이나 기능을 의미하며, 기업의 경우에는 생산과 판매 등과 같은 활동이다.

조직은 목적 달성을 위해 필요한 이러한 기본적인 기능과 활동을 먼저 시작한다. 그리고 조직의 성장에 따라 조직이 해야 할 일이 더욱 많아지게 되면 새로운 전문적 활동이 더욱 필요하게 되고, 그러한 전문적인 활동을 위한 부서의 필요성이 증대되게 된다. 즉, 조직이 성장하면 노동의 분업에 따라 전문화가 일어나게 되며 이에 따라 조직이 전문화된 기능별로 부문화하는 것이 당연한 현상이다.

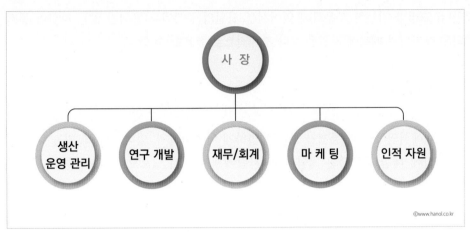

©www.hanol.co.kr

🐾 그림 8-1_ 기능식 부문화

(1) 기능식 부문화의 장점

기능식 부문화는 잠재적인 장점과 단점을 가지고 있다. 장점이 실현되느냐의 여부는 기업의 상황에 달려 있다. 기능식 부문화의 상대적인 장점으로 전문화와 경제성 그리고 조정과 통제를 들 수 있다.

❶ 전문화

기능식 부문화 장점으로 무엇보다도 먼저 전문화의 증대를 들 수 있다. 기능 부서의 관리자와 부서원들은 자신의 노력을 한 종류의 작업에 투입한다. 이와 관련된 작업을 집단화하게 됨에 따라 전문가를 고용할 수 있게 된다. 동일한 종류의 일들이 한 곳에 모여 있기 때문에 기능의 전문가는 보다 분명한 경력 경로를 가진다. 그리고 승진이 이루어지게 됨에 따라 그의 전문적인 과업과 관련된 지식을 보다 많이 습득한다. 따라서 부하들의 작업에 대한 지식이 증대되며, 그 결과 기술적인 조언과 지도가 가능해지고 적절한 평가도 이루어지게 되는 것이다.

❷ 경제성

기능식 부문화의 경제성은 자원을 중복적으로 소유하지 않으면서 충분히 활용할 수 있다는 것이다. 이러한 경제성은 사업부제 부문화와 비교해 보면 보다 명백해진다. 사업부제에 있어서는 다른 부서가 비록 사용하지 않는 자원을 가지고 있거나 여유가 있다고 하더라도 자기 부서가 필요하면 독립적으로 그러한 자원을 추가로 구입

한다. 그러나 기능식 부문화에 있어서는 자원의 중복과 사용되지 않는 자원이 통제되고 평가되기 때문에 자원을 보다 경제적으로 활용할 수 있다.

❸ 통제와 조정

한 기능과 관련된 일은 한 사람의 관리자나 경영자에게 맡겨져 있기 때문에 기능부서 내에서의 조정과 통제가 보다 세밀하게 이루어질 수 있다. 그리고 기능 내 과업의 결과에 대한 궁극적인 책임이 한 사람에게 맡겨져 있으므로 의사소통과 권한의 체계가 분명하다. 그 결과 관련된 정책과 프로그램 그리고 성과 기준에 대한 통일과 조정이 용이하게 이루어질 수 있다.

(2) 기능식 부문화의 단점

기능식 부문화의 단점은 조직의 규모와 연관되어 있다. 즉, 조직의 규모가 커짐에 따라 장점을 능가하는 단점이 발생하게 된다.

❶ 성과에 대한 책임

모든 기능 부서의 전문가들이 수행한 작업의 최종적인 결과는 기업의 제품이나 서비스인 산출이다. 그러나 어느 기능 부서의 장도 이러한 제품이나 서비스에 대한 전반적인 책임을 지지는 않는다. 각 부서는 제품의 한 부분에만 공헌하며 전체적인 부분에는 부분적인 관심을 둘 뿐이다. 즉, 연구 부서에서는 개발을 하고 제조 부서에서는 만들기만 하며 마케팅 부서에서는 판매만 담당하는 것이다. 그 결과 제품을 만들기 위한 부서의 과업들이 상호 의존적이기는 하지만 궁극적으로 책임을 질 부서는 존재하지 않는다.

모든 작업을 총괄할 책임은 한 사람, 즉 최고 경영자에게만 있다. 그 결과 최고 경영층의 조정과 통제에 대한 과업이 증대됨은 물론, 개별 부서의 성과에 대한 평가가 어려워지게 된다. 이러한 단점과 더불어 기능식 형태는 최고 경영자를 배양하거나 교육할 학습의 장을 제공하지 못한다. 즉, 전체적인 일의 흐름을 관장하여 최고 경영자의 직책을 이해하고 능력을 개발할 부서나 직위가 없다.

❷ 조정과 통제

기능식 형태는 한 기능 내에서의 조정은 용이한 반면에 기능들 간의 조정에는 어려움을 겪게 된다. 전문화가 진전되어 갈수록 한 기능 부서는 다른 부서들과 분리된다. 전문화와 분리가 진행되어 갈수록 부서들은 점차로 편협해진다. 따라서 조정에 대한 필요성은 증대되어 가며, 이러한 조정을 하는 데에서 겪는 어려움은 점차로 커진다. 기능적인 부서들은 시간 관념이나 목표, 구조 그리고 대인 관계에 대한 관점이 서로 다르며, 이러한 관점의 차이로 부서들 사이의 조정의 어려움이 커지고 갈등이 일어난다. 뿐만 아니라 전문화가 진전되어 갈수록 계층이 증가하는데, 이러한 계층의 증대로 의사 결정이 지연되며 각 기능 부서의 노력을 통합하는 메커니즘의 개발과 운영에 비용이 들게 된다.

❸ 다각화

기능적인 조직 형태는 제품의 종류가 제한적일 때 효과적이다. 즉, 하나나 소수의 관련된 제품을 만드는 경우에 기능식 조직은 제품에 중점을 둘 수 있다. 그것은 기능 부서의 관리자가 기능의 전문가일 뿐만 아니라 제품 자체에도 어느 정도의 전문성을 가지고 있기 때문이다.

그러나 제품의 품목이 다양해지면 사정이 달라진다. 기업이 새로운 제품을 추가로 생산하게 됨에 따라 그전 제품과는 다른 새로운 제품에 대해서는 잘 알지 못하게 되며, 따라서 하나하나의 개별 제품에 관심과 중점을 두기가 어려워진다. 제품의 다각화가 진행되어 갈수록 요구되는 제품의 기술적인 측면과 마케팅의 다양성을 기존의 기능식 부문화는 감당할 수 없게 된다. 즉, 다각화가 진행되어 갈수록 기능적인 형태의 단점이 부각된다. 따라서 다각화가 진행되어 제품에 대한 관심과 강조의 필요성이 증대되어 감에 따라 기능식 조직은 새로운 대안을 개발해야 하는데, 이것이 관련된 여러 기능의 전문가를 하나의 집단으로 만드는 사업부제 형태의 부문화이다. 이상에서 살펴본 기능식 부문화의 장점과 단점을 정리하면 〈표 8-1〉과 같다.

📢 **표 8-1_ 기능식 부문화의 장단점**

장 점	단 점
· 전문가의 양성이 용이함	· 기능 간 문제 해결 지연
· 기능 내에서의 명확한 경력 경로	· 최고 계층으로 의사 결정이 몰림
· 자원의 효율적 활용	· 순차적 특성으로 인하여 병목 현상이 발생함
· 경제적 규모 달성이 용이	· 조직에 대한 근시안적 견해
· 기능 내에서의 조정 용이	· 성과에 대한 불명확한 평가
· 경쟁자에 대한 기술적 우위 확보 가능성이 높음	· 잠재적 경영 능력 교육에 불리

② 사업부제 부문화

부문화의 두 번째 형태는 사업부제이다. 사업부제 부문화는 기능식 부문화와는 다르다. 즉, 기능식 부문화는 주요 기능으로 부문화된 후 제조 부서에서 각각의 제품을 생산하는 형태를 취하는데 비하여 사업부제 부문화는 독립적인 사업부로 부문화된 후 각 사업부 내부에 기능식 부문화가 이루어지는 형태를 취하고 있다.

이와 같이 사업부제는 〈그림 8-2〉에서 보는 바와 같이 독립적인 사업부 단위로 부문화하는 것이다. 이러한 사업부제하에서의 단위 사업부는 다른 사업부들과는 독립적으로 운영할 수 있는 자원을 가지고 있다는 측면에서 상당히 자족적이다. 각 사업부의 장은 사업부의 성과와 발전에 대한 책임과 더불어 기업 전체의 성과에 대한 책임이 있는 관리자들이 맡게 된다. 이것은 기업을 보다 작은 회사들로 나누는 것과 유사하지만 실지로 나누는 것과는 같지 않다. 왜냐하면 나누어진 회사, 즉 사업부들이 완전히 독립적이지는 않기 때문이다. 각 사업부는 법적으로 분리된 실체가 아니며 단지 회사의 한 부분일 뿐이다.

사업부제로 조직이 변화하는 가장 중요한 이유는 조직이 다각화 전략을 추구하기 때문이다. 사업부제 조직의 가장 중요한 측면은 각 사업부가 자족적인 하나의 기능식 조직과 같다는 것이다. 즉, 사업부는 그 사업부의 제품 개발과 생산, 판매를 위한 모든 전문가들을 고용하고 있다. 사업부제 조직의 형태를 취함으로써 기능식 조직의 장점을 그대로 유지하면서 그 단점은 최소화할 수 있다.

(1) 사업부제 부문화의 유형

사업부제 부문화의 주요 유형으로는 세 가지가 있다. 즉, 제품별, 지역별, 고객별

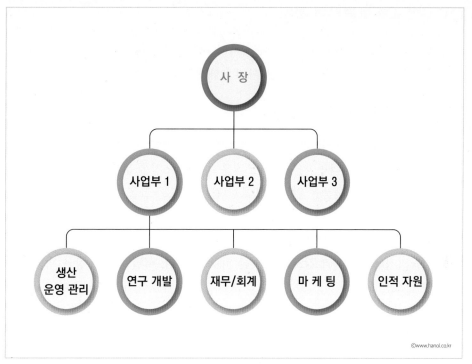

©www.hanol.co.kr

🔧 **그림 8-2_** 사업부제 부문화

부분화가 그것이다. 먼저, 제품별 사업부제는 유사한 제품군 혹은 단일 제품을 기준으로 부문화된 형태이다. 이러한 유형은 기업이 생산하는 제품들 간의 차별성과 독특성으로 인하여 기능식으로 분화된 부서들 간의 조정이 늦어지고 비효율성이 발생하게 될 때 고려하게 되고 채택하게 된다. 제품별 사업부제를 채택함으로써 기업은 그 사업부 내에서 마케팅, 생산 제조 등의 기능 전문가를 양성하게 되며, 그들은 그들부서의 제품에 특화된 전문적인 기능을 수행하게 되어 제품에 대한 강조를 할 수 있게 된다.

둘째, 지역별 사업부제는 서로 다른 지역을 대상으로 부문화된 형태이다. 이러한 유형의 부문화는 서로 다른 지역의 요구에 따른 제품과 서비스가 상당한 차별화가 이루어질 때 채택되는 유형이다.

셋째, 고객별 사업부제는 특정한 고객의 유형에 따라 부문화가 이루어진 유형으로 기업이나 제품에 대한 고객들 간의 요구의 차이가 보통의 기능적 형태로는 적절하게 조정되기 어려운 경우에 채택한다. 이러한 경우 고객별 사업부는 특정한 고객을 위하여 전문화된 기능을 수행할 수 있는 사람들로 구성된다.

(2) 사업부제 부문화의 장점

사업부제 부문화는 기능식 부문화에 비하여 제품을 강조할 수 있고, 통제와 평가가 용이하며 관리 능력의 개발과 동기 부여에 상대적인 이점이 있다.

❶ 제품에 대한 강조

기능식 조직이 제품이나 서비스의 창출보다는 그러한 결과를 달성하기 위한 과정인 기능에 초점을 두었다면, 사업부제 조직은 결과에 초점을 둔 부문화이다.

사업부제 부문화는 제품을 위하여 필요한 관련된 모든 일을 하나의 부서에 통합함으로써 책임의 소재를 보다 분명히 하고 있다. 제품과 관련된 전문가들을 하나의 부서에 모음으로써 제품에 대한 강조점을 둘 수 있다. 이렇게 함으로써 어떤 제품이 소홀히 취급되거나 과도하게 강조되는 것을 피할 수 있다. 사업 부서의 장은 제품에 대한 거의 전적인 책임을 지고 있으므로 최소한 사업부 수준에서의 지엽적이고 편협한 사고를 벗어날 수 있다.

❷ 통제와 평가

이론적으로 각 사업부는 사업부의 활동을 위한 모든 자원을 가지고 있기 때문에 사업부 내의 조정과 통제가 용이하다. 나타나는 결과에 대해서는 의사 결정자들이 전적으로 책임을 진다. 만약 그들의 제품이 성공적이지 못하다면 사업부의 장이 당연히 책임을 지게 된다. 일의 결과와 책임이 보다 분명하게 나타나기 때문이다.

이러한 사실은 모든 제품이 한 제조 부서에서 만들어져 제조 부서의 효과를 측정하기가 어려운 기능식 조직과 비교해 볼 때 장점이 보다 분명해진다. 즉, 모든 제품이 혼합되어 만들어지는 기능식 조직에서는 각 제품의 원가 계산이 어려워지는 반면에, 하나의 제품만을 만들어 파는 사업부에서는 비용뿐만 아니라 수익의 산출이 용이하다. 이와 같이 각 사업부의 비용과 수익이 보다 쉽게 산출될 수 있으며, 책임의 소재는 물론 단독적인 시정 조치가 쉽게 이루어질 수 있다.

또 다른 하나의 장점은 사업부제의 관리자들이 관여하거나 처리해야 하는 정보가 소규모라는 것이다. 즉, 그들은 일반적인 환경에 관심을 두기보다는 그들의 제품과 관련이 있는 시장이나 기술에 관련된 환경에만 초점을 두면 된다. 따라서 주의를 기울여야 할 정보가 작은 규모임은 물론, 불확실성도 그만큼 감소하게 된다. 이것은 자신들이 처한 상황에 대한 평가와 이해를 보다 쉽게 할 수 있음을 의미한다. 그리고 사업부제로 조직된 기업의 최고 경영자는 사업부의 일은 사업부에 완전히 맡기게 됨으로써 일상적인 일로부터 벗어날 수 있으며 보다 전략적이고 장기적인 계획에 관심을 돌릴 수 있다.

❸ 경영층의 동기 부여와 개발

사업부제 조직에 속한 경영자와 종업원들은 그들이 무엇을 하고자 하는지를 이해하고 있으며 어떻게 진행되고 그 결과가 어떠한지를 알고 있다. 즉, 그들의 작업 결과를 인식하고 있는 것이다. 이러한 피드백을 통하여 그들은 스스로를 통제하고 학습하게 된다. 피드백, 수정, 자율성은 앞에서 살펴본 직무 충실화에도 나와 있는 동기 부여 요인이다. 따라서 사업부제 부문화가 경영자의 동기 부여 요인으로 작용하게 되는 것은 당연한 것이라 하겠다.

동기 부여와 더불어 사업부제하의 경영자는 경영 전반에 대한 지식을 학습할 기회를 가지게 된다. 즉, 기능식 조직에서의 기능 경영자는 한 부문에 정통한 특별한 지식을 가지는 전문가이지만, 사업부제의 경영자는 규모는 비록 작지만 경영의 전반적인 운영을 자신의 책임하에서 경험하게 되며 이를 통해 최고 경영자가 갖추어야 할 소양과 포괄적인 관점을 학습하고 개발할 기회를 가지게 된다.

(3) 사업부제 조직의 단점

기능식 조직과 마찬가지로 사업부제 조직도 단점을 가지고 있다. 이러한 단점에는 경영자의 개발과 경제성, 조정의 문제 등이다.

❶ 경영자의 개발

사업부제 조직하의 각 사업부는 상당히 독립적인 단위들이다. 이러한 독립적인 단위들은 자율성을 가지고 있으며 운영의 독자성이 보장되어 있다. 따라서 사업부제 조직으로 조직이 편제되려면 최고 경영자에 버금가는 경영 능력을 가진 경영자들이 필요하다. 즉, 기능의 전문가로서의 관리자가 아니라 사업을 계획하고 실행하며 통제하는 전반적인 경영 업무를 책임지고 수행할 수 있는 경영 능력의 소유자가 필요해진다. 특히 최초로 조직을 사업부제로 변화하고자 하는 경우에는 더욱 그러하다.

❷ 경제성

각 사업부는 독자적인 환경을 가지고 있으며 이러한 독자적인 환경에서 자율적으로 경쟁하게 된다. 따라서 자본과 시설, 경영자와 전문가를 독자적으로 구비하게 된

다. 그 결과 기업 전체가 필요로 하는 자원보다는 많은 자원을 가지게 되는 자원의 중복 소유가 일어난다. 이것은 결국 규모의 문제로 각 사업부가 규모의 경제성을 가질 정도로 사업의 규모가 크다면 별 문제될 것은 없으나 그렇지 않으면 비경제성이 발생하게 된다.

❸ 조정

사업부제는 사업부 내의 제품 개발과 생산 그리고 판매에 이르는 과정을 보다 통제하기 쉽도록 하기 위해 마련된 부문화이다. 따라서 사업부 내에서 조정은 별 무리 없이 진행될 수 있다. 그러나 사업부 간의 조정은 결코 쉽게 이루어지지 않는다. 그것은 우선 사업부를 만들 때 통제력과 권한을 하위로 위양하게 되고, 이것은 결국 통일된 정책이나 일관된 지침에 의한 사업부 간의 조정이 원천적으로 쉽지 않다는 것을 의미한다.

또 다른 문제는 사업부 운영의 책임과 관련된 것으로 사업부가 잘못 운영되었을 경우 모든 책임은 사업부의 책임자에게 돌아오게 된다는 것이다. 이웃한 사업부나 기업 전체에 도움이 된다고 하더라도 자기 사업부의 사업에 손해가 되는 사업부 사이의 거래는 잘 이루어지지 않는다. 따라서 사업부제 조직의 가장 큰 어려움은 이러한 사업부 간의 조정이라 할 수 있다.

이상에서 살펴본 사업부제 부문화의 장점과 단점을 정리하면 〈표 8-2〉와 같다.

표 8-2_ 사업부제 부문화의 장단점

장 점	단 점
· 환경 변화에 대한 신속한 대응	· 사업부들 간의 자원의 중복
· 기능 간 조정의 용이	· 전문 능력의 감소
· 사업부 목표에 대한 일관성 있는 강조	· 사업부들 간의 경쟁
· 고객 요청에 대한 높은 지향성	· 사업부 간의 경험 공유 부족
· 사업부 성과에 대한 정확한 평가	· 사업부 간의 기술 혁신 확산의 어려움
· 전반적 경영 교육 가능	· 전체 목표에 대한 태만

③ 혼합형 부문화

혼합형 부문화는 동일한 조직의 계층에 기능식 구조와 사업부제의 구조를 동시에 편성한 형태이다. 이 조직은 두 가지 형태의 장점을 활용하려는 부문화이다. 일반적으로 대규모 조직은 기능식 부문과 사업부 부문을 동시에 가지고 있다. 기능식 부문은 능률과 규모의 경제, 전문성을 살리기 위한 것이고, 사업부제는 제품이나 서비스, 시장의 강조 필요성이 있을 때 만들어진다.

기능식 부서들은 법적인 관계나 외부와의 관계, 혹은 기술과 과학, 인사 등과 같은 전문성과 자원의 효율적인 관리가 필요한 곳에 편성된다. 그리고 그 나머지는, 예를 들면 지역마다 서로 다른 고객들의 욕구를 충족시키기 위해 지역적인 부문화로 편성되는 것이다. 기능식 부서들은 혼합형의 조직에서 사업부 부서들보다도 스태프로서의 권한과 조직의 상부 계층에서 비롯되는 권한을 보다 많이 행사한다는 이유로 기업 부서(corporate department)로 불린다.

(1) 혼합형 부문화의 장점

혼합형 부문화는 여러 가지의 장점이 있다. 혼합형 설계로 조직은 기능식 부서의 전문성과 규모의 경제성을 활용할 수 있다. 이와 동시에 혼합되어 있는 사업부 부서를 통해 제품이나 서비스 라인, 지역적 차이, 고객들의 다양성을 유연하고 적응적으로 다루는 데 도움을 줄 수 있다. 뿐만 아니라 혼합형 부문화는 기업의 목표와 사업부의 목표를 일관화하는 데도 도움이 된다.

(2) 혼합형 부문화의 단점

혼합형 부문화를 채택한 조직의 관리자는 이러한 형태의 조직이 초래할지도 모를 단점의 예방에 주의를 기울여야 한다. 혼합형 조직은 점차적으로 기업 전체 수준에서 스태프를 늘리게 되는 경향이 있다. 뿐만 아니라 기업의 기능 부서의 규모가 커져 감에 따라 사업부에 대한 통제력을 행사하려고 하게 되어 이러한 과정에서 갈등이 촉발되기도 한다. 그리고 기능 부서와 사업부 간의 조정이 요구되는 예외적인 환경변화에 대해서는 신속한 대처가 어려워진다.

이상에서 살펴본 바와 같이 혼합형 조직은 상당히 불확실한 상황에 처한 조직이 사업부제로의 개편을 통하여 적응하는 한편으로 기능적인 전문성과 신속성을 유지

표 8-3_ 혼합형 부문화의 장단점

장 점	단 점
· 기업과 사업부 목표의 조화와 일관성 · 기능 전문화와 능률성 확보 · 사업부의 적응력과 유연성 유지	· 기업 기능 부서와 사업부들 간의 갈등 · 관리 부담의 가중 · 예외적 상황에 대한 대응 지연

하고자 할 때 채택하게 되는 제도이다. 전형적으로 이러한 형태는 사업부와 기능 부서를 동시에 운영할 수 있는 충분한 자원을 가진 경우에 채택할 수 있다. 이상에서 살펴본 혼합형 부문화의 장단점을 정리하면 〈표 8-3〉과 같다.

④ 매트릭스 구조

매트릭스 구조는 계층적인 기능식 구조에 수평적인 사업부제 조직을 합한 부문화의 형태이다. 이 구조는 기능식 구조이면서 동시에 사업부제적인 구조를 가지고 있다. 여기에는 두 가지 형태의 명령 계통을 가지는데, 기능식 구조에서 비롯되는 수직적인 것과 사업부제 구조에서 비롯된 수평적인 구조이다.

이 형태는 〈그림 8-3〉에서 보는 바와 같이 생산 운영, 마케팅, 인적 자원 관리를 담당하는 기능별 부사장들이 있으며, 그와 동시에 각각의 사업 A, B, C를 담당하는 사업부별 담당 부사장들이 있다. 이러한 기능별 부서의 장과 사업부의 장은 종종 매트릭스 보스라 불린다.

이러한 매트릭스 구조는 기능식이나 사업부제 혹은 혼합형 조직보다도 한층 복잡한 조직이다. 따라서 이러한 형태의 구조는 특정한 조건이 갖추어지게 되었을 때 고려의 대상이 될 수 있다. 매트릭스 구조가 고려되는 조건에는 다음과 같은 경우들이 있다.

❶ 환경으로부터의 요구

가장 보편적인 경우는 경쟁과 소비자의 요구, 각종 규제들로 인하여 조직이 다양하고 혁신적인 제품을 생산해야 될 뿐만 아니라 기술적으로도 품질이 높은 제품을 생산해야만 할 때이다. 이와 같은 두 가지의 요구들을 동시에 충족해야만 할 때에는 조직은 제품과 기술적 품질에 동등한 주의를 기울여야 하기 때문에 권력 구조도 이중적인 구조로 편성하지 않을 수 없다.

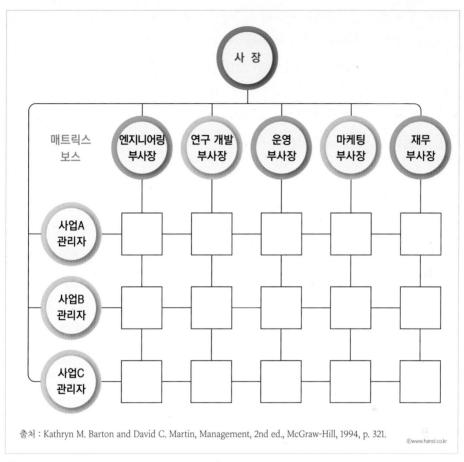

출처 : Kathryn M. Barton and David C. Martin, Management, 2nd ed., McGraw-Hill, 1994, p. 321.

🔩 그림 8-3_ 매트릭스 조직

❷ 정보 처리의 필요성

불확실하고 복잡한 환경이 되어갈수록 조직이 처리해야 할 정보는 보다 광범위하고 빠르게 변한다. 이럴 경우에는 제품과 기술적인 전문성을 분리하여 정보를 처리하게 하는 것이 보다 효과적인 방법이다. 즉, 분리를 통해 정보 처리의 신속성을 더할 수 있다.

❸ 자원의 능률적 사용

조직이 각 제품마다 인력과 장비를 제각기 배정할 수 없는 경우이다. 이 경우에는 이중적인 구조를 편성하여 여러 제품 라인에 걸쳐 인력과 자원을 교대로 배치할 수 있다.

이와 같은 매트릭스 구조는 미국의 우주항공국에 의하여 최초로 고안되었으며, 오늘날에는 대규모 조직에서 흔히 발견할 수 있는 구조로 보편화되었다. 그러나 이러한 구조는 모든 조직을 위한 보편적인 제도가 아니다. 즉, 앞에서 살펴본 바와 같이 특정한 조건이 갖추어진 경우에만 사용되는 복잡한 구조이다.

(1) 매트릭스 구조의 장점

매트릭스 조직 설계하에서는 의사 결정의 권한이 사업부나 기능 부서의 관리자에게 위양된다. 따라서 상급 경영층은 보다 장기적인 과제에 집중할 수 있다. 더욱이 기능식 설계에서나 가능했던 제품이나 브랜드 간의 수평적 조정이 가능하며, 그 성공의 가능성도 높다. 이러한 매트릭스 설계는 프로젝트나 기능 부서에 영향을 미치는 환경의 변화에 대한 인지력을 높이고 신속하게 환경 변화에 반응하게 한다. 나아가서 기능 인력을 최대로 활용할 수 있게 되어 필요한 프로젝트에 새로운 인력의 보강과 충원 그리고 재배치가 용이해진다. 끝으로, 프로젝트 수행에 필요한 제장비와 소프트웨어를 비롯한 자산들이 필요를 기준으로 배정될 수 있어 자원의 경제적 이용이 이루어진다.

(2) 매트릭스 구조의 단점

매트릭스 설계는 기능식 설계에 프로젝트 관리자 계층과 그에 수반되는 스태프를 충원하게 됨에 따라 관리 비용이 증가한다. 더욱이 두 명의 관리자로부터 지휘를 받는 매트릭스 설계하의 종업원은 누가 의사 결정에 대한 권한과 책임을 가지는지 결정하는 데 어려움을 겪게 된다. 필요한 의사소통의 양이 늘어나고 이중적 권한 구조가 기능 부서의 관리자와 매트릭스 프로젝트 관리자 사이의 갈등을 증폭시킬 수도 있다. 이러한 경우 종종 고객과 프로젝트보다는 내부의 관계 관리에 중점을 두는 우를 범하게 되기도 한다. 나아가서 매트릭스 설계는 집단 내에서 이루어지는 사소한 의견이라도 집단적 의사 결정을 강조함으로써 생산성에 심각한 하락을 초래하기도 하며, 구성원들의 대인 관계 능력이 부족하거나 상위의 경영층이 통제력을 장악하고자 하면 원래의 장점이었던 신속한 대응은 불가능하게 되고 변화에 대한 대응은 극도로 지연된다.

이러한 매트릭스 구조의 장단점을 비교하면 〈표 8-4〉와 같다.

표 8-4_ 매트릭스 부문화의 장단점

장 점	단 점
· 분권화된 의사 결정 · 제품과 프로젝트의 조정 용이 · 환경 변화 파악의 용이 · 변화에 대한 신속한 대응 · 인적 자원의 유연한 사용 · 지원 시스템의 효율적 활용	· 높은 관리 비용 · 권한과 책임에 대한 혼선 가능성 · 대인적 갈등 존재 가능성 · 내적 관계에 대한 과도한 관심 · 집단 의사 결정에 대한 과도한 강조 · 변화에 대한 늑장 대응 가능성

2 인적 자원 관리

기업의 목표와 전략이 설정되고 조직 구조가 설계되고 나면 기업은 필요로 하는 인력을 충원하여 목표 달성을 위한 활동을 수행해야 한다. 목표와 전략 그리고 조직의 구조가 아무리 잘 형성되었다 하더라도 결국 기업을 움직이는 것은 인적 자원이다.

현대의 기업은 과거와는 비교하기 어려울 정도로 자본과 제품 측면에서 대규모화되어 가고 있으며, 이에 따라 기업 내의 인적 자원 규모 역시 대규모화되어 가고 있다. 기업은 이러한 인적 자원을 효과적으로 관리할 필요성이 있다. 기업의 인적 자원은 기업의 전략 수립뿐만 아니라 실행에도 직접적인 영향을 미치기 때문이다.

① 인적 자원 관리 과정

인적 자원 관리는 몇 가지의 하위 과정으로 구성되어 있다. 이러한 과정 가운데 가장 중심적인 과정은 인적 자원에 대한 계획 과정이다.

인적 자원의 첫째 과정인 계획 과정은 기업의 전략 계획의 수립과 실행에 필요한 인적 자원에 대해 포괄적인 계획을 세우는 과정이다. 이러한 계획에 따라 충원을 비롯한 후속 과정이 결정된다. 두 번째 과정은 충원 과정이다. 이 과정은 기업이 필요로 하는 인력을 모집하고 선발하는 과정이다. 세 번째 과정은 선발된 기업의 인력에 대

🏵 그림 8-4_ 인적 자원 관리 과정

한 개발과 평가이다. 인적 자원의 능력은 잠재적인 측면이 많다. 따라서 기업은 충원된 인력의 능력을 향상시키기 위해 인력 개발에 관심을 두어야 하며 인력의 성과에 대한 평가를 통하여 보상의 기초를 마련해야 한다. 네 번째 과정은 인적 자원에 대한 보상 과정이다. 이 과정은 종업원의 동기 부여와 지속적인 공헌을 위하여 필요한 과정이다.

인적 자원의 관리는 이러한 여러 과정을 통하여 근본적으로 인적 자원의 작업력을 효과적으로 유지할 수 있도록 해야 한다. 이러한 인적 자원의 관리 과정이 〈그림 8-4〉에 나타나 있다.

② 인적 자원 계획

인적 자원 계획은 조직의 전략 계획과 관련하여 필요로 하는 인적 자원을 정하고 그러한 필요를 충족시키기 위한 활동들을 확정하는 과정이다. 이러한 과정은 기본적으로 필요로 하는 인력의 정도와 보유하고 있는 인력을 비교하는 것에서부터 시작한다.

인적 자원의 계획은 〈그림 8-5〉에서 보는 바와 같은 과정을 거친다. 〈그림 8-5〉에서 보면 인적 자원의 계획은 설정된 조직의 전략 계획에 따라 수립된다. 즉, 경제, 사회, 정치적인 환경의 분석으로부터 수립된 전략 계획에 따라 필요로 하는 인력의 양과 질이 결정된다. 이와 같이 결정된 기업의 인적 자원 수요는 기업이 현재 활용 가능한 인력 공급과 비교되며, 이를 바탕으로 인적 자원과 관련된 구체적인 의사 결정들이 이루어진다.

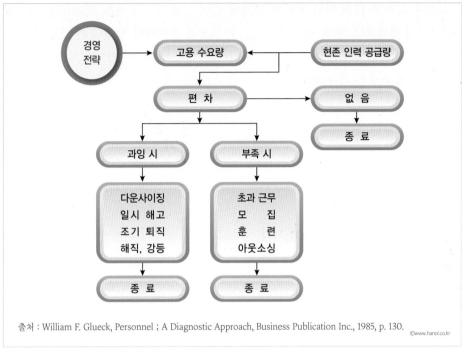

출처 : William F. Glueck, Personnel ; A Diagnostic Approach, Business Publication Inc., 1985, p. 130.

©www.hanol.co.kr

🏭 그림 8-5_ 인력 계획 과정

③ 인적 자원의 고과

(1) 인적 자원 고과의 의의

인적 자원의 고과는 인적 자원의 현재적이고 잠재적인 유용성을 체계적으로 평가하는 것으로 인사 고과(performance appraisal)로 불리기도 한다. 이러한 고과의 주된 목적은 종업원의 업적 향상과 개발을 위한 것이다. 부차적으로는 조직의 다른 과정인 성과급의 결정이나 차기 성과 목표의 설정, 혹은 교육과 훈련의 필요성의 분석 그리고 종업원의 잠재적인 승진 가능성을 평가할 목적을 가지고 있다. 전통적으로는 업적 평가에 따른 사정이나 신분 관리의 목적으로 인사 고과를 실시했으나 최근에는 고과를 통해 종업원들의 능력을 개발하고 육성하려는 목적이 강조되고 있다. 또 고과의 결과는 주로 승격 관리 용도로 이용되던 것에서 나아가 교육 훈련과 경력 관리, 임금 관리의 용도로 사용되고 있다.

이러한 목적을 가진 인적 자원의 고과에 있어 근본적인 문제는 고과자와 고과 내용, 고과의 방법이다. 인적 자원의 고과는 관리자가 수행해야 할 중요한 과업 중의 하나이며 가장 다루기 어려운 과제 중의 하나이다. 따라서 고과자와 고과 내용, 고과 방법의 선정에 주의를 기울여야 한다.

(2) 인적 자원 고과의 주체

인적 자원에 대한 고과는 누가 담당하는가? 고과 담당자에 따라 고과의 결과가 달라지게 되므로 올바른 고과를 위해서는 고과의 목적에 맞는 고과자의 선정이 이루어져야 한다.

일반적으로 인적 자원에 대한 고과는 피고과자의 상사에 의해서 이루어진다. 그러나 이러한 상사에 의한 평가는 공정성과 객관성이 문제가 될 수도 있다. 최근에는 평가자가 다양화되는 경향을 보이고 있는데, 이러한 고과자에는 동료, 부하, 상사들의 위원회, 외부 전문 기관 그리고 피고과자 자신이 있을 수 있다.

(3) 인적 자원 고과의 내용

인적 자원의 고과에서 실질적으로 중요한 것은 고과의 내용, 즉 무엇을 고과할 것인가 하는 것이다. 이러한 고과의 내용은 기업마다의 특수성이 있어 다르기는 하지만, 대개 양적인 성과와 질적인 성과, 근무 상태와 잠재력 등과 같은 것에 중점을 두고 있다.

전통적으로 인사 고과는 주관적 기준과 추상적 기준, 업적과 적성 요소 등을 중심으로 피고과자를 평가했으나 최근에는 보다 객관적이고 행동 중심적인 기준, 피고자의 자질과 능력 요소를 중심으로 고과하려는 경향이 있다. 고과의 내용을 구체적으로 무엇으로 하든지 간에 다음과 같은 요건을 충족시키는 것이어야 한다.

첫째, 고과 내용은 성과와 직접적으로 연관되어 있어야 한다. 둘째, 실지로 측정 가능한 객관적인 것이어야 하며, 셋째, 전반적인 기업의 목표에 부합해야 한다.

(4) 인적 자원 고과의 방법

인적 자원의 고과에는 여러 가지의 방법이 있으나 크게 두 가지의 방법으로 유형화된다. 첫째는 인적 자원의 업적을 상대적으로 평가하는 방법이다. 이 방법은 종업원 상호 간의 업적의 비교를 통하여 고과하는 방법으로 순위법과 강제 할당법 등이 있다. 두 번째의 방법은 절대적 평가법이다. 이 평가법은 업무 기준에 대비해 종업원의 업적을 평가하는 방법으로 도식 척도법, 행위 기준 척도법, 자유 기술법 등이 있다.

일반적으로 종업원의 보상을 위하여 평가가 이루어질 때는 상대적 평가법을 활용하며, 종업원의 능력 개발을 위하여 평가가 이루어질 때에는 절대적 평가법을 많이 활용한다.

전통적으로 인사 고과는 상대 평가와 일방 평가, 비밀주의, 단면 평가, 감점주의 평가 방법을 사용했던 반면, 최근에는 절대 평가와 참여 평가, 공개주의, 다면 평가, 가점주의 방식을 채택하는 경향이 있다.

④ 보 상

인적 자원 관리 과정에서 보상 과정은 기업에 대한 구성원의 공헌과 성과에 대한 대가를 보답하는 과정이다. 이러한 보상에는 경제적 보상은 물론, 비경제적인 보상도 포함되어 있다.

(1) 보상의 의의

기업이 개인에게 주는 보상은 종업원의 노력과 공헌에 대한 대가일 뿐만 아니라 인적 자원에 대한 투자이다. 적절한 보상을 통하여 개인의 능력과 경험이 축적되고 이것이 기업의 성과를 향상시키기 위해 보상의 지불은 세 가지 원칙이 지켜져야 한다. 첫째는 보상 수준의 적정성, 둘째는 보상 체계의 공정성, 셋째는 보상 형태의 합리성이다. 이러한 원칙이 지켜질 때 개인의 노력과 공헌도 제대로 평가받고 기업의 성과에 대한 기여도 높아지게 된다.

종업원에 대한 경제적, 비경제적인 보상은 종업원에게 경제적인 만족감과 동기 부여를 일으키며 능력 개발의 기회를 제공한다. 그리고 이러한 보상은 기업에 대한 몰입과 전념도, 종업원의 직무 만족을 높일 수 있다. 보상은 구성원의 기업에 대한 태도와 성과에 직접적인 영향을 미친다. 만약 보상에 대한 불만족이 발생하면 구성원은 기업에 대한 역기능적인 행동을 하게 된다. 따라서 적정하고 공정하며 합리적인 보상이 제공되어야 한다.

(2) 보상의 형태

보상은 기업이 종업원의 성과에 대한 대가로 지급하는 모든 것으로, 〈그림 8-6〉에서 보는 바와 같이 대표적으로 임금과 상여금, 복리 후생과 관련된 급여들이 포함되어 있다.

❶ 임금

종업원에 대한 보상의 대표적인 형태는 임금이다. 임금은 종업원에 대한 경제적인 보상이며, 기본급을 포함한 성과급과 각종 수당이 포함되어 있다. 이러한 임금은 종업원에게는 생계를 위한 원천이며, 기업에 있어서는 생산의 원가나 거시 경제적인 구매력으로서의 의의를 가진다.

임금에 대한 의사 결정 가운데 가장 중요한 것은 어느 정도의 임금을 지급할 것인가를 결정하는 임금 수준에 대한 결정이다. 임금 수준은 사회적·경제적 환경과 인력 시장의 상태 그리고 경쟁 회사의 임금과 노동조합이나 최저 임금법과 같은 정부의 각종 법규를 고려하여 정해지며, 내부적인 경영 전략이나 생산성, 기업의 재정 상태 등에 영향을 받게 된다.

두 번째는 한 개인이 받는 임금의 구성 내용을 결정하는 임금 체계에 대한 결정이

🔧 **그림 8-6_** 보상의 형태

다. 임금 체계는 생계 보장의 원칙과 노동 대응의 원칙에 따라 연공이나 직무, 직능, 직종을 고려하여 결정한다. 이러한 요소들은 임금 체계의 기본급을 구성한다. 기본급 이외에도 기본급의 기능을 보충·보완하기 위한 부가적 임금으로 각종 수당과 보너스, 퇴직금과 같은 것이 있다.

세 번째는 임금 지급 방법을 결정하는 임금 형태에 대한 결정이다. 임금 형태로는 크게 고정급제와 성과급제가 있다. 고정급제는 근로 시간을 기준으로 임금을 지불하는 것으로 시간급제라고도 한다. 또 성과급제는 노동 성과를 측정하여 그 성과에 따라 임금을 지불하는 것으로 인센티브제라고도 한다.

❷ 연봉제

연봉제란 사용자와 근로자가 계약에 의해 1년 단위로 봉급을 결정하는 제도로 직무 중심으로 성과의 정도에 따라서 임금 수준을 결정하는 것이다. 이는 성과급으로 조직 구성원의 능력과 성과에 따라서 차등 지급하는 탄력적인 임금 체계로써 능력 위주의 인력 확보에 용이하고, 연봉액 산출 시 상사와 부하 간의 의사소통이 필요하기 때문에 새로운 노사 문화가 형성되는 특징이 있다.

이러한 특징을 지닌 기존의 임금 제도와 연봉제를 비교하면 〈그림 8-7〉과 같다.

한국 기업들은 IMF 한파, 국가 경제 위기, 기업 활동의 위축 등 기업 경영의 어려운 상황하에서도 대부분의 임금 체계는 경영 여건과 사원의 능력과는 관계없이 연령과 근속 연수, 학력 등의 속인적 요소에 의해 매년 자동적으로 인상되어 지급되는 연공급에 의존해 왔다. 이러한 연공급 제도는 기업 경쟁력 약화는 물론 임금에 대한 불만을 불러 일으키고 인재 경쟁력을 떨어뜨리게 하는 주요 요인이다.

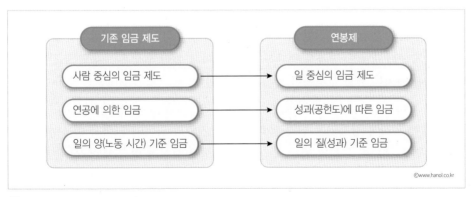

🛠 그림 8-7_ 기존의 임금 제도와 연봉제 비교

표 8-5_ 연봉제의 장단점

장 점	단 점
· 성과주의, 능력주의의 강화 · 경영자 의식의 배양 · 우수한 인재 확보 및 유지 가능 · 임금 체계와 관리의 간소화 · 상하 간의 의사소통 원활화 · 평가의 공정성 제고	· 수입의 불안정으로 인한 불안감 증대 · 소속감, 충성심의 저하 · 결과 중시로 단기 업적 위주의 행동 증가 · 평가에 대한 신뢰성 문제 및 평가 과정상 시간 소요 · 과도한 경쟁 유발로 인한 조직 시너지 효과 감소

따라서 21세기 국내 기업의 경쟁력 제고와 우수한 인재 확보를 위해서는 개인의 능력에 따라 차등 임금을 지급하는 탄력적인 연봉 제도를 도입할 필요가 있으며, 이를 통해 기업 체질 강화는 물론 우수 인재의 확보와 유지도 가능하게 된다. 연봉제의 장단점은 〈표 8-5〉와 같다.

연봉제의 장점은 종업원의 능력 발휘를 유도할 수 있다는 것이다. 종업원들에게 일한 만큼 보상함으로써 열심히 일하는 사람에게 동기 부여를 하고, 그렇지 못한 사람에게는 자극이 될 수 있기 때문이다. 이에 반해 연봉제가 가질 수 있는 가장 큰 단점은 종업원들에게 불안감을 줌으로써 기업에 대한 소속감을 약화시키는 것이다.

❸ 복리 후생

임금을 구성하고 있는 기본급과 수당, 성과급을 제외한 간접적인 모든 보상을 복리 후생(employee benefits and service)이라 한다. 복리 후생은 종업원의 경제적인 안정과 그들의 생활의 질(Quality of Life, QL)을 향상시키기 위한 간접적인 보상이다.

복리 후생에 대한 인식이나 실천은 인적 자원에 대한 시각과 더불어 변천해 왔다. 즉, 초기의 복리 후생은 은혜적인 차원의 시혜로 여겨졌으나 최근에는 노사 관계의 안정과 양호한 인간관계의 형성, 노동력 유지에 필수적인 것으로 여겨져 전체 보상에서 차지하는 비율도 점차로 증대하고 있다. 이제 복리 후생은 노동의 조건과 밀접한 연관을 가지는 생활 보조적인 기능을 하고 있다.

〈그림 8-8〉에서 보는 바와 같이, 복리 후생에는 다양한 종류와 시설이 포함되어 있다. 법률에 의하여 강제되는 법정 복리 후생과 기업의 임의에 의해서 이루어지는 비법정 복리 후생으로 구분된 법정 복리 후생은 의료 보험과 연금 보험, 산재 보험, 고용 보험으로 구성되어 있으며, 비법정 복리 후생에는 주택과 교육비의 지원, 각종 공제 제도나 금융 알선 등의 경제적 복리 후생, 건강과 오락을 위한 복리 후생, 여가와

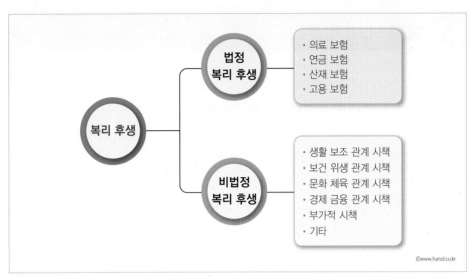

그림 8-8_ 복리 후생의 구성

휴가 등에 대한 복리 후생 등이 있다.

복리 후생은 종업원의 사기를 앙양시키고 고용 안정에 기여하며 기업의 생산성에 크게 공헌하므로 효과적으로 설계되어야 한다. 즉, 종업원의 복리 후생에 대한 욕구와 사용자의 기준이나 능력이 잘 조화되어 설계되어야 하며 복리 후생 프로그램에 종업원의 참여를 유도하는 것도 바람직하다.

최근 이러한 점을 고려하여 도입된 제도가 카페테리아식 복리 후생 제도(cafeteria benefit plan)이다. 이는 선택적 복리 후생 제도라고도 하는데, 종업원으로 하여금 각자의 필요에 따라 복리 후생 프로그램을 선택할 수 있도록 한 제도이다. 선택적 복지 제도는 복지 혜택의 일방적 지원에서 직원 개개인이 직접 선택할 수 있는 기회를 제공함으로써 개개인별 다양한 형태의 복지에 대한 욕구를 충족시켜 주고 개인의 생활 수준 향상에 기여한다. 뿐만 아니라 복지 수혜의 형평성과 복지에 소요되는 비용의 효율성을 높임으로써 종국에는 회사의 생산성 향상에 기여하는 목적을 달성할 수 있게 해준다.

3 모티베이션

개인의 성과는 여러 가지 요인에 의해 결정된다. 개인이 조직에서 어떠한 작업 성과를 달성하는가 하는 것은 개인이 가지고 있는 능력과, 그러한 능력을 발휘하려는 노력인 동기 부여나 모티베이션 그리고 작업이 이루어지는 환경 조건들에 의해 결정된다. 따라서 성과를 높이기 위해서는 개인의 능력을 향상시키는 한편으로, 그러한 능력이 발휘될 수 있도록 노력을 이끌어내는 모티베이션이 이루어져야 하며 작업의 제반 조건을 개선해야 한다. 이와 같이 조직에서의 개인의 성과는 〈그림 8-9〉에서 보는 바와 같이 능력과 모티베이션, 작업 환경의 함수이다.

이 중 보다 중요한 영향을 미치는 요인은 능력과 모티베이션이다. 단기적인 측면에서 경영자는 개인의 능력 개발보다는 동기 부여에 더 많은 관심을 두게 된다. 그것은 개인의 능력은 모티베이션에 비해 고정된 것이며, 그 개발에 많은 비용과 시간이 필요하지만 모티베이션은 능력에 비해 탄력성이 있으며 그 개발이 용이하기 때문이다.

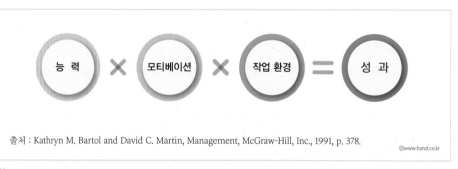

출처 : Kathryn M. Bartol and David C. Martin, Management, McGraw-Hill, Inc., 1991, p. 378.

ⓒwww.hanol.co.kr

🌣 그림 8-9_ 성과의 결정 요인

① 개 념

모티베이션을 이해하기 위해서는 먼저 모티브를 알 필요가 있다. 모티브(motive)는 일반적으로 개인의 행동을 어떤 목적을 위하여 일정한 방향으로 작동시키는 내적 상태 자체를 말한다. 그리고 모티베이션(motivation)은 개인의 행동이 실제로 작동되는 과정, 또는 작동되도록 유도 내지 기도하는 것을 일컫는다. 이렇게 본다면 모티브는 개인의 내적인 상태를 말하며 모티베이션은 이러한 모티브, 즉 자발적인 내적 상태를 가지도록 유도하는 것이라 할 수 있다.

② 과 정

모티베이션은 욕구의 결핍에서부터 그러한 욕구를 충족시키기 위한 행동 유발, 행동의 결과에서 주어지는 보상에 따른 욕구의 재평가로 이어지는 순환적인 과정을 가진다. 이와 같은 모티베이션의 과정을 나타내 보면 〈그림 8-10〉과 같다.

모티베이션은 욕구 결핍, 욕구 충족 수단의 탐구, 목표 지향적 행위, 성과, 보상이나 벌, 재평가된 욕구 결핍, 다시 욕구 결핍으로 이어지는 순환적인 과정임을 알 수 있다.

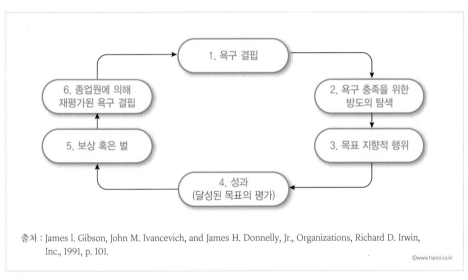

출처 : James l. Gibson, John M. Ivancevich, and James H. Donnelly, Jr., Organizations, Richard D. Irwin, Inc., 1991, p. 101.

©www.hanol.co.kr

🔩그림 8-10_ 모티베이션 과정

③ 모티베이션 이론

모티베이션에 대한 이론은 오랜 기간 여러 단계를 거치며 발전해 왔다. 〈그림 8-11〉에서 나타난 바와 같이 모티베이션 과정에 관련된 요인은 세 가지가 있다. 이러한 요인들은 모티베이션의 이론과 직접적으로 연관되어 있다.

인간의 행동과 관련된 세 요인은 욕구와 인지 활동, 보상이다. 즉 인간의 행동은 내부적인 욕구와 인지에 의하여 일어나며, 이러한 행위는 상황과 결과에 따라 보상을 받게 된다. 보상은 행위를 강화하며 욕구를 충족시키는 한편, 행위와 미래에 주어질 가능한 보상과의 연계성에 대한 인지에 영향을 미친다. 따라서 모티베이션에 대한 이론은 모티베이션에 영향을 미치는 세 요인에 따라 세 가지의 이론으로 나눌 수 있는데, 〈표 8-6〉에서 보는 바와 같이 욕구 이론과 인지 이론, 보상/강화 이론이 그것이다.

욕구 이론은 모티베이션을 일으키는 요인이 무엇인지에 대한 이론이며, 인지 이론은 모티베이션이 어떠한 과정을 거쳐서 일어나는지를 밝히려고 하는 이론이다. 보상/강화 이론은 행동의 결과가 모티베이션에 어떠한 영향을 미치는지를 설명하고자 하는 이론이다. 즉, 욕구 이론은 모티베이션을 일으키는 요인인 '무엇(what)'에 관심

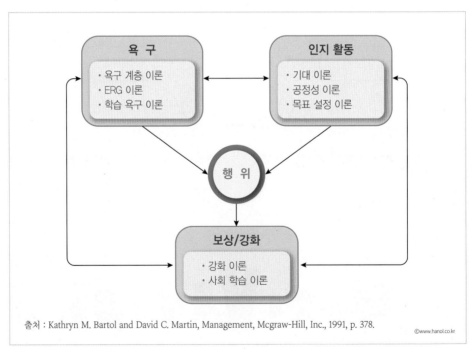

출처 : Kathryn M. Bartol and David C. Martin, Management, Mcgraw-Hill, Inc., 1991, p. 378.

ⓒwww.hanol.co.kr

그림 8-11_ 행동과 모티베이션 이론

🚀 표 8-6_ 모티베이션 이론의 비교

이론 \ 내용	이론의 초점과 내용
욕구 이론	・행위를 지속시키거나 중지시키는 것과 관련된 요인의 규명과 개인의 독특성에 따른 욕구와 욕망 그리고 목표의 차이를 인식
인지 이론	・행위가 어떻게 지속되고 중지되는가를 분석하고 설명하며 모티베이션 과정을 규명하고 개인의 기호나 보상, 성취 등에 근거하여 어떻게 행동 대안을 선택하는가를 설명
보상/강화 이론	・행위의 결과에 따르는 보상이나 벌이 모티베이션에 어떠한 영향을 미치는지를 설명

이 있으며, 과정 이론은 모티베이션이 이루어지는 방법인 '어떻게(how)'에 관심이 있는 이론이다. 그리고 보상/강화 이론은 행동의 결과와 모티베이션의 관계에 초점을 둔 이론이다.

4 리더십

기업은 공동의 목표를 달성하고자 하는 두 사람 이상이 모인 유기적인 조직체이다. 이러한 기업이 그 조직의 목표를 원만히 달성하기 위해서는 구성원들의 행위를 협동적이고 조직적으로 이끌어낼 필요가 있다. 오늘날 이러한 활동은 리더십(leadership)으로 불리고 있으며 경영 관리 자체와 동일시되기도 한다. 이러한 리더십은 집단의 구성원들로 하여금 특정 목표를 지향하게 하고 그 목표 달성을 위해 실제 행동하도록 영향력을 행사하는 것이다. 즉, 특정 목적을 달성하기 위하여 집단 구성원에게 영향력을 행사하는 과정이 리더십이다.

① 리더십 이론의 발달 과정

지금까지 리더십 연구자들은 어떤 리더가 성공하고 어떤 리더가 성공하지 못하는지를 규명하고자 노력했다. 만약 간단한 답이 있었다면 어느 누구도 실패한 리더는

📣 **표 8-7_ 리더십 이론과 특성**

리더십 이론	시 기	이론의 특성
특성 이론	1940~1950년대	• 성공적인 리더가 공통적으로 가지고 있는 육체적, 심리적, 개인적인 특성의 탐구
행동 이론	1950~1960년대	• 성공적인 리더의 행동 패턴을 분석하고 행동 패턴과 성과의 관계를 연구
상황 이론	1970년대 이후	• 리더십의 성공에 영향을 미치는 환경적인 특성에 초점을 두고 리더십의 성공과 상황과의 관련성을 분석

되지 않았을 것이다. 성공적인 리더십에 대한 답은 결코 간단하지가 않다. 리더십에 대한 연구가 시작된 1940년대 이후로 리더십에 대한 많은 이론들이 존재해 왔다. 리더십에 대한 이론은 〈표 8-7〉에서 보는 바와 같이 세 가지의 범주로 나누어진다. 특성 이론, 행동 이론, 상황 이론이 그것이다.

〈표 8-7〉에서 보는 바와 같이 리더십에 대한 이론은 그 강조하는 측면이 서로 상이하다. 즉, 특성 이론은 성공적인 리더의 공통적인 특성에, 행동 이론은 리더의 행동 유형에, 상황 이론은 리더십의 성공과 환경적인 상황과의 관계에 초점을 두고 있다.

② 리더 특성 이론

리더십에 대한 초기의 이론가들은 리더의 개인적인 특성을 규명하는 데 관심을 두었다. 특성 이론은 리더들이 리더가 아닌 사람과는 달리 특정한 육체적, 심리적 혹은 개인적인 특성들을 가지고 있다는 가정에 근거하고 있다. 이 이론은 리더는 다른 사람과는 다른 어떤 자질을 가지고 있으며, 이러한 자질의 유무에 따라 성공적인 리더와 그렇지 않은 리더로 구분될 수 있다고 한다. 이 이론에 의하면 사람은 이러한 자질에 의해 성공적인 리더가 되고 그렇지 않은 사람은 성공적인 리더가 되지 못한다. 이러한 주장으로 특성 이론은 리더십의 위인론(偉人論, great man theory of leadership)으로 불리기도 한다.

리더십에 대한 특성 이론은 선천적이든지 혹은 후천적이든지 간에 성공적인 리더들이 가지고 있는 공통적인 특성을 규명하고자 했으며, 초기 리더십에 대한 연구의 주류를 이루었다. 테드(O. Tead)는 육체적·정신적인 에너지, 목표 의식과 지시 능력, 정열, 친근감과 우의, 성품, 기술적인 우월성, 과감성, 지능, 교수 능력, 신념의 10가지

표 8-8_ 리더의 특성

육체적 특성	사회적 배경	지 능	성 격	과업 특성	사회적 특성
· 연령 · 체중 · 신장 · 외모	· 교육 · 이동성 · 사회적 지위	· 판단력 · 결단성 · 표현 능력	· 독립심 · 자신감 · 지배성 · 공격성	· 성취 욕구 · 지구력 · 책임감 · 결과 지향성	· 관리 능력 · 협동성 · 대인 관계 기술 · 권력 욕구 · 성실성

를 들고 있으며, 바나드(C. I. Barnard)는 기술적인 측면과 심리적인 두 가지의 측면을 강조하고 있는데, 기술적인 측면에서는 체력, 기능, 기술, 지각력, 지식, 기억, 상상력 등을 들고, 심리적인 측면에서는 결단력, 지구력, 인내력, 용기 등을 들고 있다. 리더 특성 이론에 대한 대표적인 연구자인 스톡딜(Stogdill)은 〈표 8-8〉에서 보는 바와 같이 육체적인 특성, 사회적 배경, 지능, 성격, 과업 특성, 사회적인 특성으로 리더의 특성을 나누고 있다.

리더 특성 이론은 많은 연구에도 불구하고 아직도 성공적인 리더와 그렇지 않는 리더를 구분할 수 있는 명확한 특성을 밝히지는 못하고 있다. 성공적인 리더의 특성으로 제시되었던 것이 어떤 경우에는 실패한 리더의 특성으로 밝혀지기도 했다. 뿐만 아니라 리더 특성 이론에서 제시되고 있는 특성들의 상당수가 서로 모순되고 갈등을 일으키기도 하여 어떤 특성이 성공적인 리더의 진정한 공통적 특성인지가 불명확하다.

③ 관리 격자 이론

리더 행동 이론의 대표적인 이론은 과업과 인간에 초점을 둔 리더의 행위를 강조한 대표적인 관리 격자(Managerial Grid) 모형이다. 이는 블레이크와 무톤(Robert R. Blake & Jane S. Mouton)에 의하여 개발되었다. 격자(그리드) 접근법은 오하이오 연구에 의하여 주장된 리더 행동에 직접적인 초점을 두지 않고 리더의 태도 - 인간에 대한 관심과 생산에 대한 관심 - 에 초점을 두었다.

그들은 인간에 대한 관심과 생산에 대한 관심을 어느 정도 가지고 있느냐에 따라 리더의 행동을 유형화했는데, 이 모형에 의하면 경영자는 인간과 생산에 대한 관심의 정도에 따라 그리드의 어느 곳에도 위치할 수 있다. 블레이크와 무톤은 인간에 대

한 관심과 생산에 대한 관심에 따라 대표적인 리더 스타일을 〈그림 8-12〉에서 보는 바와 같이 다섯 가지로 유형화했다.

그리드의 좌하단에 있는(1,1)형의 리더는 무관심형으로 인간과 생산에 대한 관심의 정도가 낮은 리더를 의미한다. 이러한 형태의 관리자들이 가지고 있는 주된 목표는 별 문제가 없으면 안주하는 것이다. 그들은 모든 것을 부하들에게 떠맡기며 내버려 두고, 실패에 대한 책임을 지려고 하지 않는다. 또한 해고되거나 강등되지 않을 정도의 최소한의 노력만을 하는 관리자이다.

좌상단의(1,9)형의 리더는 인간에 대한 관심은 높으나 생산에 대한 관심은 낮은 컨트리클럽형이다. 이러한 스타일의 경영자는 안전하고 안락한 가족적인 환경을 유지하려고 노력하며 그들의 부하들이 생산적으로 움직일 것이라고 믿고 있다.

우하단에 위치한(9,1)의 경영자는 생산형 리더로 조직의 목적 달성과 관련되지 않는 개인적인 구성원들의 욕구에 대해서는 관심을 두지 않는 경영자이다. 그들은 생산의 목표를 달성하기 위하여 합법적이고 강제적인 권력을 행사하여 구성원을 독려한다.

그리드의 중간에는(5,5)형의 경영자가 있으며 이를 중간형이라고 부른다. 중간형의 관리자는 작업자의 요구와 조직의 생산 목표 사이의 균형을 추구하는 리더이다.

끝으로 우상단에 위치한(9,9)형의 리더는 팀형의 경영자로서 인간과 생산에 대한

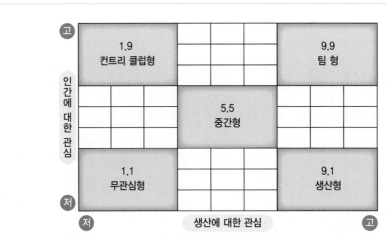

출처 : Robert A. Blake and Jane S. Mouton, The Managerial Grid, Gulf Publishing, Houston, 1985, p. 12.

©www.hanol.co.kr

🌸그림 8-12_ 관리 격자(그리드)

높은 관심을 가진 리더이다. 이런 스타일을 추구하는 리더는 응집력이 있는 작업 집단을 만들고 작업자들 사이의 상호 몰입된 감정을 유발한다. 당연히 생산과 만족에 대한 정도가 높다.

④ 리더십 사이클 이론

리더십에 대한 행동 이론이 모든 상황에 적절한 일관된 행동 모형을 발견하는 데 실패함에 따라 리더십에 대한 다른 모델들이 제시되었다. 이러한 리더십에 대한 지식의 진화는 리더십에 대한 상황 모형의 발전으로 나타났다. 리더십의 상황 이론에 따르면 상황은 어떠한 리더십이 가장 바람직한가를 결정하는 중요한 요인이 된다. 이러한 모델에서 고려되는 상황은 〈그림 8-13〉에서 보는 바와 같다.

리더십 상황 이론 가운데 잘 알려진 이론 중의 하나로 허쉬와 블렌차드(Paul Hersey and Kenneth H. Blanchard)의 리더십 사이클 이론을 들 수 있다. 이 이론은 리더가 주요한 상황 요인, 즉 부하들의 준비성에 따라 그 자신의 행동을 변화시켜야 한다는 전제에 의거하고 있다. 이 이론은 행동 이론의 연구자들이 제안했던 구조 주도와 배려와 유사한 리더의 두 가지 행동 유형에 초점을 두었다.

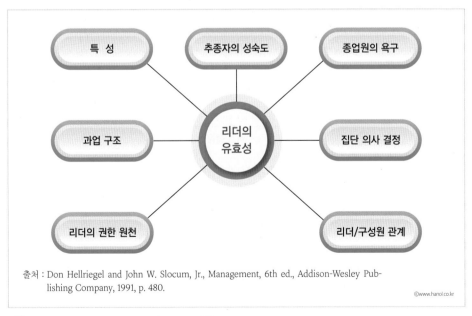

출처 : Don Hellriegel and John W. Slocum, Jr., Management, 6th ed., Addison-Wesley Publishing Company, 1991, p. 480.

©www.hanol.co.kr

그림 8-13_ 리더 유효성에 영향을 미치는 상황 요소

그들은 리더 행동 형태를 과업 행동(task behaviors)과 관계 행동(relationship behaviors)으로 분류하였는데, 과업 행동은 리더가 부하 개인이나 집단의 책임과 과업을 부과하는 데 관여하는 정도를 의미한다. 즉, 이는 사람들에게 누가, 무엇을, 언제, 어떻게, 어디에서 해야 하는지를 지시하는 것을 말한다. 그리고 관계 행동은 리더가 양방향이나 다방향으로 의사소통을 유지하고 있는 정도를 의미한다. 여기에는 부하들의 의견을 듣고 그들의 행위를 촉진하며 지원하는 행동이 포함된다.

이러한 리더의 행동은 상호 독립적인 차원으로 고려될 수 있으며, 따라서 〈그림 8-14〉에서 보는 바와 같이 두 차원 모두 높을 수도 낮을 수도 있으며, 한쪽은 높고 다른 한쪽은 낮을 수도 있다.

이 이론에 따르면 주어진 상황과 리더 행동 유형의 적합한 조합을 만들기 위해 리더는 부하들의 준비성을 평가해야만 한다. 부하들의 준비성은 부하들이 특정한 과업을 달성하기 위해 가지고 있는 능력과 자발성 의지를 말한다. 능력은 기술과 경험을 포함한 직무 준비성의 개념이며, 자발성은 신뢰, 몰입, 동기 부여 등과 같은 것을 포함하는 심리적인 준비성의 개념이다. 그림의 하단에서 보는 바와 같이 준비성의 연속선은 준비성이 가장 낮은 R1에서 준비성이 가장 높은 R4로 나눌 수 있다. 사분면

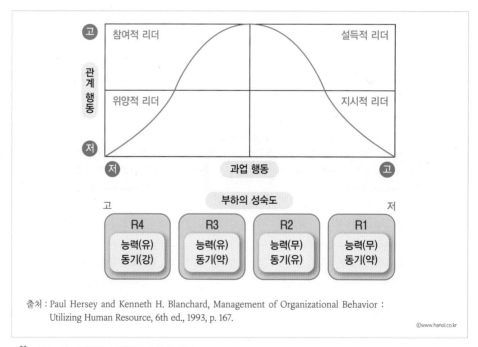

출처 : Paul Hersey and Kenneth H. Blanchard, Management of Organizational Behavior : Utilizing Human Resource, 6th ed., 1993, p. 167.

©www.hanol.co.kr

그림 8-14_ 허쉬와 블랜차드의 상황 이론

으로 나누어진 리더십 형태를 관통하고 있는 종형의 곡선은 주어진 준비성 상황에 적합한 리더십 스타일을 나타내 주고 있다.

① **지시형**(telling) : 지시형은 준비성이 가장 낮은 상황, 즉 부하들이 주어진 과업에 대한 책임을 질 능력도 없고 지려고 하는 의지도 없는 경우에 사용되는 유형이다. 지시형은 무엇을 어떻게 해야 하는가에 대하여 구체적인 지침을 부하 개인들에게 지시하는 유형이다.

② **설득형**(selling) : 설득은 준비성이 낮거나 중간 정도인 상황, 즉 부하들이 책임을 질 능력은 없으나 하려고 하거나 할 수 있다고 느끼고 있는 경우에 사용되는 유형이다. 설득형은 구체적인 지침을 제시하는 것이 목표지만, 개인의 열성과 의지에 대한 지원적인 면도 포함되어 있다.

③ **참가형**(participating) : 참가형은 준비성의 정도가 중간 정도인 상황, 즉 부하들이 책임을 질 능력은 있으나 일을 자발적으로 하려고 하지 않거나 할 가능성이 적을 때 사용되는 유형이다. 부하들이 일을 수행할 능력이 있고 지원적이며 참여적인 스타일이기 때문에 이런 경우에 리더가 상호적인 의사소통과 협동을 강조하는 것이 보다 효과적일 수 있다.

④ **위임형**(delegating) : 위임형은 준비성의 정도가 높은 상황, 즉 부하들의 능력이 탁월하고 적절한 책임을 지려고 하여 신뢰가 가는 경우에 사용되는 유형이다. 이런 유형에서는 지원과 지시가 거의 필요 없다. 따라서 위임형은 모범적인 스타일이다.

이러한 상황 이론을 적용하기 위하여 리더는 작업의 어떠한 영역에 영향을 미쳐야 하는지를 결정하고, 부하 개개인의 준비성의 정도를 평가한 후, 그러한 수준에 적절한 리더십 스타일을 선택해야 한다. 이 이론의 내면적인 의미는 리더는 지시형에서 위임형에 이르는 자신의 리더 스타일을 가능한 한 빨리 조절하여 부하들의 과업 관련 준비성을 높이도록 도와주어야 한다는 것이다. 이와 같은 상황 이론에 대한 포괄적인 테스트에 의하면 신입 사원이나 새로운 직무를 맞게 된 종업원에게 특히 잘 적용할 수 있었다. 이런 사람들은 지시형 스타일의 구조적인 리더십으로부터 가장 많은 도움을 얻을 수 있기 때문이다.

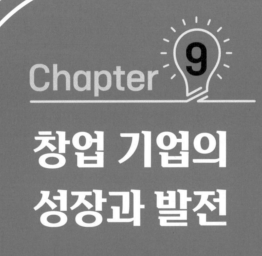

Chapter **9**

창업 기업의
성장과 발전

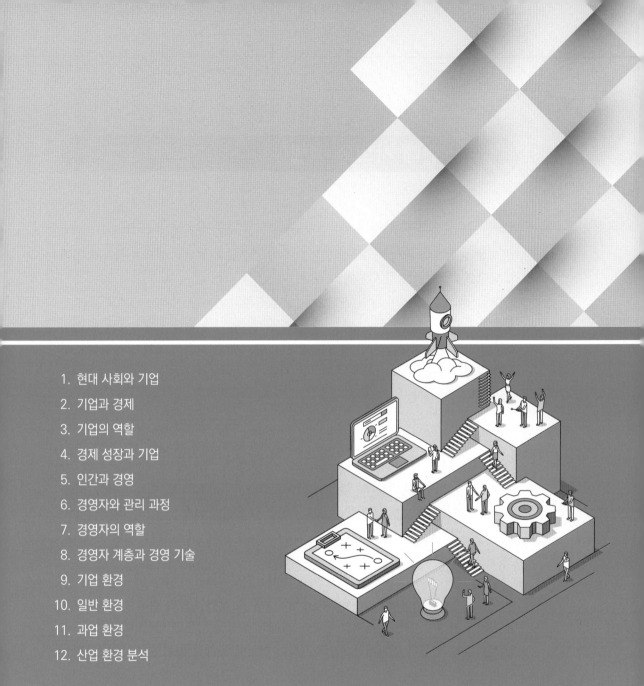

기업가 정신과 **창업**

1 현대 사회와 기업

기업(enterprise)은 영리를 목적으로 생산 활동을 하는 조직체이다. 가계가 본원적인 생산 주체인 데 비해 기업은 산업화 이후에 생성된 파생적인 경제 주체이며, 가계가 담당했던 생산 기능을 담당하고 있다.

현대 사회에는 기업이 많이 존재한다. 현대 사회의 기업은 사회가 필요로 하는 경제적인 재화와 용역(product and service)을 생산하며, 이를 위해 필요한 자원을 사회로부터 받아들여 변형과 처리 과정을 거친다. 따라서 한 사회의 재화와 용역의 안정적인 공급과 풍요는 그 사회에 존재하는 기업이 그 역할과 기능을 제대로 수행하고 있느냐에 달려 있다.

2 기업과 경제

인간은 여러 가지의 자원을 직접 이용하거나 변형하여 욕구 충족에 활용한다. 우리의 일상생활에 필요한 모든 재화와 용역은 인간의 자원에 대한 경제적인 활용에서 얻어진다. 자원에 대한 경제적인 활용은 시대와 장소를 막론한 인간의 가장 기초적인 행위이며, 인류가 존재하는 한 그 체제나 이념에 관계없이 필연적으로 존재하는 행위이다.

한 사회의 성장과 발전은 이러한 자원의 경제적인 활용이 얼마나 잘 이루어지느냐에 달려 있다고 해도 과언이 아니다. 자원의 경제적인 활용에 대한 과제는 다음과 같은 세 가지 문제로 요약된다.

첫째, 인간이 사용할 수 있는 자원은 유한하나 욕망은 무한하다. 그러므로 한정된 자원을 사용하여 어떤 재화와 용역을 생산할 것인가 하는 문제가 대두된다. 만약 자원이 무한하다면 그때그때의 필요에 의해 재화와 용역을 생산하면 될 것이다. 이런 경우에는 경제적인 문제가 제기되지 않는다. 그러나 인간이 사용할 수 있는 모든 자원은 한정적이다. 그러므로 주어진 자원을 최적으로 활용할 수 있는 재화와 용역을 생산해야 한다.

둘째, 재화와 용역의 생산 방식이다. 재화와 용역의 생산에는 여러 가지의 자원이 활용된다. 이러한 자원은 활용 방법에 따라 효과적일 수도 있고 그렇지 않을 수도 있다. 만약 비생산적인 방법으로 자원이 사용되어 낭비된다면 사회가 가지고 있는 자원으로부터 향유할 수 있는 효익과 사회적인 부가 감소하게 된다. 따라서 누가 어떠한 방법으로 생산하는가 하는 것이 자원의 경제적인 활용에 있어 또 하나의 문제가 된다.

셋째, 생산된 재화와 용역을 누구에게 분배하며 누가 소비하는가 하는 것이다.

사회 자원에 대한 경제적인 활용은 한 사회의 경제 체제에 따라 달라진다. 공산주의 사회에서는 이러한 문제가 정부에 의해 해결되고 자본주의 사회에서는 시장의 기능에 의해 해결되고 있다.

기업은 자본주의 사회에서 자원의 경제적인 활용 문제를 해결하는 시장의 한 당사자이다. 자본주의 사회에서는 기업이 주체적으로 생산할 재화와 용역을 결정하며 생산 방식도 결정한다. 생산된 재화와 용역의 분배와 소비는 기업과 소비자의 자율에 의해 결정된다.

3 기업의 역할

기업은 사회가 필요로 하는 재화와 서비스를 생산함으로써 사회의 생활 수준을 향상시키고 그 경제적 복지에 공헌한다. 뿐만 아니라 사회 구성원에게 취업의 기회를 제공하여 개인 욕구의 충족을 가능하게 하기도 한다.

기업의 역할은 경제적인 역할에만 그치는 것이 아니다. 기업은 운영 과정을 통하여 여러 가지 사회적인 만족을 창출하며 이를 구성원에게 배분하여 인간의 사회적 · 심리적 동기도 충족시켜 준다. 아울러 기술 혁신과 연구 개발을 통해 사회 구성원의 가치관과 행동, 나아가서 문화에도 영향을 미친다.

① 기업의 경제적 역할

자본주의 사회에서 경제적인 역할의 주된 담당자는 기업이다. 기업의 가장 고유한 역할은 경제적 역할이다. 현대 사회의 기업은 국내의 일반 소비자, 정부, 다른 기업 등이 필요로 하는 재화와 서비스를 생산ㆍ유통시키는 경제적 역할을 담당했다. 그러다가 점차 지구촌화되어 가는 기업 환경의 변화에 적응해 경제적 역할의 범위를 국제적으로 확대하고 있다.

구체적으로 기업이 수행하는 경제적인 역할은 첫째, 사회가 필요로 하는 재화와 서비스의 효율적인 생산이다. 이를 위해 기업은 비용보다 많은 수익을 창출해야 하며 경쟁 기업을 능가해야 한다. 둘째, 기업은 취업의 기회와 생활 기반을 제공한다. 기업은 노동 인구에게 직장을 제공하며, 이를 통해 그들이 생활 기반을 확충하는 데 필요한 소득 획득을 가능하게 한다. 셋째, 기업은 경제 재생산(economic reproduction)을 위한 이익을 창출한다. 우리가 살아가고 있는 사회의 성장과 발전을 위해서는 경제의 확대 재생산이 필요하며, 이러한 확대 재생산을 가능하게 하는 재투자는 기업이 창출한 이익에 의해 마련된다. 넷째, 기업은 경제적 성장과 발전의 견인차로서의 역할을 수행한다. 기업은 국민 경제를 이끌어 가는 주된 주체이다. 기업의 성장과 발전 없이 국민 경제의 발전은 기대할 수 없다. 국민 경제의 발전은 성공적인 기업의 운영에 의해 이루어지는 것이다.

② 기업의 사회적 역할

기업은 경제적 역할과 더불어 사회적으로도 중요한 역할을 수행한다. 기업은 사회가 필요로 하는 제품이나 서비스의 생산을 통하여 생활 수준을 향상시키고 사회 구성원의 경제적 복지를 증진시키는 한편, 공동 생활과 협동의 기회를 제공하여 개인의 사회적인 욕구와 자아실현 욕구를 충족시켜 준다. 또한 기업은 연구 개발을 통해 보다 나은 제품의 생산으로 문화적이고 창조적인 생활을 가능하게 한다.

기업은 생산을 전담하는 경제적 단위로 인간의 경제적 욕구만을 충족시켜 주는 것으로 그치는 것이 아니라 사회 생활에 있어서 하나의 중요한 단위가 되어 인간의 사회적 욕구를 충족시켜 주는 사회적 기관으로서의 역할을 수행한다. 이와 같이 기업이 사회에서 수행하는 역할, 또는 기능은 경제적인 측면뿐만 아니라 사회적, 심리적, 문화적 측면과도 깊은 관련을 가지고 있다.

4 경제 성장과 기업

경제가 성장한다는 것은 한편으로는 경제적 복지의 유지·향상을 위한 재화나 서비스의 생산이 늘어나고, 또 다른 한편으로는 이와 같은 재화나 서비스를 사용·소비

하거나 이를 향유할 수 있는 개인 소득이 늘어나 생활 수준이 향상되는 것이다. 우리는 한 국가와 사회의 경제 성장을 국민 총생산(GNP, Gross National Product)과 개인 소득(Personal Income)의 두 가지 지표에 의해 측정하고 있다. 국민 총생산이란 한 해 동안에 생산한 모든 완제품으로서의 재화나 서비스를 나타내는 것으로, 생산의 성장을 나타내는 지표이다. 국민 총생산의 성장은 다른 조건이 같다면 한 사회나 국가가 소비·향유할 수 있는 욕구 충족 수단이 증가하고 있다는 것을 나타낸다.

그러나 아무리 생산이 많이 이루어져서 경제가 성장했다고 하더라도 그것이 사회 구성원에게 효율적으로 분배되지 못해 효과적으로 소비 또는 향유될 수 없다면 경제적 복지의 향상은 불가능하다. 경제가 제대로 발전되려면 이러한 생산의 증가에 따라 재화나 서비스를 소비 또는 향유할 수 있는 개인 소득의 증대도 함께 이루어져야 한다.

기업은 경제 성장의 원동력인 생산의 증대에 기여하며, 사회 구성원들에게 생산품을 활용할 수 있는 기회를 제공한다. 경제의 성장은 이러한 생산과 소득의 증대에 의해 이루어지며, 기업은 이러한 경제 성장의 토대를 마련한다.

1 한국의 경제 성장

국제적으로 보기 드문 성공적인 산업화를 이룩한 한국의 경제 성장은 1960년대부터 시작되었다. 이때부터 자립 경제 달성을 목표로 한 경제 개발 계획에 따라 자원 개발과 사회 간접 자본, 기간산업의 발달이 이루어졌으며, 이를 바탕으로 1970년

대에 이르러 수출에 중점을 둔 정부 주도하의 압축적인 경제 성장을 이룩했다. 1980
년대 이후에는 대외 의존적이고 성장 위주의 경제 정책을 개선하여 국민 복지를 증
대시키기 위한 사회 개발 확대에 초점을 두었으며, 1990년대 들어서는 민간 주도의
안정과 복지를 위한 경제 정책과 더불어 대외 개방과 산업 구조 조정을 위한 기업의
세계화가 이루어졌다.

② 한국 기업의 성장 과정

한국에서 기업이라고 하는 공리적 조직체가 선을 보이기 시작한 것은 1800년대
말경이다. 초기 자본주의의 도입과 더불어 1890년대 초 민족 정신의 자극을 받아 설
립된 초창기의 기업들은 대부분 가족을 중심으로 하여 자본과 인력을 동원했으며,
이 시기에는 기업의 규모도 작고 경영의 기능도 전문화되지 않았기 때문에 주로 가
족 생활에서 연유한 전통적인 경영 방식이 지배적이었다.

그러나 한국 기업은 일본 제국주의의 침략으로 기업 형태가 제대로 갖추어지기도
전에 왜곡된 발전의 길을 걷게 된다. 해방 전 한국 기업의 성립 배경에는 민족 정신이
작용하기는 했지만, 대부분의 기업들이 일제의 식민지 정책에 따라 타율적으로 형성
되었다. 그들의 식민지 지배 목적은 공업 제품의 시장 확보, 원료나 생산 공급지의 확
보, 대륙 진출을 위한 경제적 · 군사적 기지의 육성에 있었기 때문에 그들의 경제 정
책은 한국의 민족 자본 형성에 도움을 주지 못했으며, 경영 기반의 허약을 초래했다.

해방과 더불어 시작된 사회 · 정치 · 경제의 혼란과 남북 분단은 경제의 자립 기반
을 약화시켰으며, 사회와 경제 안정을 위한 소비재 중심의 미국 경제 원조는 자립적
인 경제 기반을 훼손하는 결과를 초래했다. 더욱이 미군정의 시작과 더불어 시작된
일본인 소유 재산의 민간 불하 과정에서의 특혜와 정치 권력과의 관계는, 한국 기업
이 내부의 자본과 기술 축적에 의한 자주적인 성장에 노력하기보다는 경영 외적인
정격 유착에 더 많이 집착하게 하는 결과를 가져왔다.

한국 기업이 고도 성장의 기초를 마련한 것은 군사 정부에 의한 경제 성장 정책의
효과이다. 1962년부터 시작된 경제 개발 계획은 정부 주도하의 성장 정책으로, 이 시
기에 투자 재원 조달을 위한 해외 차관이 도입되었으며, 공업화를 지향하는 산업 구
조 정책으로 중화학 공업에 대한 집중적인 투자가 이루어졌다.

이러한 투자가 양적인 성장으로 나타난 것은 1970년대에 들어서이다. 연평균 10%

가 넘는 고도 성장이 이루어졌으며, 2차와 3차 산업의 비중이 높아지는 산업 구조 조정이 이루어졌다. 그러나 이 시기에도 정부의 지원과 특혜는 일부 대기업에 주어졌으며, 기업의 경영 방식은 아직도 전근대적인 방식을 벗어나지 못했다. 특히 저임금을 바탕으로 한 수출 주도 정책은 노동자의 위치와 권리 약화를 가져와 노사 관계 악화의 원인이 되었다.

1980년대에 들어 경제 성장 정책은 국가의 항구적인 안전과 국민 생활의 양적·질적 향상이라는 목표 아래 성장과 사회 개발의 동시 추구라는 기조를 채택했다. 그러나 한국의 경제와 기업은 1980년대 후반에 들어 정치의 민주화와 노동 운동의 확산으로 큰 어려움을 겪었다. 90년대 들어 본격화된 해외 시장 진출과 WTO 체제를 중심으로 한 국내 시장 개방 압력으로 국제 경쟁력 제고가 필요하게 되었다.

한국 기업은 1960년대부터 이루어지기 시작한 본격적인 산업화의 진전에 따라 기업의 규모가 급속히 확대되고 경영의 복잡성이 증대되었다. 직관과 경험에만 의존했던 경영 체제로부터, 과학적이고 전문적인 경영 체제로 전환해야 할 필요성이 있다. 특히, 경영의 합리성을 강조했던 몇몇 기업들은 그간의 전통적인 경영 방식으로부터 벗어나 선진 제국의 앞선 경영 방식을 도입하여 적용해 보려고 하는 데 상당한 노력을 경주했으며, 많은 기업들도 이러한 추세에 동조하게 되었다.

5. 인간과 경영

오늘날 인간의 생활에 필요한 대부분의 재화와 용역은 개인적인 노력의 산물이기보다는 집단이나 조직의 협동적인 노력의 산물이다. 과거에는 필요로 하는 대부분의 재화와 용역이 자급자족되었거나 소규모의 개인 기업가로부터 제공되었던 데 비해, 오늘날에는 거의 모든 재화와 용역이 대규모화된 조직체에 의하여 제공되고 있다. 일상생활의 필수품에서부터 병원의 의료 서비스에 이르기까지 조직체에 의해 제공되지 않는 것을 찾아보기가 힘들다. 이와 같이 오늘날에는 대규모 조직으로부터 재화와 용역을 제공받는 것이 하나의 보편적인 사회 현상이 되었다.

더욱이 이러한 조직은 점차 대규모화, 복잡화되고 있다. 이러한 조직이 성공적으로

운영되기 위해서는 체계적이고 합리적인 조정과 운영 메커니즘이 있어야 한다. 경영은 조직의 효율적인 운영을 위한 것이며 경영학은 그와 관련된 체계적인 지식이다. 재화를 창출하는 소규모의 기업에서부터 대규모의 다국적 기업 그리고 공공 서비스를 제공하는 병원과 학교를 비롯한 조직체에 이르기까지 경영과 경영학을 필요로 하지 않는 조직체는 없다.

① 인간과 조직

인간은 역사 이전부터 부족한 자원으로부터 개인적인 욕구와 사회적인 욕구를 충족시키려는 노력을 기울여 왔다. 인간의 이러한 노력은 때로는 개인의 힘으로 가능하기도 했지만 대부분 혼자의 노력으로는 불가능한 것이었다. 인간을 둘러싸고 있는 자연환경은 혼자서는 극복할 수 없는 위험스러운 것인데 비해, 인간의 욕구는 너무나 다양하고 복잡해 개인의 노력으로는 이러한 것 모두를 충족시킬 수 없었다.

인간이 외부 환경의 위험으로부터 자신을 보호하고, 나아가 여러 가지 욕구를 효과적으로 충족시키기 위해서는 개인의 노력을 통합하여 운영하는 집단적인 노력이 필요함을 알게 되었다. 이러한 집단적인 노력의 필요성으로 인간은 조직을 만들게 되었으며, 그 결과 여러 가지 목적을 가진 조직, 예를 들면, 정치적인 조직, 경제적인 조직, 사회적인 조직이 형성되었다.

② 조직과 경영 활동

조직의 규모가 커지고 성장·발달해 감에 따라 조직 내에는 많은 자원이 축적된다. 인적 자원인 노동력과 더불어 물적 자원인 자본과 정보, 원료와 재료들이 축적된다. 이러한 자원의 축적은 노동의 분업과 분화를 촉진하게 되며, 분화된 노동은 전체 조직의 목표를 달성하기 위한 노동의 조직화와 체계적 운영을 필요로 한다.

조직의 집단적인 노력이 보다 효율적으로 실행될 수 있도록 하기 위한 관리 활동, 혹은 경영 활동의 필요성이 생겨나게 되었다. 이러한 관리 활동은 실제로 조직의 목표를 달성하기 위한 과업 활동이 보다 적절하게 이루어지게 하기 위한 부가적인 활동으로, 기존의 노동과는 전혀 성격이 다른 노동이다. '그저 한다(doing)'는 것과는 다른 경영, 혹은 '관리(managing)한다'는 활동은 모든 형태의 협력 행위에 있어서 필수적인 활동이 되었다. 관리라는 행위는 조직화된 노력을 통해 인간의 욕구를 충족시키킨다는 목적을 위해 존재해 왔다. 관리는 조직화된 집단 내에 있는 사람들의 활동을 촉진하며, 목적 달성을 위해 사람들의 협력이 필요할 때 일어난다.

인간은 욕구 충족을 위해 조직을 만들었으며 조직은 그 목적 달성을 위해 체계적인 조정을 필요로 한다. 이러한 체계적인 조정을 관리 활동, 혹은 경영 현상이라고 부른다. 관리 활동인 경영 현상과 조직 그리고 인간과의 관계는 〈그림 9-1〉에서 보는 바와 같다.

〈그림 9-1〉에서 보는 바와 같이 자연 상태의 인간은 그 적대성과 자원의 희소성으로 인한 위험에 직면해 있다. 이러한 위험 상태를 벗어나기 위해 인간은 경제적인 풍요와 정치적인 안정, 사회적인 욕구를 추구하게 되었으며, 보다 효율적인 욕구의 달성을 위해 거대하고 복잡한 조직을 만들게 되었다. 조직은 관리의 필요성을 가져오게 되었는데, 관리라는 것은 결국 조직의 목적을 달성하기 위해 인간의 노력과 물적인 제자원을 효과적으로 획득·배분·활용하는 기능을 수행하는 활동이다.

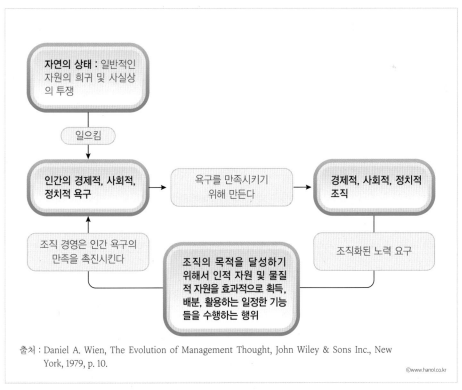

출처 : Daniel A. Wien, The Evolution of Management Thought, John Wiley & Sons Inc., New York, 1979, p. 10.

©www.hanol.co.kr

🌟 그림 9-1_ 인간과 조직 그리고 경영 활동

⑥ 경영자와 관리 과정

① 관리 과정의 의의

기업은 자원을 획득하여 재화와 용역을 생산하는 국민 경제를 구성하는 생산 주체이다. 즉, 인적 자원, 물적 자원, 자본과 정보를 획득하여 변형 과정을 거쳐 우리의 생활에 필요한 모든 재화와 용역을 생산하는 조직이다. 기업은 그 목적을 효율적으로 달성하도록 하기 위해 여러 가지의 활동을 수행한다. 또한 능력이 있는 인적 자원을 충원하고 충분한 자본을 조달하며, 환경으로부터의 제반 정보를 빠르고 신속하게 받아들이는 등 다른 기업보다 경쟁력 있는 재화와 용역을 생산하고 판매하기 위한 노력을 기울인다.

이러한 활동들이 성공적이기 위해서는 활동 자체도 중요하지만 이러한 활동들을 먼저 계획하고 사후적으로 통제하는 경영자의 역할이 필요하다. 기업 내 인간의 집단적인 노력을 보다 체계적이고 합리적으로 운영하기 위한 관리 활동이 필요한데, 경영자는 바로 이러한 기업의 제반 활동을 관리하는 담당자이다.

관리 활동은 조직의 제자원과 활동을 조정하는 활동이며, 경영자는 기본적으로 계획(plan)과 실행(do), 통제(see)라는 과정을 통하여 관리 활동을 수행한다. 경영자는 먼저 기업의 목적 달성을 위해 무엇을 어떻게 할 것인가에 대한 계획을 세우고 이러한 계획에 따라 기업을 운영하여 최종적으로 운영의 결과나 성과가 계획과 일치하도록 통제한다. 단순하게 말하면 성공적인 경영자는 이러한 관리 과정을 효율적으로 수행하는 역할을 담당하는 사람이며 경영자가 수행하는 과정을 관리 기능(managerial function)이라고 한다.

경영자가 수행하는 관리 기능, 혹은 관리 과정은 기본적으로 〈그림 9-2〉에서 보는 바와 같이 계획과 실행, 통제에 이르는 세 가지의 순환적인 과정으로 볼 수 있다. 연구자들에 따라서는 이러한 관리 과정을 보다 세분화하여 나타내기도 한다.

페이욜(H. Fayol)은 중요한 관리 과정을 계획, 조직, 훈련, 지휘, 조정으로 제시했으며, 굴릭(L. Gulick)은 계획, 조직, 충원, 지휘, 조정, 보고, 예산화로 제시하여 그 약자를 POSDCORB(planning, organizing, staffing, directing, coordinating, reporting, and budgeting)로 나타내었다.

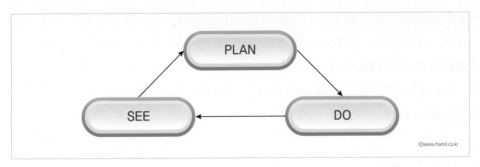

🔩 그림 9-2_ 기본적인 관리 과정

학자마다의 견해가 다소 다른 것은 관리 과정의 본질에 대한 이행의 차이에서 비롯된 것이라기보다는 관리 과정을 얼마나 세분화하는가에 대한 차이 때문이다. 용어의 차이를 제외한다면 관리 과정의 전반적인 내용에 대해서는 동의가 이루어져 있다.

이 책에서는 경영자가 수행하고 있는 관리 과정을 〈그림 9-3〉에서 보는 바와 같이 계획화, 조직화, 지휘, 통제의 네 과정으로 나누어 살펴보고자 한다.

먼저 계획화는 기업의 목표와 전략을 설정하는 과정이다. 조직화는 기업의 인적인 자원과 물적인 자원을 배정하고 조정하여 체계화하는 것이며, 지휘는 조직의 구성원

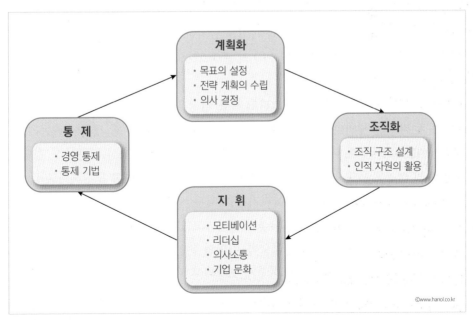

🔩 그림 9-3_ 관리 과정

들이 실제로 필요한 활동을 하도록 영향력을 행사하는 과정이다. 마지막 과정인 통제 과정은 구성원들의 활동과 그 결과가 목표와 일치하는지의 여부를 검토하여 수정 조치를 취하는 과정이다.

경영자가 수행하는 이러한 관리 과정은 순환적이다. 계획이 수립되면 조직화와 지휘, 통제 과정이 수행되며, 통제 과정은 다시 계획 수립 과정으로 이행된다. 이와 같이 끊임없는 관리 과정의 순환 활동을 통해 경영자는 기업을 성공으로 이끈다.

② 관리 과정

관리 과정은 앞에서 살펴본 바와 같이 네 가지의 기능으로 구성되어 있다. 모든 경영자는 이러한 네 가지의 기능을 수행하며 성공적인 경영자는 이러한 네 기능을 잘 이해하고 실행하는 경영자이다.

(1) 계획화

계획화는 조직의 목적을 설정하고, 어떻게 하면 그러한 목표를 잘 달성할 수 있을 것인가에 대한 의사 결정을 내리는 것을 말한다. 계획화는 미래의 활동에 대해 내리는 동태적인 의사 결정 과정이다. 또한 관리 과정의 출발이며 이후의 각 관리 과정은 계획화 과정을 통해 구체화된 목표와 목적을 달성하기 위해 이루어지는 수단적인 활동들이다. 따라서 계획이 잘못되면 이후의 관리 과정이 효과적으로 이루어지기를 기대하기는 어렵다.

기업은 목표 달성 자체를 위해 그리고 목표 달성을 위한 절차를 수립하기 위해서도 반드시 계획을 세워야 한다. 그렇기 때문에 경영자는 계획을 잘 세워야 하는데, 구체적인 이유로는 첫째, 기업 구성원의 노력을 조정해야 할 필요성 때문이다. 경영자는 기업의 성공적인 운영을 위해 조직 구성원의 노력을 통합하고 조정해야 한다. 이러한 통합과 조정이 원만히 이루어지기 위해서는 사전적인 계획이 필요하다. 만약 이러한 목표나 계획이 없다면 기업 내에 일어나고 있는 활동이 목표 지향적인 활동인지 그렇지 않은지를 평가할 수 없으며, 기업의 운영 상태가 바람직한지 그렇지 않은지를 알 수 없다. 아울러 무엇을 어떻게 조정해야 하는지를 알지 못하게 된다.

둘째, 계획은 조직 자원의 인식과 활용을 위해서도 필요하다. 조직은 성공적인 운영을 위해 조직의 자원을 경제적이고 효율적으로 활용해야 한다. 자원을 효율적으로

활용하기 위해서는 계획이 필수적이다. 치밀한 계획에 의해 자원의 사용량과 사용
방법을 최적화해야 한다. 자원을 계획적으로 분배하여 사용한다면 같은 자원을 가지
고 무계획적으로 사용하는 경우보다 훨씬 경제성이 있다.

셋째, 기업의 활동을 평가하고 수정 조치를 취하기 위해서도 필요하다. 경영자는
현재의 성과를 비판적으로 평가하여 목표와의 격차를 줄여야 한다. 계획이 없다면
현재의 조직 활동이 성공적으로 이루어지고 있는지 어떤지에 대한 평가가 불가능하
며, 평가가 불가능하면 아무런 수정 조치를 취할 수 없다. 즉, 현재의 성과에 대한 평
가를 위해 비교 대상으로서의 계획이 필요하며, 수정 조치를 취하게 되는 기준으로
서도 계획은 필요하다. 경영자가 세우는 계획은 〈그림 9-4〉에서 보는 바와 같이 계층
적 구조를 가지고 있으며, 단계적으로 수립된다.

계획의 수립은 세 단계의 과정을 거친다. 첫 번째 단계는 기업의 목표와 목적이 확
립되는 단계이다. 이 단계는 기업의 존재 이유와 관련된 것으로 주로 최고 경영자에
의해 이루어지는 사업의 영역에 대한 것이다. 계획의 둘째 단계는 전략 계획이 개발
되는 단계이다. 전략 계획은 기업의 목표 달성을 위한 수단으로 기업의 활동을 결정
하는 포괄적이고 일반적인 가이드라인 역할을 한다. 마지막 단계는 구체적이고 세부
적인 계획이 수립되는 단계이다.

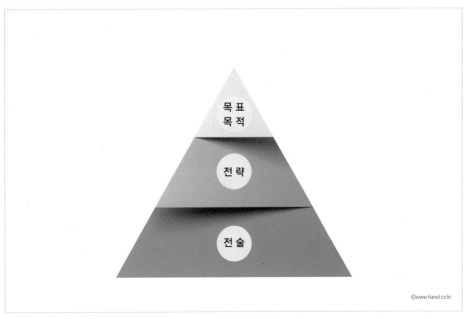

©www.hanol.co.kr

🛠 그림 9-4_ 계획의 계층적 구조

(2) 조직화

관리 과정의 두 번째 기능은 조직화이다. 경영자가 설정한 목표와 확립된 계획이 추상적인 것이라면 조직화는 추상적인 목표와 계획을 실천에 옮기는 과정이다. 조직화는 구성원의 활동과 자원을 효율적으로 사용할 수 있도록 하기 위해 논리적이고 체계적인 구조를 정립하는 과정이다.

조직화는 단계적으로 이루어진다. 첫째 단계는, 계획된 목표를 달성하기 위해 어떠한 활동과 자원이 필요한지를 파악하는 단계이다. 이 단계에서는 필요한 과업과 자원의 내용이 유형별로 세분화되며, 합리적인 관련성이 분석된다. 둘째 단계는 이러한 활동과 자원을 집단화시켜 부서화하는 단계이다. 이 단계의 결과로 조직 구조가 만들어지며, 조직 내의 모든 관계가 패턴화된다. 조직화의 셋째 단계는 구성원에게 권한과 책임을 부여하고 활동을 조정하는 단계이다.

조직화는 활동과 자원들 간의 안정적이고 지속적인 관계인 구조를 창조하는 것이다. 조직의 구성원들은 이러한 구조를 활용하여 보다 조직의 통일성을 유지하고 자원의 효율성을 얻을 수 있다. 기업의 성공은 기업 조직 내의 자원을 효과적이고 능률적으로 활용하는 것에 달려 있기 때문에 효과적으로 조직화가 이루어진다면 인적 자원과 물적 자원에 대한 효율적인 통제가 가능해져 기업이 보다 성공할 수 있다.

(3) 지 휘

관리 과정의 세 번째 기능은 지휘이다. 관리 과정에 따라 경영자가 계획을 세우고 구조를 만들어 인적 자원과 물적 자원을 체계화하고 나면 다음에는 누군가가 조직을 지휘하고 이끌어야 한다. 지휘는 다른 사람의 행위에 영향을 미치거나 결정하는 과정이다. 때로는 지휘가 영향을 미치는 과정이나 지시의 과정으로 불리기도 하는데 어느 것으로 불리든 지휘는 동기 부여, 리더십, 의사소통의 과정을 포함한다.

동기 부여는 목표를 추구하기 위해 노력하고자 하는 의지이다. 종업원에게 동기 부여한다는 것은 종업원이 일을 하도록 환경을 창조하는 것이다. 이러한 환경의 한 부분이 경영자에 의해 만들어진다.

리더십은 리더가 원하는 대로 다른 사람들이 행동하도록 영향을 미치는 것이다. 좋은 리더는 다른 사람으로부터 최선의 노력을 이끌어내는 사람이다. 지휘 과정에는 동기 부여와 리더십 과정과 더불어 의사소통 과정이 포함되어 있다. 의사소통은 사람들 사이에 일어나는 정보와 사고, 이해나 감정의 전달이다. 경영자는 하부의 작업자들에게 작업의 내용과 방법을 전달해야 하고, 상위의 경영자들에게는 담당 부서의 활동 내용과 성과를 전달해야 하며, 명령을 전달받아야 한다. 따라서 경영자가 하는 일의 상당 부분은 경영자의 의사와 정보를 전달하는 의사소통에 달려 있다.

(4) 통 제

관리 과정의 마지막 기능은 통제이다. 통제는 목표나 표준과 실제의 성과를 비교하고 필요한 교정 활동을 취하는 과정이다. 통제의 목적은 계획과 보다 일치되는 성과를 달성하고자 하는 것이다. 불만족스러운 결과에 대해 교정적인 활동이 취해지는 것이다. 이러한 통제 기능은 보통 세 가지의 단계를 거쳐서 수행된다.

첫째는 표준을 설정하는 단계이다. 계획상의 목표를 검토하여 그러한 목표를 나타내는 기준을 세우는 단계이다. 이는 보통 성과의 표준을 의미하는 것으로 목표 달성을 위한 하나의 지표로 활용된다. 예를 들어, 일정 가동률이나 생산성은 좋은 표준이 된다.

둘째 단계는 설정된 표준과 실제의 성과를 비교하는 단계이다. 이 단계에서는 기업에서 이루어진 결과는 물론 현재 이루어지고 있는 과정에 대한 평가와 측정이 이루어진다. 예를 들면, 제품의 품질을 위하여 적정 온도의 유지가 생명인 기업의 경우에는 최종 제품이 생산되기 전에 표준 온도를 설정하고 실제의 온도와 비교해야 하는 것이다.

통제의 마지막 단계는 교정과 수정 조치를 취하는 단계이다. 구성원의 행동과 성과가 설정한 기준에 미달하거나 초과하는 경우에는 일단의 수정 조치를 취해야만 한다. 이 단계에서는 우선 목표를 달성하기 위해 이루어졌던 활동에 대한 교정 조치가 취해진다. 잘못된 결과를 초래한 원인 행위에 대한 교정 활동이 이루어지는 것이다. 그러나 때에 따라서는 활동보다는 계획이나 목표 자체에 대한 수정이 요구되는 경우도 있을 수 있다. 급격한 환경의 변화로 인해 계획대로의 수행이 불가능하게 된 경우에는 원래의 계획을 과감하게 수정·변화시키는 것이 보다 바람직할 수도 있다.

③ 경영 계층과 관리 과정

　모든 경영자는 앞에서 살펴본 바와 같이 계획화, 조직화, 지휘, 통제의 관리 기능을 수행한다. 그러나 경영 계층에 따라서 각각의 관리 기능이 수행되는 정도는 다르다. 계획 기능은 비교적 높은 위치에 있는 조직의 경영자가 주로 수행하며, 지휘 기능과 통제 기능은 낮은 계층에서 주로 수행된다. 이와 같이 경영층은 상부에서 하부에 이르는 계층적인 구조를 가지고 있으며 이에 따라 관리 기능의 조합 상태가 다르게 나타난다.

(1) 경영 계층

　경영자는 일반적으로 〈그림 9-5〉에서 보는 바와 같이 최고 경영층과 중간 관리층, 하위 감독층의 피라미드 형태로 나타난다.

❶ 최고 경영층

　최고 경영층은 조직의 계층적인 구조에서 가장 상위에 위치한 경영층으로 기업의 전반적인 운영에 대한 책임을 지고 있다. 이들은 기업의 내외부 환경 여건을 분석하

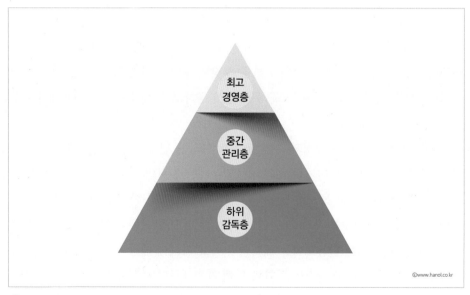

🛠 그림 9-5_ 계획의 계층적 구조

여 기회와 위험을 인식하며, 전략 목표를 설정하고 기업의 목적 달성을 위한 계획화, 조직화, 지휘, 통제 활동을 수행한다. 최고 경영층에는 대표 이사나 사장 혹은 부사장 등이 포함된다.

❷ 중간 관리층

중간 관리층은 하위 감독층과 최고 경영층의 중간에 위치하여 하위 감독층과 최고 경영층을 연결하는 역할을 담당하는 계층이다. 중간 관리층은 조직 내 각 부문의 운영에 대한 책임을 지고, 최고 경영층이 설정한 경영 목표와 전략이 원만히 수행될 수 있도록 하위 감독층에 대한 구체적인 계획과 행동 지침을 설정하는 계층이다. 중간 관리층에는 조직 각 부문의 책임자인 과장과 부장 등이 포함되며 실제적인 경영 관리에 대한 책임을 지고 있다.

❸ 하위 감독층

하위 감독층은 작업을 담당하는 근로자들의 작업을 조정하고 기업의 자원을 직접적으로 관리하는 계층이다. 하위 감독층은 근로자들의 활동을 직접적으로 통제하며 자원을 사용하여 재화와 용역을 생산하도록 하는 경영층이다.

하위 감독층은 종업원으로부터 여러 가지 보고를 받으며 중간 관리층과 최고 경영층의 계획과 운영 방침을 실행하는 경영층이다. 하위 감독층에는 직장과 반장, 계장 등이 있다.

(2) 경영층에 따른 관리 기능

기본적인 관리 기능은 모든 경영층이 동일하게 수행하지만 경영 계층에 따라 기능의 중요성이 서로 다르다. 이러한 차이는 결국 각 계층의 경영자가 수행하는 역할이 다르고 그 역할에 필요한 기술들이 서로 다르기 때문이다.

계획화, 조직화, 지휘, 통제의 기능이 얼마나 중요한가 하는 것은 경영 계층에 따라 다르다. 〈그림 9-6〉에 나타나 있는 바와 같이 계획 기능은 중간 관리층이나 하위 감독층보다는 최고 경영층에 있어 보다 중요한 기능이다. 이것은 최고 경영층이 기업의 전반적인 운영 방안에 책임을 지고 있으며, 이러한 책임은 계획에 대한 중요성을 인식하는 데서부터 출발하기 때문이다. 계획은 관리의 출발이며, 이러한 출발이 성공적이지 않고는 기업의 성공을 기대할 수 없다. 많은 최고 경영자들이 기업의 계획 기

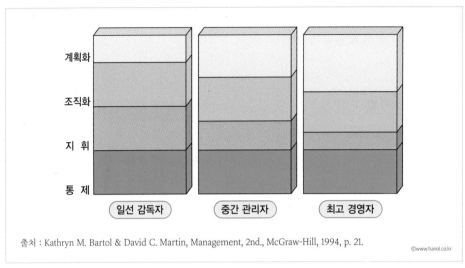

출처 : Kathryn M. Bartol & David C. Martin, Management, 2nd., McGraw-Hill, 1994, p. 21.

©www.hanol.co.kr

⚙ 그림 9-6_ 경영층에 따른 관리 기능의 중요성

능을 중요하게 담당하고 있는 것은 이러한 이유에서이다.

이와 마찬가지로 조직화는 일선 감독자보다는 중간 관리층이나 최고 경영층에게 있어서 보다 중요한 기능이다. 하위 감독자들도 자원을 배분하고 조정하는 데 다소의 책임이 있기는 하지만 이런 책임은 주로 중간 감독층이나 최고 경영층에 주어지기 때문이다.

이와는 대조적으로 지휘는 상위의 경영자들보다는 일선 감독자들에게 있어 보다 중요성이 부각되는 기능이다. 실행되고 있는 재화와 용역의 생산 과정을 책임지고 있는 사람이 일선 감독자들이며, 이들이야말로 지휘와 관련된 의사소통과 동기 부여, 각종 지원적인 활동을 실질적으로 수행하고 있기 때문이다.

마지막으로 통제 기능은 그 중요성이 세 계층의 경영자들에게 유사한 기능이다. 모든 경영층의 경영자들은 그들이 책임지고 있는 일의 종류에 관계없이 그들이 책임지고 있는 활동에 대한 적절한 감독과 교정 활동을 수행해야 한다.

7 경영자의 역할

경영자는 앞에서 서술한 기본적인 네 가지 관리 기능을 수행하면서 많은 다양한 역할을 수행한다. 여기에서 역할이란 조직화된 행동의 집합을 말한다. 민즈버그(H. Mintzberg)는 여러 형태의 경영자를 조사한 결과, 공통적으로 수행하는 역할을 10가지로 정리했다. 이러한 역할은 〈그림 9-7〉에서 보는 바와 같이 세 가지의 범주로 나누어 볼 수 있는데, 대인 역할과 정보 역할, 의사 결정 역할이 그것이다.

① 대인 역할

경영자는 조직의 대표자이다. 대표하는 조직 내부에서는 구성원들의 리더로서, 조직 외부에서는 섭외자로서의 역할을 수행한다. 경영자가 수행하는 구체적인 대인 역할(interpersonal role)에는 대표 역할(figurehead), 리더 역할(leader), 연결 역할(liaison role)이 있다.

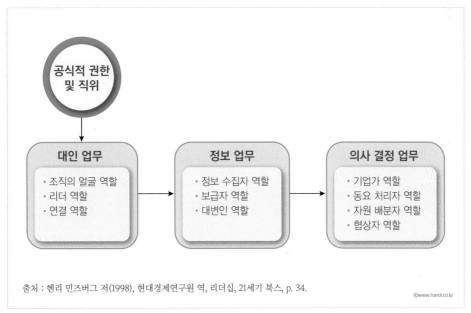

출처 : 헨리 민즈버그 저(1998), 현대경제연구원 역, 리더십, 21세기 북스, p. 34.

© www.hanol.co.kr

🔧 그림 9-7_ 경영자의 업무

② 정보 역할

경영자가 수행하는 두 번째의 중요한 역할은 정보 역할(information role)이다. 경영자는 의사 결정을 내리기 위해 정보를 탐색하여 수집하고 전달해야 한다. 경영자는 조직의 내부뿐만 아니라 외부로부터 정보를 받아들여 의사결정을 하는 한편, 정보가 필요한 곳에 전달한다. 경영자가 수행하는 정보 역할에는 정보 탐색자 역할(monitor), 정보 보급 역할(disseminator), 대변인 역할(spokesperson)이 있다.

③ 의사 결정 역할

경영자가 수행하는 세 번째의 역할은 의사 결정 역할(decisional role)이다. 의사 결정은 여러 가지의 선택 대안들 가운데서 하나를 선택하는 것으로, 기업의 자원 획득에 대한 의사 결정에서부터 제품과 시장의 선택에 이르기까지 모든 의사 결정을 내린다. 이러한 의사 결정의 결과로 기업의 성과가 좌우된다. 의사 결정 역할에는 기업가 역할(entrepreneur)과 문제 해결자 역할(disturbance handler), 자원 배분 역할(resource allocator), 중재 역할(negotiator)이 있다.

이상에서 살펴본 경영자의 역할은 〈표 9-1〉에 구체적으로 나타나 있다.

표 9-1_ 경영자의 역할

역 할		역 할 내 용
대인 역할	대표 역할	• 법적이고 사회적인 대표자의 역할
	리더 역할	• 부하들과의 관계를 형성하고 의사소통하며 동기 부여하고 지도하는 역할
	연결 역할	• 외부의 유관 기관과 외부 인사들과 네트워크를 유지하는 역할
정보 역할	정보 탐색자 역할	• 조직에 영향을 미치는 과제에 대한 내외부의 정보 수집 역할
	정보 보급 역할	• 내외부의 정보 원천으로부터 수집된 정보를 내부에 파급하는 역할
	대변인 역할	• 조직에 대한 정보를 외부인에게 전달하는 역할
의사 결정 역할	기업가 역할	• 변화와 혁신을 시작하고 설계하고 고무하는 역할
	문제 해결자 역할	• 조직의 어려움이나 예기치 못한 문제에 대한 해결과 조정 역할
	자원 분배 역할	• 조직의 모든 자원을 조직 내부에 분배하는 역할
	중재 역할	• 주요한 협상에서 조직을 대표하는 역할

출처 : H. Mintzberg, The Nature of Managerial Work, Harper & Row, NY., 1980.

8 경영자 계층과 경영 기술

경영자는 관리 과정과 경영자의 역할을 성공적으로 수행해야만 기업의 성과를 높일 수 있다. 경영자가 이러한 역할들을 성공적으로 수행하는가의 여부는 그들이 어떠한 능력을 가지고 있는가에 달려 있다. 유능한 자질을 가지고 있는 경영자만이 성공적인 기업을 만들 수 있다.

경영자는 보다 효과적인 기업 운영을 위하여 경영 기술(managerial skill)을 습득해야 한다. 경영 기술에는 전문적 기술, 인간관계 기술, 개념적 기술, 의사소통 기술이 있다. 전문적 기술은 업무와 관련된 기술을 의미하고, 인간관계 기술은 사람들과의 관계를 형성하고 유지하는 기술이며, 개념적 기술은 창의성과 새로운 대안을 탐색하는 기술이다. 의사소통 기술은 정보를 수집하고 파급시킬 수 있는 기술이다. 이와 같은 네 가지의 기술은 모든 경영자가 기본적으로 갖추어야 할 자질이며, 능력 있는 경영자란 결국 이러한 기술들을 갖춘 경영자이다.

① 전문적 기술

경영자가 우선적으로 갖추어야 할 지식은 전문적인 기술(technical skill)이다. 전문적인 기술은 두 가지로 나뉜다. 첫째는 기업의 핵심 기술과 관련된 지식이며, 둘째는 자신의 직무와 관련된 지식이다.

핵심 기술은 기업의 변환 과정과 관련된 지식으로, 유능한 경영자가 되기 위해서는 무엇보다도 먼저 자신의 기업이 기본적으로 하고 있는 변환 과정에서 사용되는 기술에 대한 지식을 갖추어야 한다. 예를 들어, 자동차 회사의 경영자는 비록 엔지니어가 아니라 할지라도 자동차의 주요 부품과 생산 과정, 성능에 대한 폭넓은 지식을 갖추어야 한다. 이와 같은 지식이 있음으로써 조직 구성원들의 업무를 조정하고 통제할 수 있기 때문이다.

기업이 하고 있는 전체적인 과업에 대한 지식이 없는 경영자는 결코 성공할 수 없다. 의사가 아닌 병원의 경영자는 비록 그가 의사가 아니라 하더라고 전문의에 버금가는 해박한 의료 지식을 가지고 있어야만 의사들과 간호원을 관리하여 병원을 성공적으로 경영할 수 있다.

둘째, 관리 업무 자체에 대한 전문적인 지식이다. 이는 관리 대상인 업무, 즉 자신이 담당하고 있는 직무와 관련된 지식이다. 예를 들면, 마케팅 담당 이사인 경우에는 시장 조사와 소비자 행동에 대한 전문적인 지식을 갖추어야 하며, 회계 담당 과장인 경우에는 회계사에 버금가는 전문 지식을 가지고 있어야 한다는 것이다.

전문적인 기술을 구성하는 두 가지의 지식은 유능한 경영자가 필수적으로 갖추어야 할 기초적인 요소이다.

② 인간적 기술

전문적인 기술과 더불어 경영자는 인간적인 기술(human skill)을 가져야 한다. 경영은 다른 사람을 통하여 무엇인가를 달성하는 것이다. 여기에서 알 수 있듯이 경영의 요체는 인간 관리이다. 유능한 경영자가 되기 위해서는 부하들이나 동료뿐만 아니라 상사로부터 자발적인 노력과 협조를 유도해 내며 그들과 인간적인 신뢰 관계를 유지해야 한다.

유능한 경영자는 부하들에게는 자신감과 성취감, 성장감을 가질 수 있도록 하며 그들이 능력을 최대로 발휘하도록 하는 것은 물론 그들의 능력을 개발할 수 있는 기회를 제공해야 한다. 그러기 위해서는 그들의 의견을 청취하고 고충을 이해할 수 있는 인내와 아량이 있어야 하며 부하들을 변화시킬 수 있는 혁신적 리더가 되어야 한다.

③ 개념적 기술

전문적인 기술과 인간적인 기술에 못지 않게 중요한 기술이 개념적인 기술(conceptual skill)이다. 개념적인 기술은 한마디로 문제에 대한 통찰력과 새로운 대안을 제시하는 능력이다. 이는 기업의 미래를 예측하고 능동적으로 대처할 수 있는 새로운 아이디어를 창출해 내는 기술이다. 이러한 개념적인 기술은 조직의 상위 계층 경영자일수록 더욱 요구된다.

기업 성공의 원동력은 창조력으로부터 나온다. 미래의 변화를 예측하지 못하는 경영자는 급변해 가는 오늘날의 기업 환경에 적합한 경영자가 될 수 없다. 끊임없이 환경을 탐색하여 새로운 아이디어를 창출할 수 있는 경영자만이 성공할 수 있다.

④ 의사소통 기술

경영자에게 필요한 네 번째 기술은 의사소통 기술(communication skill)이다. 의사소통은 다른 사람과 자신의 정보를 교환하는 과정이다. 의사소통을 통해 경영자는 자신의 아이디어를 외부에 전달하고 외부로부터 다른 사람들의 의견을 받아들인다.

경영자는 자기 시간의 80% 이상을 이러한 의사소통 과정에 소비하고 있다. 그러므로 효과적인 의사소통 기술을 발휘해야 할 필요가 있다. 효과적인 의사소통을 위해서는 의사소통에 사용되는 언어를 잘 활용해야 한다.

의사소통은 대개 세 가지의 언어를 통하여 이루어진다. 구어적 언어(verbal language)와 수리적 언어(mathematical language), 컴퓨터 언어(computer language)가 그것이다. 경영자가 이러한 언어들을 잘 이해하고 활용해야 함은 물론이다. 더욱이 지구촌화되어 가는 오늘날, 경영자는 두서너 개의 외국어는 물론 정보 기술을 활용하여 정보를 교환할 수 있는 능력을 갖추어야 한다.

언어와 더불어 경영자는 의사소통 과정에서 생길 수 있는 여러 가지 의사소통 방해 요인들을 제거해야 한다. 의사소통을 하는 사람과 받는 사람은 그 경험과 지식, 신분과 계층의 차이, 의사소통이 이루어지는 환경적인 요인으로 인해 불필요한 오해와 정보의 왜곡이 생겨날 수 있다. 그러므로 경영자는 세심한 주의를 기울여 의사소통할 필요가 있다.

이상과 같이 경영자는 보다 효과적인 기업 운영을 위해 전문적 기술, 인간관계 기술, 개념적 기술, 의사소통 기술을 갖추어야 하며, 이것은 모든 경영자에게 중요하다. 하지만 경영자의 계층에 따라 다소 상대적인 중요성은 달라진다. 최고 경영자에게는 무엇보다도 개념적인 기술이 가장 중요하며, 중간 관리층에는 인간관계 기술이, 하위 감독층에게는 전문적 기술이 보다 중요하다. 경영 계층과 관리 기술과의 관계는 〈그림 9-8〉에 정리되어 있다.

〈그림 9-8〉에서 보는 바와 같이 경영 계층이 상부로 올라감에 따라 개념적인 기술

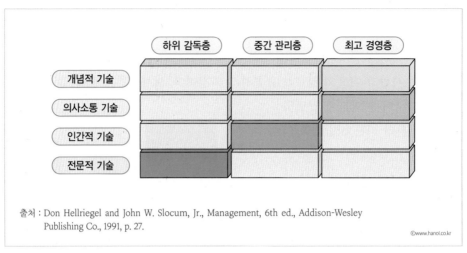

출처 : Don Hellriegel and John W. Slocum, Jr., Management, 6th ed., Addison-Wesley
Publishing Co., 1991, p. 27.

©www.hanol.co.kr

🌼 그림 9-8_ 관리 계층별 관리 기술의 상대적 중요성

의 중요성은 증대되는 반면에 전문적인 기술의 중요성은 줄어들게 된다. 따라서 상위 경영자가 될수록 환경 변화에 대한 지식과 창조적인 생각이 더욱 필요하다.

9 기업 환경

현대의 기업은 환경과 끊임없는 상호 작용을 하는 개방 시스템(open system)이다. 환경으로부터 원재료를 비롯한 투입을 받아들이며 변환 과정을 거쳐 만들어진 재화와 용역은 외부의 환경으로 내보내지게 되며, 그 평가와 결과는 피드백에 의해 다시 투입 과정에 반영된다. 기업이 외부 환경으로부터의 투입을 적절히 받아들이지 못하거나 산출이 외부 환경에 의해 수용되지 않는 경우에는 그 존속이 불가능해진다.

최근 기업을 둘러싼 외부 환경은 보다 복잡해질 뿐만 아니라 점점 동태적으로 변해가고 있다. 이러한 기업 환경의 급속한 변화로 기업의 내부적인 효율성보다는 외부 적응력을 중요시하게 되었으며, 기업은 생존을 위해 외부 환경의 변화에 적절히 적응해야만 한다. 환경의 중요성은 현대 경영학에서 기업과 환경의 관계에 대한 중요성을 부각시키는 계기가 되었다.

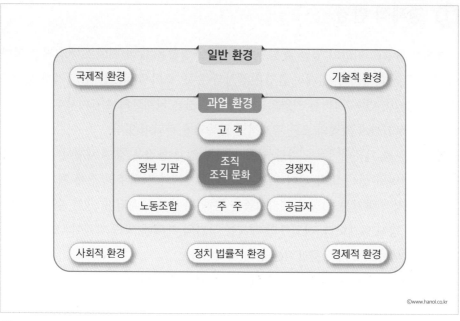

⚙ 그림 9-9_ 조직의 내외부 환경

　기업 환경은 기업이나 기업의 활동에 영향을 미치는 모든 요인을 의미한다. 그러
므로 기업의 환경을 구성하는 요소는 그 범위도 넓을 뿐만 아니라 수도 많다. 이러한
기업의 환경은 〈그림 9-9〉에서 보는 바와 같이 기업의 활동에 포괄적인 영향을 미치
는 일반 환경(general environment)과 직접적인 영향을 미치는 과업 환경(task environ-
ment)으로 나누어 볼 수 있다.

10 일반 환경

　일반 환경은 모든 기업에 공통적으로 영향을 미치는 환경이다. 일반 환경(general
environment)은 거시 환경(macro environment) 혹은 일차 환경(primary environ- ment)
으로 불리는, 기업에 포괄적인 영향을 미치는 환경이다. 이러한 환경은 경제, 사회,
정치, 법률, 기술 환경으로 나눌 수 있다.

① 경제적 환경

경제적 환경은 기업의 일반 환경 중에서 가장 영향을 많이 미치고 직접적인 영향을 주는 주된 환경이다. 경제적 환경은 생산과 유통, 소비에 이르는 모든 경제 시스템으로 구성되어 있다. 이러한 기업의 경제적인 환경은 원재료의 수급에서부터 제품의 판매에 이르기까지 기업의 모든 경제적인 활동과 연관되어 있다.

경제적 환경 가운데에서도 가장 기초가 되는 경제 환경은 경제 체제이다. 경제 체제는 잘 알려져 있는 바와 같이 자본주의 경제 체제와 사회주의 경제 체제가 있다. 자본주의 경제 체제는 시장의 메커니즘을 통해 자원이 분배되며, 생산 수단의 사유가 가능한 경제 체제이다. 사회주의 체제는 국가의 계획에 의해 자원이 배분되며 생산 수단이 생산자에 의해 공유되는 경제 체제이다.

과거에는 한 국가가 하나의 경제 체제만을 가지고 있었으나 금세기 말에 이르러서는 많은 국가들이 두 가지 경제 체제가 혼용된 경제 체제를 운용하게 되었다. 가장 자본주의적인 체제를 가지고 있었던 미국의 경우도 공동의 이익을 위해 자원의 배분을 완전히 시장 경제에 맡기기보다는 중재와 규칙을 통하여 규제하고 있으며 특정 분야에 있어서는 개인의 소유를 엄격히 통제하고 있다. 이러한 현상은 과거 사회주의 체제의 대표였던 구소련의 경우도 예외는 아니었다. 두 경제 체제의 조화와 혼합은 중국의 경우나 스웨덴, 프랑스, 헝가리 등에서도 볼 수 있다. 그러나 아직도 제3세계에서는 자본주의 모델과 사회주의 모델의 선택에 대한 투쟁이 끝나지 않고 있다.

경제 체제와 더불어 중요성을 가지고 있는 경제적 환경은 국가의 경제 정책이다. 정부가 성장 위주의 경제 정책을 펴거나 혹은 경기 과열을 염려하여 성장 억제 정책을 펴게 되면 기업은 여러 가지 면에서 영향을 받게 된다. 국가의 경제 정책인 재정 정책과 금융 정책은 정부의 재정 지출과 세제, 통화 공급의 조절로 나타나게 되며, 이러한 정책들은 결국 기업의 자금 수급과 투자 그리고 생산과 제품의 판매에 영향을 미친다. 뿐만 아니라 정부의 경제 정책은 국민들의 소비 의식과 소비 패턴의 변화를 초래하여 시장의 변화를 주도하게 되어 기업의 전략에 영향을 미치게 된다.

경제 운용의 결과로 나타난 거시적인 경제 변수 역시 기업 활동에 영향을 미치는 변수이다. 국민 총생산과 경제 성장률, 국민 소득과 소비 수준, 이자와 환율, 고용과 실업률, 노동 생산성과 노동 분배율 등과 같은 경제 지표들의 변화는 기업에 영향을 미치는 대표적인 경제 변수이다.

② 사회적 환경

기업의 활동에 영향을 미치는 중요한 환경 중의 하나로 사회적인 환경을 들 수 있다. 사회적인 환경은 경제적인 환경과는 달리 직접적이기보다는 간접적인 영향을 미치는 환경으로, 한 사회가 가지고 있는 사회적인 요소, 즉 문화와 가치관, 전통과 관습 등 사회적인 제도나 태도와 더불어 사회 내의 인구 통계학적인 제반 특성을 의미한다.

한 사회나 국가는 그 사회와 국가의 고유한 문화와 가치관을 가지고 있다. 문화는 한 집단의 구성원이 다른 집단의 구성원들과 달리 가지고 있는 공통적인 가치이며, 가치는 무엇이 바람직한가에 대한 개인의 신념이다. 이러한 문화와 가치관은 비교적 안정적인 개념으로 한 사회와 다른 사회를 구별짓는 중요한 요인이 된다.

경영자는 이러한 문화와 가치관을 이해함으로써 상황과 문제에 대한 또 다른 해결의 실마리를 얻을 수 있다. 오늘날의 세계는 지구촌이라 할 만큼 가까워져 있으며 기업의 국제화는 다른 국가나 문화권의 문화와 가치를 이해하는 것에서부터 출발해야 한다. 최근 문화에 대한 관심이 증대되고 지역에 대한 이해가 필요한 이유도 여기에 있다.

문화적인 요인과 더불어 인구 통계학적인 요인들 역시 기업에 영향을 미치는 하나의 사회적인 요인이다. 인구 분포와 남녀 비율, 출생률과 사망률, 경제 활동 인구의 비율과 노년층의 비율 등은 한편으로는 기업의 판매 정책에, 또 다른 한편으로는 기업의 인력 수급에 변화를 초래하는 요인이 된다.

③ 정치 법률적 환경

사회를 구성하는 개인과 집단은 가치와 신념의 차이나 이해의 차이 등으로 갈등과 마찰을 일으킬 수 있으며 이러한 갈등과 마찰을 해결하기 위한 제도적인 장치가 정치 법률 시스템이다.

정치 법률 시스템은 기업뿐만 아니라 기업 내의 구성원들이 따라야 할 법과 규범, 행동 규칙을 규정한다. 여기에는 소비자 문제나 제품과 관련된 규제와 종업원에 대한 규제, 환경 문제에 대한 규제, 정보 구매를 통한 규제, 자금 지원 등과 같은 정부 지원, 각종 인허가 등이 있다. 기업의 활동은 당연히 이러한 규정 속에서 이루어지게 되며, 규정의 변화에 따라 적응해 나가야 한다.

특히, 정부의 주도하에 고도 경제 성장이 이루어진 우리 나라의 경우에는 정치 법률적 환경이 기업에 미친 영향이 지대했다. 정부의 성장 정책에 따라 수립된 경제와 기술 개발 계획은 기업의 전략과 성공에 매우 중요한 요소로 작용해 왔다. 이와 같은 관 주도적인 경제 환경은 급속한 경제 사회 개발 과정에서 불가피한 것이었겠지만 한편으로는 정경 유착이라는 관행을 가져와 경쟁 원리를 무색하게 하는 결과를 초래했다.

최근 기업이 관심을 가져야 할 정치 · 법률적 환경은 점차 증대되고 있다. 예를 들면, 공정 거래, 소비자 보호, 환경 보호를 위한 기업 규제가 늘고 있으며 주민 단체나 소비자 단체, 시민 운동 단체 등 공공 이해 관계자들의 성장에 대한 요구가 늘어가고 있다. 따라서 기업은 이러한 정치 법률 환경의 변화에 능동적으로 적응하는 자세를 가져야 한다.

④ 기술적 환경

현대 자본주의의 원동력은 산업 혁명으로부터 시작된 기술 발전과 기술 혁신이다. 기술은 정보나 지식을 문제 해결에 적용하는 과학으로 정의할 수 있다. 기술은 문제 해결에 활용되지 않고 잠재된 인간의 인식적인 수준에서가 아니라 활용되는 실천적 지식이다.

시스템적인 입장에서 볼 때 조직은 환경에서 획득한 자원을 투입하여 산출로 변환시키는 시스템이다. 이러한 시스템에서 이루어지는 가장 핵심적인 일은 투입을 산출로 변환시키는 활동이다. 기술은 기업 조직의 변환 과정에 필요한 모든 지적인 체계를 의미한다. 따라서 기술은 〈그림 9-10〉에서 보는 바와 같이 변환 과정에 사용되는 기계와 장비 같은 유형적인 하드웨어(hardware)는 물론이거니와 지식이나 방법과 같은 소프트웨어(software) 그리고 이러한 두 가지에 대한 활용 능력인 브레인웨어(brainware)를 포함한다.

기술적인 환경은 일국 또는 한 산업의 기술 수준이나 상태를 말한다. 기술적 환경은 일반 환경 가운데서 가장 가시적인 환경이며, 구체적인 영향을 미칠 수 있는 환경이다. 기술 환경은 연구 개발에 의하여 변화되어 보다 새로운 기술로 진보하거나 발전하게 된다. 최근에는 기존 기술의 한계를 넘어서는 획기적인 기술의 진보가 이루어지는 기술 혁신이 보편화되고 있다. 따라서 경영자는 이러한 기술 혁신에 주의를 기울일 필요가 있다.

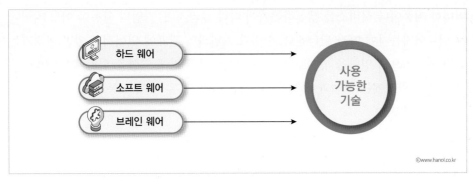

🛠 그림 9-10_ 사용 가능한 기술 요소

현대 기업에 영향을 미치는 주요 부문의 기술 변화는 다음과 같다.

① 교통 기관과 수송
② 에너지의 사용
③ 생명의 연장과 보호
④ 물질 특성의 변경과 새로운 물질의 발견
⑤ 인간의 지각력 향상
⑥ 육체적 활동의 기계화
⑦ 정신적 활동의 기계화

이와 같은 기술 혁신은 기업의 생산 원료나 생산 공정 혹은 생산 방법, 유통에 이르는 모든 과정에 영향을 미치며, 새로운 제품과 시장의 출현을 가능하게 한다.

11 과업 환경

일반 환경이 상대적으로 간접적인 영향을 미치는 반면에 과업 환경은 기업의 성장과 생존에 직접적인 영향을 미치는 환경 요소이다. 과업 환경은 한 기업의 성장, 성공 및 생존에 직접적인 영향을 미치는 환경으로 특수 환경이라고도 한다. 또한 기업이

어떠한 제품이나 서비스를 생산하는가에 따라 달라지며, 기업의 활동이 어느 지역에서 이루어지는가에 따라 달라진다. 환경과 기업과의 관계에 있어서도 일반 환경과는 달리 일방적으로 영향을 받기보다는 기업이 과업 환경에 영향을 미칠 수도 있다. 주요한 과업 환경에는 고객과 경쟁자, 공급자, 주주, 정부 기관, 노동조합, 기타의 압력 단체들이 있다.

① 고 객

고객은 기업의 제품과 서비스를 구매하는 개인과 조직이다. 현대의 기업들은 고객의 중요성을 인식하고 고객의 욕구를 충족시키기 위해 노력하고 있다. 고객의 중요성은 시장의 변화에서 비롯되었다. 과거 시장은 제품의 생산자인 판매자 중심 시장(seller's market)이었으나 경쟁의 가속과 더불어 이제 시장은 소비자인 구매자 중심 시장(buyer's market)으로 변화했다.

이제 고객인 제품의 소비자들은 조직화된 행동을 통해 사회 운동과 정치적 과정에 참여함으로써 기업에 대한 영향력을 증대시키고 있다. 이러한 현상은 자본주의 사회가 발전하고 소비가 보다 고도화되어 감에 따라 더욱 보편화될 것이다.

소비자들이 가지고 있는 욕구와 라이프스타일은 기업에 영향을 미치는 또 하나의 중요한 요인이 된다. 과거와 같이 소비자들의 욕구와 라이프스타일이 일률적이지 않고 다양화되었으며 안정적인 것이 아니라 항상 변화하는 과정에 있다. 이러한 소비자들의 권익을 지키고자 하는 소비자 주의(consumerism)에 입각한 소비자 운동의 활성화와 소비자들의 라이프스타일의 변화는 기업에 직접적인 영향을 미치는 과업 환경이다.

② 경쟁자

경쟁자는 유사하거나 동일한 제품을 생산하는, 혹은 그런 잠재력을 가지고 있는 경쟁업체이다. 경쟁 기업은 동일한 시장을 대상으로 유사한 제품을 생산·판매할 뿐만 아니라 원료의 수급이나 유통에도 경쟁적인 관계를 가지고 있다.

대부분의 기업은 적어도 하나 이상의 경쟁 기업과 경쟁하고 있으며, 최근에는 국경이 없을 정도로 기업의 경쟁 무대가 넓어지고 경쟁이 치열하게 되었다. 기업의 국제경쟁력이 중요시되는 것도 이러한 연유에서다.

경쟁에서 살아남기 위해서 기업은 잘 알려진 경쟁자들의 기업 활동을 분석해야 할 뿐만 아니라 잠재적인 경쟁자들의 동향에도 관심을 가져야 한다. 기업의 경영자는 경쟁 기업의 전략과 제품 가격, 품질, 서비스, 기술, 임금 등의 제반 활동에 대해 끊임없이 추적해야 한다.

③ 공급자

공급자는 기업의 제품 생산과 운영에 필요한 원재료와 중간재, 기타 서비스와 자원을 제공하는 조직이나 개인이다. 공급업자들의 자원 공급 능력과 안정성 및 가격은 기업의 원가와 가격 안정성에 직접적으로 영향을 미친다. 공급업자들은 물질적인 자원과 더불어 비물질적인 자원인 정보와 종업원, 자금 등을 제공한다. 공급업자는 그들이 제공하는 자원에 따라 납품업자, 주주, 채권자, 노동자, 서비스 업자 등으로 구분된다.

전통적으로는 공급업자에 대한 의존성을 줄이기 위해 되도록이면 다수의 공급업자를 가지는 것이 선호되어 왔다. 그러나 격심해져 가는 기업의 국제 경쟁은 이러한 관점을 변화시키고 있다. 기업들은 그들이 다루어야 할 공급업자의 수를 줄이고 공급업자들과의 이러저러한 협상을 축소함으로써 보다 쉽게 비용을 감소시킬 수 있음을 알게 되었다. 1980년에 제록스는 5,000개에 달하는 세계의 부품업체들로부터 부품과 중간 부품을 받아들였다. 그러나 그 이후 부품을 제공하는 공급자 수를 줄여감으로써 더 낮은 가격으로 보다 높은 품질을 유지할 수 있었으며, 공급업자들과 보다 협조적인 관계를 유지할 수 있게 되었다.

공급자가 필요한 시점에 제품을 인도하지 못하거나 자재의 부족을 경험하거나

중도에 사업을 그만두게 되면 그동안 공급업자들로부터 납품을 받아오던 기업체도 타격을 받게 되는 것은 당연한 일이다. 그러므로 공급업자들의 건전한 성장과 발전에 도움이 되는 기업이 되어야 한다. 공급업자들과의 좋은 관계는 눈에 보이지는 않지만 기업의 큰 자산이라 할 수 있다.

④ 정부 기관

과업 환경으로써의 정부 기관은 기업과 직접적인 관계를 가지는 구체적인 정부 기관이다. 정부의 각종 기관은 기업의 운영과 활동에 대하여 통제와 감시, 지원 활동을 수행하고 있다. 정부의 각종 기관이 기업의 활동에 대해 관심을 가지는 것은 기업의 제품과 고용, 기업 윤리 등이 국민의 생활과 불가분의 관계에 있으며, 기업의 성장과 발전이 국가와 국민의 경제적 지위는 물론 정치 사회의 발전과도 밀접히 연관되어 있기 때문이다.

⑤ 주 주

주주는 기업의 주식을 소유한 개인이나 법인이다. 주주들은 주식 수에 비례하여 기업의 의사 결정에 영향을 미치며 이사회를 구성하여 의사 결정을 집행한다. 이렇게 보면 기업의 전략이나 모든 활동에 대한 의사 결정은 결국 주주들의 의사가 반영된 것이라고 할 수 있다.

그러나 실제 자본주의 사회가 발달해감에 따라 일반 주주들은 기업의 경영에 참여하기 위한 목적보다는 기업의 주식 소유를 통해 배당과 주가 상승에 따른 재무적인 이익을 얻으려는 목적을 가지게 된다. 이에 따라 기업의 소유와 경영은 점차로 분리되는데, 이것을 요유 제도라고 한다.

소유와 경영이 분리되어 있기는 하지만 기업이 주주로부터 받는 영향력은 때로는 거의 절대적이기도 하다. 특히, 우리나라와 같이 자본의 분산이 덜 되어 있어 소수의 자본가가 과다한 주식을 소유하고 있는 경우에는 더욱 그러하다. 뿐만 아니라 증권화된 주식의 매매가 이루어지는 증권 시장에서 행하는 주주들의 의사 결정은 기업의 활동에 영향을 미치는 요인이 된다.

⑥ 노동 조합

노동 조합은 설립 초기에는 단순히 근로자들의 생활을 유지·개선하기 위해 조직된 근로자들의 단체였다. 그러나 사회의 발달에 따라 초기의 목적이었던 근로자들의 생활 조건 개선에서 한걸음 더 나가서 근로자들의 경제적이고 사회적인 이익, 정치적 이익을 육성, 보호, 증진하기에 이르렀다. 이제 노동조합은 근로자들의 사회적 참여와 경영 참가, 근로자들의 QWL(Quality of Working Life, 작업 생활의 질)의 향상에 이르기까지 그 영역을 확장하기에 이르게 되었다.

노동조합은 개별 기업 차원에 있어 단체 교섭을 통해 근로자들의 근로 조건을 통일적으로 형성하여 근로자들의 제반 요구 사항을 경영층에 반영하고자 노력하며, 기업 경영의 제반 분야를 감시 통제하여 경영층에 영향을 미친다. 또 노동조합은 국가나 산업, 기업 차원에 따라 다르기는 하지만 경영 참가 제도를 통해 기업의 경영 방침이나 경영 관리상의 문제에 자신들의 의견을 제안하며 기업의 자본과 경영 의사 결정 과정에 참여하고자 노력한다.

1980년대 후반부터 극심한 노사 분규를 겪은 우리나라의 기업은, 노동조합에 대한 배타적이고 수동적인 자세가 기업의 성장에 큰 어려움을 가져온다는 사실을 경험한 바 있다. 그러므로 노동조합은 기업 경영의 한 축으로서 기업의 운영과 활동에 도움을 줄 수 있도록 육성 · 발전될 필요가 있다.

⑦ 기타 사회단체

기업에 영향을 미치는 과업 환경은 이 외에도 다양하다. 기업을 둘러싸고 있는 지역 사회가 그러하고, 유능한 인재를 배출하여 기업에 노동력을 제공하는 대학을 비롯한 각종 교육 기관이 그러하다. 또한 환경 문제에 대한 관심과 더불어 결성된 각종 환경 감시 기구들도 기업과 직접적인 관계를 가지고 있는 과업 환경의 구성원들이다.

기업은 환경으로부터 유리된 진공 속의 실체가 아니라 환경으로부터 끊임없이 에너지를 받아들이고 산출을 제고하는 개방 시스템이다. 따라서 기업을 둘러싸고 있는 환경에 대한 정확한 이해와 분석이 기업의 성공과 발전을 위한 기초가 된다. 그러므로 환경에 대한 무지로부터 벗어나는 경영자가 되어야 한다.

12 산업 환경 분석

    산업이란 서로서로 대체 가능한 제품을 만들어 내는 기업의 집단을 말한다. 대체 가능한 제품이라는 것은 재화와 용역이 충족시키는 고객의 기본적인 욕구가 유사한 제품을 말한다. 예를 들면, 금속과 플라스틱은 자동차 차체의 재료로 같이 쓰일 수 있기 때문에 가까운 대체물이 된다. 서로 다른 생산 기술을 사용하고 있음에도 금속 차체를 생산하는 자동차 부품 회사는 플라스틱 차체를 만들어 내는 회사와 유사한 기간 산업에 속해 있는 것이다. 그들은 자동차 차체라는 부속품을 만들어 서로 유사한 고객의 욕구에 봉사하고 있다. 전략 경영자는 전략을 형성하기 위해 이러한 산업 환경 내 경쟁의 정도를 먼저 분석해야 한다.

    포터(Michael E. Porter)는 산업의 경쟁도가 〈그림 9-11〉에서 제시된 바와 같이 다섯 가지의 요인에 의해 결정되고 있다고 주장하고 있다. 그가 제시한 산업의 경쟁도를 결정하는 요인은 〈그림 9-11〉에서 보다시피 새로운 경쟁자의 시장 진입, 기존 경쟁업체, 고객의 교섭력, 공급자의 교섭력, 재화의 대체 가능성이다. 그에 의하면 이러한 여러 힘이 강해질수록 해당 기업은 가격을 인상하기도, 이윤을 획득하기도 어려워진

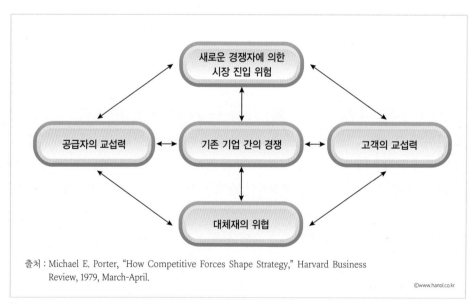

출처 : Michael E. Porter, "How Competitive Forces Shape Strategy," Harvard Business Review, 1979, March-April.

©www.hanol.co.kr

그림 9-11_ 포터의 산업 경쟁도 구성 요인

다. 따라서 그의 산업 경쟁도에 대한 이러한 프레임워크에 의하면 강력한 경쟁도는 기업의 위협으로, 경쟁도가 낮은 것은 기회로 간주된다.

산업의 경쟁도를 구성하는 이러한 요인들이 경쟁도에 미치는 영향력은 시간이 지남에 따라 변해가며, 기업은 이러한 요인들에 대해 직접적인 통제를 할 수 없다. 그러므로 전략 경영자는 산업의 경쟁도를 결정짓는 요인의 변화에서 오는 여러 가지 기회와 위협을 인식하고 적절한 전략을 형성해야 한다.

① 새로운 경쟁자의 시장 진입

산업 경쟁도에 영향을 미치는 요인으로 새로운 경쟁자의 시장 진입 가능성을 들 수 있다. 이러한 경쟁자는 현재는 이 산업에 들어와 있지는 않지만 가능성을 가지고 있는 잠재적인 경쟁자이다.

잠재적 경쟁자의 시장 진입을 어렵게 만드는 요인은 산업의 진입 장벽(entry barrier)이다. 진입 장벽은 어떤 산업에서 사업을 시작하고자 할 때 들어가게 되는 비용의 개념이다. 잠재적인 경쟁자가 부담해야 할 비용이 많을수록 진입 장벽은 그만큼 높다. 산업의 진입 장벽이 높으면 산업의 수익성이 높다고 하더라도 잠재적인 경쟁자가 그 산업에 쉽게 뛰어들 수는 없다. 베인(Joe S. Bain)은 산업의 진입 장벽이 형성되는 주요 원천으로 브랜드 로열티, 낮은 원가, 규모의 경제를 들고 있다.

② 기존 경쟁업체

포터의 산업 경쟁도 결정 모형의 두 번째 요인은 기존 업체들 간의 경쟁이다. 산업 내 기업 간의 경쟁 정도가 낮다면 기업은 가격을 올리고 이익을 보다 많이 얻을 수 있다. 그러나 경쟁이 심하다면 판매 수익으로부터 얻어지는 이윤의 폭이 감소하게 되어 수익성이 낮아지게 된다. 한 산업 내의 기존 기업 간의 경쟁도에 영향을 미치는 요인으로는 산업 내의 경쟁 구조와 수요 여건, 퇴출 장벽(exit barrier)을 들 수 있다.

● **산업 내의 경쟁 구조** : 산업 내 기업의 수와 규모 분포로 많은 수의 소규모 중소기업으로 구성되어 지배적인 기업이 없는 경우와, 소수의 대규모 기업에 의한 지배가 있는 경우(fragmented or consolidated)로 나누어진다. 보통 많은 수의 소규모 기

업으로 구성된 산업이 보다 경쟁이 심하고 이윤이 낮다.

❷ **수요 여건** : 산업 내의 수요가 어떻게 변하는가 하는 것이 기업 간의 경쟁에 영향을 미친다. 일반적으로 수요의 성장은 확장의 기회를 제공해 주기 때문에 경쟁을 완화시킨다.

❸ **산업 내의 퇴출 장벽** : 퇴출 장벽은 진입 장벽과는 달리 사업을 그만두고자 할 때 발생하는 비용의 개념이다. 즉, 퇴출 장벽은 이윤이 낮다 하더라도 그 산업에서 기업 활동을 계속하게 만드는 경제적, 전략적, 감성적인 비용을 말한다. 비용이 높을수록 당해 산업에서 쉽게 철수할 수 없다. 만약 퇴출 장벽이 높다면 기업은 산업이 유리하지 않더라도 사업을 그만둘 수 없으며, 이 결과 생산 과잉에 의한 심한 가격 경쟁에 휩싸이게 된다. 퇴출 장벽은 특히 산업의 성장이 둔화되고 있을 때보다 심각한 위협이 된다.

퇴출 장벽이 생기는 원인은 공장이나 장비에 대한 투자, 퇴출 시에 발생하는 고정비, 퇴출 시 지급되는 임금, 최초의 산업에 머물려는 감정적인 요인, 사업 단위 사이의 경제적 관계(한 부분의 생산이 다른 계열 기업의 투입이 되는 경우), 경제적 의존성(다각화되지 않아 하나의 산업에 수익을 의존하는 경우) 등이다.

③ 고객의 교섭력

포터 모형의 세 번째는 고객의 교섭력이다. 고객의 교섭력은 고객의 힘이다. 만약, 고객이 제품 가격의 인하나 보다 나은 품질 혹은 보다 나은 서비스를 요구하게 되면 기업에게는 위협이 된다. 반면에 고객의 입장이 약화되면 가격을 올릴 수 있고 보다 나은 수익을 얻을 수 있다. 고객이 기업에 대하여 이러저러한 요구를 할 수 있느냐의 여부는 기업과 고객의 상대적인 힘에 의해 결정된다.

포터에 의하면 고객의 교섭력이 강해지는 경우는 공급 산업이 많은 수의 회사로 구성되어 있고 구매자 수가 작고 규모가 클 때, 고객이 많이 구매하며 그것이 공급 산업에서 차지하는 부분이 클 때, 고객이 적은 비용으로 공급업체를 바꿀 수 있고 여러 회사로부터 구매하는 것이 경제적으로 가능할 때, 고객이 후방 통합을 통하여 그들의 원료를 생산하거나 고객이 제품 공급자를 구매해 버리겠다는 위협을 할 수 있을 때 등이다.

고객의 교섭력이 큰 경우를 예로 들어보면 자동차 부품 생산업체를 들 수 있다. 이 산업의 고객은 자동차 제조 회사이며 이 산업에 속한 부품 제조 회사는 소규모이고 많은 수로 구성되어 있다. 이 경우 자동차 부품 회사는 부품을 구입하는 고객인 자동차 제조 회사의 여러 가지 요구 조건을 들어주지 않을 수 없는 입장에 놓이게 된다.

④ 공급자의 교섭력

네 번째 요인은 공급자의 교섭력이다. 공급자의 교섭력은 고객의 교섭력과는 입장이 뒤바뀐 개념이다. 즉, 원재료나 부품을 제공하는 공급업자가 가격을 상승시키거나 공급되는 제품의 품질을 떨어뜨린다는 의사 결정을 할 수 있는 힘이 공급자의 교섭력이며, 공급자의 교섭력이 커질수록 기업에게는 위협이 된다.

공급자의 교섭력이 커질 때는, 공급자가 가격의 상승과 품질의 저하를 단행할 수 있는 능력을 가져 공급자의 제품이 중요함에도 공급자의 제품에 대한 대체물이 거의 없고 제품의 차별화가 이루어져 있어 기업이 공급자를 바꾸는 데 많은 비용이 들 때, 공급업자가 전방 통합을 통해 제조 공장을 구매하려고 할 때, 부품을 공급받는 기업이 후방 통합을 통하여 공급자의 산업에 진출하거나 자체적으로 공급을 조달하겠다는 위협을 할 수 없을 때 등이다.

공급자의 교섭력이 큰 경우의 예로, 1980년대 이전의 항공 회사를 들 수 있다. 항공 회사의 공급업체는 노동조합과 비행사, 정비사 등으로 구성되며, 이들의 교섭력은 항공 회사의 그것보다 컸다. 항공 회사는 스트라이크가 가져올 파급 효과와 비노조원을 고용할 수 없는 인력 대체의 어려움 등으로 높은 원가 부담에 놓이게 되었으며, 항공 회사가 파산을 무기로 노무비를 50% 절감하게 될 때까지 많은 항공 회사가 파산하게 되었다. 이와 같이 공급자의 교섭력이 커질수록 산업의 경쟁도는 심화되어 수익성이 감소하게 된다.

⑤ 대체재

포터의 산업 경쟁도 모형의 마지막 요인은 대체재이다. 대체재는 기업의 제품이 충족시켜 주고 있는 고객의 욕구와 유사한 욕구를 충족시켜 주는 제품들이다. 예를 들면, 커피 산업에 속한 기업들은 홍차나 기타 소프트 드링크류의 제품을 생산하는 기

업과 직접적인 경쟁을 하게 되는데, 이런 산업들은 대체물이 될 수 있는 제품이다. 따라서 커피의 가격은 대체재인 홍차나 소프트 드링크의 존재 여하에 따라 달라진다. 상대적으로 커피의 가격이 상승하면 커피 소비자들은 다른 대체물을 찾게 된다. 이러한 현상은 추운 기후로 브라질의 커피 생산량이 급격히 감소되었던 1975년과 1976년에 나타났다. 이때 커피의 가격이 기록적으로 높아지자 많은 소비자는 홍차를 비롯한 다른 대체물을 소비했다.

유사한 대체재는 제품의 가격과 기업의 수익성을 제한하는 강력하고 위협적인 존재이다. 그러나 기업 제품의 유사한 대체재가 거의 없다면 다른 조건이 모두 같다고 할 때 제품의 가격과 추가적인 이익을 얻을 수 있다. 상호 대체물이 될 수 있는 것으로는 비행기와 버스, 컴퓨터와 인쇄, 전자 우편과 편지, 인간적인 감독과 전자 장치에 의한 감시 등을 들 수 있다.

기업가 정신과 **창업**

Chapter **10**

창업 마케팅

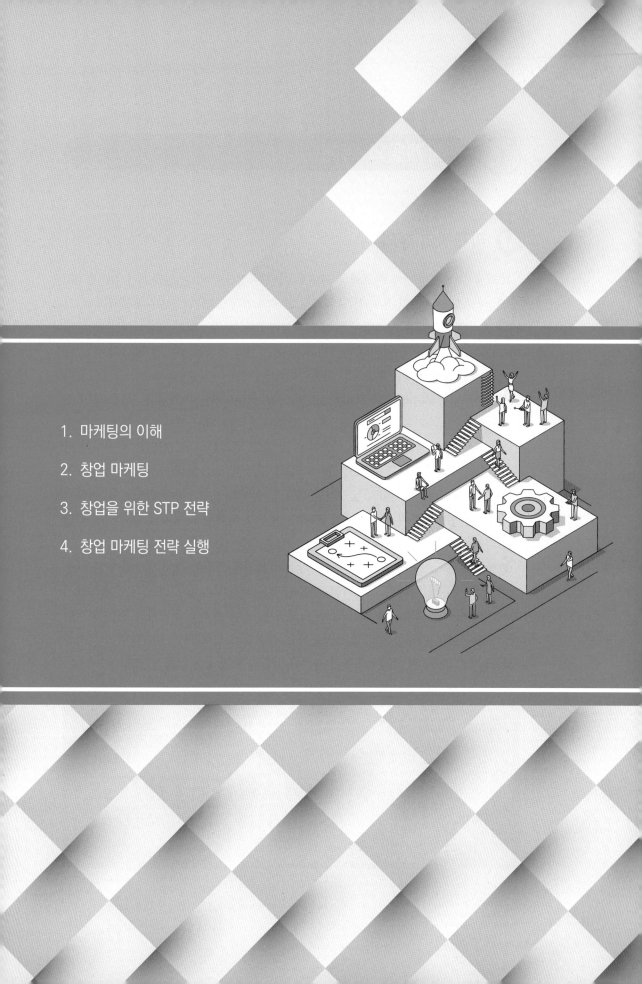

1 마케팅의 이해

① 마케팅의 정의

마케팅은 자주 판매와 광고의 동의어로 여기는 경향이 있다. 일상에서 접하는 TV 광고, 카탈로그, 온라인 홍보 등은 마케팅 활동의 가장 표면적인 부분에 불과하다. 그러나 이러한 활동들은 마케팅이 실제로 포함하고 있는 광범위한 개념과 활동을 완전히 대표하지는 못한다. 현대의 마케팅은 단순한 판매 기술을 넘어선 고객의 깊은 욕구와 필요를 충족시키는 복합적인 활동이다.

미국마케팅협회(American Marketing Association, AMA)는 마케팅을 "제품, 서비스 및 아이디어의 개념화, 가격 책정, 홍보 및 유통을 계획하고 실행하는 과정으로, 개인의 요구를 충족시키는 교환을 창출하는 것"으로 정의한다. 이 정의는 마케팅이 단순한 거래 이상의 것을 목표로 한다는 사실을 강조한다. 실제로 경영학자 피터 드러커(Peter Drucker)는 마케팅의 궁극적인 목표가 '판매를 불필요하게 만드는 것'이라고 주장했다. 이는 제품이나 서비스가 고객의 요구와 완벽하게 일치할 때 자연스럽게 판매가 이루어진다는 의미다.

광범위한 정의에 따르면 마케팅은 시장에서 개인과 조직이 가치 창출과 교환을 통해 필요와 욕구를 충족시키는 사회적 및 관리적 과정이다. 좁은 비즈니스 맥락에서 보면 마케팅은 고객과의 수익성 있는, 가치 있는 교환 관계를 구축하는 것을 의미한다. 이 과정에서 마케팅은 고객과 소통하고 강력한 고객 관계를 구축하며 고객에게 가치를 제공함으로써 고객으로부터 가치를 되돌려 받는 활동을 포함한다.

(1) 마케팅 관련 핵심 개념

마케팅의 본질은 기업이 고객의 욕구를 파악하고 이를 경쟁 제품보다 더 효과적으로 충족시켜 교환을 창출하여 기업의 목표를 달성하는 데 있다. 이를 위해 마케팅은 다양한 기초 개념을 이해하고 적용하는 것이 필수적이다.

⊚ 필요와 욕구

마케팅을 이해하는 데 가장 기본적인 개념은 인간의 욕구다. 인간의 욕구는 크게 본원적 욕구(Needs)와 구체적 욕구(Wants)로 나뉜다. 본원적 욕구는 생존과 기본 생활 유지를 위해 반드시 충족해야 하는 필수적 요구다. 이는 모든 인간에게 보편적으로 나타나는 욕구로, 예를 들어 식사나 수면, 안전 등이 있다. 한편, 구체적 욕구는 개인의 선호, 관심, 욕망에 기반한 욕구로, 특정한 방식으로 삶의 질을 향상시키기 위해 추구하는 것들이다. 이는 문화, 개인의 경험, 사회적 환경에 따라 다양하게 나타난다. 예를 들어 최신 스마트폰이나 고급 커피를 구매하고자 하는 욕구 등이 이에 해당한다.

⊚ 수요

마케팅에서의 '수요(Demand)'는 핵심 개념으로, 특정 상품이나 서비스에 대한 소비자들의 구매 의사와 능력이 결합된 상태를 의미한다. 단순한 욕구(Wants)와 달리 수요는 구매력(Purchasing Power)이 뒷받침되어야 실현 가능하다. 이러한 수요 개념은 제품 개발, 가격 설정, 판촉 활동 계획 등 시장 전략 수립에 있어 중추적 역할을 한다. 마케팅 전략은 이러한 수요를 형성하고 유지, 증가시키는 방법론을 제공한다.

예를 들어, 최신 스마트폰이 시장에 출시되었다고 가정해 보자. 많은 소비자가 최첨단 기능을 갖춘 스마트폰을 원할 수 있지만, 모든 소비자가 그것을 구매할 능력이 있는 것은 아니다. 스마트폰의 가격이 소비자의 구매력에 적합해야만 실제로 수요가 형성된다. 가격이 너무 높다면 많은 소비자가 구매할 수 없으므로 수요는 감소한다.

⊚ 고객 만족과 고객 가치

시장에서 다양한 제품과 서비스 옵션에 직면한 소비자들은 어떤 기준으로 선택을 내릴까? 소비자들은 제공될 잠재적 가치와 만족도를 고려하여 가장 우수한 성과를 기대할 수 있는 대안을 선택하여 구매 결정을 내린다. 이러한 고객 만족은 제품이나

서비스 사용 후 예상을 충족하거나 초과할 때 실현된다. 높은 만족도를 경험한 소비자는 재구매 가능성이 높으며, 타인에게도 해당 제품을 추천할 가능성이 증가한다.

고객 만족은 품질, 가격, 서비스, 구매 경험과 같은 다양한 요인에 의해 영향을 받으며, 이러한 요소들은 모두 통합적으로 관리되어야 한다. 한편, 고객 가치는 소비자가 제품이나 서비스를 이용함으로써 얻은 이득과 이를 얻기 위해 지출한 비용 사이의 비율로 정의될 수 있다. 높은 고객 가치는 비용 대비 높은 만족도를 의미하며, 이는 가격, 제품의 실용성, 품질 및 제공되는 서비스의 질로 결정된다.

교환과 거래

마케팅 분야에서 교환(Exchange)과 거래(Transaction)는 기업과 소비자 간의 상호작용의 핵심적인 요소로 작용한다. 이 두 개념은 시장 내에서 상품과 서비스의 흐름과 가치 창출 과정을 설명하는 데 중요한 역할을 한다.

교환은 양 당사자가 상호 합의에 의해 가치 있는 자산을 서로 교환하는 과정이다. 이 과정은 각자에게 이익이 되는 조건하에서 이루어지며, 마케팅에서는 상품이나 서비스가 금전, 다른 상품, 추가 서비스, 또는 무형의 가치와 교환되는 것을 포함한다.

거래는 교환의 한 형태로, 보다 구체적인 조건과 합의가 포함되어 있는 상황을 지칭한다. 거래는 법적 구속력이 있거나, 적어도 명시적이거나 묵시적인 계약에 의해 지원되는 경우가 많다. 이러한 거래에서는 교환되는 가치의 크기, 가격, 전달 시기, 결제 방식 등이 명확하게 정의된다.

예를 들어, 자동차 딜러십에서 새 차를 구매하는 상황은 거래의 전형적인 사례다. 이 경우 구매자와 판매자는 차량의 가격, 지급 조건, 보증 조건 등을 명확하게 합의한다. 구매자는 약속된 금액을 지불하고 차량의 소유권을 획득하며, 판매자는 대금을 수령하고 차량의 소유권을 이전한다. 이와 같은 거래는 명확한 계약 조건 아래에서 진행된다.

시장

마케팅에서 시장(Market)이라는 용어는 제품이나 서비스가 거래되는 장소를 지칭한다. 이 개념은 단순한 물리적 공간을 넘어서 소비자들이 상품을 구매할 수 있는 모든 가능한 환경을 포함한다. 시장은 제품과 서비스의 판매자 및 구매자가 만나 교환을 이루는 모든 장소에 해당하며, 이는 온라인 플랫폼에서부터 전통적인 매장, 전화를 통한 판매 등 다양한 형태를 취할 수 있다.

시장의 기능은 구매자의 요구와 욕구를 충족시키기 위해 제품이나 서비스를 제공하는 것이다. 예로, 패션 시장(Fashion Market)은 의류, 신발, 액세서리와 같은 제품을 구매하려는 소비자들과 이를 제공하는 다양한 브랜드 및 소매업체들로 구성되어 있다. 이러한 시장은 오프라인 매장뿐만 아니라 온라인 쇼핑 사이트를 포함해 각 판매 채널이 소비자의 접근 용이성과 구매 행동에 직접적인 영향을 미치는 구조를 가지고 있다.

🐌 시장 제공물 : 제품(Products), 서비스(Services), 경험(Experiences)

시장 제공물(Market Offerings)은 기업이 소비자의 다양한 요구와 욕구를 만족시키기 위해 제공하는 제품, 서비스, 정보 및 경험의 통합체다. 이 개념은 유형의 제품(Tangible Product)뿐만 아니라 구매 과정에서 제공되는 무형의 서비스(Intangible Service)를 포함하는 광범위한 의미를 지닌다. 전통적인 제품과 서비스의 경계를 초월한 이러한 접근은 현대 마케팅에서 중요한 차별화 요소로 작용한다.

소비자는 단순히 제품이나 서비스 자체를 넘어 그들이 제공하는 체험(Experiences)을 구매한다. 예를 들어, 스마트워치 구매자는 시간을 확인하는 기본적인 기능을 넘어서 건강 모니터링, 피트니스 트레킹, 스마트폰과의 연동과 같은 다양한 기능을 기대한다. 스마트워치는 사용자의 건강을 적극적으로 관리하고 일상의 편의성을 증진시키며 개인적인 스타일과 기술적 선호를 표현하는 수단이 된다. 따라서 스마트워치는 단순한 시간 측정 도구를 넘어 사용자에게 개인화된 경험을 제공하는 플랫폼으로 기능한다. 이러한 제품은 기술적 이점과 개성의 표현을 가능하게 하며, 소비자의 삶에 깊은 감성적 가치를 더한다.

② 마케팅 철학에 기반한 개념 정의

마케팅 관리는 목표 고객을 참여시키고 이들과의 수익성 있는 관계를 구축하는 데 필요한 전략을 설계하는 과정이다. 이 과정에서 조직은 어떠한 철학을 따라야 할까? 이 질문에 답하기 위해 조직은 마케팅 전략을 설계하고 실행하는 데 있어 다섯 가지 핵심 개념을 고려한다. 여기에는 생산 개념(Production Concept), 제품 개념(Product Concept), 판매 개념(Sales Concept), 마케팅 개념(Marketing Concept), 사회적 마케팅 개념(Societal Marketing Concept)이 있다.

🌀 생산 개념

생산 개념은 경영 및 마케팅 전략에서 가장 오래되고 기본적인 접근 방식 중 하나다. 이 개념은 소비자가 접근 가능하고 비용 효율적인 제품을 선호한다는 가정에 기반을 두고 기업이 제품의 접근성과 비용 효율성을 최대화하는 데 초점을 맞춘다. 주로 가격 경쟁이 치열한 시장에서 이 개념이 중요한 역할을 한다.

이 철학의 핵심은 비용을 최소화하고 대량 생산을 통해 시장 점유율을 확대하는 것이다. 이를 통해 기업은 더 많은 소비자에게 제품을 제공할 수 있으며, 대량 유통을 통한 경제의 규모를 실현할 수 있다. 예를 들어, 월마트(Walmart)는 광범위한 물류 네트워크와 효율적인 재고 관리 시스템을 구축하여 낮은 가격으로 소비자에게 다양한 제품을 제공한다.

그러나 생산 개념은 일부 한계도 가지고 있다. 시장에서 소비자의 변화하는 요구 사항에 둔감할 수 있으며, 단기적 비용 절감에 집중함으로써 장기적인 고객 만족이나 충성도를 희생할 위험이 있다. 또한 제품의 품질이나 혁신을 간과할 수 있어 경쟁이 치열한 시장에서 기업이 소비자의 관심을 유지하기 어려울 수 있다.

🌀 제품 개념

제품 개념은 마케팅 관리에서 중요한 전략적 철학 중 하나로, 기업이 제품의 품질, 성능 및 혁신을 최우선으로 간주하는 접근 방식을 말한다. 이 개념은 소비자가 우수한 품질과 향상된 기능을 갖춘 제품을 선호한다고 가정하며, 이에 따라 기업은 지속적인 제품 개선과 혁신에 집중한다.

이 철학의 핵심은 소비자가 최상의 제품 품질과 기능을 추구한다는 믿음에 기초를 두고 있다. 예를 들어, 롤스로이스(Rolls-Royce)와 같은 고급 자동차 브랜드는 우수한 엔지니어링, 럭셔리한 내부 장식, 맞춤형 옵션을 제공하여 고유한 소비자 경험을 창출하고자 한다. 이러한 브랜드는 제품의 성능과 품질이 시장에서의 성공을 결정짓는 주요 요소라고 보며, 마케팅 전략은 이러한 강점을 강조하는 데 중점을 둔다.

제품 개념이 가지는 도전 과제도 분명하다. 이 접근법은 시장의 변화나 소비자의 광범위한 요구를 간과할 위험이 있다. 제품 중심의 마케팅 전략은 종종 시장의 실제 요구보다는 기업의 기술적 역량에 더 초점을 맞추게 되어 시장과의 괴리를 초래할 수 있다. 또한, 과도한 품질 집중은 비용 증가로 이어져 제품 가격이 상승할 수 있으며, 이는 소비자의 구매 결정에 부정적인 영향을 미칠 수 있다.

이러한 문제에도 불구하고, 제품 개념은 여전히 많은 산업에서 유효한 전략이다. 특히 기술 집약적이거나 고급 제품 시장에서 이 개념은 중요한 역할을 한다. 혁신적인 제품을 지속적으로 개발하고 제공함으로써 기업은 경쟁 우위를 유지하고 브랜드 가치를 향상시킬 수 있다.

판매 개념

판매 개념의 핵심은 제품 자체보다는 판매 기법과 프로모션 전략에 초점을 맞춘다는 것이다. 예를 들어, 생명 보험 회사는 고객이 생명 보험의 필요성을 인식하지 못할 수 있으므로 보험 판매원은 고객의 구매를 설득하기 위해 적극적인 판매 전략을 사용한다. 이러한 접근은 고객의 구매 결정을 촉진하기 위해 설계된 강력한 메시지와 인센티브를 포함할 수 있다.

판매 개념은 단기적인 판매 목표 달성에는 효과적일 수 있으나 장기적인 고객 관계 구축에는 한계가 있을 수 있다. 고객의 실제 필요나 선호를 충분히 고려하지 않고 단순히 판매를 늘리려는 노력은 고객 불만과 브랜드 신뢰도 하락을 초래할 수 있다. 이러한 접근은 고객의 충성도나 장기적인 비즈니스 성장보다는 단기적인 수익 목표에 더 많은 중점을 둔다는 비판을 받는다.

마케팅 개념

마케팅 개념은 고객의 필요와 기대를 이해하고, 이에 맞춰 제품과 서비스를 개발하는 것을 필수적으로 요구한다. 이 전략은 고객 조사와 시장 분석을 기반으로 타깃 시장의 세밀한 세분화 및 포지셔닝 전략을 통해 실행된다. 예를 들어, 스타벅스(Starbucks)는 고객의 기대를 충족시키기 위해 다양한 맞춤형 음료 옵션과 편안한 매장 분위기를 제공하여 '제3의 공간'으로서의 경험을 창출하며 시장에서 차별화를 이루었다.

마케팅 개념은 고객과의 장기적인 관계를 구축하는 데 중요한 역할을 한다. 고객의 충성도는 제품이나 서비스의 지속적인 개선과 함께 우수한 고객 서비스와 지속적인 소통을 통해 강화된다. 이러한 접근은 고객이 브랜드에 대해 갖는 신뢰와 만족도를 높이는 데 기여하며, 궁극적으로는 브랜드의 시장 점유율과 수익성을 향상시킨다.

비록 마케팅 개념이 많은 이점을 제공하지만, 시장의 빠른 변화와 기술의 발전에 따라 지속적인 조정과 혁신이 요구된다. 디지털 마케팅의 부상은 고객 데이터의 활

용과 소셜 미디어를 통한 상호 작용 증대를 가능하게 했으며, 기업은 이러한 새로운 도구를 통해 고객의 미세한 요구를 파악하고 신속하게 대응할 수 있어야 한다.

사회적 마케팅 개념

사회적 마케팅 개념의 핵심은 기업 활동이 단순한 이윤 추구를 넘어서 환경 보호, 공정 무역, 건강 증진과 같은 사회적 가치를 증진시키는 데 기여해야 한다는 것이다. 예를 들어, 톰스 슈즈(TOMS Shoes)는 신발을 판매할 때마다 개발 도상국의 아동에게 신발을 기부하는 '하나 사면 하나 기부' 정책을 통해 사회적 마케팅 개념을 실천하고 있다. 이러한 접근은 소비자에게 제품을 구매하면서 동시에 좋은 일을 할 수 있는 기회를 제공함으로써 브랜드에 대한 긍정적인 인식과 충성도를 높이는 데 기여한다.

사회적 마케팅은 단기적 이익보다는 지속 가능한 관점을 중시한다. 이는 기업이 장기적으로 볼 때 사회 전체의 건강과 복지를 개선함으로써 더 큰 고객 기반과 브랜드 신뢰도를 확보할 수 있음을 의미한다. 또한, 이 접근법은 기업이 리스크를 관리하고 미래의 시장 변화에 능동적으로 대응할 수 있는 유연성을 제공한다.

효과적으로 사회적 마케팅 개념을 실행하기 위해서는 기업이 내부 전략을 철저히 재검토하고, 모든 활동이 사회적 책임과 지속 가능성의 기준에 부합하도록 보장해야 한다. 이는 종종 추가적인 비용과 노력을 필요로 하지만, 장기적으로는 기업의 사회적 자본을 증대시키고 시장에서의 경쟁력을 강화하는 효과를 가져온다.

② 창업 마케팅

① 창업 마케팅의 등장과 필요성

창업 마케팅은 신생 기업이 시장에 성공적으로 진입하고 지속적으로 성장하기 위해 필수적인 전략적 활동을 포함한다. 창업 초기에 기업은 생존과 성장이라는 중대한 과제에 직면하는데, 이를 극복하기 위해서는 체계적이고 전략적인 마케팅 접근이 필요하다.

창업 기업이 시장에 진입한 초기 몇 년은 특히 중요하다. 통계에 따르면 창업 기업 중 약 40%가 시장 진입 후 5년 이내에 사업을 접는다. 그러나 초기 3년을 견디고 난 후에는 퇴출 위험이 현저히 감소하며, 이후 성장 단계로의 전환 가능성이 높아진다. 일반적으로 창업 기업이 성장 단계에 도달하는 데는 약 4년이 소요되며, 기업의 규모가 작을수록 성장 단계에 더 빠르게 진입할 수 있다. 하지만 영세 기업화되는 경우 성장 단계에 진입하기 어려우며, 지역 창업 계수가 높을수록 동일 업종 내 경쟁 심화로 인해 성장 지속 가능성이 낮아진다.

창업 기업은 다양한 마케팅 문제에 직면한다. 차별화된 제품 및 서비스를 개발하는 것부터 시작하여 높은 서비스 비용, 경쟁 기업의 가격 정책에 대한 대응, 높은 광고 비용과 낮은 광고 효율, 판매 촉진 비용, 판매 인력의 확보 및 유지에 이르기까지 다양한 재무적 부담을 안고 있다. 이는 주로 창업 기업의 자원과 역량이 부족하고 시장에서의 인지도와 신뢰 구축이 더디기 때문이다.

창업 마케팅은 신생 기업이 시장에서 성공적으로 자리 잡기 위해 반드시 필요하다. 초기 생존을 넘어 장기적인 성장을 위한 전략이 필요하며, 자원과 역량의 제한을 극복하고 효과적인 마케팅 전략을 통해 경쟁력을 확보해야 한다. 이를 통해 기업은 지속 가능한 성장과 발전을 도모할 수 있다.

② 창업 마케팅의 개념과 특징

창업 마케팅은 창업 기업이 시장에서 고객에게 가치를 창출하고 전달하며, 그 대가로 가치를 인정받는 과정을 정의하는 데 중점을 둔다. 이 과정에서 창업 기업은 고

객을 위한 새로운 제품이나 서비스를 개발하고 이를 시장에 소개하는 활동에 초점을 맞춘다. 창업 마케팅의 핵심은 창업 기업이 주체가 되며, 특히 신제품이나 혁신적인 서비스를 마케팅의 대상으로 삼는다는 점에서 전통적 마케팅과 구별된다.

창업 마케팅은 다음과 같은 몇 가지 주요 특징을 가진다.

- **신제품 및 서비스 중심** : 창업 기업은 주로 신제품 출시와 혁신적 서비스 제공에 중점을 둔다. 이는 종종 하이테크 마케팅 요소를 포함하며 시장에서의 혁신 지향적 접근을 필요로 한다.
- **기업가 정신의 중요성** : 창업자의 기업가 정신은 창업 마케팅에서 중요한 역할을 한다. 창업자는 기회를 포착하고 리스크를 관리하며 창의적 해결책을 모색하는 데 중요한 인물이다.
- **비공식적 시장 조사** : 전통적 마케팅이 공식적인 시장 조사와 계획된 과정에 의존하

표 10-1_ 전통적 마케팅과 창업 마케팅의 비교

구 분	전통적 마케팅	창업 마케팅
기본 전제	· 거래 촉진과 시장 통제	· 가치-창조 혁신을 통한 지속 가능한 경쟁 우위
지향점	· 객관적, 이성적 과학 관점의 마케팅	· 마케팅에서 열정, 열의, 지속성, 창조성의 주요 역할
내용	· 이미 구축된 상대적으로 안정적인 시장	· 높은 수준의 역동성 단계의 분열, 떠오르는 시장
마케팅 관리자 역할	· 마케팅 믹스의 조정자 : 브랜드 개발자	· 내외부 변화 이에전트 : 새로운 카테고리 창시자
시장 접근	· 점진적 혁신으로 현재 시장 상황에 대한 반사적이고 조정적 접근	· 진취적인 접근, 역동적 혁신으로 고객을 선도함
고객 욕구	· 서베이 조사를 통해 고객에 의해 명확히 표현, 추정됨	· 선도 고객을 통해 명확히 표현되지 않고 발견되고 정의됨
위험 관점	· 마케팅 활동에서 위험 최소화	· 계산된 위험 감수로서 마케팅 : 위험 공유 완화하는 것을 강조
자원 관리	· 기존 자원의 효율적 사용, 부족한 사고방식	· 다른 자원의 창조적인 활용, 균형(한정된 것으로 더 많이 하는 것) : 현재 제한된 자원에 의해 활동이 제한되지 않음
신제품/서비스 개발	· 마케팅은 연구 기술 개발 부서의 신제품과 서비스 개발 활동을 지원한다.	· 마케팅은 혁신의 시작이다 : 고객은 공동의 활동적인 생산자이다.
고객의 역할	· 정보와 피드백의 외부 자원	· 기업의 제품, 가격, 유통, 의사소통에서 마케팅 결정 과정의 활동적인 참여자

는 반면, 창업 마케팅은 종종 더 캐주얼하고 유연한 접근 방식을 취한다. 창업자는 일상적인 상호 작용을 통해 필요한 시장, 산업 및 무역 정보를 수집한다.

- **인맥과 네트워킹** : 창업 마케팅에서는 사람들과의 접촉을 통해 중요한 정보를 얻는다. 이러한 접근 방식은 기업가가 지리적 위치, 이용 가능한 자원, 잠재적 위협 및 기회에 대해 잘 알 수 있게 한다.

창업 마케팅은 전통적 마케팅과 몇 가지 중요한 점에서 차이가 있다. 전통적 마케팅은 제품이나 서비스가 이미 정의된 시장 요구에 부합하는 반면, 창업 마케팅은 시장을 형성하거나 재정의하는 새로운 제품이나 서비스를 소개하는 데 초점을 맞춘다. 또한, 창업 마케팅은 자원이 제한적인 환경에서 창의적이고 비용 효율적인 방법을 찾아야 하는 도전에 직면해 있다.

창업 마케팅은 창업 기업이 성공적으로 시장에 진입하고 지속 가능한 성장을 이루기 위한 필수적인 전략이다. 이를 통해 창업 기업은 경쟁력을 확보하고 장기적으로 번창할 수 있는 기반을 마련할 수 있다.

③ 창업 마케팅 프로세스와 전략 수립 : 4E 모델을 중심으로

창업 마케팅은 신생 기업이 시장에 성공적으로 진입하고 그 자리를 확고히 다지며 성장해 나가는 데 필요한 전략적 활동을 포괄한다. 이 과정은 기획의 탐색(Exploration), 기획의 검증(Examination), 기획의 확립(Exploitation), 기획의 확장(Expansion)이라는 네 가지 단계, 일명 '4E' 모델로 구성되어 각 단계가 창업 기업의 성장 경로를 체계적으로 안내한다.

❶ 기획의 탐색(Exploration)

이 초기 단계에서 창업자는 시장의 기회를 발굴하고 초기 아이디어를 형성한다. 시장 분석, 경쟁사 조사, 고객의 요구와 수요 평가를 통해 타깃 시장을 정의하고 비즈니스 기회를 식별한다. 네트워킹을 통한 파트너와 멘토의 발굴도 이 단계에서 중요하다.

❷ 기획의 검증(Examination)

검증 단계에서는 시장에서 발견된 기회를 기반으로 초기 제품이나 서비스의 프로토타입을 테스트한다. 창업자는 시장의 반응을 평가하고 초기 고객의 피드백을 수집

하여 제품 개선과 마케팅 전략의 조정에 활용한다. 이 단계는 실험적 접근을 통해 데이터를 수집하고 전략을 수정하는 것이 중요하다.

❸ 기획의 확립(Exploitation)

제품이나 서비스가 시장에서 긍정적인 반응을 얻으면 창업자는 사업의 확장을 추진한다. 제품 차별화를 강화하고 효과적인 운영 체계를 구축하며 브랜드 인지도와 고객 충성도를 높이는 데 집중한다. 이 단계에서는 비즈니스 모델을 최적화하고 수익성을 높이는 전략을 실행한다.

❹ 기획의 확장(Expansion)

사업의 확장 단계에서는 국내외 새로운 시장 기회를 탐색하고, 전략적 제휴 또는 파트너십을 모색한다. 추가 자본 투자를 유치하고 새로운 시장에 적합한 마케팅 전략을 개발하는 것이 중요하다. 이 단계에서는 강력한 기업 문화를 유지하면서 새로운 시장의 특성에 적응하는 유연성이 요구된다.

3 창업을 위한 STP 전략

창업 기업에 있어 STP 전략—시장 세분화(Segmentation), 표적 시장 선정(Targeting), 포지셔닝(Positioning)—은 비즈니스 성공의 핵심 요소다. 이 전략은 제한된 자원과 제품으로 시장에서 효과적으로 경쟁해야 하는 창업 기업에 특히 중요하다.

시장 세분화는 창업 기업이 자신들의 제품이나 서비스가 충족할 수 있는 특정 고객 그룹을 식별하는 과정이다. 이는 고객의 필요, 구매 행동, 제품에 대한 반응의 유사성을 기반으로 한다. 세분화를 통해 기업은 보다 정밀하게 타기팅(targeting)할 수 있으며 자원을 효과적으로 배분할 수 있다.

창업 기업이 자원을 집중해야 할 특정 고객 집단을 정의하는 것이 표적 시장 선정이다. 이 과정은 시장 내에서 가장 매력적이고 접근 가능한 세그먼트를 식별하고, 해당 세그먼트에 맞춤화된 마케팅 노력을 기울임으로써 효율성을 극대화한다. 표적 시장의 정확한 선정은 초기 자본의 효과적 사용과 빠른 시장 침투를 가능하게 한다.

포지셔닝은 시장에서 제품이나 서비스가 차지할 위치를 정의하고, 경쟁 제품과의 차별화된 이미지를 고객의 마음속에 심는 과정이다. 효과적인 포지셔닝 전략은 제품의 독특한 가치 제안을 명확하게 전달하고 대상 고객에게 강력한 인상을 남겨 브랜드 충성도를 높인다.

STP 전략은 창업 기업이 제품 중심에서 고객 중심의 마케팅으로 전환할 수 있게 돕는다. 이 전략을 통해 기업은 이상적인 고객을 명확히 파악하고, 그들에게 보다 개인화된 쇼핑 경험을 제공할 수 있다. 실제로 소비자의 상당수가 개인화된 쇼핑 경험이 구매 결정에 큰 영향을 미치며, 이는 브랜드에 대한 충성도 형성에도 기여한다고 보고한다.

① 시장 세분화 전략

(1) 시장 세분화의 의미와 목적

고객은 동일하지 않다. 각자가 가진 독특한 필요와 제품 및 서비스에 대한 가치 인식은 다양하다. 조직이 이 다양한 요구에 효과적으로 응답하기 위해서는 비슷한 특성을 지닌 고객을 그룹화하고, 각 그룹에 맞춤형 마케팅 전략을 적용하는 과정이 필수적이다. 이 과정을 시장 세분화라고 하며, 마케터는 각 세그먼트가 특정 제품에 대해 유사한 반응을 보일 것으로 예측한다. 이를 통해 마케팅 캠페인의 호응률을 높일 수 있다.

시장 세분화의 주된 목적은 비슷한 특성을 가진 고객 그룹을 식별하고, 이들 그룹을 효과적으로 우선 순위화하여 각 그룹의 욕구, 필요 및 행동 패턴을 이해하는 데 있다. 이러한 이해를 바탕으로 조직은 다양한 고객 선호에 맞춘 적절한 마케팅 전략을 개발하여 실행한다. 성공적인 시장 세분화는 조직의 수익 증대와 마케팅 효율성을 높이는 데 기여한다.

성공적인 시장 세분화를 위해서는 다음과 같은 요소가 필수적이다.

- **세그먼트 내 동질성** : 각 세그먼트 내의 고객들은 비슷한 특성을 공유해야 하며, 이는 마케팅 메시지와 제안이 각 그룹에 효과적으로 호응할 수 있게 한다.
- **세그먼트 간 이질성** : 다른 세그먼트 간에는 명확한 차이가 있어야 하며, 이는(이후 내용을 넣어주세요.)

(2) 시장 세분화 과정

시장 세분화는 조직이 시장의 다양한 고객 그룹을 식별하고, 각 그룹의 특성에 맞춘 맞춤형 마케팅 전략을 수립하는 과정이다. 이 과정은 시장의 복잡성을 감소시키고 자원을 보다 효과적으로 배분하며 고객 만족도를 높이기 위해 필수적이다. 시장을 세분화하는 과정은 크게 네 단계로 나뉘며, 각 단계는 조직이 시장에서 경쟁 우위를 확보하고 효율적인 마케팅 계획을 수립하는 데 도움을 준다.

시장 세분화의 절차와 각 단계별 특성은 다음과 같다.

❶ 세분화 수준의 결정

전체 시장을 대상으로 제품이 충족해야 할 기본적인 세분화를 실시한다. 이는 제품 디자인에서 중요한 고려 사항이 되며, 전체 시장에 대한 첫 번째 이해를 구축한다.

❷ 세분화의 선정

한 단계 더 나아가 구체적인 시장 세그먼트를 식별한다. 이는 인구 통계, 심리 사회

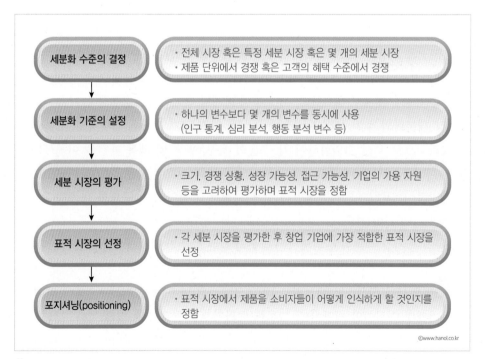

🌀 그림 10-1_ 시장 세분화 절차

적, 행동적 분석을 포함하여 고객의 필요와 행동 패턴을 깊이 파악한다.

❸ 세분 시장의 평가

선정된 세분 시장의 경제성, 접근성, 측정 가능성, 실행 가능성 등을 평가한다. 이 단계는 세분 시장이 마케팅 목표를 달성하기에 적합한지 검토한다.

❹ 표적 시장 선정

각 세분 시장이 제공하는 기회와 도전 과제를 면밀히 분석하고, 창업 기업의 자원과 역량을 고려하여 최적의 표적 시장을 결정한다.

❺ 포지셔닝

세분 시장에 제품을 어떻게 위치시킬 것인지 결정한다. 이는 세분 시장에서 제품의 독특한 가치를 강조하고 경쟁 제품과 차별화를 도모한다.

(3) 시장 세분화 기준 변수

시장 세분화는 조직이 다양한 고객의 요구와 행동을 파악하여 효율적인 마케팅 전략을 개발하는 과정이다. 이 과정에서 핵심적인 역할을 하는 것은 세분화 기준 변수들이며, 이는 조직이 고객을 명확히 이해하고 타기팅할 수 있게 한다. 주요 세분화 기준으로는 지리적 변수, 인구 통계학적 변수, 심리적 변수, 행동적 변수가 있다.

🐌 지리적 세분화

시장은 국가, 지역, 도시, 기후, 인구 밀도와 같은 지리적 위치에 따라 나눈다. 이 방법을 통해 기업은 특정 위치의 고객 특성을 파악하고 지역에 맞춤화된 마케팅 활동을 전개할 수 있다.

🐌 인구 통계학적 세분화

연령, 성별, 소득, 직업, 교육 수준, 결혼 상태 등의 인구 통계학적 요인을 사용해 시장을 세분화한다. 이는 고객의 구매 행동과 직접적인 연관이 있어 마케팅 전략을 수립하는 기초 데이터로 활용된다.

기업가 정신과 **창업**

심리적 세분화

고객의 심리적 특성, 라이프 스타일, 가치관, 신념, 태도와 같은 내부적 요소를 분석하여 시장을 나눈다. 이 유형의 세분화는 고객의 구매 동기와 선호도를 이해하는 데 중요하며, 특히 광고와 프로모션 전략에 유용하게 적용된다.

행동적 세분화

고객의 구매 패턴, 브랜드 충성도, 제품 사용 빈도, 의사 결정 과정 등의 행동을 기준으로 세분화한다. 행동적 세분화는 제품의 실질적 사용과 직결되며, 특정 행동을 기반으로 한 타깃 마케팅 전략을 수립하는 데 도움을 준다.

(4) 세분 시장 평가

세분 시장 평가는 시장 세분화 과정에서 중요한 단계로, 조직이 투자할 가치가 있는 타깃 시장을 식별하고, 그 시장의 효율적인 접근 전략을 수립하는 데 핵심적인 역할을 한다. 이 평가 과정은 시장의 경제적 잠재력, 접근성, 측정 가능성, 실행 가능성 등 여러 기준을 통해 수행된다.

- **경제적 잠재력** : 세분 시장의 경제적 잠재력을 평가하는 것은 마케팅 투자에 대한 수익성을 예측하기 위해 필수적이다. 시장의 크기, 성장률, 구매력 등이 이 평가의 주요 요소다.
- **접근성**: 세분 시장의 접근성을 평가하는 것은 마케팅 캠페인을 효과적으로 실행할 수 있는지를 결정한다. 이는 물리적 접근성과 통신, 배송, 서비스 인프라를 포함한 다양한 요소를 고려한다.
- **측정 가능성**: 세분 시장이 명확하게 측정 가능해야 하며, 이는 시장의 규모, 구매력 및 행동 패턴을 정확하게 파악할 수 있어야 함을 의미한다. 측정 가능한 시장은 마케팅 전략의 성과를 객관적으로 평가할 수 있는 기반을 제공한다.
- **실행 가능성**: 세분 시장이 실행 가능하다는 것은 조직이 해당 시장에 효과적으로 진입하고, 마케팅 목표를 달성할 수 있는 능력을 갖추고 있음을 의미한다. 이는 조직의 자원, 기술, 경험과 밀접하게 관련 있다.

② 표적 시장 선정 전략

시장 세분화 이후의 중요한 단계는 표적 시장의 선정이다. 이 과정에서 조직은 시장 세분 중 어떤 그룹에 집중할지 결정하며, 이는 전체 마케팅 전략의 성공을 좌우한다. 표적 시장 선정은 조직이 특정 고객 그룹에 초점을 맞추어 제품과 서비스를 제공하는 과정을 포함한다. 표적 시장 전략은 선택적이거나 광범위할 수 있다. 니치 마케팅은 특정 소비자 그룹에 집중하는 반면, 대량 마케팅은 보다 넓은 시장에 제품을 제공한다. 이 두 전략은 조직의 자원, 시장의 특성 및 경쟁 상황에 따라 결정된다.

시장을 세분화하고 나면 세분화된 시장에 대해 기업의 능력을 고려하여 마케팅 활동을 어떻게 수행할지에 관한 전략을 수립해야 한다. 시장 세분화에 따른 마케팅 전략은 비차별적 마케팅 전략, 차별적 마케팅 전략, 집중적 마케팅 전략으로 구분할 수 있고, 이 외에도 완전한 시장 세분화 전략 등이 있다.

- **비차별적 마케팅 전략** : 비차별적 마케팅 전략이란 시장 전체를 하나의 대상으로 간주하여 동일한 마케팅 전략을 구사하는 것을 말한다. 예를 들어, 쌀, 소금, 석유 등의 생필품과 같이 제품이나 시장이 동질적인 경우에는 비차별적 마케팅 전략을 구사하는 것이 효과적이다.

- **차별적 마케팅 전략** : 차별적 마케팅 전략이란 두 개 이상의 세분 시장을 목표 시장으로 선정하여 각각에 대해 최적의 마케팅 믹스를 별도로 제공하는 전략을 말한다. 따라서 비차별적 마케팅에 비해 생산, 재고 관리, 유통, 광고 등에 관련된 비용이 많이 소요된다는 약점을 가지고 있다. 차별적 마케팅 전략은 카메라, 자동차 등의 내구 소비재와 같이 제품이 이질적일수록 효과적이다.

- **집중적 마케팅 전략** : 집중적 마케팅 전략이란 기업의 자원이 한정되어 있는 경우에 하나 혹은 몇 개의 세분 시장만을 목표 시장으로 선정하고 그 시장에서 유리한 시장 지위를 확보하기 위해 마케팅 노력을 집중하는 전략이다. 이는 기업으로 하여금 특정 세분 시장 내 잠재 고객들의 욕구나 구매 행동 특성에 대해 정확하고 독보적인 명성을 갖게 함으로써 시장 지위를 높여주고, 생산이나 유통 및 촉진의 전문화로 인해 많은 운용상의 경제를 누리게 해준다. 예를 들어, 여성 의류 시장에서 몇몇 회사는 20대의 신세대 여성만을 주 고객 대상으로 선정하여 옷을 만들어 팔고 있는데, 이는 집중화 전략의 일환으로 볼 수 있다.

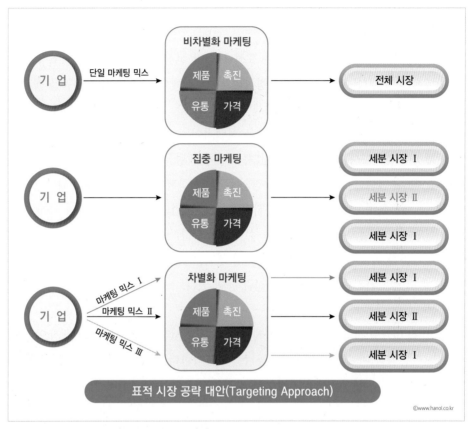

🐝 그림 10-2_ 시장 표적화 전략 유형

이상과 같은 마케팅 전략 중에서 기업은 자신이 처한 여건에 따라 유리한 방법을 선택해야 한다. 이때 기업은 기업의 내적 능력, 제품이나 시장의 동질성, 경쟁 기업의 전략 등의 변수들을 고려하여 마케팅 전략을 수립한다.

③ 포지셔닝 전략

시장 세분화와 표적 시장 선정 과정이 완료되면 조직은 마케팅의 핵심 단계인 포지셔닝을 진행한다. 포지셔닝은 고객의 인식에 기반하여 제품이나 서비스의 이미지를 명확하게 정의하고 강화하는 과정이다. 이 과정은 조직이 시장 내에서 제품의 독특한 위치를 확립하려는 시도로, 제품의 인식을 형성하고 경쟁 제품과의 차별화를 명확히 하는 데 중점을 둔다.

포지셔닝의 주요 목적은 조직이 자신의 제품을 고객의 마음속에 원하는 방식으로 설정하는 것이다. 이는 두 가지 주요 방법, 리포지셔닝(Repositioning)과 디포지셔닝(Depositioning)을 통해 달성할 수 있다.

- **리포지셔닝** : 제품의 이미지나 정체성을 변경하여 시장 내에서의 위치를 재정립한다.
- **디포지셔닝** : 경쟁 제품에 대한 인식을 조정하여 자사 제품의 우위를 부각시킨다.

포지셔닝을 효과적으로 수행하기 위해서 조직은 다음과 같은 단계를 수행해야 한다.

- **시장 식별 및 정의** : 타기팅된 시장을 정확히 식별하고 제품이 경쟁할 시장의 범위를 명확히 정의한다.
- **제품 특성 식별** : 제품을 충분히 정의하는 데 도움이 되는 핵심 특성을 식별한다.
- **시장 테스트** : 초기 반응을 얻기 위해 시험 고객으로부터 제품 관련 의견과 조언을 수집한다.
- **시장 점유율 결정** : 제품이 시장 내에서 차지할 점유율을 예측한다.
- **제품 배치** : 제품이 전체 제품 카테고리 내에서 차지할 위치를 결정한다.
- **적합성 검토** : 조직의 제품 위치와 이상적인 벡터 사이의 적합성을 검토한다.

포지셔닝의 순서는 먼저 고객에게 중요한 제품 속성을 선정하고 이를 기반으로 포지셔닝 맵을 생성해 자사 및 경쟁 제품을 배치한다. 이를 통해 경쟁 우위성을 평가하

출처: 서상혁, 조성복(2007), 기술마케팅

©www.hanol.co.kr

🌻 그림 10-3_ 포지셔닝 절차

고 시장 동향을 분석하여 자사 제품의 중장기 전략을 수립한다. 또한, 시장 리더와 경쟁자의 전략을 분석해 필요한 조정을 고려하며, 제품 간 상호 관계를 분석하여 각 제품의 최적 위치를 결정한다. 이러한 체계적인 접근은 조직이 시장 변화에 능동적으로 대응하고 지속 가능한 경쟁력을 유지하는 데 중요하다.

시장에서의 성공적인 경쟁을 위해 기업은 자사 제품과 경쟁 제품이 소비자에게 어떻게 인식되고 있는지 정확히 파악해야 한다. 이를 위한 효과적인 도구 중 하나가 포지셔닝 맵이며, 특히 다차원 척도법(Multidimensional Scaling, MDS)을 활용한 포지셔닝 맵이 널리 사용된다. 다차원 척도법은 제품 간 거리를 기반으로 하여 시장 내 제품의 상대적 위치를 지도화하는 방법이다. 이 기법은 다음과 같은 절차로 진행된다.

- **속성 선정** : 제품이 제공하는 속성 중 고객에게 중요한 효익을 몇 가지 선정한다.
- **축 설정** : 가장 중요한 두 개의 속성을 가로 세로축으로 설정하여 포지셔닝 맵을 생성한다.

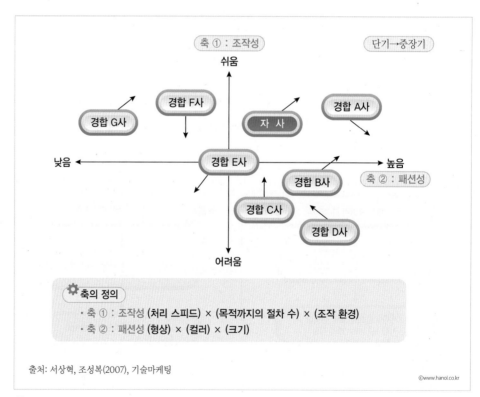

출처: 서상혁, 조성복(2007), 기술마케팅

🔩 그림 10-4_ 다차원 척도에 의한 포지셔닝 맵

- **제품 포지셔닝** : 자사 제품과 경쟁 제품을 해당 맵에 포지셔닝하고 경쟁 우위성을 검증한다.
- **동향 분석** : 시장 동향 분석을 통해 단기에서 중장기 마케팅 전략을 수립한다.
- **개발 시나리오 비교** : 자사 제품과 경쟁 제품의 중장기 개발 시나리오를 비교하여 차별화 전략을 설정한다.

포지셔닝 맵은 마케팅 전략의 수립에 있어 필수적인 도구로, 제품의 시장 내 위치를 명확히 하고, 경쟁 제품과의 차별점을 분명히 할 수 있도록 지원한다. 이를 통해 기업은 잠재 고객에게 선호되는 선택이 되도록 제품을 조정하고 마케팅 메시지를 최적화할 수 있다.

 4 창업 마케팅 전략 실행

마케팅 믹스 전략, 또는 4P's Mix는 제품(Product), 가격(Price), 유통(Place), 판촉(Promotion)의 네 가지 핵심 요소를 최적화하여 시장에서 제품 성공을 도모하는 마케팅 전략이다. 이 전략의 목표는 제품을 시장에 효과적으로 포지셔닝하여 잠재 고객을 유치하고, 최종적으로 구매로 이끄는 것이다.

각각의 4P's Mix는 마케팅 활동의 중요한 측면을 대표한다.

- **제품(Product)** : 제품이나 서비스의 특성과 품질을 결정하며, 고객의 요구를 충족시킬 수 있는가를 평가한다.
- **가격(Price)** : 제품이나 서비스의 가치를 금전적으로 표현하며, 경쟁력 있는 가격 설정으로 시장 경쟁력을 강화한다.
- **유통(Place)** : 제품이나 서비스가 고객에게 얼마나 효과적으로 도달할 수 있는지를 결정한다. 이는 유통 채널과 물류를 포함한다.
- **판촉(Promotion)** : 광고, 판매 촉진, PR 등을 통해 제품 인지도를 높이고 구매를 도한다.

마케팅 노력은 초기에 고객이 제품이나 서비스를 인식하도록 하는 데 초점을 맞추고, 이어서 구매 욕구로 전환하려는 전략을 실행한다. 마케팅 믹스는 고정된 형태가 아니라 시장 상황과 조직의 목표에 따라 유연하게 조정될 수 있으며, 각 요소의 통합을 통해 명확한 마케팅 계획을 수립한다.

① 창업 기업의 제품 전략

기업은 소비자 행동을 분석하여 소비자의 기호와 욕구를 파악하고 세분 시장을 결정하고 난 후에는 본격적인 마케팅 활동에 들어가게 된다. 기업이 마케팅 활동을 전개하는 데는 몇 가지 필요한 요소들을 적절하게 조합하여 통제할 수 있어야 한다. 이러한 통제 가능한 마케팅 수단의 조합을 마케팅 믹스라 한다.

마케팅 믹스(marketing mix)의 네 가지 요소에는 제품(product), 가격(price), 유통(place), 촉진(promotion)이 있으며, 이들 네 요소의 머리글자를 따서 4P라고 부른다. 마케팅 활동의 성패는 4P의 관리에 달려 있다고 할 수 있을 정도로 이들 요소의 관리는 매우 중요하다.

스포츠 음료의 예를 들면 소비자가 원하는 맛을 찾아 제품에 반영시키고, 이의 적정한 가격을 결정한 후 슈퍼마켓이나 편의점을 통해 이를 유통시키면서 무료 시음회나 TV 광고를 통해 촉진 활동을 전개하는 것을 마케팅 믹스의 관리라고 한다.

4가지 요소의 관리 전략을 구체적으로 살펴보면, 먼저 제품(product)이란 "잠재 고객들의 기본적인 욕구를 충족시키거나 문제를 해결해 줄 수 있는 모든 수단"으로 정의할 수 있다. 마케팅 관리자는 마케팅 시대에 따라서 우선 잠재 고객들의 욕구나 문제를 확인해 내고 그것을 충족시킬 수 있는 최적의 마케팅 믹스를 개발하여 제공함으로써 고객 만족을 창출하고 장기적인 이윤을 획득하려 한다. 이와 같이 마케팅 개념을 실천하는 과정에서 제품은 고객에게 만족을 제공하기 위한 마케팅 믹스의 가장 중심적인 위치에 있으며, 다른 마케팅 믹스 요소들에 큰 영향을 미친다. 이러한 중요성을 가지고 있는 제품은 고객의 잠재적 욕구 실현을 위해 처음 시장에 도입된 후 고객 만족을 창출하면서 인기를 끌다가 가치를 잃게 되면 다른 제품에 자리를 물려주고 시장에서 퇴장하게 된다. 이러한 제품의 일생을 제품 수명 주기라고 하는데, 이를 이해하는 것이 제품 관리의 선결 요건이다.

제품 수명 주기(Product Life Cycle, PLC)는 신제품이 시장에 도입된 후 시간 경과에

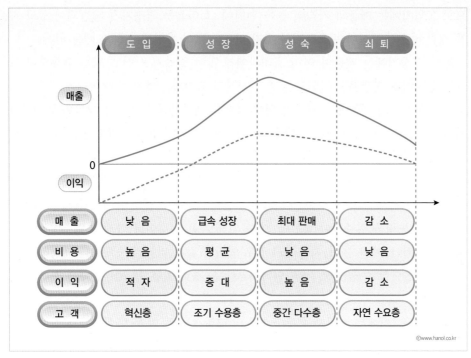

그림 10-5_ 제품 수명 주기별 특징

	도입	성장	성숙	쇠퇴
매 출	낮 음	급속 성장	최대 판매	감 소
비 용	높 음	평 균	낮 음	낮 음
이 익	적 자	증 대	높 음	감 소
고 객	혁신층	조기 수용층	중간 다수층	자연 수요층

따른 매출액 수준을 나타내는 시장 수요의 변화 패턴을 말하는 것으로 S 자 곡선 형태를 취하며, 대체로 도입기, 성장기, 성숙기, 쇠퇴기로 구분된다. 제품 수명 주기의 각 단계별 특징은 〈그림 10-5〉와 같이 정리할 수 있다.

제품 수명 주기를 통해 얻어진 제품에 대한 이해를 바탕으로 기업은 본격적인 제품 관리 활동에 착수하게 된다. 제품 관리는 마케팅 환경 요인의 변화에 대응하여 제품의 구성을 조정하는 활동을 말하는데, 시장에서 자사의 제품이 소비자의 욕구에 효과적으로 대응할 수 있도록 하는 것에 그 목표를 두고 있다. 즉, 제품 관리 활동은 시장의 변화를 검토하여 시장의 요구와 필요에 부응하도록 제품의 구성이나 마케팅 믹스를 끊임없이 조종하는 일이다. 그러한 제품 수명 주기의 각 단계별 전략을 살펴보면 다음과 같다.

먼저, 도입기는 제품이 처음으로 시장에 출시되는 시기로 판매량이 완만히 상승하는데, 그 이유는 소비자들이 신제품의 존재를 모르거나 기업에서 소비자에게 접근할 수 있는 유통망을 완비하지 못했기 때문이다. 도입기 기간 동안에는 광고 및 유통 경로의 확충에 많은 투자가 필요한 단계이기 때문에 이익이 발생하지 않는다. 일반적

으로 도입기에는 제품의 가격이 높은 편인데 그 이유는 경쟁자가 제한되어 있고 제품 개발 비용의 보상이 필요하거나 촉진 비용을 많이 투입해야 하기 때문이다.

둘째, 성장기에는 제품이 이미 소비자에게 많이 알려지고 어느 정도 유통망이 확보된 상태이며 경쟁자의 진입으로 전체 시장의 크기가 급속하게 늘어나는 단계이다. 따라서 경쟁자의 제품에 대처하기 위해 제품을 개선하거나 새로운 디자인을 개발하기 위해 노력하며, 광고 활동도 단순한 제품 인지로부터 벗어나 강력한 구매 유도 광고를 한다.

셋째, 성숙기에는 시장 성장률이 정체되는 단계로 일반적으로 다른 단계에 비해서 상대적으로 기간이 길다. 성숙기에 마케팅 관리자들은 기업의 판매량과 시장 점유율의 증가에 노력을 집중해야 하는데, 이를 위해 제품 수정이나 마케팅 믹스의 수정을 시도하게 된다. 예를 들어, 자동차의 경우 연비와 같은 기능적인 특성을 개선하여 소비자에게 접근할 수도 있고, 가격 인하나 새로운 경로 이용, 광고비 증대를 통해 기업이 판매를 자극할 수 있다.

마지막 쇠퇴기에는 소비자 욕구나 기호의 변화, 대체품의 등장 등으로 시장 수요가 감소하는 시기를 말한다. 이 시기에 기업이 선택할 수 있는 전략은 유지 전략과 철수 전략, 즉 제품을 계속해서 생산, 판매할 것인가 아니면 그만둘 것인가 하는 것을 선택해야 한다.

제품 관리와 관련해서 마케팅 관리자가 고려해야 할 주요한 사항은 제품의 상표이다. 상표(brand)란 판매자의 제품과 서비스를 확인하고 경쟁자의 제품과 구별하기 위해 사용되는 이름, 말, 상징, 디자인 또는 이들의 결합을 말한다. 상표명(brand name)은 단어나 숫자와 같이 말로 표현될 수 있는 상표의 일부분이고, 상표 마크(brand mark)는 말로 표현될 수 없지만 상징, 디자인, 독특한 문자 등으로 표현되는 상표의 일부분이다. 상표는 기본적으로 판매자가 소비자들에게 제품의 속성, 효익, 서비스를 일관성 있게 전달하겠다는 약속으로 볼 수 있다. 좋은 상표는 품질의 보증서뿐만 아니라 제품의 속성이나 가치, 문화, 개성을 전달하는 상징이 된다.

② 창업 기업의 가격 전략

가격(price)이란 욕구 충족을 위해 소비자가 제품을 구매할 때 지불하는 대가로서 대개 화폐액으로 표시된다. 이는 시장에서의 제품의 교환 가치이며 보다 구체적으로는 구매자들이 특정 제품을 구매함으로써 얻게 되는 효용에 부여된 가치라고 할 수 있다. 가격 의사 결정은 마케팅 믹스의 교환 잠재력을 결정짓는 중요한 요소로서, 기업의 수익과 이윤에 관련되고 생산에 투입되는 생산 요소들의 결합 형태에 영향을 미친다는 측면에서 마케팅 활동의 성공에 기여하는 중요한 활동으로 인식된다.

기업의 가격 관리 활동은 크게 두 가지로, 최초의 가격 결정과 상황에 따라 결정된 가격의 조정이 그것이다. 먼저, 최초의 가격 결정은 기준 가격의 설정이라고도 하며, 제품에 대한 수요, 원가 구조, 경쟁 제품의 가격과 품질, 법적 요인 등을 종합적으로 고려하여 결정된다. 기준 가격은 경쟁 기업의 가격에 따라 달라지게 되는데, 이를 결정하는 정책에는 경쟁 기업에 비해 상대적으로 고가격을 책정하는 고가격 정책, 동일하게 책정하는 대등 가격 정책, 상대적으로 싸게 책정하는 저가격 정책 등이 있다. 기준 가격이 설정되면 가격을 어떤 방식으로 추산할 것인가를 결정하고 이에 따라 생산된 제품의 원가에 더하거나 목표하는 수익률을 기준으로 가격의 범위를 결정한 후 최종적으로 소비자에게 제시될 가격을 결정한다.

상황에 따른 가격의 조정은 제품에 대해 평가하는 구매자들의 특성이나 지각 가치를 기준으로 자사의 제품 가격을 결정하는 것을 말한다. 여기에는 신제품의 가격 결정 정책, 할인과 공제, 지역적 가격 정책, 심리적 가격 정책, 촉진 가격 정책 등이 있다.

신제품의 가격 결정을 위해서 판매자는 시장의 성격과 소비자의 반응 특성을 면밀하게 검토해야 한다. 이미 시장에서 판매하고 있는 기존 제품과 유사한 신제품이라면 대체로 시장 가격을 받아들인다. 하지만 완전히 새로운 제품이라면 대규모 촉진 활동을 수행하면서 기준 가격보다 비교적 높은 초기 가격을 구사하여 경쟁자가 나타나기 전에 신제품 개발비를 빨리 회수하는 상층 흡수 가격 정책을 적용할 수 있다. 저렴한 초기 가격으로 제품 수용도를 높이고 대량 생산과 학습 효과를 통해 생산 원가를 낮추어 충분한 마진을 확보하고자 하는 경우에는 더욱 낮은 가격을 구사하여 시장 점유율을 제고할 수 있는 시장 침투 가격 정책을 선택할 수 있다.

둘째, 할인과 공제는 모두 고객들이 기준 가격보다 적은 금액을 지불한다는 점에서는 동일하지만, 할인은 고객들에게 요구하는 시장 가격 자체를 낮추는 정책인데 반해 공제는 시장 가격을 그대로 유지하면서 단지 일정한 조건하에서 대금의 일부를 감면해 주는 정책이다. 공제의 대표적인 예로는 중고품 교환 공제가 있는데, 흔히 자동차나 가전 제품 등 내구재의 교환 판매에서 소비자가 사용하던 중고품의 평가액을 대금에서 감면해 주는 것이다.

셋째, 지역적 가격 정책이란 수송비를 효과적으로 다루기 위해 시장의 지역적 위

치, 생산 시설의 입지, 지역 시장별 경쟁 상황 등을 고려해 가격을 결정하는 것이다. 대표적인 예로는 균일 가격 인도 정책이 있다. 이는 각 고객들이 부담할 수송비를 평균하여 거리에 관계없이 제품 가격에 포함시키는 가격 정책을 말한다.

넷째, 심리적 가격 정책이란 특정한 가격이나 다른 가격 범위에 비해 고객들에게 심리적 소구력을 많이 가지려는 의도에 근거를 두고 있다. 여기에 대표적인 정책으로는 개수 가격 정책과 단수 가격 정책이 있다. 개수 가격(even pricing) 정책이란 고품질의 이미지를 제공하여 구매를 자극하기 위해 어림수(round numbers)로 표시된 가격을 구사하는 정책인데, 향수 한 병에 20만 원, 시계 하나에 50만 원, 밍크코트 한 벌에 1천만 원 등의 예와 같이 개괄적인 수치의 가격은 고급 품질을 암시한다. 이에 반해 단수 가격(odd-even pricing) 정책이란 경제성의 이미지를 제공하여 구매를 자극하기 위해 단수의 가격을 구사하는 정책인데, 예를 들어 1천 원에 비해 990원은 훨씬 싸다고 지각함으로써 소구력을 가질 수 있다.

다섯째, 촉진 가격 정책이란 점포의 내방객을 증대시키거나 잠재 고객들의 구매를 자극하기 위해 한시적으로 가격을 인하하는 정책이다. 이에 대한 대표적인 가격 정책으로는 고객 유인 가격 정책이 있다. 이것은 중간 상인이 일부 품목의 가격을 한시적으로 인하(필요하다면 원가 이하로도 인하)하는 것인데, 이러한 가격 정책에 의해 가격이 인하되는 품목을 전략 제품 또는 고객 유인용 손실품(loss leaders)이라고 부른다. 고객 유인 정책의 원리는 전국적으로 잘 알려져 있다. 자주 구매되는 품목을 저가격으로 구매하도록 유인함으로써 점포를 방문한 소비자가 정상적인 가격의 다른 품목들을 함께 구매하도록 하여 전체적으로 매출액과 이익을 향상시키는 것이다.

③ 창업 기업의 유통 전략

제조업체에 의해 생산된 제품은 도매상, 소매상을 거쳐 최종 소비자에게 전달되며, 이 과정에서 운송업자나 금융 기관 등도 이러한 유통 과정에 개입하게 된다. 유통 경로 관리란 생산자와 소비자 사이의 공간적 분리를 메워주는 마케팅 활동으로 크게 유통 경로에 대한 관리와 유통 기관에 대한 관리로 이루어진다.

유통 경로(place channel)란 생산자로부터 소비자에게로 제품과 그 소유권을 이전시키기 위한 활동을 담당하는 중간상들의 상호 연결 과정을 지칭하는 개념이다. 유통 경로를 관리한다는 것은 소비자에게 값싸고 품질 좋은 제품을 전달하기 위해 소비자, 도매상, 제조업자, 운송업자, 금융 기관 등 유통에 참가하는 기관들의 유통 기능을 어떻게 특화하여 수행하는 것이 가장 이상적인가를 모색하는 활동을 말한다.

포스 시스템이 도입됨으로써 유통 기관에 대한 보다 효율적인 관리가 가능하게 되었다. 포스 시스템(Point Of Sales, POS)은 점포 자동화를 앞당기는 정보 처리 시스템으로, 바코드를 이용하여 제품의 판매와 동시에 무엇이 언제, 어디서, 어떻게, 얼마나 판매되었으며, 팔고 남은 재고가 어느 정도인지, 새로운 주문은 언제 얼마나 해야 하는지에 대한 정보를 처리한다.

기업들은 효율적인 유통 경로 관리를 위해 이를 계열화하려는 움직임을 많이 보이고 있다. 유통 경로 계열화란 전통적인 유통 경로상에 있어서 발생하는 문제점을 해소하고 마케팅 활동을 효율적으로 수행하기 위해 미리 계획된 판매망대로 전문적이고 일관성 있게 관리 체계를 형성하는 것을 말한다. 여기에는 다음과 같은 세 가지가 있다.

🌀 수직적 마케팅 시스템

수직적 마케팅 시스템(vertical marketing system)이란 제품이 제조업자로부터 소비자에게로 흐르는 수직적 유통 단계를 전문적으로 관리하고 집중적으로 계획한 유통망이다. 이는 생산 - 유통 - 소비에 이르는 전체 과정에서, 독립적인 경로 구성원들이 수행하는 마케팅 활동의 중복을 제거하여 일관성을 도모하고 유통 질서를 확립하며, 운영에 있어서 규모의 경제를 실현하고 판매망을 확보하게 해준다. 그리고 마케팅 경로 전체로서 시장에 대한 영향력을 극대화시켜 경쟁력을 강화한다는 이점을 가지고 있다.

🐚 수평적 마케팅 시스템

수평적 마케팅 시스템(horizontal marketing system)이란 제품이 소비자에게로 흐르는 과정에서 유사하거나 동일한 단계에 있는 둘 이상의 기업들이 서로 호혜적 관계를 누리면서 판매 기회를 증대시키기 위해 일시적 또는 영구적으로 자본, 경영 지식, 생산, 마케팅 활동 등을 공동계획 및 집행하는 시스템을 말한다. 다른 기업과 상호 협동의 시너지 효과를 얻고자 할 때, 공동으로 마케팅 기회를 발굴하고자 할 때 이를 활용할 수 있다.

🐚 프랜차이즈 시스템

프랜차이즈 시스템(franchise system)이란 본부(franchiser)가 가맹점(franchisee)과 계약을 체결하고 자신의 상호, 상표, 노하우, 기타 기업 운영 방식을 제공하여 동일한 이미지 아래 사업을 할 수 있는 권리를 부여하고, 가맹점은 본부에 가입비, 보증금, 로열티를 지불하는 유통 형태를 말한다. 한편, 최근에는 경제 활동에서의 유통 사이클을 지원하기 위해 물류 관리에 대한 관심이 증대되고 있다. 미국마케팅협회에 따르면 물적 유통(physical distribution) 혹은 물류, 로지스틱스(logistics)는 생산 단계에서 소비 및 이용의 단계에 이르기까지 재화의 이동을 취급하고 관리하는 것으로 정의하고 있는데, 기본적으로 유통 과정에서 더 나은 고객 서비스를 제공하는 것을 목적으로 한다. 이러한 물류의 목표를 달성하기 위해 물류 관리에서는 3S 1L이라는 기본 원칙에 따라 신속하게(speedy), 안전하게(safely), 확실하게(surely), 싸게(low) 물품을 고객에게 제공하고자 한다.

물류 관리에서 주목받고 있는 것으로는 통합물류생산시스템(Computeraided Acquisition & Logistic Support, CALS)이 있다. 이는 본래 미 국방성의 군수 지원 정보 시스템에서 출발했지만 현재는 민간 기업의 설계, 조달, 생산, 판매 등 업무 흐름을 유연하게 유도할 수 있는 정보 기술 시스템으로 자리잡아 가고 있다. 즉, CALS란 컴퓨터를 이용한 설계 및 생산(CAD-CAM), 컴퓨터 통합 생산(Computer Integrated Manufacturing, CIM), 자동화된 자재 소요 계획(MRP), 마케팅 의사 지원 시스템 등 개별 기업의 정보화 수단을 모두 합친 산업 내 통합 정보 시스템을 말한다.

④ 창업 기업의 촉진 전략

기업이 소비자들로 하여금 자사의 제품을 구매하도록 하기 위해서는 자사 제품을 알리고, 설득시키고, 태도를 바꾸게 하는 정보를 제공하는 노력이 필요한데, 이러한 마케팅 노력을 촉진 혹은 마케팅 커뮤니케이션이라 한다. 즉, 촉진(promotion)이란 잠재적 소비자에 대한 설득적 커뮤니케이션을 주요 역할로 하는 모든 수단을 포괄하는 활동으로 정의할 수 있으며, 촉진 방안에는 광고, 홍보, 인적 판매, 판매 촉진 등 네 가지 유형이 있다.

먼저, 광고(advertising)란 특정 광고주가 잡지나 신문, 라디오, TV와 같은 비인적 매체를 통해 일정한 대가를 지불하고 제품, 서비스를 비개인적으로 제시하고 촉진하는 것을 말한다. 둘째, 홍보(Public Relation, PR)란 TV나 라디오와 같은 비인적 매체에 참여함으로써 대가 없이 대중 매체에 기업 활동, 제품, 서비스에 대해 상업적으로 의미 있는 기사나 뉴스를 전달하여 인지 수준을 높이고 수요를 환기시키려는 비개인적 자극이다. 셋째, 인적 판매(personal selling)란 매출을 실현할 목적으로 한 사람 또는 그 이상의 예상 구매자들과 직접 만나 대화를 통해서 자사 제품이나 서비스를 구매하도록 권유하는 활동을 말한다. 넷째, 판매 촉진(sales promotion)이란 소비자의 구매를 촉진시키고 거래점의 유효성을 높이기 위한 마케팅 활동으로써 광고, 홍보, 인적 판매에 속하지 않는 모든 촉진 활동을 말한다. 예를 들어, 상품권 제공, 할인권 제공, 상품 전시회 등이 판매 촉진의 수단이다.

다양한 제품들이 대량으로 시장에 공급되는 오늘날의 현실에서 소비자는 자신의 욕구와 필요를 충족시키기 위해 대단히 넓은 선택 범위를 갖게 되었다. 소비자는 특정한 기업의 제품을 소비하지 않고도 다른 기업이 생산한 대체품을 구매함으로써 욕구를 충족시킬 수 있으며, 판매자가 아무리 훌륭한 제품을 생산해도 소비자 스스로 그러한 제품의 존재나 그것이 제공하는 효익, 가격, 획득 가능성에 대한 지식과 정보를 얻기 위해 특별히 노력하지는 않는다. 더욱이 그들은 과거 경험이나 제한된 정보만을 가지고 구매 결정을 내리는 경향이 있기 때문에 새로운 제품에 대해서는 무관심하거나 구매 저항을 보이기도 한다. 따라서 판매자는 잠재 고객들로부터 바람직한 행동을 유도하기 위해 적절한 지식과 정보를 효과적으로 제공하고 설득해야 하므로 촉진 활동이 중요한 과제로 대두되고 있다.

마케팅 관리자들은 표적 시장에 메시지를 전달하기 위해 이상의 네 가지 촉진 전략을 조화 있게 사용해야 한다. 이런 조화를 가리켜 촉진 믹스(promotion mix)라고 한다. 촉진 믹스를 결정할 때 고려해야 할 요인들로는 기업이 어떤 촉진 전략을 사용하

는가와 제품 수명 주기 등이 있다. 먼저, 〈그림 10-6〉에서 보는 바와 같이 기업이 풀 전략을 선택하는가 혹은 푸시 전략을 선택하는가에 따라 촉진 믹스의 구성이 다르게 된다. 풀(Pull) 전략은 제조업자가 소비자를 대상으로 촉진하여 소비자가 자사 제품을 스스로 찾게 만듦으로서 중간상들이 자사 제품을 취급하도록 하는 전략이다. 생산자 가 풀 전략을 사용하면 소비자를 대상으로 하는 광고의 중요성은 더욱 커지게 된다.

푸시(Push) 전략은 경로 구성원에 대한 촉진 노력에 초점을 맞춤으로써 제품 유통과 판매 목적을 달성하려는 방법이다. 제조업자는 도매상에게 제품을 촉진하고 도매상은 다시 소매상에게, 소매상은 소비자에게 제품을 촉진한다. 이 전략의 촉진 노력은 주로 인적 판매에 집중된다. 따라서 제조업자가 푸시 전략을 사용하면 중간상의 중요성은 커지지만, 소비자를 직접 대상으로 한 광고의 중요성은 중간상에 비해 감소된다.

앞서 살펴본 제품 수명 주기상의 단계에 따라서도 촉진 수단의 효과가 달라진다. 먼저, 도입기에는 제품을 알리고 사용을 유도하는 광고나 PR, 판촉이 중요한 역할을 한다. 둘째, 성장기에는 광고의 비중은 상대적으로 증가하나 사용을 유도하는 판촉의 비중은 감소한다. 그리고 중간상을 대상으로 한 인적 판매의 비중은 증가한다. 셋째, 성숙기에는 인적 판매의 비중이 상대적으로 증가하며 광고는 제품을 상기시키는 역 할을 한다. 넷째, 쇠퇴기에는 제품을 잊지 않을 정도만 지속시키며 인적 판매 비중은 감소하고 판촉의 중요성은 지속된다.

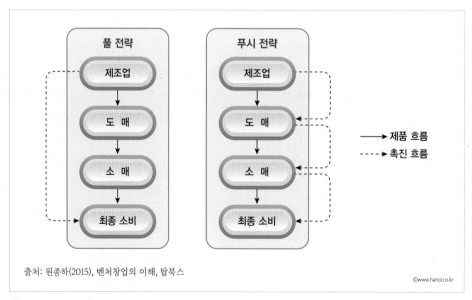

출처: 원종하(2015), 벤처창업의 이해, 탑북스

©www.hanol.co.kr

🏵️**그림 10-6_** 풀 전략과 푸시 전략

기업가 정신과 **창업**

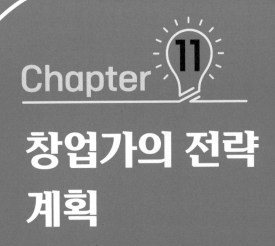

Chapter **11**

창업가의 전략 계획

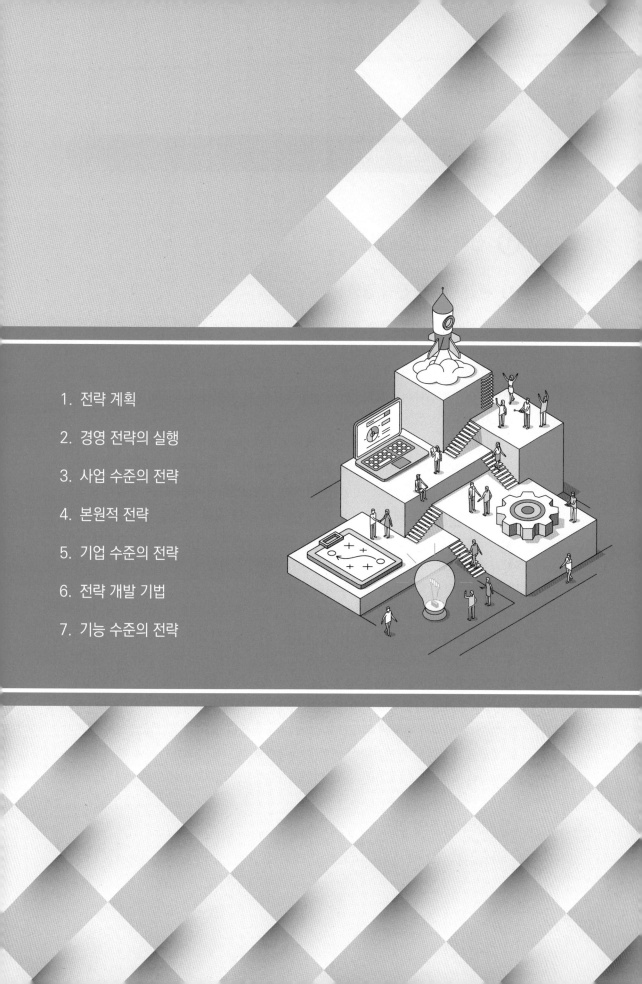

1 전략 계획

① 전략 경영의 개념

(1) 환경 변화와 전략 경영

오늘날의 기업은 급변하는 환경하에 놓여 있다. 기업의 성공과 실패는 이러한 환경(environment)에 대해 얼마나 적절하고 효과적으로 대응했는지에 따라 결정된다. 실제 우리나라의 경우 50년대에 성공적이었던 기업이 지금은 조그만 중소기업으로 전락한 경우가 허다하며, 그와는 달리 성공적으로 환경 변화에 적응하여 국제적인 규모로 성장한 기업도 적지 않다.

이러한 기업의 부침은 기업 서열의 변화에서 뚜렷이 알 수 있다. 경제 개발이 한창 진행되던 1960년대의 100대 기업에 속했던 기업들 중 16개만이 1990년대에도 100대 기업에 속했을 뿐 나머지 기업들은 100위권 밖으로 밀려나거나 시장에서 도태되고 말았다. 이렇게 도태된 기업이 있는 반면에 절치부심의 노력 끝에 100위권 안으로 진입한 신생 기업들도 얼마든지 있다. 이러한 추세대로라면 지금까지 100대 기업에 속해 생존한 기업이라도 자칫하다가는 제품이나 사업의 형태 등 기업의 성격이 변화되어 어느새 100위권 밖으로 밀려날 수도 있다.

기업의 부침을 보노라면 기업의 성공과 실패는 환경의 변화에 얼마나 잘 적응해 왔는가에 달려 있음을 알게 된다. 즉, 기업은 변화하는 환경에 얼마나 잘 적응하는가에 따라 성장은 물론, 그 생존이 좌우된다고 할 수 있다. 기업들이 겪고 있는 환경의 변화가 과거와는 다른 형태를 띠고 있으며, 변화가 점점 가속화되어 왔기 때문이다.

이렇게 본다면 경영자의 가장 중요한 과제는 변화하는 환경에 적응하는 것이라고 할 수 있다. 환경의 변화를 예측하고 그에 따라 적절한 계획과 전략을 설정하며 조직의 변화를 추구하는 경영자만이 기업을 성공으로 유도할 수 있다. 이와 같이 변화하는 환경에 적응하는 과제가 곧 전략 경영(strategic management)의 과제이다.

(2) 전략 경영의 과정

전략(strategy)이라는 용어는 원래 전쟁에서 적을 제압하기 위해서 사용하는 대국적인 작전이라는 의미를 가진 군사 용어였다. 이와 같은 용어가 기업의 관리를 다루는 경영학에 사용된 것은 기업의 환경적인 여건이 전쟁을 수행하는 군이 직면한 환경과 동태적이고 경쟁적인 면에서 공통성이 있기 때문이다.

오늘날 기업에서 사용되고 있는 전략 혹은 경영 전략(management strategy)은 동태적이고 경영적인 외부 환경에 적응하기 위한 기업의 장기적이고 포괄적인 계획을 의미한다. 전략 혹은 경영 전략은 기업의 목적을 달성하기 위한 수단으로 조직체 내부의 모든 기능과 활동을 통합한 종합적인 계획이다. 전략 경영은 기업의 이러한 전략을 다루는 분야이다.

(3) 전략의 수준

기업 내외부의 여건을 고려하여 형성되는 경영 전략은 세 가지 수준에서 개발된다. 이 세 수준에서의 전략은 〈그림 11-1〉에서 보는 바와 같이 기업 전략, 사업 전략, 기능 전략이다.

❶ 기업 전략

기업 전략(corporate strategy)은 기업이 어떠한 사업을 해야 하는지, 기업 전체를 고려할 때 사업들의 전략은 어떻게 조정되어야 하는지, 나아가서 사업들 사이에 자원

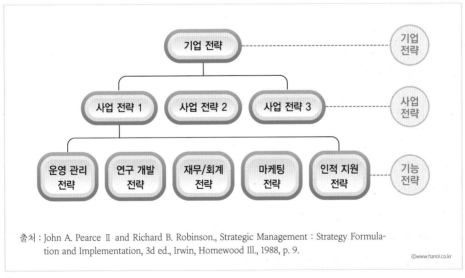

출처 : John A. Pearce Ⅱ and Richard B. Robinson., Strategic Management : Strategy Formulation and Implementation, 3d ed., Irwin, Homewood Ill., 1988, p. 9.

©www.hanol.co.kr

🔩 그림 11-1_ 경영 전략의 세 가지 수준

은 어떻게 분배해야 하는지를 결정하는 것이다. 기업의 이러한 전략은 최고 경영층에 의해 만들어진다.

❷ 사업 전략

대부분의 기업은 여러 개의 전략 사업 단위를 가지고 있다. 전략 사업 단위(Strategic Business Unit, SUB)는 자신의 경쟁자가 있는, 따라서 기업 내의 다른 사업과 달리 독립적으로 관리되는 다른 사업과 명확히 구별되는 사업이다. 사업 전략(business strategy)은 기업 전략을 지지하면서 특정 사업의 경쟁력 유지와 향상을 위한 것이다.

사업 수준의 전략은 어떤 면에서 경쟁적 우위를 유지할 것인지, 환경과 경쟁적 조건의 변화에 대해 어떠한 반응을 할 것인지에 초점을 두고 있으며, 자원을 각 사업 단위에 할당하고, 기능 수준의 전략을 조정하는 것 등에 초점과 목표를 두고 있다. 각 사업 단위들의 전략은 비록 최고 경영자의 승인하에 있는 것이지만 각 사업부 단위의 장이 개발하게 된다.

기업이 하나의 사업만을 수행하고 있을 경우에는 기업 수준의 전략과 사업 수준의 전략이 동일하다. 기업 수준의 전략과 사업 수준의 전략 간의 구분이 필요한 경우는 상이한 산업 영역에서 경쟁하는 서로 다른 사업부를 가지고 있는 경우이다.

❸ 기능 전략

기능 전략(functional strategy)은 기업 수준의 전략을 실행하기 위해 사업 내의 특정한 기능을 관리하는 실행에 의한 계획이다. 이러한 수준의 전략은 사업 내의 각 주요 기능, 예를 들면, 생산 운영, 마케팅, 연구 개발, 엔지니어링 등의 기본 방향을 제시하는 것이다. 기능 수준의 전략은 경쟁적인 우위를 형성하는 데 기초가 되는 기능상의 우위를 반영한다.

전략의 효과를 극대화하기 위해 이러한 세 수준의 전략을 조정하는 것이 아주 중요하다. 사업 수준의 전략은 기능 수준의 전략이 뒷받침될 때 성공적일 수 있으며, 같은 이치로 기업 수준의 전략은 서로서로 도움이 되고 보완되는 사업 수준의 전략들이 뒷받침될 때 성공적일 수 있다. 따라서 세 가지 수준은 전략 경영 과정에서 긴밀하게 조정되어야 한다.

(4) 전략(strategy)

묵시적으로 상대방을 이기기 위해 자신의 가용한 모든 능력을 계획하는 일련의 행위이다.

(5) 전략 경영(strategic management)

❶ 환경 변화를 예측하고 그에 적합한 계획과 전략을 설정하며 조직 변화를 추구하는 관리 과정이다.
❷ 동태적이고 경쟁적인 외부 환경에 적응하기 위한 기업의 장기적이고 포괄적인 계획이다.
❸ 기업 목적을 달성하기 위한 수단이며, 조직체 내부의 모든 기능과 활동을 통합한 종합적인 계획이다.

(6) 전략 경영의 수준

❶ 기업 전략(corporate strategy)
❷ 사업 전략(business strategy) 전략적 사업 단위(SBU)
❸ 기능 전략(functional strategy)

② 경영 전략의 형성

(1) 전략 형성의 고려 요인

전략 경영의 과정은 두 과정으로 구분된다. 첫 번째의 과정은 경영 전략을 형성(strategy formulation)하는 과정이며, 두 번째의 과정은 형성된 전략을 실행(strategy implementation)하는 과정이다. 그중에서 경영 전략 형성의 과정은 환경으로부터 주어진 기회의 측면에서 기업이 무엇을 할 수 있을지를 명확히 하고 기업의 능력과 힘

의 측면에서 무엇이 가능한지를 결정하며, 이 두 가지 고려 사항들의 적정 균형을 이루는 지적인 과정이다. 그러므로 기업은 전략을 선택하기에 앞서 기업 환경의 기회와 위험을 분석하며, 기업이 이용 가능한 자원의 측면에서 기업의 강점과 약점을 비교 평가해야 한다. 여기에서는 기업이 인지된 시장의 욕구를 활용할 수 있는 능력과 시장에 존재하는 위험을 감수할 수 있는 실제적이거나 잠재적인 능력을 가능한 한 객관적으로 평가해야 한다. 이러한 평가를 흔히 SWOT 분석이라고 부른다. 이것은 기업이 처한 상황을 기업의 강점(Strengths), 약점(Weakness), 기회(Opportunity)와 위험(Threats)으로 나누어 평가하는 기법이다.

기본적으로 기업의 경영 전략은 환경으로부터의 기회와 위험의 평가를 바탕으로 한 내부 능력의 정도에 따라 선택된다. 이와 같이 감당할 만한 위험 아래 외부로부터 주어진 기회와 기업의 능력이 매치되어 나타난 가장 기초적인 전략 대안을 경제적 전략(economic stategy)이라고 부른다. 이 전략은 외부 환경에 적응할 수 있는 합리적이고 논리적인 전략으로 경제적인 이득은 가져다 줄 수 있다. 이러한 경제적 전략은 여러 개일 수 있다.

기업이 실제 수행하는 전략은 이러한 경제적인 전략 가운데서 또 다른 두 가지의 조건을 충족하는 전략이다. 우선 기업은 경제적인 전략의 형상에는 고려되지 않았던 기업 경영자들의 개인적인 가치관과 이상, 열망을 반영하는 것이어야 한다. 즉, 최고 경영자를 비롯한 기업 경영자들이 바라는 희망 사항이 기업의 전략 선택에 영향을 미치는 것이다.

기업의 경영자들은 경제적인 이익이 된다고 하여 아무런 전략이나 선택하지 않는다. 경제적인 전략 가운데서 기업가와 경영자들의 이상과 가치관이 반영된 전략이 선택되는데, 이를 내부 실행 가능 전략(internal feasible strategy)이라고 한다.

그러나 이러한 전략도 그대로 실행되는 것은 아니다. 전략 선택에 있어 다음으로 고려되는 사항은 윤리적이고 도덕적인 기업의 사회적 책임이다. 기업은 외부 환경과 상호 교환 관계를 가지는 개방 시스템이다. 환경은 기업이 특정한 사회적 역할을 해 주기를 기대하고 있으며 이러한 기대에 어긋나는 기업을 사회는 수용하지 않는다. 사회가 바라는 기업의 의무는 기업의 사회적인 책임이며 기업의 윤리적이고 도덕적인 측면이다. 따라서 기업의 최종적인 전략 선택에서는 윤리적인 측면을 고려하게 된다.

윤리적인 측면은 기업이 무엇을 해야 하는가를 말해 주며, 이것이 전략 결정의 마지막 요소이다. 내부 실행 가능 전략에 이와 같은 윤리적 사회적 책임이 고려된 전략을 외부 실행 전략(external feasible strategy)이라고 하며, 바로 이것이 기업에서 실질

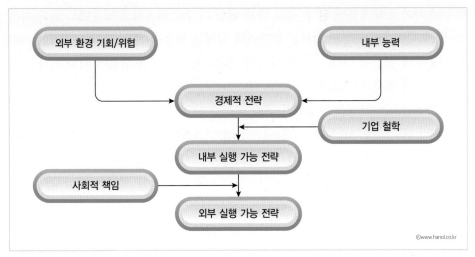

🛠 그림 11-2_ 전략 형성 과정

적으로 실행하는 전략이다.

기업 전략을 형성하는 데 고려되는 요소는 ❶ 시장의 기회와 위험 ❷ 기업의 능력
과 자원 ❸ 개인적인 가치관과 열망 ❹ 사회의 구성 요소들에 대한 책임으로 볼 수
있다. 이러한 전략의 형성 과정은 〈그림 11-2〉에 잘 나타나 있다.

(2) 외부 환경의 분석

전략을 형성하는 데 있어서는 앞에서도 살펴보았듯이 기업의 외부 환경(external
environments)으로부터의 기회와 위험에 대한 분석이 먼저 이루어져야 한다. 기업의
전략 형성에 직접적인 영향을 미치는 환경은 일반적인 환경이라기보다는 과업 환경
(task environments)이며, 그중에서도 기업이 속해 있는 산업의 환경이다. 따라서 전략
을 형성하기 위해서는 산업 환경에 대한 분석을 행하여야 한다. 여기에서는 산업에
대한 분석으로 산업 경쟁도 분석(industrial competitivenmess analysis)과 전략 집단 분
석(strategic group analysis)을 살펴본다.

가. 산업 경쟁도 분석

산업이란 서로서로 대체 가능한 제품을 만들어 내는 기업의 집단을 말한다. 대체
가능한 제품이라는 것은 재화와 용역이 충족시키는 고객의 기본적인 욕구가 유사한
제품을 말한다. 예를 들면, 금속과 플라스틱은 자동차 차체의 재료로 사용하고 있기

때문에 가까운 대체물이 된다. 서로 다른 생산 기술을 사용하고 있음에도 금속 차체를 생산하는 자동차 부품 회사는 플라스틱 차체를 만들어 내는 회사와 유사한 기간 사업에 속해 있는 것이다. 그들은 자동차 차체라는 부속품을 만들어 서로 유사한 고객의 욕구에 봉사하고 있다.

전략 경영자는 전략을 형성하기 위해 이러한 산업 환경 내의 경쟁의 정도를 먼저 분석해야 한다. 포터(Michael E. Porter)는 산업의 경쟁도가 〈그림 11-3〉에서 제시된 바와 같이 다섯 가지의 요인에 의해 결정되고 있다고 주장한다.

그가 제시한 산업의 경쟁도를 결정하는 요인은 〈그림 11-3〉에서 보다시피 새로운 경쟁자의 시장 진입(threat of new entrants), 기존 경쟁업체(rivalry), 고객의 교섭력(bargaining power of customers), 공급자의 교섭력(bargaining power of supplier), 재화의 대체 가능성(threat of substitute products or services)이다. 그에 의하면 이러한 제 힘이 강해질수록 해당 기업은 가격을 인상하기가 어렵게 되며 이윤을 획득하기가 어려워진다. 따라서 그의 산업 경쟁도에 대한 이러한 프레임워크에 의하면 강력한 경쟁도는 기업의 위협으로, 경쟁도가 낮은 것은 기회로 간주된다.

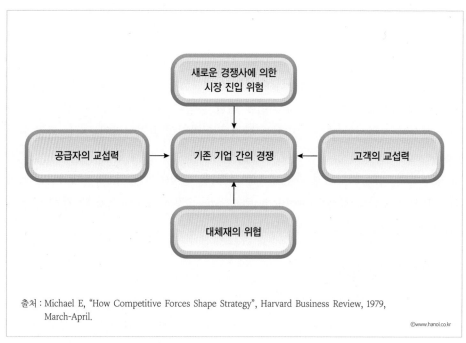

출처 : Michael E, "How Competitive Forces Shape Strategy", Harvard Business Review, 1979, March-April.

©www.hanol.co.kr

그림 11-3_ 포터의 산업 경쟁도 구성 요인

산업의 경쟁도를 구성하는 이러한 요인들이 경쟁도에 미치는 영향력은 시간이 감에 따라 변하며, 기업은 이러한 요인들에 대해 직접적인 통제를 할 수 없다. 따라서 전략 경영자는 산업의 경쟁도를 결정짓는 요인의 변화에서 오는 여러 가지의 기회와 위협을 인식하고 적절한 전략을 형성해야 한다.

❶ 새로운 경쟁사의 시장 진입

산업의 경쟁도에 영향을 미치는 요인으로 새로운 경쟁자의 시장 진입 가능성을 들수 있다. 경쟁자는 현재는 이 산업에 들어와 있지는 않지만 가능성을 가지고 있는 잠재적인 경쟁자이다.

잠재적 경쟁자의 시장 진입을 어렵게 만드는 요인은 산업의 진입 장벽(entry barrier)이다. 진입 장벽은 어떤 산업에서 사업을 시작하고자 할 때 들어가게 되는 비용의 개념이다. 잠재적인 경쟁자가 부담해야 할 비용이 많을수록 진입 장벽은 그만큼 높다. 산업의 진입 장벽이 높으면 산업의 수익성이 높다고 하더라도 잠재적인 경쟁자가 그 산업에 쉽게 뛰어들 수 없다. 베인(Joe S. Bain)은 산업의 진입 장벽이 형성되는 주요 원천으로 브랜드 로열티와 낮은 원가, 규모의 경제를 들고 있다.

❷ 기존 경쟁업체

포터의 산업 경쟁도 결정 모형의 두 번째 요인은 기존 업체들 간의 경쟁이다. 산업 내 기업 간의 경쟁 정도가 낮다면 기업은 가격을 올리고 이익을 보다 많이 얻을 수 있다. 그러나 경쟁이 심하다면 판매 수익으로부터 얻어지는 이윤의 폭이 감소하게 되어 수익성이 낮아지게 된다. 한 산업 내 기존 기업 간의 경쟁도에 영향을 미치는 요인으로는 산업 내의 경쟁 고조와 수요 여건, 퇴출 장벽(exit barrier)을 들 수 있다.

· 산업 내의 경쟁 구조

산업 내 기업의 수와 규모 분포로, 많은 수의 소규모 중소기업으로 구성되어 지배적인 기업이 없는 경우와 소수의 대규모 기업에 의한 지배가 있는 경우(fragment or consolidate)로 나누어진다. 보통 많은 수의 소규모 기업으로 구성된 산업이 보다 경쟁이 심하고 이윤이 낮다.

· 수요 여건

산업 내의 수요가 어떻게 변하는가 하는 것이 기업 간의 경쟁에 영향을 미친다. 일반적으로 수요의 성장은 확장의 기회를 제공해 주기 때문에 경쟁을 완화시킨다.

• **산업 내의 퇴출 장벽**

퇴출 장벽은 진입 장벽과는 달리 사업을 그만두고자 할 때 발생하는 비용의 개념이다. 즉, 퇴출 장벽은 이윤이 낮다고 하더라도 그 산업에서 기업 활동을 계속하게 만드는 경제적, 전략적, 감성적인 비용을 말한다. 따라서 비용이 높을수록 당해 산업에서 쉽게 철수할 수 없다. 만약 퇴출 장벽이 높다면 기업은 산업이 유리하지 않다고 하더라도 사업을 그만둘 수 없으며, 이 결과 생산 과잉에 의한 심한 가격 경쟁에 휩싸이게 된다. 퇴출 장벽은 특히 산업의 성장이 둔화되고 있을 때보다 심각한 위협이 된다.

퇴출 장벽이 생기는 원인은 공장이나 장비에 대한 투자, 퇴출 시에 발생하는 고정비, 퇴출 시 지급되는 임금, 최초의 산업에 머물려는 감정적 요인, 사업 단위 사이의 경제적 관계(한 부분의 생산이 다른 계열 기업의 투입이 되는 경우), 경제적 의존성(다각화되지 않아 하나의 산업에 수익을 의존하는 경우) 등이다.

❸ **고객의 교섭력**

포터 모형의 세 번째는 고객의 교섭력이다. 고객의 교섭력은 고객의 힘이다. 만약, 고객이 제품 가격의 인하나 보다 나은 품질, 혹은 보다 나은 서비스를 요구하게 되면 기업에는 위협이 된다. 반면에 고객의 입장이 약화되면 가격을 올릴 수 있고 보다 나은 수익을 얻을 수 있다. 고객이 기업에 대하여 이러저러한 요구를 할 수 있느냐의 여부는 기업과 고객의 상대적인 힘에 의하여 결정된다.

포터에 의하면 고객의 교섭력이 강해지는 경우는 공급 산업이 많은 수의 회사로 구성되어 있고 구매자 수가 작고 규모가 클 때, 고객이 많이 구매하며 그것이 공급 산업에서 차지하는 부분이 클 때, 고객이 많이 구매하며 그것이 공급 산업에서 차지하는 부분이 클 때, 고객의 작은 비용으로 공급업체를 바꿀 수 있고 여러 회사로부터 구매하는 것이 경제적으로 가능할 때 그리고 고객이 후방 통합을 통해 그들의 원료를 생산하거나 고객이 제품 공급자를 구매해버리겠다는 위협을 할 수 있을 때 등이다.

고객의 교섭력이 큰 경우는 자동차 부품 생산업체를 예로 들 수 있다. 이 산업의 고객은 자동차 제조 회사이며 이 산업이 속한 부품 제조 회사는 소규모이고 많은 수로 구성되어 있다. 이 경우 자동차 부품 회사는 부품을 구입하는 고객인 자동차 제조 회사의 여러 가지 요구 조건을 들어주지 않을 수 없는 입장에 놓이게 된다.

❹ **공급자의 교섭력**

네 번째 요인은 공급자의 교섭력이다. 공급자의 교섭력은 고객의 교섭력과는 입장이 뒤바뀐 개념이다. 즉, 원재료나 부품을 제공하는 공급업자가 가격을 상승시키거나 공급되는 제품의 품질을 떨어뜨린다는 의사 결정을 할 수 있는 힘이 공급자의 교섭력이며, 공급자의 교섭력이 커질수록 기업에는 위협이 된다.

공급자의 교섭력이 큰 경우, 즉 공급자가 가격의 상승과 품질의 저하를 단행할 수 있는 능력이 있는 경우는, 공급자의 제품이 중요함에도 공급자의 제품에 대한 대체물이 거의 없고 제품의 차별화가 이루어져 있어 기업이 공급자를 바꾸는 데 많은 비용이 들 때, 공급업자가 전방 통합을 통해 제조 공장을 구매하려고 할 때, 부품을 공급받는 기업이 후방 통합을 통해 공급자의 산업에 진출하거나 자체적으로 공급을 조달하겠다는 위협을 할 수 없을 때 등이다.

공급자의 교섭력이 큰 경우의 예로 1980년대 이전의 항공 회사를 들 수 있다. 항공 회사의 공급업체는 노동조합과 비행사, 정비사 등으로 구성되며, 이들 교섭력은 항공 회사의 그것보다 컸다. 항공 회사는 스트라이크가 가져올 파급 효과와 비노조원을 고용할 수 없는 인력 대체의 어려움 등으로 높은 원가 부담에 놓이게 되었으며, 항공 회사가 파산을 무기로 노무비를 50% 절감하게 될 때까지 많은 항공 회사가 파산하게 되었다. 이와 같이 공급자의 교섭력이 커질수록 산업의 경쟁도는 심화되어 산업의 수익성이 감소하게 된다.

❺ 대체재

포터의 산업 경쟁도 모형의 마지막 요인은 대체재이다. 대체재는 기업의 제품이 충족시켜 주고 있는 고객의 욕구와 유사한 욕구를 충족시켜 주는 제품들이다. 예를 들면, 커피 산업에 속한 기업들은 홍차나 기타 소프트 드링크류의 제품을 생산하는 기업과 직접적인 경쟁을 하게 되는데, 이런 산업들은 대체물이 될 수 있는 제품이다. 커피의 가격은 대체재인 홍차나 소프트 드링크의 존재 여하에 따라 달라진다. 상대적으로 커피의 가격이 상승하면 커피 소비자들은 다른 대체물을 찾게 된다. 이러한 현상은 추운 기후로 브라질의 커피 생산량이 급격히 감소되었던 1975년과 1976년에 나타났다. 이때 커피의 가격이 기록적으로 높아지자 많은 소비자는 홍차를 비롯한 다른 대체물을 소비하게 되었다.

유사한 대체재는 제품의 가격과 기업의 수익성을 제한하는 강력하고 위협적인 존재이다. 그러나 기업 제품에 유사한 대체재가 거의 없다면 다른 조건이 모두 같다고 할 때 제품의 가격과 추가적인 이익을 얻을 수 있다. 상호 대체물이 될 수 있는 것으로 비행기와 버스, 컴퓨터와 인쇄, 전자 우편과 편지, 인간적인 감독과 전자 장치에 의한 감시 등을 들 수 있다.

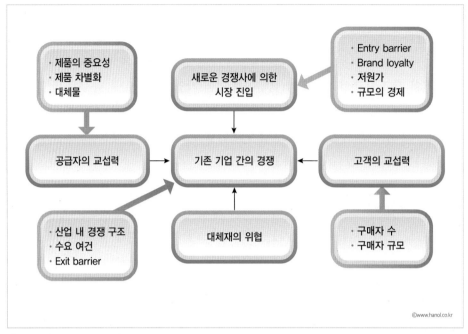

🐝 그림 11-4_ Porter의 산업 경쟁도 분석

나. 전략 집단 분석

산업 환경에 대한 또 다른 분석으로 전략 집단(strategic group)의 분석을 들 수 있다.

❶ 전략 집단의 개념

한 산업에 속해 있는 기업은 유통 채널이나 시장 세분화, 제품의 품질, 기술, 가격, 광고 등에서 차이가 있다. 그러나 대부분의 산업에서는 유사한 전략을 실행하는 기업들의 집단을 찾아볼 수 있으며, 한 산업에 속한 기업들 가운데 유사한 전략을 실행하고 있는 기업은 다른 집단에 속한 기업과는 서로 다른 전략을 실행하고 있다. 이와 같이 한 산업 내에서 유사한 전략을 실행하는 기업들의 집단을 전략 집단이라고 한다.

전략 집단은 동일한 기본 전략을 실행하는 집단이며, 산업 내의 기업은 몇 개의 대표적인 전략 집단으로 구분된다. 예를 들면, 세계의 자동차 산업은 〈그림 11-6〉에서 보는 바와 같이 세 개의 전략 집단으로 나누어진다.

〈그림 11-6〉에서 나타난 자동차 산업의 첫 번째 전략 집단은 시장의 하층부 고객에 초점을 두고 기본적인 수송 업무와 같은 제한된 시장을 대상으로 하는 경우이다. 이 경우에는 규모의 경제를 활용하는 원가의 최소화가 주된 목표이며 시장 점유율 증대

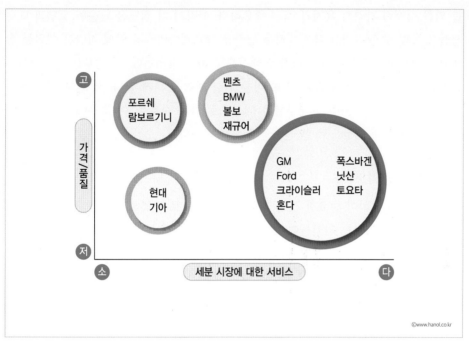

🔧 그림 11-5_ 전략 집단 분석(세계 자동차 시장)

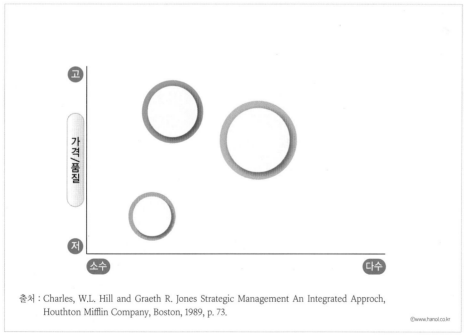

출처 : Charles, W.L. Hill and Graeth R. Jones Strategic Management An Integrated Approch, Houthton Mifflin Company, Boston, 1989, p. 73.

🔧 그림 11-6_ 자동차 산업의 전략 집단

를 위한 경쟁력 가격의 유지가 매우 중요하다. 따라서 이 집단은 단순한 모델과 대량 생산을 통해 낮은 가격을 유지하려는 전략을 세우게 된다. 두 번째 집단은 이와는 상반되는 최상층의 고급스러운 시장을 대상으로 하는 경우인데, 이 경우는 원가보다는 품질과 품위가 관심의 초점이 되며, 이를 위한 전략을 펴게 된다. 세 번째 전략 집단은 보편적인 모델로 시장의 대부분을 대상으로 하는 경우로, 이 경우에는 품질과 가격 모두를 관심의 대상으로 한 전략을 수립하게 된다.

❷ 전략 집단의 시사

전략 집단의 분석이 중요한 것은 기업이 직접적으로 당면하고 있는 경쟁자가 바로 전략 집단에 속해 있는 기업들이기 때문이다. 산업 내의 동일한 전략 집단에 속한 기업들은 해당 기업의 즉각적인 대체물을 생산하는 기업들이다. 전략 집단의 분석이 중요한 또 하나의 이유는 전략 집단에 따라 포터가 언급한 산업 내의 경쟁도를 구성하는 요인들의 특성이 달라지기 때문이다. 전략 집단에 따라 진입 장벽과 퇴출 장벽이 다르며, 기업 간의 경쟁도도 다르다. 즉, 산업의 경쟁도를 구성하는 요인들의 정도가 전략 집단에 따라 다른 것이다.

따라서 어떤 전략 집단은 다른 전략 집단보다 낮은 위험과 높은 수익을 가지고 있어 경영자들은 그들의 기업이 다른 전략 집단에서보다 나은 성과를 획득할 수 있는지를 평가해 보아야 한다. 만약 환경이 변하여 다른 전략 집단의 환경이 보다 호의적으로 변해간다면 그러한 집단으로서의 이동이 하나의 기회일 수도 있다. 이런 경우 전략 집단 사이의 이동에는 비용이 들게 된다.

이동 장벽(mobility barriers)은 기업의 전략 집단을 이동하게 될 때 발생하는 비용의 개념이다. 이 장벽은 산업 내의 기업들이 다른 전략 집단으로 이동하는 것을 방해한다. 따라서 이동 장벽이 높은 전략 집단에는 다른 전략 집단에 속한 기업이 진입하기 어렵다.

(3) 내부 능력의 분석

외부 환경에 대한 분석이 이루어지고 나면 기업은 기업이 가지고 있는 자원과 능력을 평가해야 한다. 기업의 경영 전략은 외부 환경으로부터 주어진 기회와 위험에 대한 평가를 바탕으로 한 내부 능력의 정도에 따라 선택되는 것이기 때문이다. 기회는 아무 기업에게나 주어지지 않는다. 끊임없이 환경의 변화를 탐색하는 기업이 기회를 잡는다. 그리고 그 기회도 내부적인 능력이 없는 기업에는 아무런 소용이 없다.

그러므로 기업은 자신의 내부적인 능력에 대한 객관적인 분석을 통해 능력을 향상시키기 위해 노력해야 한다.

가. 가치 사슬 분석

기업의 능력을 평가하는 유용한 방법 중 하나가 가치 사슬(value chain)의 분석이다. 기업은 외부로부터 투입을 구입해 이를 변형하여 산출물을 만든 후 소비자에게 판매하는 과정에서 가치를 생산하고, 이 가치는 소비자가 지불하는 가격에 의해 실현된다.

가치 사슬은 기업이 창조하는 가치가 어디에서 이루어지는가를 분석하기 위한 것으로 포터(Michael Porter)에 의해 제시되었다. 〈그림 11-7〉에 나타나 있는 바와 같이 가치 사슬은 제품에 가치를 더하는 활동을 본원적(primary)인 활동과 지원적(support)인 활동으로 나누고 있다.

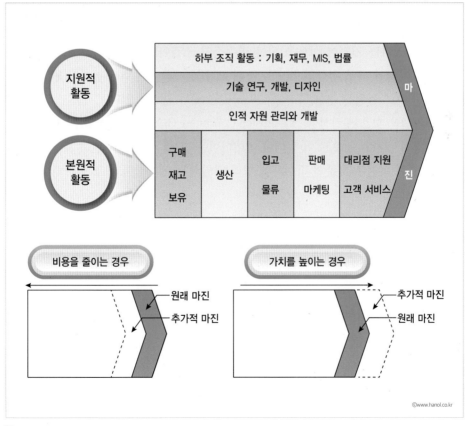

그림 11-7_ 가치 사슬 분석

본원적인 활동은 제품의 물리적인 생산, 마케팅과 유통, 그 이후의 서비스와 관련된 활동이다. 지원적인 활동은 제조 활동과 마케팅 활동이 가능하도록 하는 투입을 확보하는 활동이다. 자재와 원료 관리는 가치 사슬을 통해 물리적인 자원을 이동시켜 생산과 유통이 가능하도록 해주며, 기술 개발과 인적 자원 관리 등도 본원적인 활동이 잘 이루어지도록 영향을 미친다.

이와 같은 기업의 본원적인 활동과 지원적인 활동이 얼마나 효율적으로 이루어지느냐에 따라 기업의 가치 창조 능력이 결정된다. 기업이 다른 기업과 비교해 특정한 가치 창조 활동에서 차별적인 능력을 가지고 있다면 높은 수익을 올릴 수 있다. 만약 이러한 활동들이 제대로 기능하지 못한다면 기업의 가치 창조 활동에는 많은 비용이 들어가게 되고 그만큼 수익성이 악화된다.

나. 생산 능력 분석

기업의 능력을 나타내는 가장 핵심적인 요인은 기업의 생산 능력을 나타내는 제조 원가(manufacturing cost)이다. 기업이 충분한 품질을 유지하면서 낮은 원가로 제품을 생산할 수 있다면 기업이 성공을 위한 필수적인 조건이 갖추어졌다고 보아야 한다. 기업은 효과적인 제조 전략의 개발을 통해 제품의 가격 경쟁력을 높여야 한다. 기업의 이러한 제조 능력은 경험 곡선(experience curve)과 관련이 있다.

경험 곡선은 보스톤 컨설팅 그룹(Boston Consulting Group, BCG)의 연구원들에 의해 1970년경에 제시된 것으로 이에 대한 아이디어는 그보다 약 30여 년 정도 전에 나온 것이다. 경험 곡선은 제품의 라이프에 따라 관찰되는 체계적인 제조 원가의 감소 현상을 나타낸다.

BCG는 제품의 제조 원가는 누적 생산량이 두 배로 될 때마다 특정 비율만큼 전형적으로 감소한다는 것을 발견했다. 이러한 현상은 처음 항공기 산업에서 관찰되었는데, 항공기 생산이 배가됨에 따라 제조 원가가 그전 수준의 80%까지 감소했다. 제조 원가와 누적 생산량과의 관계를 나타내는 경험 곡선은 〈그림 11-8〉에 나타나 있다.

경험 곡선은 기업의 제품 생산량의 증가와 시장 점유율이 경쟁에서 원가 우위를 가져오게 된다는 것을 의미한다. 〈그림 11-8〉에서 보는 바와 같이 A 기업은 B보다 경험 곡선의 아래에 있기 때문에 제조 원가 측면에서 우위에 있다는 것을 알 수 있다. 경험 곡선은 기업의 제조 부분의 능력이 어느 정도인가를 나타내주는 것이므로 올바른 전략을 형성하기 위해서는 기업이 경험 곡선상의 어디에 위치하는가를 분석할 필요가 있다.

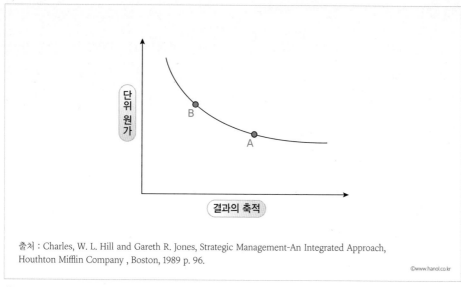

출처 : Charles, W. L. Hill and Gareth R. Jones, Strategic Management-An Integrated Approach, Houthton Mifflin Company , Boston, 1989 p. 96.

🦾 그림 11-8_ 경험 곡선

2 경영 전략의 실행

전략의 형성이 전략 경영의 중요한 과정이지만, 형성된 전략이 효과적으로 실행되지 않는다면 의도된 효과를 거둘 수 없다. 전략 실행(strategy inprementation)은 전략을 수행하고 그 진전 과정을 모니터하고 통제하는 활동으로, 기업의 목표를 달성하는 데 필요한 경영 활동이다.

1 전략 계획의 수행

주어진 전략의 실행을 위해서는 조직의 주요한 내부적인 몇 가지 측면들이 동시에 조화롭게 활동해야 한다. 이러한 측면들은 기술, 인적 자원, 보상 시스템, 의사 결정 과정, 구조 등이 그것이다. 이러한 요소들은 상호 연관되어 있기 때문에 한 측면의 변화는 다른 측면의 변화를 필수적으로 유발하게 된다.

(1) 기 술

기술(technology)은 기업이 제품과 서비스를 만들어내는 데 사용되는 지식, 장비, 기구, 작업 방법 등이다. 이러한 기술은 전략의 실행에 있어 종종 중요한 역할을 한다. 전략의 기본적 요소가 기술과 무관하지 않기 때문이다. 따라서 모든 수준의 전략은 사업의 기술적인 측면을 고려해야 한다.

(2) 인적 자원

인적 자원(human resource)은 기업의 구성원이다. 적절한 지위에 있는 사람이 필요한 기술을 가지고 있는 것이 전략 실행에 필수적으로 요구된다. 이를 위해서는 전략적 인력 계획을 수립하여 전략과 전략이 필요로 하는 인적 자원과의 연계를 추구해야 한다. 더 나아가서 기업 인적 자원의 경험과 기술은 경쟁 우위의 원천이 된다. 경험과 능력이 있는 숙련된 작업자들이 경험이 없는 간부들보다 원가를 절감하거나 제품과 서비스의 생산에 대한 새로운 방법을 발견하는 능력이 우월하다.

(3) 보상 제도

보상 제도(compensation system)는 성취나 도전감과 같은 개인의 느낌 같은 보이지 않는 보상을 포함한 보너스나 승진, 상이 포함된 시스템이다. 잘 고안된 보상 제도는 전략 수행에 동기를 부여할 수 있는 수단이 될 수 있다. 이러한 보상 제도는 전략에 따라 상황적으로 적용될 필요가 있다. 예를 들면, 안정 전략을 추구하는 기업은 경영자가 자신의 임무를 잘 수행했을 때는 보너스를 지급하고, 성장 전략을 추구하는 기업은 경영자의 목표 달성에 대한 보상으로 기업의 주식을 제공할 수도 있다.

(4) 의사 결정 과정

의사 결정 과정(decision making process)은 기업에서 일어나는 의문과 문제 해결의 수단이다. 특히 전략 실행에 있어서는 자원의 분배에 대한 의사 결정이 대단히 중요하다. 필요한 자원이 잘 구비되어 있을 때 전략 계획이 보다 쉽게 수행될 수 있기 때문이다. 기업의 효율적인 의사 결정 과정은 구체적인 문제와 전략 실행 과정에서 발생하는 문제를 해결하는 데 도움을 준다.

(5) 조직 구조

조직 구조(organizational structure)는 조직이 목표를 달성할 수 있도록 하기 위해 경영자가 개인이나 집단의 고압을 연계시켜 놓은 상호 작용과 조정의 패턴(patterns)이다. 이러한 패턴은 조직 내의 여러 부서 사이의 노력을 조정하는 데 도움을 준다. 조직 구조의 개괄적인 내용은 조직도에 나타나 있다. 최근의 연구들은 조직 구조가 전략을 지지하는 형태를 취할 경우 전략이 보다 성공적일 수 있음을 시사하고 있다.

② 전략 통제

전략 계획 과정의 마지막 단계는 전략 통제(strategic control) 단계이다. 전략 통제는 전략 계획의 실행을 감시하고 조직 성과의 유효성과 질적인 면을 유지 확보하는 것이다. 효과적인 통제 시스템은 변화가 필요한 조직의 문제점과 이상 징후들을 파악한다.

국제적인 시장 상황에 관여하는 조직의 전략 통제를 확보한다는 것은 상당히 어려운 일이다. 운영 지역이 시간 혹은 언어와 문화적으로 분산되어 있는 경우 통제 과정은 더욱 복잡하다. 이 경우 정보의 획득은 어려워지며 다양한 원천으로부터 수집된 정보 처리와 해석도 쉽게 이루어지지는 않는다. 따라서 오늘날 국제화된 기업들은 보다 세련되고 복잡한 통제 시스템을 유지하고 있다.

일반적으로 통제 메커니즘은 피드포워드 통제나 피드백 통제로 나누어진다.

(1) 피드포어드 통제

피드포워드 통제(feedforward control)는 기업의 전략적 목표 달성이나 사명의 실행 능력에 영향을 미치는 조직 내부 운영이나 외부 환경의 변화를 인지하도록 설계된 통제 유형이다. 이러한 통제 가운데 대표적인 통제는 전제 통제(premise control)이다. 전제 통제는 조직 전략의 기초가 되는 모든 조건, 즉 내외부 조건의 변화를 밝히는 것이다. 예를 들어, 대규모의 주택 단지를 개발하는 건설 회사를 생각해보라. 만약 그 건설 회사가 3년에 걸쳐 택지를 개발한다고 하면 1년이 지난 후 이자율과 인플레이션, 실업률 등은 초기의 경우와 많이 달라지게 된다. 이 경우 만약 전제 통제를 하고 있다면 기업 성과에 영향을 미치는 이러한 전제적인 요인들에 대한 변화를 파악하고 기업의 전략을 그러한 경제 상황의 변화에 적응시킬 수 있다.

(2) 피드백 통제

피드백(feedback control)은 조직의 실제 성과를 계획한 것과 비교하는 통제이다. 이러한 통제는 조직의 전략적이고 운영적인 계획에 나타난 목표를 대상으로 한다. 이러한 통제의 주된 잇점은 그들이 책임을 지고 있는 조직 계획의 결과에 관심의 초점을 두게 된다는 것이다. 여기에는 수익과 이윤, 주가와 예산 등과 같은 재무적인 결과들이 이용된다. 나아가서 비재무적인 지표들도 사용되는데, 고객 관계, 제품과 서비스의 질, 생산성, 이직률 등이 그것이다.

조직은 피드포워드 통제와 피드백 통제를 동시에 활용해야 한다. 하나의 통제 기법에만 의존하게 되면 실수가 일어나기 쉽다. 통제 기법에 따라 서로 다른 측면들을 보게 되기 때문이다. 나아가 조직은 서로 다른 목표와 전략을 실행하게 된다. 통제 기법도 이러한 전략에 따라야 한다. 조직의 통제 시스템은 그 전략적 지향과 조화와 균형을 이루어야 하는 것이다.

최근 조직은 전략에 대한 통제를 보다 효과적으로 수행하기 위해 정보 기술을 활용하고 있다. 세련되고 고도화된 정보 기술은 조직 내외부의 원천에 존재하는 정보를 보다 쉽고 빠르고 정확하게 경영자에게 활용 가능하게 해줌으로써 기업의 경영자는 전략 계획이 어떻게 수행되고 있는지를 손쉽게 파악할 수 있게 되었다. 예를 들어, 판매에 있어 정보화된 기술의 발달로 개별 항목의 지역별 판매량에 대한 정보를 실시간으로 접할 수 있게 되었으며, 시장의 변동과 수익성, 생산량에 이르기까지 제공되는 정보는 다양하고 즉각적이다. 이와 같이 잘 정리된 경영 정보 시스템은 조직 전체의 경영자에게 정확하고 시의 적절한 정보를 제공하여 기업의 전략 통제를 용이하게 한다.

일반적으로 기업의 경영 전략은 세 가지 수준에서 개발된다. 기업 전략, 사업 전략, 기능 전략이 그것이다. 이 장에서는 사업 수준의 전략과 기업 수준의 전략 유형을 살펴보고 전략 개발 기법을 알아본다.

3 사업 수준의 전략

사업이 무엇이냐에 대해 우리는 보통 생산되는 제품이나 제공하고 있는 서비스를 중심으로 말하게 된다. 그러나 이러한 사업에 대한 제품 지향적 정의는 고객의 욕구가 아니라 제품과 제품이 제공되는 시장에만 초점을 두게 되어 기업의 본질적 기능인 고객의 욕구 충족을 간과하게 만든다.

아벨(Derek F. Abell)은 사업에 대해 이와 다르게 정의했다. 그는 기업의 사업을 〈그림 11-9〉에서 보는 바와 같이 첫째, 사업의 고객, 둘째, 충족되고 있는 고객의 욕구, 셋째, 고객의 욕구가 충족되고 있는 방법, 즉 기술을 고려하여 정의했다. 이러한 주장은 제품보다는 고객의 욕구에 초점을 두고 사업을 정의해야 한다는 것을 강조한다. 사실 기업의 제품은 특정 고객 집단의 특정한 욕구를 충족시키기 위해 특정한 기술을 적용한 구현물에 지나지 않는다. 실제로 특정 집단의 특정 욕구를 충족시키는 방법에는 여러 가지(기술)가 있을 수 있다. 이러한 정의에서 보면 본질적인 것은 제품이 아니라 그 제품이 충족시켜 주고 있는 고객의 욕구이다. 그러므로 제품 지향적인 정의보다는 고객 지향적으로 사업을 광범위하게 정의함으로써 사업을 둘러싼 환경의

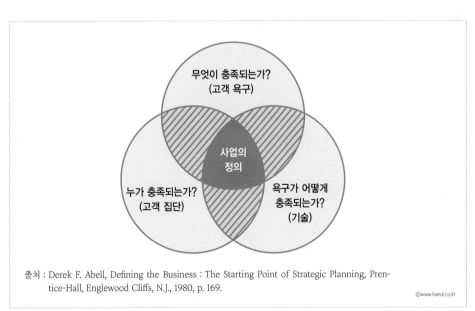

출처 : Derek F. Abell, Defining the Business : The Starting Point of Strategic Planning, Prentice-Hall, Englewood Cliffs, N.J., 1980, p. 169.

©www.hanol.co.kr

🔧 그림 11-9_ 사업의 정의

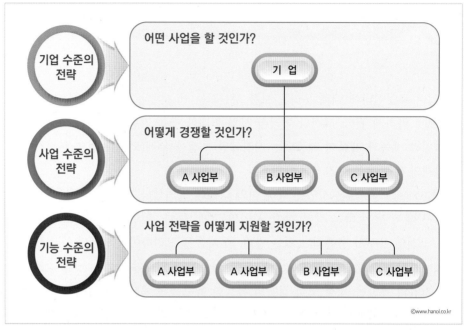

🌣 그림 11-10_ 수준별 전략적 계획

변화에 적절히 대응할 수 있다.

기업이 사업 수준에서 경쟁 우위(competitive advantage)를 얻기 위해 추구하는 전략에는 원가 주도 전략, 차별화 전략, 집중화 전략이 있다. 그리고 이러한 전략은 경쟁적인 우위를 얻기 위해 제품을 차별화하고 시장을 세분화하는 정도가 다르며 추구하는 기업의 능력이 다르다.

① 사업 수준 전략의 과제

(1) 고객 욕구와 제품 차별화

사업 수준에서 경쟁 우위를 확보하는 하나의 방법으로 고객의 욕구에 따라 제품을 다양화하는 제품 차별화 방안을 생각해 볼 수 있다. 고객의 욕구는 제품이나 재화의 특성에 의해 충족되는 것이며, 제품 차별화는 이러한 고객의 욕구를 다양하게 인식하고 그것을 충족시킬 수 있도록 다수의 제품을 설계하여 경쟁적인 우위를 창조하는 과정이다.

기업은 어느 정도의 제품 차별화를 통해 최소한의 고객 욕구를 충족시킬 수 있어야 한다. 기업 가운데는 이러한 제품 차별화의 수준이 높은 기업이 있을 수 있는데, 이런 차별화가 경쟁적인 우위를 가져다 준다.

예를 들면, 제품 차별화를 하지 않고 고객에게 가격이 낮은 단순한 제품만을 제공하는 기업이 있는가 하면, 다른 기업의 제품이 충족시킬 수 없는 고객의 욕구를 충족시키기 위해 그들만의 독특성을 가지는 제품을 창조하는 기업도 있다. 이러한 독특성은 실제 제품의 물리적인 특성인 제품의 품질과 신뢰성에 관련되기도 하고, 위엄이나 지위 등과 같은 고객의 심리적인 욕구와 관련되기도 한다.

(2) 고객 집단과 시장 세분화

경쟁적 우위를 확보하는 두 번째의 방법은 고객 집단을 나누어 시장을 세분화하는 것이다. 시장 세분화는 기업이 경쟁적인 우위를 얻기 위해 중요한 욕구나 기호에 따라 고객 집단을 나누는 것을 말한다. 일반적으로 시장 세분화에는 세 가지의 방안이 있다.

첫째는 고객 집단들이 서로 다른 욕구를 가진다는 것을 인식하지 않고 보통의 평균적인 고객에 봉사하는 접근법이다. 둘째는 시장을 서로 다른 구성 요소로 나누고 각 집단의 욕구에 적합한 제품을 개발하는 접근법이다. 셋째는 시장의 세분화는 인식하되 하나의 세분화된 시장이나 니치에만 집중적으로 서비스하고자 하는 접근법이다.

기업이 일반적으로 시장을 세분화하고 제품을 그 시장에 맞도록 다양화하는 이유는 그렇게 함으로써 보다 고객의 욕구를 잘 충족시킬 수 있기 때문이며, 그 결과 기업의 제품에 대한 수요가 증대하고, 이것이 하나의 시장에 하나의 제품을 제공하는 경우보다 수익을 높일 수 있기 때문이다.

그러나 때로는 산업이나 제품의 본질이 제품 차별화가 불가능한 경우도 있다. 예를 들면, 화학 약품이나 시멘트 등이 그 예이다. 이 경우는 고객이나 고객 집단의 욕구에 따라 제품이나 서비스를 차별화할 수 없기 때문에 시장 세분화나 제품의 차별화를 통한 경쟁적인 우위를 차지할 가능성이 없다. 이 경우에는 가격이 유일한 평가 기준이며 경쟁적인 우위는 얼마나 낮은 가격으로 제품을 제공하는가이다.

(3) 차별적 능력의 결정

사업 수준의 전략에 있어서 세 번째 과제는 고객 욕구와 집단을 충족시키기 위해 어떠한 차별적인 능력(distinctive competency)을 추구해야 하는가이다. 여기에서 차별

적인 능력은 경쟁적인 우위를 유지하기 위해 고객 욕구나 집단을 충족시키고자 하는 수단이다.

예를 들면, 기업은 제조 분야에서 생산과 관련된 기술을 사용하여 차별적인 능력을 개발해 고객의 욕구를 충족시킬 수 있다. 이 경우 보다 낮은 원가의 제품을 제공할 수 있는 차별적인 능력이 생긴다. 이와는 대조적으로 연구 개발에 집중해 제품의 성능이나 설계면에서의 차별적인 능력을 가질 수도 있다. 사업 수준의 전략을 선택하는 데 있어서 중요한 것은 경쟁적인 우위를 유지하기 위해 이러한 차별적인 능력을 어떻게 조직하고 결합하느냐 하는 것이다.

(4) 사업 수준의 전략

제품 차별화와 시장 세분화, 차별적 능력에 대한 의사 결정이 사업 수준 전략을 결정한다. 기업이 경쟁 기업보다 나은 성과와 수익을 얻기 위해, 즉 경쟁적인 우위를 얻기 위해 추구하는 사업 수준의 전략에는 세 가지의 기본적인 전략이 있는데, 원가 주도, 차별화, 집중화 전략이 있다. 이러한 전략은 본원적 전략(generic strategy)으로도 불리는데, 이 전략들이 제조업이든 서비스업이든 혹은 비영리 조직이든지 간에 어떤 사업이나 산업에서도 추구될 수 있는 것이기 때문이다. 이런 본원적인 전략은 〈표 11-1〉에서 보는 바와 같이 기업의 제품이나 시장, 차별적인 능력에 대한 의사 결정이 각각 다르다.

표 11-1_ 본원적 전략과 제품 차별화, 시장 세분화, 차별적인 능력의 선택

구 분	원가 주도 전략	차별화 전략	집중화 전략
제품 차별화	낮음	높음	낮을 수도 높을 수도 있음
시장 세분화	낮음	높음	낮음
차별적인 능력	제조와 물류 관리	연구 개발 마케팅	여러 형태의 차별적 능력이 있을 수 있음

출처 : Charles W. L. Hill & Garth R. Jones, Strategic Management-An Integrated Approach, Houghton Mifflin Company, Boston, 1989, p. 128.

(5) 경쟁적 우위 획득을 위한 고려

❶ 고객 욕구 → 제품 차별화(product differentiation)
❷ 고객 집단 → 시장 세분화(market segmentation)
❸ 기술 → 차별적인 능력(distinctive competence)

(6) 본원적 전략(generic strategy)

구 분	원가 주도 전략 (cost leadership s.)	차별화 전략 (differentiation s.)	집중화 전략 (focus s.)
제품 차별화	저	고	저/고
시장 세분화	저	고	저
차별적인 능력	제조/물류	R&D/마케팅	다양

(7) 본원적 전략의 위험

원가 주도 전략	차별화 전략	집중화 전략
· 원가 우위가 지속되지 못할 때 　– 경쟁 기업의 모방 　– 기술의 모방 　– 원가 우위 근거가 사라질 때 · 차별화 제품과의 근접성이 사라질 때	· 차별화가 지속되지 못할 때 　– 경쟁 기업의 모방 　– 차별화의 근거가 고객에게 중시되지 않을 때 · 원가상의 근접성이 사라질 때	· 집중 전략이 모방될 때 · 목표 시장의 매력도가 구조적으로 낮아질 때 · 전체 시장을 목표로 하는 경쟁 기업이 세분 시장을 장악할 때 · 세분 시장 간 차이가 없어질 때 · 다양한 제품 라인의 이점이 증가할 때

4 본원적 전략

① 원가 주도 전략

　원가 주도 전략 혹은 저원가 전략은 낮은 가격으로 제품을 생산함으로써 경쟁자보다 나은 성과를 얻고자 하는 것이다. 이러한 전략은 두 가지 이점이 있다. 첫째, 원가가 낮아 보다 낮은 제품 가격을 유지할 수 있으며, 그 결과 경쟁자보다 가격은 낮으면서도 같은 수익을 얻을 수 있다. 만약 같은 산업에 속한 기업들이 유사한 가격을 유지하고 있다면 원가 주도 전략을 사용하고 있는 기업의 수익이 가장 높게 된다. 둘째, 산업의 성숙과 더불어 가격 경쟁이 일어나면 경쟁에서 이길 수 있다.

이러한 두 가지 이유로 원가 주도 전략을 채택하고 있는 기업이 보다 수익이 높을 수 있다. 문제는 어떻게 하면 기업이 원가를 낮출 수 있는가 하는 것이다. 이것은 위 〈표 11-1〉에서 보는 바와 같이 시장과 제품, 차별적인 능력을 적절히 조합함으로써 달성될 수 있다.

(1) 전략적인 선택

원가 주도 전략은 〈표 11-1〉에서 보는 바와 같이 낮은 제품 차별화를 선택한다. 차별화의 정도가 높아지면 원가가 많이 들기 때문이다. 원가 주도 전략을 채택하는 기업은 제품 개발에 자원을 사용하는 차별화 전략 기업보다 낮은 차별화의 수준을 유지한다. 그리고 차별화된 제품을 생산한다 하더라도 고객이 서비스나 특성을 요구할 때까지 기다린다. 예를 들면, 원가 주도 전략 기업은 고객의 요구에 미리 앞서 TV에 스테레오 사운드를 장착하지 않는다. 고객이 그것을 요구하는 것이 확실할 때까지 기다리는 것이다.

원가 주도 전략은 보통 시장 세분화를 무시하고 평균적인 고객을 목표로 한다. 제품과 시장의 측면에서 기업은 평균적인 고객에 호소할 수 있는 제품 차별화의 수준을 유지하고자 한다. 제품에 대해 완전히 만족하는 고객이 없다 하더라도 고객의 선택 범위 내에서 경쟁자보다는 낮은 가격을 추구한다는 이미지를 심는 것이다.

제조 부문에서 차별적인 능력을 개발하는 것이 저원가 전략에서는 가장 중요하다.(경험 곡선의 하위에 위치) 결과적으로 제조나 물류 관리 기능이 중심적인 관심의 대상이고 다른 기능들도 제조 부분의 요구를 충족시켜줄 수 있도록 차별적인 능력을 갖추어야 한다. 예를 들면, 판매 부서는 대규모의 안정적인 고객을 확보하는 능력을 개발해야 하며, 연구 개발 부서는 제조 원가를 낮추기 위한 공정의 혁신과 생산을 보다 쉽게 할 수 있는 제품 개선에 차별적인 능력을 개발해야 한다.

(2) 장점과 단점

포터의 경쟁력에 영향을 미치는 다섯 가지 경쟁도 원천에 대한 모델을 이용하여 잘 설명될 수 있다. 원가 주도 전략을 추구하는 기업은 경쟁자로부터 보호받을 수 있다. 원가 주도 전략을 추구하는 기업은 공급자가 투입 재료의 가격을 인상한다는 위협을 하더라도 경쟁자보다 덜 위협받게 되며, 강력한 고객이 있어 제품의 가격을 낮추고자 하는 경우에도 마찬가지이다.

더욱이 원가 주도 전략은 많은 시장 점유율을 가지고 있고, 상대적으로 많은 양을 구매하기 때문에 공급자에 대한 교섭력이 커진다. 또 대체물이 시장에 진입한다 하더라도 가격을 낮춤으로써 시장 점유율을 유지하고 경쟁할 수 있다. 원가 우위는 진입 장벽을 높이게 되어 진입 장벽이 유지되는 한 상대적으로 안정된 전략이다.

원가 주도 전략의 주된 위협은 경쟁 기업이 보다 저원가의 방법으로 제품을 생산하여 원가 주도 기업을 앞지르는 경우이며, 원가를 절감한다는 한 가지 문제에만 관심을 두기 때문에 고객의 취향 변화를 무시하게 될 위험이 있다.

② 차별화 전략

차별화 전략은 고객에 의해 지각된 그들의 제품이 중요한 면에서 독특하다는 것을 인식할 수 있도록 재화와 용역을 창출하여 경쟁적인 우위를 얻고자 하는 전략이다. 경쟁 기업이 충족시켜줄 수 없는 고객의 욕구를 충족시켜 줄 수 있다는 것은 제품에 대한 추가적인 가격을 요구할 수 있다는 것을 의미한다. 따라서 제품의 가격은 원가 주도 전략을 추구하는 기업의 가격보다 높다. 고객은 차별화된 품질이 가치가 있다고 여기는 만큼 지불하게 되며 이것이 제품의 가격이 된다. 그 결과 경쟁자보다 수익이 높아진다.

벤츠는 유럽에서보다 미국에서 더 비싸다. 그곳에서 보다 많은 지위를 나타내 주기 때문이다. BMW의 가격은 소유에 대한 자부심이 지불할 만한 가치가 있다고 여기는 고객에 의해 결정된다. 이와 유사하게 로렉스는 생산 원가가 많이 들지는 않는다. 금으로 된 부분이 제품 가격의 일부분밖에 차지하지 않지만, 디자인이 여러 해가 가도 변하지 않아 고객은 제품에서 인지하는 독특한 특성을 이유로 그 제품을 구매한다. 그 시계를 가진 사람에게 어떤 지위를 부여해 주는 능력이 있기 때문이다.

(1) 전략적인 선택

차별화 전략은 〈표 11-1〉에서 보다시피 제품 차별화의 수준이 높다. 앞에서 언급한 바와 같이 제품 차별화는 여러 가지 방법으로 추구될 수 있다. 제품의 품질과 기술에서 얻어질 수 있으며, 서비스에서도 얻어질 수 있다. 제품이 고객의 심리적인 욕망을 채워줄 수 있는 것도 차별화의 원천이 될 수 있다. 지위나 위엄 등이 그 예이다. 뿐만 아니라 차별화는 사회 경제적인 계층이나 연령 집단에 의해서도 이루어질 수 있을

정도로 끝이 없다.

　기업이 차별화 전략을 추구한다면 가능한 많은 차원에서 차별화를 하도록 해야 한다. 라이벌과 닮지 않을수록 경쟁으로부터 보호받을 수 있고 시장도 넓힐 수 있다. 벤츠는 위엄이 있는 차일 뿐만 아니라 기술적인 정교함과 신뢰성이 있고, 비싸기는 하지만 수리나 서비스도 탁월하게 보장받는다.

　일반적으로 차별화를 하는 기업은 시장을 몇 개의 집중 시장, 즉 니치로 세분화하고 있다. 기업은 시장의 개별 니치를 위해 설계된 제품을 제공하게 되지만, 특별한 차별적인 우위를 가지는 몇 개의 시장 니치를 선택할 수 있다.

　차별화된 기업이 어떠한 차별적인 능력을 추구하든 차별적인 우위를 제공하는 기능에 중점을 두어야 한다. 기술적 능력에 의한 차별화는 연구 개발 기능에 의존하게 되고, 시장 세분화의 증대에 대한 시도는 마케팅 기능의 도움을 받게 된다.

　특정한 기능에 중점을 둔다는 것이 제조나 생산의 통제가 중요하지 않다는 것을 의미하는 것은 아니다. 차별화 전략을 추구하는 기업들도 불필요한 원가 상승을 원하지 않으며, 제품의 가격이 원가 주도 전략을 추구하는 기업의 것과 유사하고자 노력한다. 차별적인 우위를 제공하는 능력을 개발하는 데는 비용이 들게 되므로 원가 주도형의 경우보다는 원가가 높아지기 마련이다. 그러나 고객이 지불하고자 하는 가격 이상이 되지 않도록 제품의 가격을 통제해야 한다.

(2) 장점과 단점

　차별화 전략의 장점은 첫째, 고객이 브랜드 로열티를 만드는 정도만큼 경쟁자에 대해 안전하다. 브랜드 로열티는 기업의 모든 경쟁자를 물리칠 수 있는 매우 가치 있는 자산이다. 차별화된 전략은 제품을 만드는 데 드는 원가보다는 판매될 때의 제품 가격에 초점을 두고 있기 때문에 원재료의 가격 상승을 요구하는 강력한 공급자가 큰 문제가 되지 않는다. 따라서 원가 주도적인 전략보다는 원재료 가격의 상승을 보다 잘 견딜 수 있다.

　강력한 구매자에 대해서도 차별화된 전략은 구매자들을 마음대로 조정할 수 있기 때문에 전혀 문제가 되지 않는다. 차별화와 브랜드 로열티는 그 산업에 들어오고자 하는 다른 경쟁자에 대한 진입 장벽을 높인다. 대체품의 경우에도 고객이 원하는 욕구를 직접 충족시켜 주는가에 따라 대체품의 경쟁력이 결정되므로 대체품이 브랜드 로열티를 불식시킬 수 있는 정도에 따라 위협의 정도가 달라진다.

이러한 전략의 주된 문제점은 고객의 눈에 비친 독특성을 얼마나 장기적으로 유지할 수 있느냐이다. 성공적인 차별화 전략을 가진 기업을 다른 기업들이 모방하고 복제하는 경우가 흔히 있을 수 있다. 특허를 가진 사업자나 최초의 시장 진입자가 오래가지는 않으며, 제품의 전체적인 품질이 전반적으로 상승하게 됨에 따라 브랜드 로열티가 희석되기도 한다.

차별적 전략에 있어서 또 하나의 위협은 기업 독특성의 원천이 소비자의 취향이나 욕구 변화에 따라 무너지게 된다는 것이다. 이러한 전략의 주된 단점은 경쟁자들이 제품을 쉽게 모방하거나 어떤 변화로 인해 차별적인 가격을 유지하기가 어렵게 되는 경우이다. 차별화가 디자인이나 외형적인 모양에서 나오는 경우는 경쟁자의 모방이 쉬우므로 위험하다. 제품 가격의 하락에 따라 차별화의 중요성이 감소하여 일상용품화되어 가는 비디오 테이프, 레코드나 스트레오 등과 같이 제철이 지난 제품도 위험하다. 차별화가 서비스의 질이나 신뢰성 혹은 무형(intangible)의 것에서 나오는 것이라면 기업은 보다 안전하다. 그것은 모방하기가 어렵기 때문이다.

결론적으로 차별화는 높은 제품 차별화, 시장 세분화, 연구 개발이나 마케팅 능력의 조합으로 경쟁적인 우위를 유지하고자 하는 전략이다. 제품이 고객에 따라 차별화되어 있다면 고객에 대한 추가적인 가격을 요구할 수 있다. 단, 차별화를 모방하는 경쟁자를 살펴보아야 하고 시장이 감당할 수 있는 가격보다 높은 가격이 되지 않도록 해야 한다.

③ 집중화 전략

세 번째의 본원적 전략인 집중화 전략(focus strategy)은 제한된 고객 집단과 세분화된 시장의 요구에 부응한다는 의미에서 위의 두 가지와는 근본적인 차이가 있다. 다른 말로 하면, 집중화 전략은 지역이나 고객의 형태, 혹은 제품 라인의 세분화에 의해 정의된 특별한 시장 니치에 초점을 둔다. 예를 들면, 특정 지역이나 지방에 초점을 두거나, 부유층이나 청년층 혹은 모험층 등과 같은 특정 고객에게 초점을 두는 경우이다. 또 세분화된 제품 라인에 초점을 두는 경우도 있는데, 이 경우로는 채소로 된 음식이나 경주용 자동차, 혹은 맞춤옷 등에 초점을 두는 경우를 들 수 있다. 세분화된 시장에 대해 기업은 차별화 접근이나 저원가 접근, 어느 것으로도 집중화 전략을 추구할 수 있다.

(1) 전략적인 선택

집중화 전략이 추구하는 차별화의 수준은 낮거나 높을 수 있다. 왜냐하면 기업이 저원가로 접근할 수도 있고 차별화로 접근할 수도 있기 때문이다. 고객 집단 중에는 전체 시장을 대상으로 한 원가 주도 전략이나 대다수의 시장 니치를 대상으로 한 광범위한 차별화 전략과는 다른 특별한 시장 니치나 몇 개의 니치를 선택하기도 한다. 집중화된 전략은 어떤 형태의 차별화나 원가 주도 전략도 추구할 수 있기 때문에 어떠한 차별적인 능력도 추구할 수 있다.

집중화 기업이 그들의 경쟁적인 우위를 개발하는 과정을 보면 대기업과 관련된 많은 소규모 기업들이 존재하는 이유를 알게 된다. 소규모 기업이라고 하더라도 규모가 커지기 쉬운 저원가 전략이나 차별화된 전략에 대응하여 경쟁이 가능한 자신의 니치를 개발할 수 있는 무한한 가능성이 있다. 고객이 그 제품 없이는 움직일 수 없는 제품을 개발함으로써 시장의 촉진 기회를 만드는 것은 기업가에 있어 하나의 기회이다.

(2) 장점과 단점

집중화 전략을 추구하는 기업의 경쟁적인 우위는 차별화된 능력으로부터 나온다. 즉, 경쟁 기업이 제품과 서비스를 제공할 수 없는 만큼 보호된다. 이러한 능력은 집중화된 기업이 경쟁자에 비해서 고객에 대한 힘을 가질 수 있게 만들어 준다. 왜냐하면 고객은 다른 곳에서는 같은 것을 구할 수 없기 때문이다.

하지만 힘 있는 공급자에 대해 차별화 기업은 불리함을 안고 있다. 왜냐하면 소규모를 구매하기 때문이다. 만약 충성화된 고객에게 가격을 전가할 수 있다면 이것은 심각한 문제가 아닐 수도 있다. 잠재적인 진입자는 집중화 전략을 추구하는 기업이 만들어 놓은 고객의 충성도를 극복해야만 시장에 진입할 수 있으며, 고객 충성도는 대체물로부터의 위협을 줄여준다.

집중화 전략은 보통의 기업보다는 높은 투자 수익을 올릴 수 있는 장점이 있다. 또한 기업이 고객과 밀착되어 있어 그들의 욕구 변화에 대응할 수 있다. 많은 세분화된 시장을 대상으로 한 차별화된 기업의 경우와는 다르다.

집중화 전략은 소규모로 생산하기 때문에 생산 원가가 저원가를 추구하는 기업보다 높다. 만약 차별적인 능력을 개발하는 데 많은 투자가 이루어져야 한다면 높은 원가는 수익성을 잠식하게 된다. 그리고 기술의 변화나 고객 취향의 변화에 따라 집중화 전략을 추구하는 기업의 시장 니치가 갑자기 사라질 수도 있다. 보다 일반화된 차별화 전략과는 달리 집중화 전략은 하나나 소수의 시장 니치에 자원과 능력을 집중하기 때문에 쉽게 새로운 니치로 이동할 수 없다. 또한 차별화 전략을 추구하는 기업이 집중화 전략 대상 고객의 수요를 충족시켜주는 제품을 제공함으로써 집중화 전략을 추구하는 기업의 시장 니치를 공략해 올 수도 있다.

5 기업 수준의 전략

기업 수준의 전략은 장기적인 수익을 극대화하기 위해 기업의 발전과 개발을 관리하는 것이다. 기업 수준의 전략은 사업의 내용, 기업이 경쟁하고자 하는 시장을 선택하는 것이다.

사업에 대해 기업은 ❶ 하나의 사업에 집중할 것인지 ❷ 관련된 사업으로 수직적인 통합을 할 것인지 ❸ 새로운 사업 영역으로 다각화할 것인지를 결정해야 하며, 시장에 대해서는 ❶ 국내 시장에 한해서만 경쟁할 것인지 ❷ 글로벌하게 넓혀서 국제 무대에서 경쟁할 것인지를 결정해야 한다. 아래의 〈표 11-2〉는 가능한 기업 수준의 전략 유형을 나타내고 있다.

표 11-2_ 기업 수준의 전략 유형

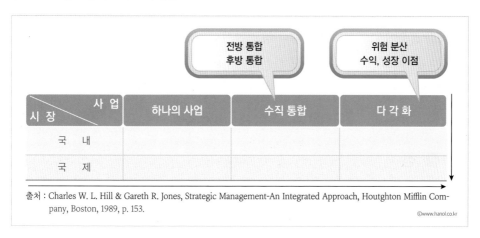

시장 \ 사업	하나의 사업	수직 통합	다각화
국 내			
국 제			

전방 통합 / 후방 통합 (수직 통합)
위험 분산 / 수익, 성장 이점 (다각화)

출처 : Charles W. L. Hill & Gareth R. Jones, Strategic Management-An Integrated Approach, Houtghton Mifflin Company, Boston, 1989, p. 153.

©www.hanol.co.kr

① 기업 수준의 전략 단계

대부분의 기업은 국내 시장을 대상으로 하나의 사업으로부터 출발해 국제적인 다각화 기업으로 성장 발전한다. 하나의 국내 시장을 대상으로 한 초기의 기업에 있어서 장기적인 수익을 극대화한다는 것은 그 시장 내에서의 경쟁을 어떻게 하면 가장 잘하는가 하는 것이다. 여기에는 앞에서 보았다시피 차별화, 원가 주도 혹은 집중화 전략이 있다.

기업이 한 사업에서 성공을 거두게 되면 보다 나은 전략적 우위를 획득하기 위해 공급자를 소유하는 후방 통합이나 유통 기관을 소유하는 전방 통합과 같은 전략도 실행할 수 있으며, 글로벌화할 수도 있다. 또 한편으로 기업은 다각화를 추구할 수도 있다. 원래의 산업에서 경쟁적인 우위를 유지하는 데 성공하고 있는 기업은 그 위치를 유지하고도 남는 초과 자원을 새로운 사업에 투자하는 다각화 전략을 추구할 수 있다. 이렇게 볼 때 전형적인 기업의 성장과 발전은 세 가지의 기본적인 단계로 나누어진다.

- **제1 단계** : 하나의 국내 시장 사업에 집중
- **제2 단계** : 핵심 사업의 강화를 위한 글로벌화나 수직 통합
- **제3 단계** : 여유 자원의 가치 창조 활동에 투자하는 다각화

② 단일 사업 집중 전략

대부분의 기업은 하나의 사업에 중점을 두고 국내 시장에서 그들의 사업을 시작한다. 이런 경우에 있어서는 기업 수준의 전략이나 사업 수준의 전략은 동일하다. 이 경우 이익을 극대화하기 위해 저원가나 차별화 혹은 집중화 전략을 사용하게 되며, 기업이 경쟁 우위가 존속되는 한 이윤을 얻을 수 있다. 기업이 단일 사업에 집중함으로써 얻을 수 있는 장점과 단점을 살펴보자.

(1) 장 점

한 부분에 집중함으로써 그 시장에서 성공적으로 경쟁할 수 있다. 이러한 전략은 기업이 속해 있는 산업이 성장 산업인 경우에 보다 효과적이다. 성장 산업에 있어서

는 기업의 자원에 대한 수요가 증대되고 있을 뿐만 아니라 경쟁 우위로부터 얻어지는 장기적인 수익이 높기 때문이다.

한 국가에서 하나의 사업을 관리하는 경영자는 여러 국가에서 벌어지는 많은 사업을 수행하는 기업의 경영자들보다 그 기업이 속한 사업에 대한 지식을 정확하게 알 수 있다. 이러한 지식은 빠르고 정확한 최고 경영층의 의사 결정이 요구되는, 경쟁과 기술적인 변화가 심한 사업일 경우 매우 중요한 기업의 자산이 되어 기업을 성공으로 이끈다.

(2) 단 점

하나의 사업에 집중하는 것은 불리한 점을 가지고 있다. 산업에서 경쟁적인 우위를 가지려면 수직 통합이나 글로벌화가 필수적이다. 왜냐하면 하나의 사업에 중점을 둔 기업이 이익을 극대화하는 데는 두 가지의 장애가 있기 때문이다. 이 두 가지 장애를 극복하기 위해서 기업은 다각화를 하게 된다.

첫째는 성숙 산업에 속한 단일 사업 기업은 산업 자체의 낮은 성장률로 인해 자신의 성장률이 제한된다. 이런 단계에서 단일 사업에 집중하게 되면 자원을 효과적으로 활용하지 못한다. 특히, 기업이 그 사업에서 경쟁적인 우위를 확보하여 그러한 우위를 유지하는 데 필요한 여유 자원이 생겨나는 경우에는 더욱 그러하다. 따라서 초과되는 자원을 활용하기 위해서 기업은 새로운 사업 영역으로 다각화해야 한다.

둘째는 한 사업의 성공으로 얻은 경쟁력 있는 차별화 능력은 다른 사업이나 산업에도 적용될 수 있다. 만약 이러한 기회를 사장시킨다면 기업의 경쟁 우위를 다른 산업에 적용하여 얻을 수 있는 이윤 획득의 기회를 놓치게 됨은 물론 장기적인 기업의 수익성 하락을 가져오게 된다.

③ 수직 통합 전략

수직 통합은 기업이 그 자신의 투입을 제조하거나 그 자신의 산출을 처리하는 것을 의미한다. 이 경우 전자를 후방 통합, 후자를 전방 통합이라고 부른다. 제철 회사가 철광석을 공급받기 위해 철광 산업으로 사업을 확장하는 것은 후방 통합의 한 예이며, 자동차 회사가 자동차를 판매하기 위해 유통 사업을 시작하는 것은 전방 통합의 한 예이다.

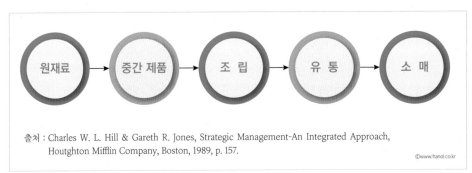

출처 : Charles W. L. Hill & Gareth R. Jones, Strategic Management-An Integrated Approach, Houthton Mifflin Company, Boston, 1989, p. 157.
©www.hanol.co.kr

🏭 그림 11-11_ 원재료에서 소비자까지의 단계

〈그림 11-11〉에서 보면 원재료에서 소비자의 제품에 이르는 전형적인 사업의 단계가 나타나 있다. 조립 단계 회사에 있어 후방 통합은 중간 제품과 원재료의 생산으로 이동하는 것을 의미하며, 전방 통합은 유통이나 소매 회사로의 진입을 의미한다.

전후방 통합 전략에는 완전 통합 전략과 부분 통합 전략의 두 가지가 있다. 완전 통합 전략은 기업의 과정에 필요한 모든 특정 투입을 생산하거나 모든 산출물을 처리하는 경우를 일컫는다. 부분 통합 전략은 기업이 소유한 공급체와 더불어서 독립된 공급업체로부터 사들이고, 산출도 마찬가지로 기업이 소유하고 있는 유통업체뿐만 아니라 다른 업체를 통해서도 유통시키는 경우이다.

(1) 수직 통합의 장점

수직 통합을 하고자 하는 기업은 고유한 핵심 사업의 경쟁적인 위치를 보다 강화시키기 위한 욕망으로부터 출발한다. 이러한 전략을 통해 기업은 ❶ 생산 원가를 절감하고 ❷ 시장 비용을 줄이며 ❸ 보다 나은 품질 관리를 할 수 있으며 ❹ 독점 기술을 보호할 수 있다. 이를 바탕으로 기업은 추가적인 가치를 창출할 수 있다.

(2) 수직 통합의 단점

수직 통합은 잠재적인 장점이 있는 반면에 단점도 있다. 수직 통합의 단점으로 첫째, 잠재적 원가 상승을 들 수 있다. 이는 낮은 가격의 외부 부품 업체가 존재하는 데도 불구하고 기업이 소유하고 있는 공급자로부터 투입을 받아야 하는 경우에 발생한다. 둘째는 급속한 기술 변화에 따르는 위험을 들 수 있다. 이는 후방 통합을 한 1950년대의 라디오 제조 업체를 생각하면 쉽게 이해할 수 있다. 그 당시에는 진공관이 최선의 기술이었으나 불과 10년 후에 트랜지스터 라디오가 개발되어 기술적으로 후퇴하게 되었다. 이런 경우에는 수직 통합이 위험을 분산시키지 못해 치명적인 결점을 갖게 된다. 셋째, 수요가 예측 불가능한 경우의 불리함을 들 수 있다. 수직 통합은 불안정하고 예측 불가능한 수요 조건하에서는 위험하다. 만약 안정적인 수요가 없다면 서로 다른 활동들 사이의 생산 흐름을 조절할 수 없고 계획을 세울 수 없다. 그러므로 수요 상황을 고려하여 수직 통합을 해야 한다.

④ 글로벌화 전략

글로벌화는 기업이 모국을 벗어난 영역으로 시장을 확대하는 것을 의미한다. 이러한 글로벌화된 시장의 확대는 국내 시장만을 대상으로 한 기업이 가질 수 없는 몇 가지 가치를 얻을 수 있다. 대규모화된 시장, 이에 따른 투자 비용의 회수, 규모의 경제 실현, 저원가 지역에 제조 공장을 위치시키는 로케이팅 등을 통해 기업의 수익성을 높일 수 있다.

글로벌화 전략에는 시장에 대해 어떻게 접근하느냐에 따라 두 가지 방법이 있다. 국제 시장을 하나로 보고 접근하는 형태인 말 그대로의 글로벌 전략과, 여러 개의 국가 시장으로 세분화해 접근하는 다국 시장 전략이 있다.

다국 시장 전략은 글로벌 기업이 오랫동안 사용한 방법이다. 이 방법은 각국의 시장은 소비자의 기호나 취향은 물론이고 경쟁 상태, 운영 조건, 사회 구조, 정치, 법 등이 다르다고 가정한다. 다국 시장 전략을 추구하는 기업은 전략적인 의사 결정이나 운영 의사 결정을 국가별 하위 시장에 위양한다. 따라서 국가별로 서로 다른 생산과 마케팅을 실시한다. 이러한 전략은 국가별 차이를 인식하는 장점은 있지만 단점도 있다. 생산이 분화되면 글로벌화된 기업이 표준화된 제품으로 생산하는 규모의 경제를 실현할 수 없다.

최근 국제적으로 시장을 확대하려는 기업은 다국 시장 전략보다는 글로벌 전략을 취한다. 그것은 의사소통과 수송 기술의 발달로 국가가 다르다 하더라도 소비자의 기호와 취미가 점점 통일되어 가고 있기 때문이다.

구체적으로 다국 시장 전략과 글로벌 전략 중 어느 것을 취할 것이냐를 결정하기 위해서는 〈표 11-3〉에서 보는 바와 같이 두 가지를 고려해야 한다. 집중화된 생산으로부터 규모의 경제가 이루어질 수 있는가와 글로벌 시장의 표준화가 가능한가이다.

📢 **표 11-3_ 글로벌 전략**

시장의 표준화	규모의 경제	
	규모의 경제가 없다	규모의 경제가 있다
시장 표준화 불가능	• 지역별 제조와 생산 • 전형적인 다국 시장 전략	• 국제적 부품 생산, 기역별 최종 조립, 마케팅
시장 표준화 가능	• 글로벌 마케팅 • 지역별 생산	• 글로벌 생산과 마케팅, 전형적인 글로벌화 전략

출처 : Charles W. L. Hill & Gareth R. Jones, Strategic Management-An Integrated Approach, Houtghton Mifflin Company, Boston, 1989, p. 164.

⑤ 다각화 전략

　다각화 전략(diversification strategy)은 제품이나 시장을 관련 혹은 비관련 분야로 확대시키는 전략이다. 이러한 다각화 전략에는 관련 다각화 전략(related diversification strategy)과 비관련 다각화 전략(unrelated diversification strategy)이 있다.

　관련 다각화는 기업의 기존 활동의 가치 사슬과 공통되거나 연관이 있는 한두 요소를 가진 활동으로 기업의 활동을 확대하는 것이며, 이러한 연관성은 제조나 마케팅, 물류 관리, 기술적인 공통성에 근거하고 있다. 비관련 다각화는 전혀 공통성이 없는 새로운 사업이나 활동으로 다각화하는 것이다.

(1) 다각화를 통한 가치 창조

　기업의 다각화 전략은 기업이 그들의 고유 사업이나 핵심 사업의 경쟁적인 우위를 유지하는 데 필요한 이외의 재무적인 자원을 창출하였을 때 시도된다. 기업이 초과 보유하고 있는 자원은 다각화를 통해 가치 창조 활동에 활용될 수 있다. 다각화를 함으로써 가치 창조가 이루어지는 이유는 제품 포트폴리오를 적절히 구성하여 자원을 보다 효율적으로 사용할 수 있고 기존 사업에서 습득한 기술을 이전할 수 있으며 기업의 여러 가지 기능을 공유할 수 있기 때문이다.

(2) 문제점

　기업의 다각화 전략은 위험의 분산, 수익성, 성장을 내포한 매력적인 전략이지만 많은 단점을 가지고 있다. 포터는 1950~1986년까지의 미국 기업의 다각화를 관찰한 결과 다각화 전략이 성공적이지 못한 주된 이유는 과도한 다각화라고 지적했다.

다각화가 가지고 있는 단점은 첫째, 위험의 분산을 위해 다각화를 추구할 경우 자칫 자원이 비생산적으로 사용될 수 있고, 둘째, 전략적 이점보다는 성장 자체를 위해 다각화를 추구할 경우에는 추구 과정에서 가치 창조로 이어지지 않을 수 있으며, 셋째, 과도한 다각화로 사업에 대한 통제력을 상실할 수도 있다는 것이다.

6 전략 개발 기법

앞에서 살펴본 사업 수준의 전략과 기업 수준의 전략은 기업의 외부 환경과 내부 여건, 경영자의 가치관과 기업의 사회적 책임들을 고려하여 개발된다. 그러나 오늘날과 같이 다각화되고 대규모화된 기업의 전략을 체계적으로 개발하고 관리한다는 것은 쉬운 일이 아니다.

여기에서는 대표적인 전략 개발 기법인 제품 포트폴리오 관리 방안을 살펴본다.

① 제품 포트폴리오 관리

❶ 주요 제품(사업 단위들)의 경쟁적 위치와 상대적인 전망 비교 분석
❷ BCG(Boston Consulting Group) 매트릭스(matrix)

제품 포트폴리오 관리(Product Portfolio Management, PPM)는 산업의 성장률과 시장 점유율을 중심으로 각 사업 단위들의 경쟁적 위치와 전망을 비교 분석하여 사업 단위들의 효과적인 전략 개발을 모색하는 기법이다. 이 기법은 보스턴 컨설팅 그룹(Boston Consulting Group)이 1960년대에 개발한 기법으로, 수평축은 제품의 경쟁적 위치를 나타내는 상대적 시장 점유율이고, 수직축은 시장의 성장률을 표시하여 제품의 경쟁적인 위치를 나타낸 매트릭스이다.

〈그림 11-12〉에서 보는 바와 같이 제품 포트폴리오 매트릭스는 네 국면으로 나누어져 있다. 수평축은 시장의 가장 큰 점유율을 가진 경쟁자에 비교해 본 상대적 시장

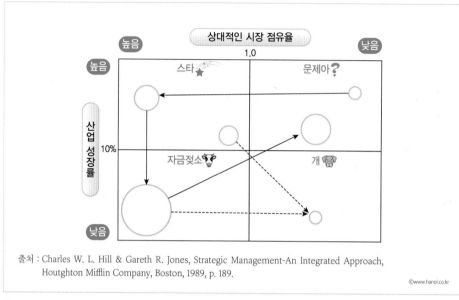

출처 : Charles W. L. Hill & Gareth R. Jones, Strategic Management-An Integrated Approach, Houtghton Mifflin Company, Boston, 1989, p. 189.

©www.hanol.co.kr

🔧 그림 11-12_ 제품 포트폴리오 그룹 매트릭스

점유율을 1.0을 기준으로 경쟁도를 구분한 것이며, 수직축은 시장의 성장률 10%를 기준으로 높은 시장 성장과 낮은 시장 성장으로 구분한 것이다. 기업의 각 사업 혹은 제품은 이러한 매트릭스상의 어디엔가 위치하게 되며, 그 제품의 판매 규모에 비례하는 크기의 원으로 표시되어 있다. 이와 같이 작성된 제품 포트폴리오는 기업체의 중요 제품 또는 사업 단위들의 경쟁적 위치와 상대적인 전망을 비교 분석하는 데 사용될 수 있다.

② 제품 포트폴리오의 각 분면

제품 포트폴리오 매트릭스는 〈그림 11-12〉에서 보는 바와 같이 네 분면으로 나누어져 있다. 이러한 네 분면은 각각 그 특성이 다르다.

❶ 1/4 분면

이 분면은 상대적으로 낮은 시장 점유율을 가지고 있어 시장에서의 위치가 약하다. 그러나 성장성이 높은 산업에 속해 있기 때문에 장기적으로 보면 수익성과 성장의 기회가 있는 사업이다. 이 분면을 물음표(question mark)나 문제아(problem child)로 부르는 이유는 어렵기는 하지만 잠재력이 있는 사업이라는 의미가 포함되어 있다. 이 분면에 속한 사업이 2/4 분면의 사업으로 이동하기 위해서는, 즉 시장의 점유율을 높이기 위해서는 많은 투자와 비용이 든다. 시장 자체가 급격히 성장하고 있기 때문에 보통의 시장 점유율 증가 전략으로는 상대적 시장 점유율을 증대시키기 어렵기 때문이다.

❷ 2/4 분면

이 분면은 시장 점유율이 다른 어떤 경쟁자보다 높고, 사업이 속해 있는 산업 자체의 성장률도 높은 국면으로, 여기에 속한 사업이 기업을 이끌어 간다고 해도 과언이 아니다. 이미 이 국면에 들어온 사업은 매우 수익성이 높아 기업의 자금원이 되기도 하지만, 이제 막 이 국면으로 들어온 사업의 경우에는 많은 투자가 필요하다. 이 국면은 스타(star)로 불린다.

❸ 3/4 분면

이 분면은 산업의 성장률은 낮지만, 높은 시장 점유율을 가지고 있어 시장에서의 경쟁력이 있는 분면으로, 여기에 속한 사업은 대개 성숙 산업에 속한 사업이며, 누적된 생산량에 의해서 경쟁력이 얻어진다. 이 국면에 위치한 제품은 자금젖소(cash cow)로 불릴 만큼 수익성이 높다는 큰 장점을 가지고 있다.

❹ 4/4 분면

이 분면은 산업의 성장률과 시장의 점유율 모두가 낮은 국면이다. 즉, 매력적이지 않은 산업에 속해 있으면서 경쟁력도 시원치 못하다. 별로 수익성이 없으며 장래성도 없다. 이 국면은 개(dog) 국면으로 불린다.

(1) 각 분면의 특성과 전략 대안

구 분	시장 점유율	성장률	현금 흐름	전략 대안
스타	· 높음	· 높음	· 전체적 균형 또는 약간 마이너스	· 현재 지위의 고수 · 시장 점유율 증가
자금젖소	· 높음	· 낮음	· 상당한 플러스	· 현재 지위의 고수
문제아	· 손익 분기 또는 적자	· 매우 높음	· 상당한 마이너스	· 시장 점유율 증가
개	· 낮음 또는 적자	· 투자 회수	· 플러스	· 수확 또는 철수

(2) 수익성 요인 분석(profit impact on market strategy, PIMS)

❶ 사업 단위의 수익성에 관련된 요인 분석(GE 개발)
❷ 사업 단위와 기업체 전체의 수익성 극대화
❸ 중요 고려 요소
❹ 투자 이익률(ROI)
❺ 시장 점유율
❻ 판매 투자율(ROS)
❼ 연구 개발비
❽ 마케팅 비용
❾ 제품의 질

(3) 제품 수명 주기를 이용한 전략

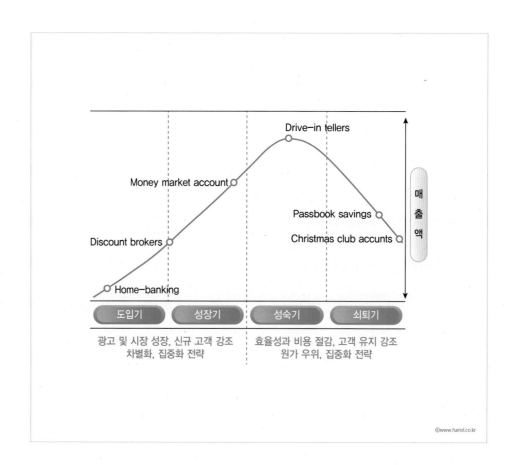

©www.hanol.co.kr

(4) 제품 수명 주기(product life cycle, PLC)

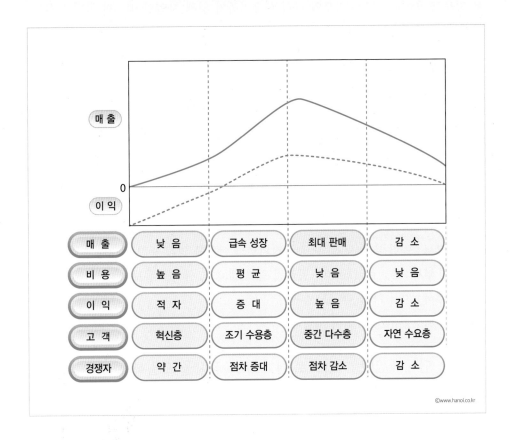

매 출	낮 음	급속 성장	최대 판매	감 소
비 용	높 음	평 균	낮 음	낮 음
이 익	적 자	증 대	높 음	감 소
고 객	혁신층	조기 수용층	중간 다수층	자연 수요층
경쟁자	약 간	점차 증대	점차 감소	감 소

©www.hanol.co.kr

③ 전략적 의미

　제품 포트폴리오는 기업의 수익성과 성장을 극대화하기 위해 기업의 재무 자원을 사용하는 방법을 제시하는 것이다. 이러한 포트폴리오 분석을 통해 기업은 많은 전략적인 시사점을 얻을 수 있다.

　제품 포트폴리오가 의미하는 전략적인 시사로 첫째, 자금젖소 국면에 속한 사업으로부터 창출되는 자금은 1/4 분면인 물음표 분면에 속한 사업을 위해 사용되어 2/4 분면의 스타 국면으로 이동할 수 있도록 사용되어야 한다. 이렇게 함으로써 장기적으로 매력적인 기업의 사업 구성을 할 수 있다.

　둘째, 경쟁력이 아주 약하고 장기적인 전망이 불확실한 물음표 국면의 제품은 자금 수요를 줄이기 위해 청산되어야 한다. 셋째, 4/4 분면에 속한 사업은 가능한 한 빨리

그만두어야 한다. 넷째, 기업이 자금젖소나 스타 혹은 물음표 분면에 속한 사업이 별로 없을 경우에는 포트폴리오의 균형을 유지하기 위해 사업의 매수와 합병 등을 고려해 보아야 한다.

7 기능 수준의 전략

❶ 차별화 전략을 도입하고 있고, 제품 수명 주기의 초기 단계에서 급속한 성장을 경험하고 있는 기업

- **인사 부서** : 인력 추가 모집, 새로운 직위로의 이동을 위한 중간 관리자 훈련
- **마케팅 부서** : test marketing, 공격적 광고 캠페인, 시제품 홍보
- **재무 부서** : 자금 차입, 대규모 투자
- **생산 부서** : 신규 생산 설비 도입

❷ 성숙 단계에 있는 기업으로 원가 주도 전략을 도입하고 있는 기업

- **인사 부서** : 이직과 전직 관리, 안정적인 작업장 구축
- **마케팅 부서** : brand loyalty 강조, 기존의 신뢰할 만한 유통 채널 구축
- **재무 부서** : 순현금 흐름과 현금 수지 균형에 초점
- **생산 부서** : 효율적인 가동 유지

기업가 정신과 **창업**

Chapter 12

창업 기업이
알아야 할 재무제표

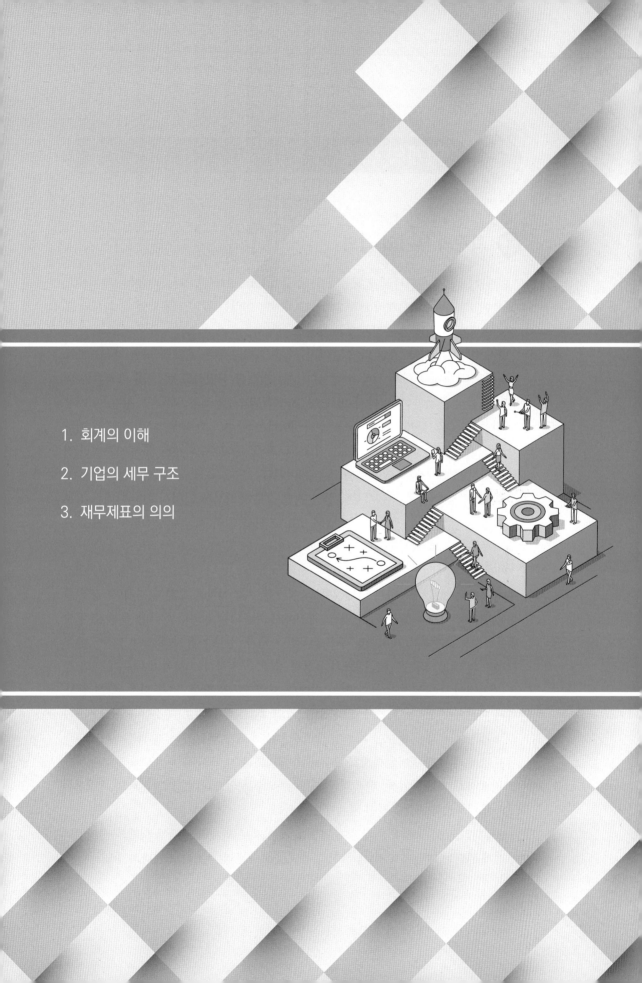

1 회계의 이해

① 회계와 부기의 의의

회계라는 말이 우리나라에 처음 도입된 것이 1960년대 말이다. 그전에는 부기(簿記: 장부 기입의 준말) 또는 계리(計理 : 계산하고 따지는 것)라는 말이 사용되었다. 회계와 부기는 어떻게 다르고 어떤 관계에 있는지 알아보자.

먼저 '부기'란 '장부 기입'의 준말이며, 재무 회계의 최종 목표가 되는 재무제표를 작성하는 과정에서 회계 기록의 대상이 되는 거래를 식별하고 분류 및 요약하는 일련의 기술적인 절차이다. 다시 말해, 거래의 식별 → 거래의 분개 → 전기 → 시산표 작성 → 수정 분개 → 재무제표의 작성이라는 일련의 과정(부기과정)을 통해 기계적·반복적으로 계정 기입을 행하는 기술이라고 할 수 있다. 회계의 가장 기본적인 전제가 되지만, 그 자체로서 회계의 전부는 아니다.

부기는 돈을 셈하는 것에서부터 셈한 돈을 장부에 기록하고 정리하며, 이러한 장부를 이용해 일정 기간 개인이나 기업이 얼마나 돈을 벌어 재산이 증식되었는지에 관한 각종 보고서를 작성하는 절차라고 할 수 있다.

회계(Accounting)는 정보 시스템(Information System)이다. 정보 이용자의 의사 결정에 유용한 정보를 제공하기 위해 앞에서 설명한 부기 절차를 포함해 경제 및 경영 활동을 연구 분석하는 모든 과정 및 그 과정에서 사용되는 원리나 이론은 물론 모든 방법론까지도 포괄하는 개념이다. 즉, 그 목적 자체가 '정보 이용자의 의사 결정에 유용한 정보의 제공' 또는 '관련 정보의 유용성 증대'를 지향하는 것이기 때문에 이와 같은 기계적이고 반복적인 부기 절차 외에도 재무제표의 작성, 원가 회계, 회계 감사, 회계 이론의 정립, 세무 회계 이익 계획, 경영 분석, 회계 정보 시스템에 이르기까지 의사 결정에 유용한 정보를 마련하고 그를 이용자에게 전달하는 제 과정 및 그 과정에서 사용되는 제 방법론까지도 포괄하는 개념이다. 따라서 회계는 단순히 재무제표를 작성하기 위한 기계적, 반복적인 기술이 될 수는 없으며, 인접 학문과의 관련성을 고려한 이론적이고 학문적인 체계가 필요하다.

그렇더라도 회계의 가장 기본이 되는 분야가 재무 회계이고 재무 회계의 시발점이 부기가 된다는 측면에서 볼 때 부기의 중요성을 아무리 강조해도 지나치지 않는다.

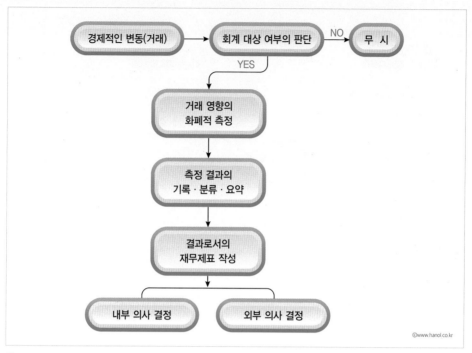

🔩 그림 12-1_ 부기의 과정

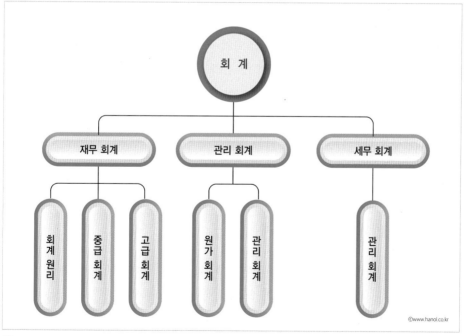

🔩 그림 12-2_ 회계의 분류

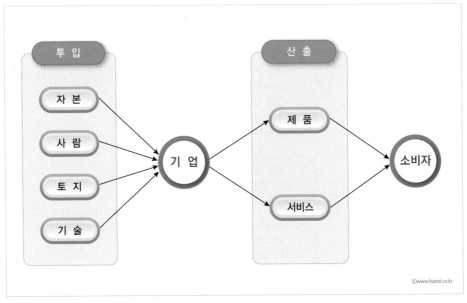

🔧 그림 12-3_ 기업의 역할

회계의 주체에는 경제 활동 단위인 가계, 기업, 단체 및 정부가 있다. 이 중에서도 현대 시장 경제의 중심인 기업이 가장 중요한 회계의 주체라고 할 수 있다. 기업은 자본, 노동, 토지, 기술과 같은 생산 요소를 투입해 우리 생활에 필요한 제품이나 서비스를 생산하는 경제 단위로서 자본주의의 핵심적인 역할을 맡고 있다. 기업의 이러한 역할을 그림으로 나타내면 〈그림 12-3〉과 같다.

이와 같이 회계는 기업의 언어로서 기업의 재무적인 거래나 사건을 화폐 단위로 측정, 분류, 기록하고 분석하는 과정으로 회계 정보 이용자가 기업과 관련해서 경제적 의사 결정을 하는 데 유용한 정보를 제공하는 정보 시스템이다. 회계는 재무 회계와 관리 회계로 나눌 수 있다.

② 재무 회계와 관리 회계

재무 회계와 관리 회계의 가장 큰 차이는 회계 정보 이용자가 누구냐는 점이다. 재무 회계의 경우, 정보 이용자는 회계 보고를 하는 조직의 외부자인 투자자, 채권자, 정부 기관 등이다. 이에 비해 관리 회계 정보 이용자는 조직의 내부 경영 관리자이다. 최고 관리자, 중간 관리자, 하부 관리자 등 모든 계층의 내부자에게 의사 결정에 유용

표 12-1_ 재무 회계와 관리 회계 비교

구 분	재무 회계	관리 회계
목적(내용)	• 외부 정보 이용자를 위한 외부 보고	• 내부 경영자를 위한 내부 보고
수익·이익의 실현 단위	• 기업 전체(business entity)	• 기업을 구성하는 구성 단위(sub-entity)
보고 기간	• 정기적으로 보고(보통 연 1회)	• 수시 필요에 따라 보고
보고 형식	• 대체로 일정한 형식을 가짐	• 일정 형식을 갖출 필요 없이 자유로운 형식으로 보고 가능
회계 원칙	• 수많은 이해관계자를 위한 외부 보고용이므로 일반적으로 인정된 회계 원칙(GAAP)에 의해 구속되고 그에 의해 보고서 작성	• GAAP에 의해 영향을 받지 아니하고, 관리·통제를 위한 회계 절차에 의해 보고서 작성
측정	• 반드시 화폐 단위에 의한 측정을 내용으로 함	• 내부 의사 결정에 필요한 정보 제공이 목적이므로 화폐를 위시한 모든 계량적 수단에 의한 측정이 가능함
시점	과거 지향적	미래 지향적

한 정보를 주고자 하는 것이 관리 회계의 목적이다. 재무 회계 정보는 외부 이용자를 위한 것이므로 신뢰성과 객관성이 중요하나 관리 회계 정보는 객관성이 낮은 주관적 정보라도 의사 결정에 도움이 된다면 유용하다.

재무 회계 정보는 기업 간의 비교나 한 기업의 기간 간의 비교를 통해 이용되므로 비교 가능성과 일관성이 중요하다. 이를 위해서 일반적으로 상장 기업은 한국 채택 국제회계기준(Korea International Financial Reportion Standards, K-IFRS), 대부분의 비상장 기업에 적용되는 일반 기업 회계 기준, 특수 분야 회계 기준이 적용된다. 이에 비해 관리 회계 정보는 조직 내부의 의사 결정을 위한 것이므로 정보의 가치가 정보 획득의 비용보다 커야 하는 경제성이 요구되는 특성이 있다. 따라서 관리 회계는 회계 기준의 지배를 받지 않는다.

최근에는 기업의 경쟁이 치열해지면서 재무 회계적인 측면보다는 경쟁에서 살아남기 위해 경영 의사 결정에 필요한 정보를 제공하는 관리 회계적인 측면이 강조되고 있는 실정이다.

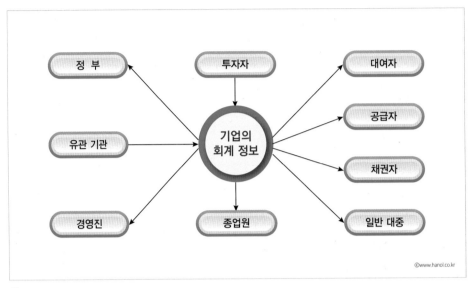

그림 12-4_ 회계 정보의 이용자

③ 손익분기점

손익분기점(Break-Even Point, BEP)은 기업의 생산 및 판매 활동에서 총수익과 총비용이 일치하는 점에서의 매출량을 말한다. 판매량 또는 매출액이 손익분기점을 넘어서면 흑자가 되고 손익분기점에 미치지 못하면 적자가 된다. 손익분기점 분석(Break-Even Analysis)은 변동비 및 고정비 수준과 이익의 관계를 검토하기 위한 분석 기법이다. 이는 원가(Cost)와 매출량(Volume), 이익(Profit)의 상호 관계를 분석하기 때문에 CVP(Cost-Volume-Profit) 분석이라고도 한다.

변동비(variable cost)는 매출량에 따라 비례적으로 변하는 비용이며, 고정비(fixed cost)는 매출량에 관계없이 일정한 비용을 말한다. 손익분기점 분석에 있어서 고정비는 영업 활동과 관련된 영업 고정비를 의미하고, 이자 비용과 같은 재무 고정비는 포함되지 않는다. 변동비는 생산량에 따라 일정한 비율로 변화하므로 단위당 변동비는 일정하나 총변동비는 변화한다.

(1) 손익분기점 산출

손익분기점은 총수익과 총비용이 같은 매출액 또는 매출량 수준이므로 다음과 같은 관계가 성립한다.

- $TR - TC = 0$
- $TR = VC + FC$

> TR : 총수익 TC : 총비용 VC : 총변동비 FC : 총고정비

- $P \cdot Q - [(V \cdot Q + FC)] = 0$
- $P \cdot Q - V \cdot Q = FC$

$$\text{손익분기점에서의 매출량} = \frac{FC}{P - V}$$

> P : 단위당 판매 가격 Q : 매출량 V : 단위당 변동비

위 식에서 P-V는 일정액을 판매했을 때 단위당 판매 가격에서 단위당 변동비를 차감한 값으로 단위당 공헌 이익이라고 한다. 공헌 이익은 판매액 중 변동비를 보상한후 기업 이익에 공헌하는 부분을 나타낸다. 손익분기점에서의 매출량은 고정비를 단위당 공헌 이익으로 나눈 값과 같다. 손익분기점을 매출량 대신 매출액으로 나타내면 PQ=TR, VQ=VC라 할 수 있다.

변동비에는 원재료비, 직접 노무비, 판매 수수료 등이 포함되고, 고정비에는 감가상각비, 관리직의 보수, 임차료 등이 포함된다. 한편 비용 가운데는 고정적인 성질과

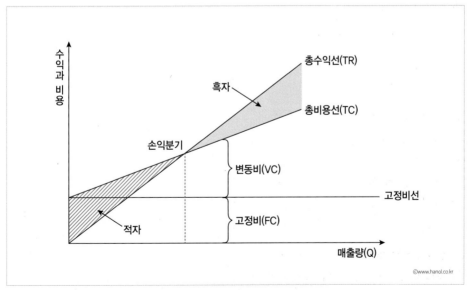

🔧 그림 12-5_ 손익분기점도

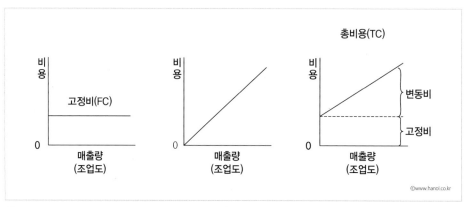

🌼 그림 12-6_ 매출량과 고정비 및 변동비 간의 관계

변동비적인 성질을 함께 지닌 비용도 존재하며 이러한 비용 항목을 준고정비 또는 준변동비라고 한다. 매출량과 고정비 및 변동비 간의 관계를 그림으로 나타내면 〈그림 12-6〉과 같다.

(2) 목표 이익과 손익분기점 분석

손익분기점 분석은 비용, 수익, 이익의 관계를 나타낼 뿐 아니라 이를 활용하여 목표 이익의 달성을 위한 유용한 도구로도 사용될 수 있다. 손익분기점을 나타내는 식을 이용하여 목표 이익 달성을 위한 매출량은 다음과 같이 구할 수 있다.

$$\cdot \text{목표 이익 달성을 위한 매출량} = \frac{\text{고정 비용} + \text{목표 이익}}{\text{공헌 이익}} = \frac{FC + TP}{P - V}$$

2 기업의 세무 구조

1 경영과 세금

유효한 세무 계획이 되기 위해서는 사전적이고 장단기적인 고려가 수반되어야 한다. 첫째, 모든 경영 계획에서 세금을 반드시 고려해야 한다. 기업 경영에 있어서 부문 계획은 그 대상이 설비 계획, 제품 계획, 노무 계획, 판매 계획, 생산 계획 및 재무 계획 등 경영 활동의 모든 영역에 걸쳐 있다. 이러한 모든 계획 입안 과정 중에서 세금은 신중히 고려되어야 한다.

둘째, 장단기적 세무 계획을 들 수 있다. 단기 계획은 이익 실현의 구체적인 방도와 금액의 예측이며, 장기 계획은 이익 실현의 기반인 기업의 체질 또는 구조의 개선에 관한 계획이라 할 수 있다.

기업 경영의 목표는 이익 극대화이다. 여기에 세무 문제를 추가적으로 고려할 때 기업 회계적 차원에서 계상된 이익은 결코 진정한 이익이라고 할 수 없다. 왜냐하면 이러한 이익에는 배당 지급액과 세금 납부액이 공제되지 않았기 때문이다.

우리나라 기업 회계 실무에서 배당은 주주 총회의 이익 처분 단계에서 확장되고, 세금은 기업 의도와는 무관하게 강제성을 지닌 이익 처분에 의하므로, 일반인들은 이것이 비용이 아닌 것으로 생각하기 쉽다. 그러나 세금을 비용의 범주에 넣는 사고 방식이 세무 경영 계획의 출발점이 된다.

세금은 이익 처분 단계에 있어서 일시적으로 발생하는 것이 아니라 일상적인 개개 경영 활동 그 자체가 과세 대상이 되기 때문에 연간 계속적으로 발생한다. 다만 세금은 이익 처분 단계에서 그 총액을 계산해서 납세하는 데 불과하다.

2 기업 형태의 결정과 설립

사업을 영위하기 위해서는 먼저 개인 기업으로 할 것인지, 법인 기업으로 할 것인지를 결정해야 한다. 이것을 선행해야 하는 이유는 적용받는 규제나 활동 내용들이 다르기 때문이다.

📢 **표 12-2_** 개인 기업과 법인 기업의 비교

구 분	개인 기업	주식회사
적정 규모	중소 규모	중대 규모
법적 근거	업종별 관계법(인허가)	상법 및 업종별 관계법
성 격	개인	법인
대표자 책임	무한 책임	유한 책임(출자 지분 범위 내)
법적 출자 인원	대표자	발기인 3인 이상
사업자 등록	사업 개시 즉시 가능	법인 설립 후 사업자 등록
청산 절차	즉시 청산 가능	상법의 청산 절차에 따름
		의결 기관 : 주주 총회
기 관	대표자 개인	대표 기관 : 대표 이사
		업무 집행 : 이사회

개인 기업은 법적 절차 없이 쉽게 창설이 가능한 반면, 법인 기업은 법에서 정한 소정의 절차에 따라 설립해야 한다. 개인 기업은 설립과 운영이 간편한 대신, 기업 경영에 대해 단독 무한 책임을 진다는 단점이 있다. 법인 기업은 자본금을 등기하고 재무제표를 공개할 책임이 있으나 출자액의 범위 내에서 무한 책임을 지며, 기업 규모가 증가할수록 법인 기업에 대한 세무상 혜택이 증가한다는 장점이 있다.

일반적으로 기업 규모가 증가하면 개인 기업에서 법인 기업으로 전환한다. 이는 기업 규모가 클수록 법인 기업이 유리하기 때문이다. 통상적으로 세액의 부담을 고려해 볼 때 연간 매출 총액이 5~10억 원 정도가 되면 법인 기업으로 운영하는 것이 세무와 관련하여 효익이 있는 것으로 판단한다.

③ 사업자가 알아두어야 할 세무

(1) 사업자 등록

모든 사업자는 사업을 시작할 때 반드시 사업자 등록을 해야 한다. 법인 기업은 법인 등록을 사업자 등록에 앞서 해야 하는데, 일반적으로 법인 등록과 사업자 등록이

동시에 이루어진다. 사업자 등록은 사업을 시작한 날로부터 20일 이내에 구비 서류를 갖추어 사업장 소재지 관할 세무서 민원 봉사실에 신청하면 된다.

사업자 등록 신청 시 구비 서류는 사업자 등록 신청서와 개인은 주민등록 등본, 법인은 법인 등기부 등본이 필요하고, 음식점, 개인택시 등 허가나 등록을 해야 하는 사업의 경우는 사업 허가증 사본이 추가로 필요하다.

(2) 사업자 등록 시 유의해야 할 사항

사업자 등록 신청 시 해당되는 사업자의 유형을 먼저 생각할 필요가 있다. 사업자의 유형은 매출액의 규모에 따라 일반 과세자와 간이 과세자로 구분한다.

일반 과세자는 세금 계산서를 교부할 수 있는데, 거래 시마다 세금 계산서를 교부해야 한다. 한편 연간 매출액이 4천 8백만 원 이하의 소규모 사업자는 간이 과세자로 분류되며, 비교적 영세한 사업자들이 여기에 해당한다. 간이 과세자는 일반 과세자와는 달리 세금 계산서를 교부할 수 없으며, 영수증이나 신용카드 매출 전표만을 교부해야 하는 제약이 있다.

표 12-3_ 법인 설립 신고 및 사업자등록증 신청

구 분	법인 설립 신고	사업자등록증 신청
기 한	설립 등기일로부터 1개월 이내	사업 개시일로부터 20일 이내
법정 제출 서류	1. 법인 설립 신고서 1부	1. 사업자등록증 신청서 1부
	2. 법인 등기부 등본 1부	2. 법인 등기부 등본 1부
	3. 정관 1부	3. 사업인·허가증 사본
	4. 개시 대차대조표	
	5. 주주 또는 출자자 명부	
보정 서류	1. 임원 명부	
	2. 이사회 의사록 사본	
	3. 대표 이사 주민등록 등본 1부	
	4. 법인 인감 증명서 1부	
	5. 자필 주주 출자 확인서 1부	

(3) 사업자가 납부해야 할 세금의 종류

사업자가 납부해야 하는 세금은 상품의 거래나 서비스의 제공에 대해 납부하는 부
가가치세와 사업을 해서 얻은 소득에 대해서 납부하는 법인세(법인 기업의 경우) 또는
소득세(개인 기업의 경우)로 크게 구분된다. 그러나 생활필수품의 판매나 의료, 교육 관
련 용역의 제공, 또는 신문, 도서 출판 판매의 경우에는 면세 사업자로 부가가치세를
납부하지 않는다.

면세 사업자는 부가가치세를 납부하지 않지만 소득세는 당연히 납부해야 한다.

한편, 유흥업 또는 귀금속 판매, 고급 가구, 모피 의류 등을 제조하는 사업자는 특별

표 12-4_ 사업자가 납부해야 하는 각종 세목

구 분 / 제 목	해당 사업자	신고·납부 기한		신고·납부할 내용
부가가치세	일반 과세자	1기 예정 1기 확정 2기 예정 2기 확정	4. 1.~4. 25. 7. 1.~7. 25. 10. 1.~10. 25. 1. 1.~1. 25.(다음해)	1. 1.~3. 31. 간의 사업 실적 4. 1.~6. 30. 간의 사업 실적 7. 1.~9. 30. 간의 사업 실적 10. 1.~12. 31. 간의 사업 실적
	간이 과세자	1기 확정 2기 확정	7. 1.~7. 25. 1. 1.~1. 25.(다음해)	1. 1~6. 30. 간의 사업 실적 7. 1~12. 31. 간의 사업 실적
		※ 1, 2기 예정 신고 기간에는 신고 없이 세무서에서 고지한 세액만 납부하면 된다.		
소득세	개인 사업자	확정 신고	5. 1.~5. 31.(다음해)	전년도 1. 1.~12. 31. 간의 연간 소득 금액
		중간 예납 고지	11. 15. 고지(11. 30. 납기)	전년도 부담 세액의 1/2
특별 소비세	과세 유흥 장소	매월 말일까지		지난 1개월간의 유흥 음식 행위 에 대한 요금
	투전기			지난 1개월간의 입장 요금 및 인원
	귀금속상			지난 1개월간의 과세되는 물품 판매 금액
	가구 제조업			지난 1개월간 제조장에서 반출된 고급 가구의 반출 가격
면세 사업자 사업장 현황 보고	개인 사업자 중 부가세 면세 사업자	1. 1.~1. 31.(다음해)		전년도 1. 1.~12. 31. 간의 총면세 수입 금액
소득세 징수액 보고	원천 징수 실적 있는 사업자	매월 10일		매월 원천 징수한 세액

소비세를 별도로 납부해야 하는데, 이는 부가가치세 신고와 별도로 신고 납부해야 한다. 또한 사업을 해서 얻은 소득에 대해서는 법인세 또는 소득세를 납부해야 한다.

④ 법인세

(1) 법인세의 개념

법인세란 법인의 소득에 대해 부과되는 세금이다. 기업 회계상의 순이익을 이용하여 세무 회계상의 과세 소득을 계산하는 것은 기업이 장부상으로 계상한 회계상의 수익과 비용을 법인 세법상의 수익과 비용으로 조정하여 법인 과세 소득을 계산한다는 것을 의미한다.

세무 조정이란 기업의 재무제표에 표시되어 있는 기간 손익이 세법의 규정과 비교하여 과소 계상되어 있는 부분은 가산하고, 반대로 과다 계상되어 있는 부분은 차감하는 절차를 말한다.

(2) 법인세의 계산 구조

법인세의 세액 계산은 기업 회계상 손익 계산서의 당기 순손익에서부터 시작한다. 법인세의 과세 표준은 각 사업 연도 소득에서 이월 결손금, 비과세 소득, 소득 공제를 차감하여 계산한다.

✈ 표 12-5_ 법인세의 계산 구조

결산서상 당기 순손익
(+) 익금산입·손금불산입
(−) 손금산입·익금불산입
각 사업 연도 소득 금액
(−) 이월 결손금
(−) 비과세 소득
(−) 소득 공제
과세 표준
(×) 세율
산출 세액
(−) 세액 감면
(−) 세액 공제
(+) 가산액
(+) 감면분 추가 납부 세액
총부담 세액
(−) 기납부 세액
차감 납부할 세액

⑤ 부가가치세

(1) 부가가치세의 의의

부가가치세(value added tax)는 소비자가 부담하는 세금으로 물건을 사고 파는 과정에서 부가된 가치에 대해 납부하는 세금으로, 물건을 팔 때 받은 부가가치세에서 물건을 살 때 지불한 부가가치세를 차감한 차액을 납부하는 것이다.

부가가치세는 사업자가 얻은 수입 중에서 납부하는 세금이 아니라 사업자가 판매 시 소비자로부터 받아 놓은 세금이다. 그러므로 사업자가 취할 이윤이 아니다. 그러 므로 결손이 날 경우에도 부가가치세는 납부해야 한다.

(2) 부가가치세의 신고 납부

부가가치세는 일반 과세자와 간이 과세자 등 납세 의무자의 유형에 따라 세금의 납부 절차와 세율, 세금 계산서 등의 발행 및 기장 의무를 달리하고 있다.

❶ 일반 과세자

> • 부가가치세 = 매출 세액 – 매입 세액 =(매출액 × 10%) -(매입 시 부담한 세액)

부가가치세의 계산은 과세 기간의 매출액을 과세 표준으로 하며, 세율은 10%를 적 용한다. 매입 거래 시에 증빙으로 세금 계산서를 교부받은 것이 있으면 매입 세액을 공제받을 수 있다. 신용카드 매출 전표를 교부받은 사업자도 세금 계산서와 마찬가 지로 매입 세액을 공제받을 수 있다.

부가가치세는 매출 세액에서 매입 세액을 공제하여 계산하므로 매입 세액이 매출 세액보다 큰 경우에는 환급 세액이 발생하며, 이 경우에는 해당 세액을 납세자에게 되돌려 준다. 이러한 환급에는 일반 환급과 조기 환급이 있다.

❷ 간이 과세자

> • 부가가치세 = 매출 세액 – 매입 세액 =(매출액 × 10%) -(매입 시 부담한 세액)

간이 과세 제도란 사업 규모가 상대적으로 작은 중소 개인 사업자에 대하여 세금 부담을 덜어주고 부가가치세 신고 납부 절차를 간소화하여 납세 편의를 도모하기 위 해 시행하는 제도이다. 간이 과세자는 일반 과세자와는 달리 세금 계산서를 발행할 수 없으며, 영수증 또는 신용카드 매출 전표를 교부해야 한다.

⑥ 소득세

소득세는 여러 가지 경제 활동을 통해 얻는 소득에 대해 납부하는 세금인데, 소득이라 함은 연간 총수입 금액에서 필요 경비를 공제한 금액을 말한다.

> · 소득 금액 = 연간 총수입 금액 − 필요 경비

종합 소득세는 개인에게 귀속되는 모든 소득을 종합하여 그 크기에 따라 누진 세율로 과세하는 세금이다. 그리고 이자 소득, 배당 소득, 부동산 임대 소득, 사업 소득, 근로 소득, 일시 재산 소득, 기타 소득 중에는 비과세되는 소득과 원천 분리 과세되는 소득이 있으며, 이러한 소득을 제외한 나머지 소득이 종합 소득세 과세 대상이다.

소득세는 1. 1.~12. 31.까지의 연간 얻은 소득에 대해 다음 해 5. 1.~5. 31.까지 주소지 관할 세무서에 신고해야 한다.

사업자는 기업 회계 기준에 의해 장부 및 증빙 서류를 비치·기장해야 하고, 이를 근거로 표준 재무제표와 합계 잔액 시산표 및 조정 계산서를 작성해 소득세 신고서에 첨부하여 신고해야 한다. 만약 재무제표와 조정 계산서 등을 제출하지 않거나 기장에 의하여 신고하지 아니하는 경우에는 신고 불성실 가산세가 적용된다.

3 재무제표의 의의

재무제표(Financial statements)란 재무 회계 시스템에서 수집 처리된 정보를 기업 외부의 정보 이용자에게 제공하여 그들로 하여금 합리적인 의사 결정을 할 수 있도록 하는 수단으로 재무 보고의 중심이 되는 것이다. 재무제표는 일정 시점에 있어서 특정 실체의 경제적 자원 및 그 자원에 대한 청구권의 변동 내역에 관한 정보를 실체 외부의 이해관계자들에게 주기적으로 전달하는 역할을 담당한다.

가장 일반적으로 이용되고 있는 재무제표는 재무 상태표, 포괄 손익 계산서, 자본 변동표, 현금 흐름표이며, 이에 대한 적절한 주석 및 주기 사항과 부속 명세서도 재무

제표의 구성 요소로 보는 것이 일반적이다. 재무제표는 각각 역할이 다르면서도 〈그림 12-8〉과 같이 상호 간에 밀접한 관계를 갖고 있다.

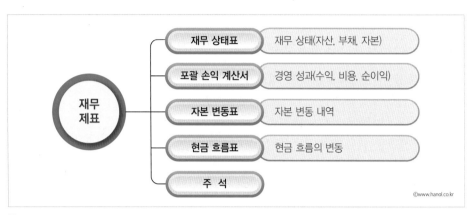

🔩 그림 12-7_ 재무제표의 분류

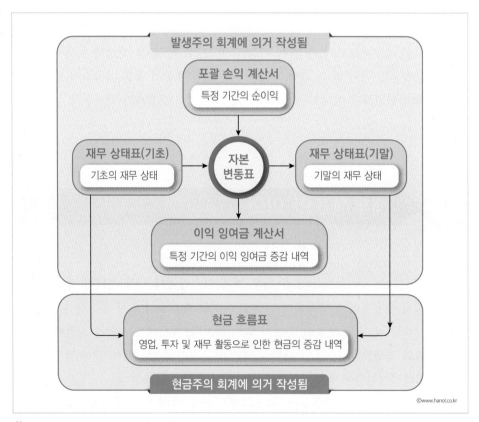

🔩 그림 12-8_ 재무제표 간의 상호 관계

❶ **재무 상태** : 일정 시점에서 기업이 가지고 있는 재산 상태를 의미한다. 예를 들어 기업이 가지고 있는 재산 중에서 현금과 차입금 등이 얼마나 되는지, 영업 활동과 상관이 없는 비업무용 토지와 같은 재산들이 얼마나 있는지 등과 같은 정보

❷ **경영 성과** : 일정 기간 기업이 어느 정도의 수익을 올렸으며, 그를 위해 얼마의 비용이 소요되어 결국 순이익 또는 순손실이 얼마나 되는가에 대한 정보

❸ **자본 변동 내역** : 일정 기간 자본의 변동 내역을 나타내는 것으로 자본금, 자본 잉여금, 이익 잉여금 등의 증감 내역에 대한 정보

❹ **현금 흐름** : 일정 기간 현금이 어떻게 조달되었으며 어떻게 사용되었는가에 대한 정보

① 재무 상태표

재무 상태표(Statement of Financial Position, SFP)는 일정 시점(회계 연도 말 : 통상 12월 31일)에 있어서 기업의 재무 상태, 즉 기업의 자산, 부채 및 자본(소유주 지분)의 상태를 총괄적으로 명확히 표시하는 결산 보고서이다. 재무 상태표의 차변인 자산은 기업이 조달한 자본을 어떻게 활용하고 있는가를 보여주고 있으며, 대변은 기업이 어떻게 자본을 조달했는가(자본 구조)를 보여준다.

(1) 자 산

자산(assets)은 기업이 영업 활동을 수행하기 위해 소유하고 있는 자금으로 재화나 권리를 포함한 여러 가지 경제적 자원(economic resources)을 나타낸다.

자산은 건물이나 기계 또는 비품과 같은 유형의 실체를 지닌 것뿐만 아니라 고객으로부터의 매출 채권이나 채무자로부터 받을 어음, 특허권 등과 같이 무형이지만 가치를 가지고 있는 법적인 요구나 권리 등도 포함한다. 대체로 자산은 기업의 재산 전부를 의미하는데, 그 이유는 기업이 가지고 있는 재산은 어느 것이나 수익을 얻을 목적으로 구입했다고 보기 때문이다. 따라서 어느 기업의 자산이 많다는 것은 사업 목적을 달성하기 위해 현재 보유하고 있는 경제적 자원이 그만큼 많다는 것, 즉 기업의 자금이 많다는 것을 의미한다.

> · 자산 = 부채 + 자본

재무 상태표

제52기 2014. 12. 31. 현재
제51기 2013. 12. 31. 현재
제50기 2012. 12. 31. 현재

(단위 : 원)

	제52기	제51기	제50기
자산			
유동 자산	85,463,593,354	69,108,164,137	64,599,098,939
현금 및 현금성 자산	4,706,987,241	2,068,278,003	2,798,308,640
기타 금융 자산	3,191,651,296	215,078,063	704,109,471
매도 가능 금융 자산	2,210,409,035	951,175,982	2,131,314,679
당기 손익 인식 금융 자산	6,996,048,456	235,151,974	1,025,928,131
매출 채권 및 기타 채권	41,548,770,855	34,404,628,739	33,713,002,102
기타 유동 자산	1,134,267,765	1,087,109,063	881,128,289
재고 자산	25,675,458,706	30,146,742,313	23,345,307,627
비유동 자산	55,682,216,523	51,647,739,258	53,111,734,685
기타 금융 자산	8,300,000	8,300,000	676,643,433
매도 가능 금융 자산	1,653,219,975	1,943,863,660	2,617,207,714
매출 채권 및 기타 채권	533,686,462	533,751,303	0
종속 기업 투자	11,975,381,029	11,975,381,029	12,074,564,829
유형 자산	41,511,629,057	37,186,443,266	37,592,355,416
당기 손익 인식 금융 자산	0	0	150,963,293
자산 총계	141,145,809,877	120,755,903,395	117,710,833,624
부채			
유동 부채	38,559,694,224	40,549,024,994	43,947,519,145
매입 채무 및 기타 채무	11,587,201,395	12,026,721,073	11,054,337,043
단기 차입금	23,103,768,719	24,402,799,072	28,755,014,929
유동성 장기 부채	0	200,000,000	345,900,000
미지급 법인세	706,010,596	1,569,115,273	1,074,461,400
기타 유동 부채	3,083,053,826	2,279,696,976	2,618,621,973
금융 보증 부채	79,659,688	70,692,600	99,183,800
비유동 부채	2,764,559,687	2,433,939,891	3,461,476,996
장기 차입금	0	300,000,000	500,000,000
기타 금융 부채	16,500,000	16,500,000	16,500,000
순확정 급여 부채	842,875,047	77,695,831	656,709,152
이연 법인세 부채	1,905,184,640	2,039,744,060	2,288,267,844
부채 총계	41,324,253,911	42,982,964,885	47,408,996,141
자본			
자본금	8,000,000,000	6,000,000,000	6,000,000,000
자본 잉여금	13,702,964,000	0	0
이익 잉여금	77,180,528,072	70,945,464,839	63,320,142,946
기타 자본 구성 요소	938,063,894	827,473,671	981,694,537
자본 총계	99,821,555,966	77,772,938,510	70,301,837,483
자본과 부채 총계	141,145,809,877	120,755,903,395	117,710,833,624

©www.hanol.co.kr

🌻 그림 12-9_ 재무 상태표의 구조 및 기능

그림 12-10_ 부채의 분류

(2) 부 채

부채(liabilities)는 기업 외부의 채권자에 대한 의무로서, 과거의 거래나 사건의 결과로 미래에 자산을 이전하거나 용역을 제공할 현재의 의무로부터 발생하는, 미래에 경제적 효익을 희생해야 하는 의무를 말한다. 즉, 부채는 상대방으로부터 현금, 상품과 같은 재화 또는 용역을 제공받음으로써 갚아야 할 의무(obligations)를 말한다.

예를 들면 채권자로부터 미래에 원금 및 이자를 갚는 조건으로 빌려온 차입금, 또는 후일에 대금을 지급하겠다는 조건으로 매입한 채권의 대금 지급 의무 등이 여기에 해당한다.

(3) 자 본

자본(owners' equity)은 기업의 소유주가 투자한 자금으로서 자산에서 부채를 뺀 후에 남는 몫을 말하며 이를 잔여 지분이라고 한다. 기업의 소유주에게 귀속되어야 할 몫을 나타내기 때문에 소유주 지분(owners' equity), 자기 자본 혹은 순자산(net worth) 등으로도 불린다. 따라서 처음 투자한 자금과 영업 활동 등으로 증가한 금액, 즉 이익 잉여금으로 구성된 부분을 말한다.

개인 기업(private enterprise)의 경우에는 하나의 자본 계정이 존재하고, 합명 회사(partnership)는 각각의 소유자에 대해 자본 계정이 별도로 존재한다. 주식회사에서 자본은 주주 지분(stockholder's equity)을 나타내는데, 이는 주식 발행을 통한 납입 자본(자본금과 자본 잉여금)과 영업 활동을 통해 창출된 이익 중 기업 내에 유보된 이익(이익 잉여금)의 합계와 동일하다. 발행 주식에는 보통주(common stock)와 우선주(preferred stock)의 두 가지 형태가 있다. 보통주 주주에게는 주주로서의 의결권이 부여되지만, 우선주 주주의 경우에는 의결권이 없는 반면, 배당금을 우선적으로 받을 수 있는 권리와 회사 청산 시 잔여 재산 분배에 우선적으로 참여할 수 있는 권리가 주어진다.

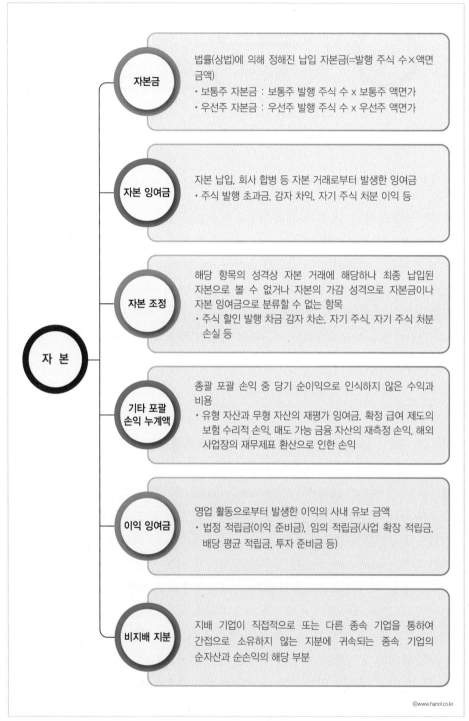

자본금
법률(상법)에 의해 정해진 납입 자본금(=발행 주식 수×액면 금액)
• 보통주 자본금 : 보통주 발행 주식 수 × 보통주 액면가
• 우선주 자본금 : 우선주 발행 주식 수 × 우선주 액면가

자본 잉여금
자본 납입, 회사 합병 등 자본 거래로부터 발생한 잉여금
• 주식 발행 초과금, 감자 차익, 자기 주식 처분 이익 등

자본 조정
해당 항목의 성격상 자본 거래에 해당하나 최종 납입된 자본으로 볼 수 없거나 자본의 가감 성격으로 자본금이나 자본 잉여금으로 분류할 수 없는 항목
• 주식 할인 발행 차금 감자 차손, 자기 주식, 자기 주식 처분 손실 등

기타 포괄 손익 누계액
총괄 포괄 손익 중 당기 순이익으로 인식하지 않은 수익과 비용
• 유형 자산과 무형 자산의 재평가 잉여금, 확정 급여 제도의 보험 수리적 손익, 매도 가능 금융 자산의 재측정 손익, 해외 사업장의 재무제표 환산으로 인한 손익

이익 잉여금
영업 활동으로부터 발생한 이익의 사내 유보 금액
• 법정 적립금(이익 준비금), 임의 적립금(사업 확장 적립금, 배당 평균 적립금, 투자 준비금 등)

비지배 지분
지배 기업이 직접적으로 또는 다른 종속 기업을 통하여 간접으로 소유하지 않는 지분에 귀속되는 종속 기업의 순자산과 순손익의 해당 부분

자 본

©www.hanol.co.kr

✿ 그림 12-11_ 자본의 분류

재무 상태표

제52기 2014. 12. 31. 현재
제51기 2013. 12. 31. 현재
제50기 2012. 12. 31. 현재

(단위 : 원)

	제52기	제51기	제50기
자산			
유동 자산	85,463,593,354	69,108,164,137	64,599,098,939
현금 및 현금성 자산	4,706,987,241	2,068,278,003	2,798,308,640
기타 금융 자산	3,191,651,296	215,078,063	704,109,471
매도 가능 금융 자산	2,210,409,035	951,175,982	2,131,314,679
당기 손익 인식 금융 자산	6,996,048,456	235,151,974	1,025,928,131
매출 채권 및 기타 채권	41,548,770,855	34,404,628,739	33,713,002,102
기타 유동 자산	1,134,267,765	1,087,109,063	881,128,289
재고 자산	25,675,458,706	30,146,742,313	23,345,307,627
비유동 자산	55,682,216,523	51,647,739,258	53,111,734,685
기타 금융 자산	8,300,000	8,300,000	676,643,433
매도 가능 금융 자산	1,653,219,975	1,943,863,660	2,617,207,714
매출 채권 및 기타 채권	533,686,462	533,751,303	0
종속 기업 투자	11,975,381,029	11,975,381,029	12,074,564,829
유형 자산	41,511,629,057	37,186,443,266	37,592,355,416
당기 손익 인식 금융 자산	0	0	150,963,293
자산 총계	141,145,809,877	120,755,903,395	117,710,833,624
부채			
유동 부채	38,559,694,224	40,549,024,994	43,947,519,145
매입 채무 및 기타 채무	11,587,201,395	12,026,721,073	11,054,337,043
단기 차입금	23,103,768,719	24,402,799,072	28,755,014,929
유동성 장기 부채	0	200,000,000	345,900,000
미지급 법인세	706,010,596	1,569,115,273	1,074,461,400
기타 유동 부채	3,083,053,826	2,279,696,976	2,618,621,973
금융 보증 부채	79,659,688	70,692,600	99,183,800
비유동 부채	2,764,559,687	2,433,939,891	3,461,476,996
장기 차입금	0	300,000,000	500,000,000
기타 금융 부채	16,500,000	16,500,000	16,500,000
순확정 급여 부채	842,875,047	77,695,831	656,709,152
이연 법인세 부채	1,905,184,640	2,039,744,060	2,288,267,844
부채 총계	41,324,253,911	42,982,964,885	47,408,996,141
자본			
자본금	8,000,000,000	6,000,000,000	6,000,000,000
자본 잉여금	13,702,964,000	0	0
이익 잉여금	77,180,528,072	70,945,464,839	63,320,142,946
기타 자본 구성 요소	938,063,894	827,473,671	981,694,537
자본 총계	99,821,555,966	77,772,938,510	70,301,837,483
자본과 부채 총계	141,145,809,877	120,755,903,395	117,710,833,624

② 포괄 손익 계산서

포괄 손익 계산서(statement of comprehensive income)는 일정 기간의 영업 성과를 측정하는 보고서로, 그 기간의 수익과 비용을 표시하여 경영 성과를 판단하고 경영 지침에 대한 자료를 제공하는 것으로 재무 상태표와 함께 회계가 만들어내는 가장 중요한 회계 보고서 중의 하나이다. 또한 포괄 손익 계산서는 당해 회계 기간의 경영 성과를 나타낼 뿐만 아니라 기업의 미래 현금 흐름과 수익 창출 능력 등의 예측에 유용한 정보를 제공한다.

(1) 수 익

수익(revenue)은 자산의 유입이나 증가 또는 부채의 감소에 따라 자본의 증가를 초래하는 특정 회계 기간에 발생한 경제적 효익의 증가로서, 지분 참여자에 의한 출연과 관련된 것은 제외한다. 수익은 광의로 정의하면 차익(gain)을 포함하는 개념으로, 시장성 있는 유가 증권의 재평가나 장기성 자산의 장부 금액 증가로 인한 미실현 이익을 포함한다. 수익을 협의로 정의하면 기업의 정상 영업 활동으로 발생한 매출액, 이자 수익, 배당금 수익, 수수료 수익, 임대 수익 및 로열티 수익 등으로 구분할 수 있다.

차익은 광의의 수익 정의를 충족하는 그 밖의 항목으로 기업의 정상 영업 활동의 일환으로나 그 이외의 활동에서 발생할 수 있으며, 관련 비용을 차감한 금액으로 보고된다. 수익은 자산의 증가나 부채의 감소와 관련하여 미래 경제적 효익이 증가하고 이를 신뢰성 있게 측정할 수 있을 때 인식된다.

(2) 비 용

비용(expenses)은 자산의 유출이나 소멸 또는 부채의 증가에 따라 자본의 감소를 초래하는 특정 회계 기간에 발생한 경제적 효익의 감소로서, 지분 참여자에 대한 분배와 관련된 것은 제외한다. 비용을 광의로 정의한다면 기업의 정상 영업 활동으로 발생하는 매출 원가, 급여, 감가상각비 등과 같은 비용뿐만 아니라 차손(loss)도 포함한다.

차손은 비용의 정의를 충족하는 그 밖의 항목으로 기업의 정상 영업 활동의 일환이나 그 이외의 활동에서 발생할 수 있다.

비용은 자산의 감소나 부채의 증가와 관련해 미래 경제적 효익이 감소하고 이를 신뢰성 있게 측정할 수 있을 때 인식되며, 일반적으로 현금 및 현금성 자산, 재고 자산 또는 유형 자산과 같은 자산의 유출이나 소모의 형태로 나타난다.

(3) 포괄 손익 계산서 양식

기업회계기준서 제1001호(재무제표 표시)에 따른 구분 표시로 포괄 손익 계산서를 성격별 분류와 기능별 분류로 각각 작성하며, 성격별 표시 방법에서 비용을 상품 매입액, 급여, 감가상각비, 이자 비용, 기타 비용 등으로 구분해 표시한다. 기능별 표시 방법에서 비용을 매출 원가, 물류 원가, 관리 원가, 마케팅 비용 등으로 표시하며, 매출 원가를 반드시 다른 비용과 분리하여 공시한다.

손익 계산서

제52기 2014. 1. 1.부터 2014. 12. 31.까지
제51기 2013. 1. 1.부터 2013. 12. 31.까지
제50기 2012. 1. 1.부터 2012. 12. 31.까지

(단위 : 원)

	제52기	제51기	제50기
매출액	152,406,323,770	157,152,158,692	159,248,894,799
매출 원가	130,856,144,819	134,581,431,613	135,843,475,287
매출 총이익	21,550,178,951	22,570,727,079	23,405,419,512
판매비와 관리비	13,668,835,271	12,817,993,026	13,237,646,938
영업 이익	7,881,343,680	9,752,734,053	10,167,772,574
기타 수익	1,927,119,431	3,021,050,203	783,871,358
기타 비용	(1,782,876,000)	(1,465,822,331)	(1,740,922,752)
금융 수익	973,039,850	277,174,720	3,519,005,250
금융 비용	(701,063,040)	(1,021,271,990)	(2,624,097,698)
법인세 비용 차감 전 순이익	8,297,563,921	10,563,864,655	10,105,628,732
법인세 비용	1,725,512,508	2,684,592,519	2,172,104,771
당기 순이익	6,572,051,413	7,879,272,136	7,933,523,961
주당 손익			
기본 주당 이익	451	657	661

포괄 손익 계산서

제52기 2014. 1. 1.부터 2014. 12. 31.까지
제51기 2013. 1. 1.부터 2013. 12. 31.까지
제50기 2012. 1. 1.부터 2012. 12. 31.까지

(단위 : 원)

	제52기	제51기	제50기
당기 순이익	6,572,051,413	7,879,272,136	7,933,523,961
기타 포괄 손익	(226,397,957)	(408,171,109)	(683,249,951)
당기 손익으로 재분류되지 않는 항목			
순확정 급여 부채의 재측정 요소	(336,988,180)	(253,950,243)	(395,815,325)
후속적으로 당기 손익으로 재분류될 수 있는 항목			
매도 가능 금융 자산 평가 이익(손실)	110,590,223	(154,220,866)	(287,434,626)
당기 포괄 이익	6,345,653,456	7,471,101,027	7,250,274,010

③ 자본 변동표

자본 변동표(Statement of Changes in Equity, SCE)는 자본의 크기와 한 회계 기간 발생한 자본 변동의 정보를 제공하는 재무 보고서로, 자본금, 자본 잉여금, 자본 조정, 기타 포괄 손익 누계액, 이익 잉여금 등의 구성 항목들에 대한 포괄적인 정보를 제공한다.

자본 변동표

제52기 2014. 1. 1.부터 2014. 12. 31.까지
제51기 2013. 1. 1.부터 2013. 12. 31.까지
제50기 2012. 1. 1.부터 2012. 12. 31.까지

(단위 : 원)

구 분		자 본				
		자본금	주식 발행 초과금	이익 잉여금	기타 자본 구성 요소	자본 합계
2011. 1. 1.(기초 자본)		6,000,000,000	0	55,782,434,310	1,269,129,163	63,051,563,473
총포괄 손익	당기 순이익	0	0	7,933,523,961	0	7,933,523,961
	순확정 급여 부채의 재측정 요소	0	0	0	0	0
	매도 가능 금융 자산 평가 이익(손실)	0	0	0	287,434,626	287,434,626
자본에 직접 인식 된 주주와의 거래	주식 발행	0	0	0	0	0
2011. 12. 31.(기말 자본)		6,000,000,000	0	63,320,142,946	981,694,537	70,301,837,483
2012. 1. 1.(기초 자본)		6,000,000,000	0	63,320,142,946	981,694,537	70,301,837,483
총포괄 손익	당기 순이익	0	0	7,879,272,136	0	7,879,272,136
	순확정 급여 부채의 재측정 요소	0	0	(253,950,243)	0	(253,950,243)
	매도 가능 금융 자산 평가 이익(손실)	0	0	0	(154,220,866)	(154,220,866)
자본에 직접 인식 된 주주와의 거래	주식 발행	0	0	0	0	0
2012. 12. 31.(기말 자본)		6,000,000,000	0	70,945,464,839	827,473,671	77,772,938,510
2013. 1. 1.(기초 자본)		6,000,000,000	0	70,945,464,839	827,473,671	77,772,938,510
총포괄 손익	당기 순이익	0	0	6,572,051,413	0	6,572,051,413
	순확정 급여 부채의 재측정 요소	0	0	(336,988,180)	0	(336,988,180)
	매도 가능 금융 자산 평가 이익(손실)	0	0	0	110,590,223	110,590,223
자본에 직접 인식 된 주주와의 거래	주식 발행	2,000,000,000	13,702,964,000			15,702,964,000
2013. 12. 31.(기말 자본)		8,000,000,000	13,702,964,000	77,180,528,072	938,063,894	99,821,555,966

④ 현금 흐름표

현금 흐름(cash flow)이란 특정 시점에서 기업의 현금 자원의 유입과 유출에 관한 상태를 말한다. 따라서 현금 흐름표(statement of cash flow, SCF)란 기업의 현금 흐름표를 나타내는 표로서 현금 및 현금성 자산의 변동 내용을 명확하게 보고하기 위해 당해 회계 기간에 속하는 현금 및 현금성 자산의 유입과 유출 내용을 적정하게 요약·정리해 놓은 기본 재무제표 중 하나이다. 즉, 자산, 부채, 자본의 변화 내용을 현금의 흐름 형태로 설명해 주는 표이다.

재무상태표는 특정 시점의 재무 상태를 나타내는데, 전기의 재무 상태에서 금기의 재무 상태로의 변화 내역을 보여주지 못한다. 재무 상태 변화의 일부는 한 기간 동안 영업 활동의 성과를 측정하는 손익에 의해 나타나지만 손익은 발생주의 회계 개념에 근거하여 측정한 유량 개념이므로 현금 흐름과 같은 자금 흐름의 변화는 나타내지 못한다. 따라서 손익 계산서상의 당기 순손익에 현금 유출을 수반하지 않는 비용은 가산하고 현금 유입을 수반하지 않는 수익은 차감하는 방법으로 '영업 활동으로 인한 현금'을 구해야 한다. 또한 현금의 유출입에 중대한 영향을 미치는 활동이 투자 활동과 재무 활동인데 이에 대한 정보는 손익 계산서나 재무 상태표에 나타나지 않는다.

현금 흐름표는 경영자가 현금 흐름 분석을 하는 데 필요한 현금의 원천과 사용에 대한 정보를 나타내준다. 현금 흐름표는 "현금의 원천은 어디인가?"라든지, "현금이 어디에서 창출되고 있으며 그 사용 목적은 무엇인가?"와 같은 중요한 질문에 답할 수 있도록 해준다. 다음은 현금 흐름표에서 얻을 수 있는 정보들이다.

❶ 기업은 성장하거나 산업 내에서 경쟁적인 지위를 고수하고 있는가?

❷ 기업은 외부의 이해관계자들에 대한 재무적 책임을 다하고 있는가?

❸ 기업의 주요 자금의 원천은 어디인가?

❹ 순이익은 어떤 항목으로 구성되는가?

❺ 기업 내부에서 얼마나 많은 자금이 형성되어 왔는가?

❻ 사업 확장과 설비에 필요한 자본은 어떻게 조달되었는가?

❼ 기업이 조달할 수 있는 자금보다 사업 확장 속도가 더 빠른가?

❽ 기업의 배당 정책이 영업 정책과 균형을 이루고 있는가?

❾ 기업의 현금 상태는 건전한가? 그리고 그것이 주식 시장에 어떤 영향을 미칠 것인가?

(1) 현금 흐름표의 유용성

현금 흐름표는 자금의 개념을 현금으로 파악함으로써 순 운전 자본이 가지고 있는 한계를 극복할 수 있을 뿐 아니라 다음과 같은 유용성을 갖게 된다.

❶ 기업의 미래 현금 흐름 창출 능력에 관한 정보를 제공한다. 발생주의에 의해 작성되는 포괄 손익 계산서의 당기 순이익 정보와 현금 흐름표에 의해 제공되는 영업 활동으로 인한 현금 흐름액은 상호 보완적이며, 기업의 미래 현금 흐름의 크기, 시기, 불확실성 등을 보다 정확하게 예측할 수 있게 해준다.

❷ 기업의 배당 지급액, 부채 상환 능력 및 외부 자금 조달의 필요성에 관한 정보를 제공한다.

❸ 영업 활동으로 인한 현금 흐름과 당기 순이익 간의 차이가 발생하는 원인을 알 수 있게 해준다. 동일한 금액의 당기 순이익이라도 현금 유입이 많은 기업이 그렇지 않은 기업에 비해 이익의 질(quality of earnings)이 좋다고 할 수 있다.

❹ 현금 또는 비현금 투자와 재무 활동이 기업의 재무 상태에 어떠한 영향을 초래했는지를 알 수 있게 해준다.

현금 흐름표는 위에서 설명한 유용성에도 불구하고 단기적 현금 보유액을 기준으로 하기 때문에 장기적 현금 흐름을 파악하는 데는 적합하지 못하다는 점과 매출 채권의 회수 시기 등에 따라 현금 보유액이 달라지게 되므로 순 운전 자본을 기준으로 하는 것보다 안정적이지 못하다는 한계를 가지고 있다.

현금 흐름표는 기업의 현금 유입과 유출에 초점을 두고 있으며, 현금 유입과 유출을 그 발생 원천에 따라 영업 활동, 투자 활동, 재무 활동으로 나누고 있다.

(2) 영업 활동으로 인한 현금 흐름

영업 활동이란 일반적으로 제품의 생산과 상품 및 용역의 구매·판매 활동을 말하며, 투자 활동과 재무 활동에 속하지 아니하는 거래를 모두 포함한다. 영업 활동으로 인한 현금 흐름은 현금의 유입과 유출로 나눌 수 있다.

영업 활동으로 인한 현금의 유입에는 제품 등의 판매에 따른 현금 유입(외상 매출금과 받을 어음의 회수 포함), 이자 수익, 배당금 수익 및 투자 활동과 재무 활동에 속하지 아니하는 거래에서 발생된 현금 유출이 포함된다.

(3) 투자 활동으로 인한 현금 흐름

투자 활동이라 함은 현금의 대여와 회수 활동, 유가 증권·투자 자산 및 유형 자산의 취득 가처분 활동 등을 말한다. 투자 활동으로 인한 현금의 유입에는 대여금의 회수, 유가 증권의 처분, 투자와 유형 자산의 처분 등이 포함된다. 투자 활동으로 인한 현금의 유출에는 현금의 대여, 유가 증권의 취득 투자 자산과 유형 자산의 취득에 따른 현금 유출로서 취득 직전 또는 직후의 지급액(자본화되는 이자 비용 포함) 등이 포함된다.

(4) 재무 활동으로 인한 현금 흐름

재무 활동이라 함은 현금의 차입 및 상환 활동, 신주 발행이나 배당금의 지급 활동 등과 같이 부채 및 자본 계정에 영향을 미치는 거래를 말한다.

재무 활동으로 인한 현금의 유입에는 단기 차입금, 장기 차입금의 차입, 어음·사채의 발행, 주식의 발행 등이 포함된다. 재무 활동으로 인한 현금의 유출에는 배당금의 지급, 유상 감자, 자기 주식의 취득, 차입금의 상환, 주식의 발생 등이 포함된다.

현금 흐름표는 재무제표의 이용자에게 보다 유익한 기업의 재무 활동과 투자 활동에 관한 정보를 제공하기 위해 작성하는 회계 보고서이다. 즉, 손익 계산서상에서 이익이 계상되었는데도 배당금을 지급할 수 없는 이유는 무엇인가? 영업 활동에서 손실을 보고 있는데도 어떻게 하여 신규 투자나 투자 부동산을 취득할 수 있었는가 등에 대한 현금의 흐름을 손쉽게 파악하기 위해 작성하는 기본적 재무제표의 일종이다.

현금 흐름표

제52기 2014. 1. 1.부터 2014. 12. 31.까지
제51기 2013. 1. 1.부터 2013. 12. 31.까지
제50기 2012. 1. 1.부터 2012. 12. 31.까지

(단위 : 원)

	제52기	제51기	제50기
영업 활동 현금 흐름	3,258,877,048	2,878,595,186	22,351,612,203
영업으로부터 창출된 현금 흐름	6,052,576,075	5,420,993,888	24,863,994,074
당기 순이익	6,572,051,413	7,879,272,136	7,933,523,961
조정	6,036,053,053	5,846,899,900	6,352,147,869
자산 부채의 변동	(6,555,528,391)	(8,305,178,148)	10,578,322,244
이자의 수취	372,800,543	167,447,403	46,668,487
이자의 지급	(543,160,800)	(419,030,677)	(1,273,671,356)
배당금 수입	35,982,000	33,877,351	39,741,619
법인세 납부	(2,659,320,770)	(2,324,692,779)	(1,325,120,621)
투자 활동으로 인한 현금 흐름	(14,519,139,575)	1,078,912,781	(9,957,716,874)
투자 활동으로 인한 현금 유입액	844,154,655	3,370,878,623	2,363,357,707
단기 금융 상품의 감소	0	0	1,655,000,000
매도 가능 금융 자산의 처분	599,999,544	1,669,355,628	406,412,035
파생 상품 자산의 감소		1,282,643,596	95,046,800
유형 자산의 처분	62,861,343	81,692,155	148,498,872
단기 대여금의 감소	108,223,749		
장기 대여금의 감소	64,020,250	94,279,750	58,400,000
정부 보조금의 수령		86,595,114	0
보증금의 감소	9,049,769	156,312,380	0
투자 활동으로 인한 현금 유출액	(15,363,294,230)	(2,291,965,842)	(12,321,074,581)
단기 금융 상품의 취득	3,000,000,000		
매도 가능 금융 자산의 취득	1,426,806,576	400,000	300,000,000
파생 상품 자산의 증가	462,679,500		
유형 자산의 취득	7,200,802,976	2,175,565,842	10,802,574,581
단기 대여금의 증가	3,200,000,000	0	0
장기 대여금의 증가	17,000,000	67,000,000	140,000,000
보증금의 증가	56,005,178	49,000,000	1,000,000
종속 기업 투자의 증가			1,077,500,000
재무 활동으로 인한 현금 흐름	13,903,933,647	(4,682,383,857)	(11,724,182,284)
재무 활동으로 인한 현금 유입액	89,472,617,719	0	0
단기 차입금의 차입	73,769,653,719	0	0
유상 증자	15,702,964,000	0	0
재무 활동으로 인한 현금 유출액	(75,568,684,072)	(4,682,383,857)	(11,724,182,284)
단기 차입금의 상환	75,068,684,072	4,336,483,857	11,093,182,284
유동성 장기 부채의 상환	200,000,000	345,900,000	631,000,000
장기 차입금의 상환	300,000,000	0	0
현금 및 현금성 자산의 증가(감소)	2,643,671,120	(724,875,890)	669,713,045
기초의 현금 및 현금성 자산	2,068,278,003	2,798,308,640	2,131,584,611
현금 및 현금성 자산의 환율 변동 효과	(4,961,882)	(5,154,747)	(2,989,016)
기말의 현금 및 현금성 자산	4,706,987,241	2,068,278,003	2,798,308,640

⑤ 재무제표 주석

재무제표에 나타난 회계 수치들이 기업의 모든 재무 정보를 나타내주는 것은 아니다. 앞서 설명한 네 가지 재무 보고서들은 객관적인 화폐액으로 측정 가능한 항목만을 보고하고 있기 때문에 기업의 재무 상태와 영업 성과에 대해 모든 정보를 제공하기에는 다소 부족하다.

연간 보고서에는 흔히 다음과 같은 내용들이 포함되어 있다.

"첨부되는 주석은 재무제표의 필수적인 부분이다."

이것은 재무제표 자체가 간결하고 함축적이라는 것을 의미한다. 따라서 쉽게 요약될 수 없는 기술적인 정보를 보다 상세히 설명하는 데는 주석이 반드시 필요하며, 주석은 재무제표의 일부분이다.

주석은 재무제표의 형태, 회계 정책, 합병이나 주식 매입 선택권과 같은 기술적인 정보, 재고 자산 평가와 같은 회계상의 추정이나 선택 사항, 연금 기금, 장기 부채의 특성, 우발 상황, 세금 관련 사항, 리스 계약 등과 같이 기업이 재무 보고를 하는 데 있어서 특수하거나 추가적인 설명의 필요가 있는 회계 처리 및 평가 방법 등에 대한 상세한 정보를 제공한다. 주석은 재무제표의 마지막 하단에 표시되는데, 주석 정보는 양적일 수도 있고 질적 정보일 수도 있다. 보유 토지의 공시 지가에 대한 정보는 양적 공시의 예이고, 기업에 대한 소송 사건의 경우는 질적 공시의 예이다. 따라서 정보 이용자들이 기업의 재무 상태와 경영 성과에 대해 합리적인 판단을 내리기 위해서는 주석 정보를 신중하게 이해할 필요가 있다.

⚡ 꼭 알아야 할 tip(세무 회계 실무)

1. 고정비와 변동비의 차이를 이해한다
2. 총비용에 대해 이해한다
3. 이익에 대해 이해한다
4. 손익분기점에 대해 이해한다
5. 손익분기점 매출액 구하는 공식을 안다

🐌 고정비 : **사업을 위해 기본적으로 꼭 사거나 지불해야 하는 돈**

> ㉠ 고정비(FC) : 군고구마 가격(4만 원) + 리어카 가격(5만 5천 원) + 장비 운송비(1만 5천 원) = 총 11만 원

🐌 변동비 : **판매량이 증가할 때 늘어나는 투자비**

> ㉠ 가는 길에 농산물 시장에 들러서 고구마 만 원짜리 한 박스(고구마 100개)를 구입하고 장사에 필요한 기타 장비를 구입하는 데 1만 원을 들였다.
> - **변동비(VC)** = 고구마 1개당 가격 × 판매한 고구마 개수
>   = 100원 × 100개
>   = 1만 원

🐌 한계 이익 : **처음에 투자한 비용을 고려하지 않은 이익**

> ㉠ 승환은 1만 원짜리 고구마(100개)를 2개에 천 원에 팔아 하루 평균 5만 원어치를 팔았다. 여기서 재료값인 1만 원을 빼면 4만 원의 이익이 남는다. 그래서 승환은 한 달 동안 총 120만 원의 이익을 남길 수 있다.
> - **한계 이익** = 매출액(S) - 변동비(VC)
>   = 150만 원 -(1만 원 × 30일)
>   = 120만 원
> ※ 실질적인 이익은 아님

- 이익 = 매출액(S)　　　　　고정비(FC)　　　　변동비(VC)

　　　=(5만 원 × 30일)　　　11만 원　　　　　(1만 원×30일)

　　　= 150만 원　　　　　　11만 원　　　　　30만 원 = 109만 원

★ 언제 본전을 뽑을 수 있는가?

- 손익분기점 : 수입과 지출이 같아지는 시점 → 손익분기점 매출량

- 손익분기점 매출량 = 고정비(FC) /(판매 가격 P × $\dfrac{\text{단위당 변동비}}{\text{고구마 1개의 가격}}$)

　　　　　　= 11만 원 /(500원-100원)

　　　　　　= 11만 원 / 400원

　　　　　　= **약 275개**(고구마 개수)

- 하루에 100개씩 판매한다고 했을 때 결국 **3일째 되는 날** 본전을 뽑을 수 있다.

🐚 활동

❶ 여름에 해변가에서 아이스크림 장사를 하려고 한다. 어떤 것이 필요할까? 물품비에 대해 적어보자.

물품비

	필요 물품	개수	가격	
1				

　　　　　　　　　　　　　　　　　　　　　총 가격 ＿＿＿＿＿원

❷ 하루에 몇 개의 아이스크림을 팔려고 하는가? ＿개

❸ 가격을 얼마로 할 것인가? ＿＿＿원

❹ 앞 리스트의 비용을 고려하여 손익분기점 판매량을 계산해 보자.

　　　= 고정비(FC) / {(판매 가격 P)-(아이스크림 1개당 가격)}

　　　= ＿＿＿＿＿ / { ＿＿＿＿ - ＿＿＿＿ }

　　　= 약 ＿＿＿＿개

★ **기회비용이란**

• 어느 하나를 선택함에 따라 포기해야 하는 다른 것

★ **기회비용 산출하기**

• 어떤 사람이 하루에 라디오 1대를 만들 수 있다. 이 사람이 시계를 생산한 다면 하루에 3대를 만들 수 있다.

• 라디오 1대를 만드는 기회비용은?

★ **기회비용의 속성**

1. 포기해야 하는 것의 대가 중 최선의 것

2. 현 시점에서 포기해야 하는 가치

3. 어떤 기회비용은 시간의 희생도 포함

4. 합리적인 의사 결정의 기준

손익 계산서

★ **손익 계산서란**

• 사업 상황과 업적을 보여주는 지도

• 사업 점수표

• 사업 운영에 있어 이익과 손실을 보여주는 재무제표

예 고구마 100개를 하나에 100원씩 사서 500원에 팔아 5000원을 벌었다. 여기서 광고비 2000원을 내고 세금 1000원을 냈다.

손익 계산서의 예

승환의 손익 계산서

승환주식회사	2014. 1. 1. ~ 2014. 2.	(단위 : 원)
매출	50,000	
매출 원가	(10,000)	
총수익		40,000
영업비	(2,000)	
세금	(1,000)	38,000
당기 순이익	37,000	

★ **구성 요소**

- **수익** : 주요 경영 활동에서 발생하는 순자산의 증가(자산의 증가·부채의 감소) 이득
- **비용** : 주요 경영 활동에서 발생하는 순자산의 감소(자산의 감소·부채의 증가) 손실

1. 매출 : 판매로 인한 수입을 의미
2. 매출 원가 : 단위당 매출 원가는 물품 한 개를 더 팔 때 생기는 비용을 의미
3. 총수익 : 총매출 : 총매출 원가
4. 영업비 : 사업 운영 시 필요한 비용
5. 세금 전 수익 : 모든 비용 지불 후 세금 내기 전의 기업 이익
6. 세금 : 국가에 조세로 바치는 돈
7. 순이익/순손실 : 세금 지불 이후의 기업의 이익을 의미

손익 계산서 활용

- 액세서리 장사를 하는 소영은 액세서리 500개를 한 개에 200원씩 사서 1000원에 판다. 친구 한 명을 아르바이트로 고용하여 10만 원의 급여를 주고, 광고비를 5만 원을 쓰며 3만 원의 세금을 낸다.
- 손익 계산서를 작성해 보자.

소영의 손익 계산서

승환주식회사	2014. 1. 1. ~ 2014. 2.	(단위 : 원)
매출	_____	
매출 원가	_____	
총수익		_____
영업비	_____	
세금 전 수익		_____
세금	_____	
당기 순이익	_____	_____

📙 재무 상태표

> **목표 : 재무 상태표의 이해와 분석**

★ **재무 상태표란?**
- 회사의 재정 상태를 한눈에 보여주는 표
- 자산/ 부채/ 자본을 적는 표
- 양쪽 금액이 항상 일치하는 표

★ **자산/ 부채/ 자본?**
- 자산 : 경영 활동에 사용할 목적으로 기업이 소유하고 있는 재화와 채권
- 자본 : 기업이 출자자(주식회사이면 주주) 이외의 제3자로부터 빌린 돈 또는 채무

★ **자산/ 부채/ 자본의 삼각 관계**
- 자산 = 부채 + 자본

재무 상태표

〈자산〉		〈부채〉	
현금	10만 원	차입금	7만 원
		〈자본〉	
		자본금	3만 원
	10만 원		10만 원

★ **재무 상태 왜 필요한가?**
- 회사의 재정 상태를 표 하나로 말해준다.
- 이해관계자에게 필요한 정보를 제공한다.

★ **재무 상태 읽기 및 분석**
- 현금 및 현금성 자산 : 현금, 수표, 1년 이내에 도래하는 예금

- 대여금 : 빌려준 돈, 1년 이내 받을 수 있는 돈
- 매출 채권 : 외상값 대신 받은 어음
- 유가 증권 : 주식, 채권
- 제품 : 판매하기 위해 만든 물건
- 장기성 예금 : 1년 이상의 장기 예금
- 보증금 : 토지 : 대지, 임야(산), 전답(논, 밭)
- 건물 : 건물과 부속 설비
- 영업권 : 합병, 인수, 전세권 등 돈으로 산 권리
- 외상 매입금 : 외상으로 산 물건 값
- 지급 어음 : 외상으로 물건을 사고 준 어음 금액, 앞으로 갚아야 할 금액
- 단기 차입금 : 금융 기관에서 빌린 1년 이내에 갚아야 할 돈
- 사채 : 금융 기관 이외에서 빌린 1년 이내에 갚아야 할 돈

🐱 참고문헌

· 강내희 외 다수(1998), 지식 생산, 학문 전략, 대학 개혁, 서울 : 문화과학사

· 강형기(1998). 혁신과 진단, 서울 : 지방 경영

· 공선표(1997), 터미네이터 경영, 서울 : 삼성경제연구소

· 곽일수 외 5인(1994), 현대기업경영원론, 영지문화사

· 권기욱(1996), 대학의 경영 관리, 서울 : 원미사

· 권대봉(1998), 글로벌 인재의 조건, 서울 : 박영사

· 권영수, 이재경(1998), "중급회계", 박영사

· 권현춘(2019), 디지털 긱 경제(Gig Economy) 플랫폼 창업을 위한 비즈니스 모델 방법론 및 사례 연구 분석, 부산대학교 기술창업대학원 석사 학위 논문

· 김구배(2002), 중급 재무회계 강여, 형설출판사

· 김남두 외 1인(1996), 대학 개혁의 과제와 방향, 서울 : 민음사

· 김문경, 원종하(1998), 벤처 창업, 알고 합시다, 서울 : 도서출판 기한재

· 김석진, 박덕제(2000), 경영의 이해, 삼영사

· 김원웅(1995), 교육백서, 서울 : 사회정책연구소

· 김철중(1996), 가치에 투자하라, 은혜미디어

· 김철중(1999), 재무분석, 한국금융연수원

· 김철중(1999), 창업과 경영, 신론사

· 김철중(2000), 자본시장과 재무관리, 신론사

· 김호진 외(1998), 대학의 이상과 미래, 서울 : 역민사

· 노동부 정부간행물 제작소(1998), 실업을 국복할 수 있습니다

· 노재건 외(2000), 벤처·중소기업 창업경영, 무역경영사

· 동서경제연구소(1991), 벤처 캐피털의 운영과 창업보육센타

· 매일경제신문, 동아일보, 조선일보 경제시리즈, 2000년 참조

· 매일경제신문사(1998), 지식 혁명 보고서

· 박기동(2001), 경영학원론, 박영사

· 박우동(1989), 경영학원론, 법문사

· 박정식 외(1997), 경영분석, 다산출판사

· 박정식(1992), 현대재무관리, 다산출판사

· 박천오 외 1인(1996), 한국 관료제의 이해, 서울 : 법문사

· 벤처 기업협의회(2000), 대학생 창업활성화 심포지엄

· 산업연구원(1994), 성공기업을 위한 Guide Book

· 삼성경제연구소(1998), 정부 개혁의 4가지 전략

· 손기원(1996), 회계를 몰라도 경영이 됩니까?, 경영베스트

· 송인만, 윤순석(2002), 재무회계, 박영사

· 송인만, 이건창 외(1999), 회계와 사회, 박영사

· 송자(1996), 21세기 대학 경영, 서울 : 중앙일보사

· 스타트업 아이디어 검증 초보자를 위한 가이드, FasterCapital, 2024

· 시장 지속 가능성: 지속 가능한 비즈니스 전략 개발, 경제학 연구소(2019)

· 신유근(1990), 조직론, 다산출판사

· 신유근(2000), 경영학원론, 다산출판사

· 신유근(2000), 현대경영학, 다산출판사

· 신홍철(1993), 관리회계의 혁신, 경문사

· 에이드리언 J. 슬라이워츠키(1992), 가치이동, 세종서적

· 원종하(1997), 대학행정직원의 인사고과제도의 운영에 관한 연구, 부산대학교 행정대학원

· 원종하(1997), 유학·연수 이렇게 준비하라, 김해 : 인제대학교 출판부

· 원종하, 이춘희(1998), 21세기 중소 기업 정책의 방향과 과제, 중소기업진흥공단 중소기업 연구논집 제6집

· 윤석철(1994), 과학과 기술의 경영학, 경문사

· 윤은기(1996), 신경영 마인드 365(上, 下), 서울 : 무한

· 윤은기(1998), 골드 컬러 성공 전략, 서울 : 신원

· 이돈희 외(1998), 교육이 변해야 미래가 보인다, 서울 : 현대문학

· 이면우(1998), 신창조론, 서울 : 한국경제신문사

· 이명환(1997), 신바람 기업 문화, 서울 : 21세가 북스

· 이웅규(2018), 문화관광론, 서울 : 대왕사

· 이재규 외 1인(1998), 미래의 조직, 서울 : 한국경제신문사

· 이정숙(1998), 준비된 말이 성공을 부른다, 서울 : (주)가야미디어

· 이정호 정혜영 외 공역(1996), 재무제표 분석, 무역경영사

· 이춘희(1998), 업적평가척도의 주가반응에 관한 실증연구, 인제대학교 대학원 경영학과,

· 이학종(1992), 전략경영론, 박영사

· 이한검(1992), 경영학원론, 형설출판사

- 이현청(1996), 21세기를 대비한 대학의 생존 전략, 서울 : 한양대학교 출판부
- 이현청(1996), 학생 소비자 시대의 대학, 개방 시대의 대학, 서울 : 한양대학교 출판원
- 이형행 역(1996), 대학, 갈등과 선택, 서울 : 삼성경제연구소
- 임석현(1990), 생산·운영관리, 삼영사
- 전용수 외(2001), 현대경영학의 이해, 법문사
- 정수영(1994), 신경영학원론, 박영사
- 정연아(1997), 성공하는 사람에겐 표정이 있다, 서울 : 명진
- 정진수(1998), 신회계와 사회, 도서출판 대경
- 정혜영 외 4인(1993), 자본시장과 회계정보, 영양사
- 조광섭(1994), 대학과 교수 사회 이대로는 안 된다, 서울 : 도서출판 한샘
- 조담 외(1995), 경영분석론, 박영사
- 조동성(1992), 경영정책과 장기전략계획, 영지문화사
- 조동성, 이광현(1992), 경쟁에서 이기는 길, 교보문고
- 조성표(2000), 공학회계, 명지사
- 중소기업은행(2001), 중소·벤처 기업 창업실무
- 증권연수원 연구자료 참조(코스닥 시장)
- 증권학회 학회보(가치평가)
- 지식경제와 벤처경영, 효성세미나자료(2000)
- 창업 아이디어의 실행 가능성: 이론과 실제, 창업 연구소 출판(2020)
- 천안대학교 창업보육센터(2000), 창업로드쇼 세미나 자료
- 최경식, 김남면(1995), 회계원리, 형설출판사
- 최기준(1995), 대학, 이제는 경영해야 산다, 서울 : 월간 에세이 출판부
- 타당성 평가 방법론(2021), 경영학 저널, 제8호
- 특허청(2001), 지식경영을 위한 특허관리가이드북
- 표시열(1996), 민주주의의 정착과 대학의 개혁, 서울 : 고려대학교 출판부
- 한국경영컨설팅아카데미(2000), 회계지식쌓기, 미래와 경영
- 한국생산성 본부(2000), 벤처 기업의 경영지원 전략
- 한국생산성본부, 투자평가사(1권~4권), 연수 자료
- 해리 S. 덴트(1996), 직업혁명, 매일경제신문사
- 허운나 외 1인(1998), 정보 시대와 미국의 교육 혁명, 서울 : 교육과학사
- 홍성도(2000), 벤처 기업 창업경영론, 학문사

· 홍성수(1997), 경제적 부가가치 경영 혁명, 새로운 제안

· '2001 벤처 그리고 기술' 국제세미나, 기술신용보증기금, 한국신용정보(2001)

· Karl H. Vesper, 조병주(1999), 기회발견과 창업매카닉스, 창아출판사

· 오스본, A. (1942). Your Creative Power. New York: Scribner.

· 샘 알트만(Sam Altman) 인용: [인터뷰 및 연설 자료]

· "3D Printing Will Rock the World" - John Hornick, CreateSpace Independent Publishing Platform, 2015.

· "Artificial Intelligence and the Future of Humans" - Pew Research Center

· "Big Data: A Revolution That Will Transform How We Live, Work, and Think" - Viktor Mayer-Schönberger, Kenneth Cukier, Houghton Mifflin Harcourt, 2013.

· "Business Model Generation" by Alexander Osterwalder and Yves Pigneur.

· "Digital Transformation: Build Your Organization's Future for the Innovation Age" - Lindsay Herbert, Bloomsbury Publishing, 2017.

· "Harnessing the Fourth Industrial Revolution" - World Economic Forum

· "The Fourth Industrial Revolution: what it means, how to respond" - Klaus Schwab, World Economic Forum

· "The Lean Startup", Eric Ries, 2011

· Aaker, D. A. (2013). *Strategic Market Management*. Wiley.

· Abell, Derek F.(1980), *Defining the Business : The Starting Point of Strategic Planning Prentice-Hall*

· Afuah, A., "Business Models: A Strategic Management Approach," McGraw-Hill/Irwin, 2004.

· Aldag, Ramon J. and Timothy M. Stearns(1991), *Management,* 2nd ed., South-Western Publishing Co.

· American Marketing Association. Official Definitions of Marketing. Retrieved from AMA Website.

· Ansoff, H. I(1965), *Corporate Strategy*, McGraw-Hill

· Bartol, Kathryn M. and David C. Martin(1991), *Management*, McGraw-Hill, Inc.

· Bettis, R. A. and W. K Hall(1981), "Strategic Portfolio Management in the Multibusiness Firm", *California Management Review*, pp.23-38.

· Blank, S. (2013). *The Startup Owner's Manual: The Step-By-Step Guide for Building a Great Company*. K&S Ranch.

· Blank, S. (2013). "Why the Lean Start-Up Changes Everything." Harvard Business Review.

· Blythe, J. (2006). Essentials of Marketing. Prentice Hall.

· Boone, Louis E. and David L. Kurtz(1992), *Management*, McGraw-Hill, Inc.

· Brovee, Courtland L., John V. Thill, Martian Burk Wood and George P. Dovel(1933), *Management*, McGraw-Hill, Inc.

· Carlos M. DaSilva, Peter Trkman, 2014. Business Model: What It Is and What It Is Not,

· Chesbrough, H. (2007). "Business Model Innovation: It's Not Just About Technology Anymore". Strategy & Leadership, 35(6), 12-17.

· Christensen, C. M. (1997). *The Innovator's Dilemma: When New Technologies Cause Great Firms to Fai*. Harvard Business School Press.

· Christensen, H. K. and C. A Montgomery(1981), "Corporate Economic Performance : Diversification Strategy versus Market Structure", *Strategic Management Journal*, pp.327-343.

· Clayton M. Christensen, The Innovator's Dilemma: When New Technologies Cause Great Firms to Fail, Harvard Business Review Press, 1997.

· Cuofano, G. (2019). "Airbnb Business Model in a Nutshell."

· Cuofano, G. (2020). Freemium Business Model In A Nutshell. FourWeekMBA.

· Cuofano, G., "How PayPal Started And Became A Giant," FourWeekMBA, 2019.

· Daft, Richard L.(1992), *Organization Theory and Design,* West Publishing Co..

· Darby, M. and E. Karni(1973), "Free Competition and the Optimal Amount of Fraud", *Journal of Law Economics*, pp.67-86

· DaSilva, C. M., Trkman, P., "Business Model: What It Is and What It Is Not," Long Range Planning, 2014.

· Dess, G. and P. Davies(1984), "Porter's(1980) Generic Strategic as Determinants of Strategic Group Membership and Organization Performance", *Academy of Management Journal*. pp.467-488

· Drucker, P. (1954). *The Practice of Management*. Harper & Row.

· Duffy, D. L. (2005). Affiliate marketing and its impact on e-commerce. Journal of Consumer Marketing, 22(3), 161-163.

· Durin, A.J., Essentials Of *Management*, 5th ed., South-Western, 2000

· Elkington, J. (1997). "Cannibals with Forks: The Triple Bottom Line of 21st Century Business." Capstone.

· Eric Ries, "The Lean Startup", Crown Business, 2011.

· Evans, M. P. (2008). Analyzing Google rankings through search engine optimization data. Internet Research, 17(1), 21-37.

· Galbraith, Jay(1977), *Organization Design*, Addison-Wesley.

· Ghandler, Alfred D.(1962), *Strategy and Structure : Chapters in the History of the Industrial Enterprise*, MIT Press.

· Ghoshal, S.(1987), "Global Strategy : An Organizing Framework", *Strategic Management Journal*, pp.425-440

· Gibson, James L., John M. Ivancevich, and James H. Donnelly, Jr.(1991), *Organizations : Behavior, Structure. Process*, Richard D. Irwin, Inc.

· Godin, S. (1999). Permission Marketing: Turning Strangers into Friends and Friends into Customers. Simon & Schuster.

· Goldschmidt, K., Junghagen, S., & Harris, U. (2003). Strategic affiliate marketing. Edward Elgar Publishing.

· Hackman, J. Richard and Greg R. Oldham(1980), *Work Redesign*, Addison-Wesley.

· Hall, Richard H.(1984). *Structures, Process and Outcomes*, Prentice-Hall.

· Hamel, G., "Leading the Revolution," Harvard Business School Press, 2002.

· Harrigan, K. R.(1984), "Formulating Vertical Integration Strategies", *Academy of Management Review*, pp.638-652.

· Haspeslagh, P.(1983), "Portfolio Planning : Uses and Limits", *Harvard Business Review*, pp.58-73

· Hedley, B. (1977), "Strategic and the Business Portfolio", *Long Range Planning*, pp.9-15.

· Hellriegel, D. & Slocum, J. W., Management(7th ed.), South- Westem,1996

· Hellriegel, Don and John W. Slocum, Jr.(1991), *Management*, 6th ed., Addison-Wesley Publishing co..

· Hellrigel, Don and John W. Slocum, Jr., *Management*, 6th ed., Addison-Wesley Pubishing Co., 1991

· Hill, C. W. L. and garth R, Johns(1989), *Strategic Management : An Integrated Approach*, Houghton Mifflin.

· Hill, C. W. L. and J. F. Pickering(1986), "Divisionlization, Decentralization and Performance in Large United Kingdom Companies", *Journal of Management Studies*, pp.26-50.

· Hill, C. W. L. and R. E. Hoskisson(1987), "Strategy and Structure in the Multi-product Firm", *Academy of Management Review*, pp.331-341

· Hofer, Charles W. and D. Schendel(1987), *Strategy Formulation : Analytical Concepts*,

West Publishing.

· https://innomove.com/blog/business-model-framework/

· Ivancevich, J. M., et al., *Management*, Irwin, 1994

· Jhons, G. R., George, J. M., and Hill, C.W.C., *Management,* and ed., McGrow-Hill, 2000

· Johns, G. R. and C. W. L. Hill(1988), "A Transaction Cost of Strategy-Structure Choice", *Strategic Management Journal,* pp.159-172.

· Kaplan, A. M., & Haenlein, M. (2010). Users of the world, unite! The challenges and opportunities of social media. Business horizons, 53(1), 59-68.

· Kathryn M. Bartol and David C. Martin, *Management*, Mcraw-Hill. Inc., 1991

· Koontz, Harlod, Cyril O'Donnell and Heinz Weihrich(1988), *Essentials of Management*, McGraw-Hill, Inc.

· Koontz, Harold and Heinz Weihrich(1989), *Management*, McGraw-Hill, Inc.

· Koontz, Harold and Heinz Weihrich, *Management* , McGraw-Hill. Ind., 1992

· Koontz, Harold, Cyril O'Donnell and Heinz Weihrich, *Essentials of Management*, McGraw-Hill, Inc., 1988

· Kotler, P.(1984), *Marketing Management*, Prentice-Hall.

· Kotler, P., & Armstrong, G. (2020). *Principles of Marketing*. Pearson Education, Inc.

· Kotler, P., & Keller, K. L. (2016). *Marketing Management* (15th ed.). Pearson Education, Inc.

· Krueger, R. A., & Casey, M. A. (2014). *Focus Groups: A Practical Guide for Applied Research*. SAGE Publications.

· Kumar, V. (2014). Making "Freemium" Work. Harvard Business Review.

· Lamb, C. W., Hair, J. F., & McDaniel, C. (2011). Marketing. South-Western Cengage Learning.

· Levitt, T. (1960). "Marketing Myopia." Harvard Business Review.

· Levitt, Theodore(1983), "The Globalization of Markets", *Harvard Business review* pp.92-102.

· Lewis, P. S., Goodman, S.H., and Fandt, P. M., *Management*, 3rd ed., South-Westeen, 2001

· Linstone, H.A., & Turoff, M. (1975). The Delphi Method: Techniques and Applications. Addison-Wesley.

· Long Range Planning 47, 379–389.

· Maurya, A. (2012). *Running Lean: Iterate from Plan A to a Plan That Works*. O'Reilly Media.

· McCarthy, N. (2020). "The Rise Of The Subscription Economy." Forbes.

· Michael E. Porter, Competitive Strategy: Techniques for Analyzing Industries and Competitors, Free Press, 1980.

· Miller,D.(1986), "Configurations of Strategy and Structure : Towards a Synthesis", *Strategic Management Journal*, pp.217-231

· Monday, R. Wayne, Arthur Sharplin and Edwin B. Flippo(1988), *Management : Concepts and Practices*, Allyn and Bacon, Inc.

· O'Reilly, T. (2005). What Is Web 2.0: Design patterns and business models for the next generation of software. O'Reilly Media.

· Osborn, A. F. (1953). Applied Imagination: Principles and Procedures of Creative Problem-Solving. Charles Scribner's Sons.

· Osterwalder, A., & Pigneur, Y. (2010). *Business Model Generation: A Handbook for Visionaries, Game Changers, and Challengers*. John Wiley & Sons.

· Osterwalder, A., & Pigneur, Y. (2010). Business Model Generation. Wiley.

· Peter F. Drucker, Innovation and Entrepreneurship, Harper & Row, 1985.

· Pfeffer, Jeffrey and Gerald R. Salancik(1978), The External *Control of Organizations*, Harper & Row.

· Porter, M. E. (1980). *Competitive Strategy: Techniques for Analyzing Industries and Competitors*. Free Press.

· Porter, M. E. (1985). Competitive Advantage: Creating and Sustaining Superior Performance. Free Press.

· Porter, M. E., & Kramer, M. R. (2011). "Creating Shared Value." Harvard Business Review.

· Porter, M.E., 2001. Strategy and the Internet. Harvard Business Review 79 (3), 62–79.

· Porter, Michael E.(1980), *Competitive Strategy : Techniques for Analyzing Industries and Competitors*, Free Press.

· Porter, Michael E.(1985), *Competitive Advantage : Creating and Sustaining Superior Performance*, Free Press.

· Porter, Michael E.(1987), "From Competitive Advantage to Corporate Strategy", *Harvard Business Review*, pp.43-59.

· Ries, E. (2011). *The Lean Startup: How Today's Entrepreneurs Use Continuous Innovation to Create Radically Successful Businesses*. Crown Business.

· Ries, E. (2011). The Lean Startup: How Today's Entrepreneurs Use Continuous Innovation to Create Radically Successful Businesses. Crown Publishing Group.

· Robbins, S.P. & Mary Coulton, *Management*(5th ed.), Prentice Hall, 1996

· Robbins, S.P., *Organizational Behavior*, 9th ed., Prntice, 2001

· Rowe, G., & Wright, G. (1999). The Delphi technique as a forecasting tool: issues and analysis. International Journal of Forecasting, 15(4), 353-375.

· Rumelt, R. P.(1974), Strategy, Structure and Economic Performance, Harvard Business School.

· Scherer, F. M.(1981), *Industrial Market Structure and Economic Performance*, Rand McNally.

· Schiffman, L. G., & Kanuk, L. L. (2010). Consumer Behavior. Pearson.

· Scott, G., Leritz, L. E., & Mumford, M. D. (2004). The effectiveness of creativity training: A quantitative review. Creativity Research Journal, 16(4), 361-388.

· Shafer, S. M., Smith, H. J., & Linder, J. C., "The power of business models," Business Horizons, 2005.

· Skok, D. (2012). "Why Subscription Business Models Will Always Win." For Entrepreneurs.

· Steve Blank, "The Four Steps to the Epiphany", K&S Ranch, 2005

· Stewart, D. W., & Shamdasani, P. N. (2014). *Focus Groups: Theory and Practice*. SAGE Publications.

· Stoner, James A. F. and Chales Wankel(1986), *Management,* Prentice-Hall, Inc.

· Teece, D. J. (2010). "Business Models, Business Strategy and Innovation". Long Range Planning, 43(2-3), 172-194.

· Thiel, P. (2014). Zero to One: Notes on Startups, or How to Build the Future. Crown Business.

· Trout, J., & Rivkin, S. (2000). *Differentiate or Die: Survival in Our Era of Killer Competition*. Wiley.

· Williamson, Oliver E.(1975), *Markets and Hierachies: Analysis and Antitrust Implications,* Free Press.

· Wren, Daniel A., The Evolution of Management Thought, John Wiley & Son, Lnc., 1979.

기업가 정신과 **창업**

저자 소개

원 종 하

주요 학력 및 연수
- 부산대학교 대학원 경영학 박사(경영 전략/인사조직학 전공)
- 창원대학교 대학원 경제학 박사(지역경제학 전공)
- 부산대학교 행정대학원 행정학 석사(인사행정학 전공)
- 필리핀 South Western University 연구 교수(관광 및 의료 관광 산업 연구)
- 미국 California State University Fullerton 연수(창업 보육 관련 연수)
- 현) 인제대학교 경영대학 경영학과 교수
  - 밀양시 인사위원회 위원 및 규제개혁위원회 위원
  - 사천시 공공기관 유치 위원회 위원장
  - 재단법인 경남연구원 비상임 이사
  - 재단법인 김해연구원 등기이사
  - 경상남도 지속가능발전위원회 공동위원장
  - 김해시 투자 유치 자문단 자문관
  - 한국창업학회 부회장
- 전) 인제대학교 글로벌벤처창업학부 학부장
  - 인제대학교 입학홍보처 처장, 학생복지처장
  - 인제대 김해 창업보육센터 센터장
  - 사단법인 김해 중소벤처기업 연구소 창립 소장
  - 한국벤처창업학회 이사

수상 경력
- 2000, 국무총리 표창
- 2012,지식경제부 장관 표창
- 2015,2016,마르퀴즈 후즈 후 인더월드(Marquis who's who in the world) 세계 인명 사전 등재
- 2023,경남기독문인회 시 부문 신인상 수상

저서
- 관광학원론, 탑북스(2011)
- New 의료관광론, 한올출판사(2014)
- 21세기를 선도하기 위한 경영학의 이해, 피앤씨미디어(2022)
- 벤처경영의 이해, 대명(2008)
- 새로운 시선, 탑북스(2017)

정 대 율

주요 학력 및 연수
- 부산대학교 상과대학 경영학과(경영학 석사)
- 부산대학교 대학원 경영학과 생산관리(경영학 석사)
- 부산대학교 대학원 경영학과 경영정보(경영학 박사)
- 현) 경상국립대학교 경영정보학과 교수
  - 경상국립대학교 경영대학 학장, 경영대학원 원장
  - 경상국립대학교 창업대학원 원장
  - 한국경영학회 부회장, 울산경남지회장
- 전) 경상국립대학교 창업지원단 기업가정신센터장
  - 한국창업학회 회장
  - 한국인터넷전자상거래학회 회장
  - 한국정보시스템학회 회장
  - 경상대학교 인재개발원장
  - 경상대학교 기획부처장
  - 경상대학교 e-러닝센터장
  - (재)바이오21센터 정보유통부장

저서
- 기업가정신 그리고 비전창업, ㈜박영사(2023)
- 시스템 분석 및 설계(e-비즈니스를 위한), 컴원미디어(2006)
- 대한민국 기업가정신 수도 진주, 경상국립대학교 출판부(2021)
- 인공지능으로 구현되는 세상, 도서출판청람(2023)

이 은 미

주요 학력 및 연수

- 부경대학교 경영학 박사
- 미시간대학교 Fellowship Researcher

현) ㈜엠벅스 공동대표
    창신대학교 경영회계학과 교수
    인천대학교 경영혁신원 책임연구원
    부경대학교 경영연구원 책임연구원
    (주)파크랜드 경영위원

전) 한국국제경영학회 이사
    한국소비문화학회 이사
    (사)부산섬유패션산업연합회 초빙강사
    (주)KT&G 상상유니브 특강교육 강사

수상 경력

- 2019–2020 마르퀴즈후즈후 등재(세계 3대 인명사전)
- 2017 국제경영관리학회 우수발표논문상 수상
- 2013 CRM연구대상 수상, (사)한국CRM학회
- 2012 McGraw–Hill/Irwin Distinguished Paper Awards 수상, MBAA International Conference

저서

- 마케팅조사원론, 이프레스(2021)
- 마케팅리서치인사이트, 이프레스(2017)

기업가 정신과 창업

초판 1쇄 인쇄   2024년 8월 20일
초판 1쇄 발행   2024년 8월 25일

저　자　　원종하·정대율·이은미
펴낸이　　임 순 재
펴낸곳　　(주)한올출판사
등　록　　제11-403호
주　소　　서울시 마포구 모래내로 83(성산동 한올빌딩 3층)
전　화　　(02) 376-4298(대표)
팩　스　　(02) 302-8073
홈페이지　www.hanol.co.kr
e-메일　　hanol@hanol.co.kr
ISBN　　979-11-6647-481-1

기업가 정신과 **창업**

기업가 정신과 창업

기업가 정신과 **창업**

기업가 정신과 **창업**